中央大学社会科学研究所研究叢書……28

グローバル化と現代世界

星野 智 編著

中央大学出版部

まえがき

　グローバル化という現象が地球的レベルで一般的な傾向となっているにもかかわらず，それを一義的に捉えることが困難であるのは，その現象の複雑さに由来している。グローバル化は近代以降の資本主義世界経済の発展の延長線上で生じている大きな転換点を示しているが，その影響は政治や経済にとどまらず，社会，文化，情報，環境，移民，犯罪など多方面に及んでいるからである。グローバル化は国家間の関係を大きく変えてきただけでなく，国内の政治，経済，社会，文化，情報，環境などを変容させている。そして，およそすべての社会科学の領域でグローバル化の問題を取り上げ，その特徴や現状あるいは将来に関して明らかにしようとしているものの，その将来的な展開についてはいまだ明確に予測できないというのが現状であろう。しかしながら，少なくも現時点において指摘できることは，主権国家とヘゲモニー国家の権力が相対的に低下し，多様なアクターによって担われるグローバル・ガバナンスの役割が高まっているということであろう。

　他方，グローバル化の歴史的な起源に関してみると，いくつかの見解が存在する。人間社会の歴史的な発展そのものが人類の地理的拡大を伴うものであるから，そこにこそ起源があるという見解，近代以降の世界経済の発展がグローバル化のプロセスであるという見解，そして1980年代以降の世界経済の新自由主義的な発展にグローバル化の起源を求める見解がその代表的なものであろう。きわめて広い視点からグローバル化を人間社会の地球的規模での拡大と定義するならば，いずれの見解も正しい面をもっているといえる。本書でグローバル化に関して統一的な定義をしていないのは，このようにグローバル化に関してさまざまな捉え方が存在しているからにほかならない。ただ本書の執筆者の多くが前提としているのは，近代以降のグローバル化というよりも，1980年代以降あるいは冷戦終結以降のグローバル化がもたらした問題状況についての分析という点である。

グローバル化の時代を迎えて，先進諸国と開発途上国を問わず，すべての国家がグローバル化を考慮に入れずには政策的な対応ができない状況が現出している。しかも問題なのは，どの国家もどの国際機関もグローバル化を有効にコントロールできないということであり，この「リヴァイアサン」は今後も巨大化する可能性が高いということである。他方において，EU（欧州連合），NAFTA（北米自由貿易協定），ASEAN（東南アジア諸国連合），APEC（アジア太平洋経済協力），TPP（環太平洋経済連携協定）などのリージョナル化が進展しており，その意味では，現代はグローバル化とリージョナル化が併存する時代でもある。リージョナル化はグローバル化のさらなる発展プロセスへの一段階なのか，それともグローバル化への反対傾向なのか，こうした問題も今後の地球社会の行方と深くかかわっている。

　本書『グローバル化と現代世界』は，このように「リヴァイアサン」と化したグローバル化がもたらしている現代的な問題状況をさまざまな側面から考察するものである。第Ⅰ部「グローバル化と社会科学」では，グローバル化時代の社会科学の役割，グローバル化論の類型学，グローバル化におけるリージョナリズムの位相，グローバル化と国際関係理論の多様化，グローバル化と地政学の位相，グローバル化とディシプリンを取り上げ，第Ⅱ部「グローバル化と地球環境」では，グローバル化と新しい安全保障パラダイム，気候変動とヨーロッパの安全保障，グローバル化と世界の水資源，国家管轄権外の生物多様性をめぐる制度間の相互作用を取り上げ，そして第Ⅲ部「グローバル化と安全保障」では，人間の安全保障と民族紛争後の社会，グローバル経済と国家安全保障，非合法的グローバル化と米墨国境における麻薬戦争，グローバル化とロシアの犯罪，グローバル化と資本・国家・国民，国内裁判所を通じた規範のグローバル化の様態，グローバル化時代における公共的理性を取り上げている。

　このように本書では，グローバル化という現象がもたらしているさまざまな影響の考察を意図している。その影響は従来の国民国家を前提としてきた社会科学の理論的な枠組に変容をもたらしただけでなく，これまでの地球環境政策や安全保障政策のあり方そのものの転換を迫っているように思われる。本書

が，グローバル化によって特徴づけられる現代世界の現状についての認識を深め，それに対してどのように対応していくべきなのかという問題を考えるための一助となれば幸いである。

 2013 年 12 月 25 日

編著者　星　野　　智

目　　次

まえがき

第Ⅰ部　グローバル化と社会科学

第1章　グローバル化時代の社会科学の役割
　　　　──グローバル・ガバナンス論の展開と課題──

内田孟男

　はじめに……………………………………………………………………3
　1．社会科学の発展………………………………………………………3
　2．グローバル化の時代とグローバル・イッシュー…………………7
　3．グローバル・ガバナンス論の台頭…………………………………12
　4．グローバル・ガバナンス論の批判的検証…………………………16
　5．グローバル・ガバナンスのこれから………………………………21

第2章　グローバル化論の類型学

滝田賢治

　はじめに──社会科学概念の曖昧性・多義性……………………27
　1．グローバリゼーションの定義をめぐる議論………………………30
　2．グローバリゼーションの発生──発生論と時期区分……………38
　3．グローバリゼーションとグローバリズム…………………………47
　おわりに…………………………………………………………………50

第3章 グローバル化におけるリージョナリズムの位相
——アジア欧州会合（ASEM）の視点から——
髙瀬幹雄

  はじめに …………………………………………………………57
1. ASEMの概観 …………………………………………………58
2. ASEMの原点——ASEANとEU……………………………62
3. ASEM——政治・経済・文化の非対称地域の交流 ………66
4. 多国間交渉の「場」として …………………………………70
5. 拡大の問題——ロシアの参加 ………………………………74
6. ASEMの評価と課題 …………………………………………77

第4章 グローバル化と国際関係理論の多様化
——非西洋の国際関係論が与える理論的インパクト——
今井宏平

  はじめに …………………………………………………………85
1. 非西洋の国際関係論が台頭した背景 ………………………86
2. 嚆矢としてのサバルタン・リアリズム ……………………89
3. 中範囲理論としての歴史社会学とネオクラシカル・リアリズム……92
4. 対抗ヘゲモニーとしての非西洋国際関係論確立の試み？……97
  おわりに …………………………………………………………102

第5章 グローバル化と地政学の位相
大矢 温

  はじめに …………………………………………………………109
1. 日本における「地政学」 ……………………………………110
2. ソ連邦における「地政学」 …………………………………113
3. ロシアにおける地政学の過去 ………………………………116
4. 新生ロシアにおける「地政学」の位置 ……………………120
  おわりに …………………………………………………………124

第 6 章　グローバル化とディシプリン
　　　　　──インドにおける，インドをめぐる
　　　　　　国際関係研究──

溜　　和敏

　はじめに …………………………………………………127
　1．現代インドの国際関係研究の新たな動き ……………128
　2．実証主義のアプローチ …………………………………133
　3．ポスト実証主義のアプローチ …………………………137
　おわりに …………………………………………………140

第Ⅱ部　グローバル化と地球環境

第 7 章　グローバル化と新しい安全保障パラダイム
　　　　　──地球温暖化をめぐって──

臼井久和

　はじめに──危機の宇宙船地球号と日本 …………………149
　1．2つの安全保障の考え方 ………………………………157
　2．地球温暖化の現状と課題 ………………………………165
　3．環境外交の展開と地球環境ガヴァナンスの構築 ……169
　おわりに──21世紀日本の選択肢 …………………………173

第 8 章　気候変動とヨーロッパの安全保障
　　　　　──オーストリア・EUの気候安全保障への
　　　　　　取り組みから考える──

上原史子

　はじめに …………………………………………………183
　1．世界の安全保障環境の変容とオーストリアの安全保障戦略 ………185
　2．ヨーロッパレベルでの気候安全保障の展開──オーストリアの

安全保障防衛ドクトリンと EU の安全保障戦略 ……………………188
　3．気候変動へのさらなる危機感とオーストリアの「包括的
　　　安全保障への備え」……………………………………………………192
　4．ヨーロッパ共通の気候安全保障戦略の可能性——欧州安全保障
　　　戦略履行報告発表までの道のりと課題 ………………………………200
　おわりに——ヨーロッパにおける気候変動をめぐる新たな展開と
　　　安全保障戦略の将来 ……………………………………………………204

第 9 章　グローバル化と世界の水資源

　　　　　　　　　　　　　　　　　　　　　　　　　　　星野　　智

　はじめに …………………………………………………………………………213
　1．地球社会とオーバーシュート …………………………………………215
　2．水資源の利用とピーク・ウォーター …………………………………219
　3．国際貿易とヴァーチャル・ウォーター ………………………………223
　4．世界経済とウォーター・フットプリント ……………………………230
　おわりに …………………………………………………………………………241

第 10 章　国家管轄権外の生物多様性をめぐる制度間の
　　　　　相互作用
　　　——グローバル化時代の法と政治——

　　　　　　　　　　　　　　　　　　　　　　　　　　　都留　康子

　はじめに …………………………………………………………………………245
　1．問題の射程 ………………………………………………………………247
　2．国家管轄権外の生物多様性を扱う制度は欠缺しているのか？ ……253
　3．リオ＋20 と国家管轄権外の生物多様性問題 ………………………258
　4．交渉の構図と制度間作用 ………………………………………………261
　おわりに …………………………………………………………………………263

第Ⅲ部　グローバル化と安全保障

第11章　人間の安全保障と民族紛争後の社会
鈴木洋一

　はじめに …………………………………………………………275
　1．安全・安全保障の生成・変遷 ………………………………276
　2．国家安全保障と人間の安全保障の相対化 …………………279
　3．安全保障共同体としての多元的アイデンティティ集団 …286
　4．ボスニア・ヘルツェゴビナの民族的対立的構図と今後の道程 ……288
　5．ボスニア・ヘルツェゴビナにおける人間開発―人間の安全保障
　　　―平和構築の連続性 ………………………………………296
　おわりに …………………………………………………………300

第12章　グローバル経済と国家安全保障
――米国の対内直接投資の受け入れにおける安全保障要因の検証――
髙木　綾

　はじめに …………………………………………………………305
　1．グローバル化の国内的帰結 …………………………………306
　2．米国における対内直接投資（IFDI） ………………………307
　3．対内直接投資をめぐる議論 …………………………………309
　4．国家安全保障上の懸念によるIFDIの政治化――事例検証 ………314
　5．グローバル化による安全保障化 ……………………………318
　おわりに …………………………………………………………321

第13章 非合法的グローバル化と米墨国境における麻薬戦争

川久保文紀

　はじめに …………………………………………………………325
　1．非合法的グローバル化とトランスナショナルな組織犯罪 ………326
　2．非合法的グローバル化と暴力——米墨国境における麻薬戦争 ……331
　おわりに …………………………………………………………344

第14章 グローバル化とロシアの犯罪
——ソ連崩壊から21年——

村井　淳

　はじめに …………………………………………………………351
　1．ロシアにおける犯罪状況概観 ………………………………351
　2．ロシアにおける認知犯罪者の特徴 …………………………354
　3．ロシアにおける主な犯罪の特徴 ……………………………356
　4．ロシアの地域別・主要都市別の犯罪の特徴 ………………367
　おわりに …………………………………………………………369

第15章 グローバル化と資本・国家・国民
——アメリカのハイパー・グローバル化のなかで——

土橋　貴

　はじめに——問題の所在 ………………………………………373
　1．資本主義の変容——後期資本主義からポスト後期資本主義へ ……374
　2．国家の変容——福祉国家から監視国家へ …………………377
　3．国民とナショナリズム ………………………………………381
　おわりに——民主主義の使命 …………………………………384

第16章　国内裁判所を通じた規範のグローバル化の様態
　　　――米国での議論を中心に――

竹内雅俊

はじめに――Lawrence v. Texas 事件（2003年米最高裁）の意義 ……391
1．外国判例および国際裁判所判決の参照という現象と法的意義 ……394
2．トランスガバメンタリズムのモデル ……………………………398
おわりに ……………………………………………………………401

第17章　グローバル化時代における公共的理性
　　　――ジョン・ロールズとアマルティア・セン――

齋藤俊明

はじめに ……………………………………………………………409
1．ジョン・ロールズ …………………………………………………411
2．アマルティア・セン ………………………………………………419
3．公共的理性としての民主主義 ……………………………………432

あとがき

第Ⅰ部　グローバル化と社会科学

第 1 章
グローバル化時代の社会科学の役割
――グローバル・ガバナンス論の展開と課題――

内 田 孟 男

はじめに

　グローバル化の定義については必ずしも社会科学者の間に合意があるわけではないが，地球規模での時空の凝縮という意味では，やはり冷戦が終結した1990年代初めからと考えるのが妥当であろう。古代シルク・ロードや，15世紀末からの大航海時代から，グローバル化は進展してきたとする説にも，それなりの理由はあるが，現在21世紀の私たちが経験している「グローバル化」とは質的に異なることは自明である。科学技術，とりわけ情報技術の，驚くべき進歩は世界中の人々を直接結びつけているし，政治経済の相互依存関係は同じように人々の生活に未曾有のインパクトを与えている。このような状況における社会科学の役割を「グローバル・ガバナンス」論を中心に考察するのが本論の目的である。

1．社会科学の発展

(1) 20世紀前半の成果

　社会科学は経済学，政治学，社会学，人類学，社会心理学，人文地理学など多様な学問分野を包括する。それぞれの分野も専門化が進み，政治学を例に

とっても，政治思想，政治史，国内政治（政治体制，選挙），国際政治，隣接する経済学との統合を目指す政治経済学といったように分化と統合化を同時に経験している。

　社会科学はその研究対象を人間社会とし，自然科学が自然現象を対象とするのとは異なる。自然科学が観察と実験を通して，一定の法則を導き出すように，社会科学は人間社会の法則を打ち立てることができるのか。そもそも社会科学は「科学」であるのか，といった懐疑論者に満足のいく回答を示してきたのか。このような社会科学の根源的な課題に対して簡単に答えることは難しいであろう。「科学」そのものの定義によって幾通りの答えが可能であるし，自然科学が持つ厳密性には及ばないとしても，社会科学は物質ではなく意思を持つ人間と人間が構成する社会を研究対象とする限りにおいて特有の性格を持つ。その1つは人間の持つ価値が科学にいかなる影響を及ぼすかという点がある。マックス・ウェーバーの「価値自由」に関する議論は両者の関係を考察した古典的業績といえる[1]。

　ここではこのような20世紀初頭の議論がその後も色々な形で継承されてきたが，社会科学は科学であるとの認識を出発点として考察する。20世紀に入って，社会科学は進歩発展してきたのであろうか。この疑問に対して1つの明解な回答が1970年初めに米国とドイツの研究者によって世に問われ，かなりの注目を集めた。ハーバード大学のカール・ドイッチェ，ミシガン大学のジョン・プラット，ゲーテ大学のデエター・セングハースは雑誌『サイエンス』に「社会科学の主要な進歩を促した諸条件」と題する論文を発表し，そのなかで1900年〜1965年に至る65年間に62の社会科学上の進歩があったとし，それらを具体的に確定している。これらの進歩は，第1に，技術的業績や刷新と同じように明確に定義できる社会科学の業績と社会的刷新があった，第2に，これらの業績は通常数少ない学際的研究機関において特定の問題に関して従事する個人またはグループによる意図的そして組織的調査研究努力による結果であること，そして，第3に，その業績は驚くほど短い時間に広く受け入れられるか主要な社会的効果をもたらした[2]，と結論づけている。社会科学の分野別で

見ると，62の業績は，心理学（13），経済学（12），政治学（11），数理統計学（11），社会学（7），哲学（5），人類学（3）である。初期の業績は，マックス・ウエーバーの官僚制の理論や，V・I・レーニンの政党の革命的・前衛的役割の様に「理論的であり」，「質的」な研究であった。後期に入ると，情報理論や経済学の成長モデルなどのように，主として「数理的ならびに統計的技術の革新」や，定量分析から導かれた理論であった。このような社会科学の進歩に関する調査結果の公表の背景には，当時の社会科学に対するある種の希望的また楽観的期待があったといえる。1969年にノーベル経済学賞が設定されたこともその傍証とも考えられる。ただ，ドイッチェ等の調査で確定された62の業績のうち，1945年以降の業績として列挙されたものは10指に過ぎず，大多数の残りは1900年〜1945年以前のものである点にも留意しなくてはならない。20世紀に入って65年間に62の進歩，すなわち平均年に1つの進歩があったこととなり，1945年以降の業績は相対的にかなり低くなっている。

　それにもかかわらず，社会科学の急速な発展と普及は第2次大戦後に起こったとすることは誤りではない。『1945年以降の社会科学の歴史』の編者たちは「1945年以降のすべての社会科学の最も明白な特徴はその迅速な成長にある」と指摘し，各社会科学分野での「専門化」と「理論の是認」が大きな特色であると指摘している[3]。社会科学の成長と発展は制度的な確立を伴う。世界の主要な大学における社会科学分野の講座，研究所，そして出版物は確かに戦後の社会科学の隆盛を裏付けるといえる。そのような制度的発展を支えた理由の1つは，社会科学が国家の政策に重要な貢献ができるとの期待があった。米国のニューデール政策，戦時中の経済社会管理の必要性は，社会科学と国家との関係を強化した。さらに政策科学の誕生は社会科学と国家そして地域の政策とを関連づける上で強力な推進力となったといえる。近年の日本の大学における「総合政策学部」の設立はこのような背景と期待から生まれたといえよう。ただし後述するように，社会科学と国家ないし地域行政との関係は一定の距離と緊張関係を持つべきであり，この関係は本論のグローバル・ガバナンス論にも後述するように必要な条件である。

(2) 社会科学の国際化と途上国の台頭

社会科学は先進国においてだけではなく，第2次大戦後独立を果たした多くの途上国においても顕著な発展を見せた。社会科学の「国際化」を支えたアクターのひとつにユネスコがある。ユネスコは国際連盟の学術的役割，特に国際知的協力委員会と国際知的協力機関，の遺産を継承し，学問の普及をその使命としていることは良く知られている。ユネスコは1940年代後半に入って，国際経済学会や国際政治学会など社会科学分野の国際的学術団体を積極的に設立して，途上国の研究者の社会科学研究と議論への参加を支援した。これら学問分野別の諸学会を統合する形で，ユネスコは1952年に「国際社会科学評議会」を発足させ，ユネスコの社会科学局と密接な協力関係を築いてきた。爾来，両者の協力関係は既に60年の歴史を有する。

また地域レベルでは政府間機構である「社会科学ラテン・アメリカ学部」(1957年設立) と「ラテン・アメリカ社会科学評議会」(1967年) の設立にユネスコは寄与し，その発展と支援を続けている。アフリカには「アフリカ社会科学学術振興評議会」(1973年)，そしてアジアに「アジア社会科学評議会連合」(1973年) の設立に指導的な役割を果たしている[4]。1960年代にはユネスコの基本的立場は欧米で発展してきた社会科学を途上国に「移植」することであった。それが70年代に入ると途上国の歴史伝統を踏まえた「土着化」に重点が置かれるようになった。70年代は政治経済分野においても「新国際経済秩序」(1974年) の国連採択に見られるように，途上国からの既存の秩序への異議申し立てが表面化している。社会科学においても欧米の社会科学に対する懐疑的風潮が高まった。そして，「移植」や「土着化」ではなく，より平等な「地域間協力」によって社会科学を発展させるべきであるとの主張が主流となった[5]。

ウオルターR・ロストーの『経済成長の諸段階：非共産党宣言』(1960年) は当時植民地支配から独立を獲得して，国際社会に登場した開発途上国の経済発展への要請に答えるかに見えた[6]。しかし，欧米の経済発展経路を普遍的な

ものと見なす直線的な理論はすぐに行き詰まり「内発的発展理論」が1970年代から80年代に注目を浴びるようになる[7]。70年代後半には開発経済学は「混迷にある」との報告書すら出されている[8]。同時期に次第に地球的規模の問題として認識し始めた問題に開発と環境との関係がある。1972年に発刊されたローマ・クラブの報告書『成長の限界』は地球資源の有限性を指摘し，従来の開発路線を追求することの不可能性を明らかにした。同年ストックホルムで開催された国連人間環境会議も開発と環境の対立と補完性とを巡って主として途上国と先進国との立場の違いを浮き彫りにしたといえる。このように第2次大戦後の社会科学の発展は，世界情勢の変化に伴い，その視点を変え，多様化すると同時に，より内省的になったといえる。

2．グローバル化の時代とグローバル・イッシュー

(1) グローバル化の定義を巡る言説

本章においては冷戦の終結した1990年代初頭の世界政治の大転換期以降を，グローバル化が真に普遍的になったと理解して論考を進めたい。それにはいくつかの理由があるが，第1に，冷戦が終焉したことによって政治経済関係が全地球的に初めて緊密になったこと。第2に，科学技術の進歩によって情報の安価で即時伝達が可能となり，ヒトと物資を大量に運搬することによる経済そして人的交流が国境を超えて容易になったこと。第3に，国際政治の舞台でほぼ役者を独占していた国家が，新たなアクターの登場によってそれらとの協働を余儀なくされてきたこと。第4に，地球環境をはじめ新たな地球規模の問題群が顕在化したこと，そして，第5にグローバル化という用語が使用されるようになり，その現象を検証するための学問的概念が登場し注目を集めるようになったことが挙げられる。

ローランド・ロバートソンは「グローバリゼーション」という用語は1980年代後半において，知的，ビジネス，メデアその他で使用されるようになった

ことを指摘している[9]。後述するように，ガバナンスという用語はその直後に登場するといえる。

それではグローバル化，またはグローバリゼーションとはいかなる現象なのか。イアン・クラークは「グローバリゼーションとは国際的相互依存作用の強度と広がりによって特徴づけられる」とし「強度」とは統合，相互依存，多国間主義，開放性，浸透性であり，「広がり」はこれらの傾向の地理的拡散であると定義している。また世界化は分散化と同時進行をしており，直線的なものではないとし，世界化と分散化との緊張関係は常に存在するという。最も典型的な世界化は，冷戦終結後の1990年代に入ってからだとする[10]。

また，グローバル化について数々の著作を物にしているデヴィッド・ヘルドとアンソニー・マグルーはグローバル化の定義には「広がり，強度，速度，インパクトの4つの要素が含まれていると指摘して次のように述べている。

> 社会的関係と交流のための空間的組織の変容を具体化し——それは社会的関係や交流の広がり，強度，速度そして影響によって評価されるのだが，——大陸横断的なフローもしくはリージョナル間のフローと，活動，相互作用，パワーの行使3つのためのネットワークを生み出す過程もしくは複数の過程の組合せである[11]。

また彼らはグローバル化の概念化に関して3つの傾向があるとし，それぞれ「ハイパーグローバリスト」，「懐疑論者」，「転換主義者」と命名している。最初のグループはグローバル化によって，既に国家の役割は終わり，地球は1つになったと主張し，第2のグループはウエストファリア体制が依然支配的であるとする。第3のグループ「転換主義者」と呼ばれるグループはグローバル化が世界政治を変容させていると説き，グローバル化論とグローバル・ガバナンス論の主要な推進者といえよう[12]。

また，ジョセフ・ナイはグローバリズムとグローバリゼーションとを区別して，前者は大陸間の相互依存関係のネットワークを含む世界の状況であり，後

者はグローバリズムの拡大であるとする。それは資本，モノ，情報，アイデア，ヒト，力そして環境的生物的に有効な物資の流れによって結びつけられる[13]，とする。

ここで，相互依存性とグローバル化は異なる点に注意したい。例えば，オルフギャング・ライニッケは，相互依存性は主権国家間の距離を狭め，マクロ経済協力を緊密化することを意味するが，グローバル化はミクロ経済現象で，国を超えた次元で個々の会社の組織構造および戦略的行動の性質そのもののなかに統合することを意味している，と指摘している[14]。

(2) 地球規模の諸問題

それではグローバル化はどのような変化を世界の人々に対して引き起こしたのか。その功罪は一様ではない。2000年の国連ミレニアム総会にアナン事務総長が提出した『我ら人民：21世紀における国連の役割』と題する報告書はそのメリットを，経済の拡大と活性化，ヒトの移動の自由，地球市民のアイデンティティーの形成に求め，デメリットとしては貧富の差の拡大，伝統的文化的アイデンティティーの喪失を挙げている[15]。この報告書を受けて，開催されたミレニアム国連総会は「ミレニアム宣言」を採択し，そのなかで次のように述べている。

> 今日われわれが直面する主たる課題は，グローバリゼーションが世界の全ての人々に取り前向きの力となることを確保することである。というのも，グローバリゼーションは大きな機会を提供する一方，現時点ではその恩恵は極めて不均等に配分され，そのコストは不均等に配分されている。

確かに冷戦の終結によってイデオロギー的対立は後退したが，世界平和への期待と至福感は長続きしなかった。大国間の戦争の危機は頻発する国内・地域紛争による不安定はむしろ激化した。また新たな世界的問題も浮上した。地球環境の悪化，人口の激増，貧困の蔓延，人権の大規模侵害はグローバル化した

世界においては，世界中の人々の日常生活に直接に影響を及ぼしている。これらの諸問題について概観してみよう。

1）紛　争

最初に冷戦終結後の紛争と犠牲者について概観してみよう。SIPRI 年鑑で見ると 2001 年～2010 年の 10 年間に発生した武力紛争，非国家紛争，国家による市民への一方的な暴力の数値は多少の変化はあるものの，それぞれ年間 30 件から 40 件あり，「組織化された暴力」による死者数は近年むしろ増加している。この 10 年間には 69 の武力紛争があり，221 の非国家紛争を数え，129 のアクターが一方的暴力に関与していたとされる[16]。アラブの春によって引き起こされた紛争およびリビヤとシリアにおける大規模な武力紛争とテロ活動はなかでも憂慮される事態である。

このような紛争に対して国連は平和活動の展開を拡大し，平和構築にまでその任務を強化せざるを得ない状況にある。2013 年 8 月末の時点で展開中の平和維持活動は 15，軍人・文民要員は 10 万人を超え，2013 年 7 月から 2014 年 6 月の年間予算は 75 億 4 千万ドルで国連の通常予算の 2 倍以上となっている[17]。平和構築では 2011 年～12 年の 2 年間に 21 カ国におよそ 1 億 2 千万ドルの支援を行っている[18]。平和構築基金は 51 カ国の献金によって既に 5 億ドルを超えており，さらなる支援の拡大が期待されている。

2）経済活動の安定

2008 年のいわゆるリーマン・ショックによる国際経済・金融の不安定化はグローバル化した世界経済がいかに相互依存関係にあるか，そしてその経済秩序そのものの脆弱性を露呈させたといえる。先進 7 カ国の経済規模は世界経済に占める比率を低下させており，途上国，なかでも新興途上国（BRICS）を含めた 20 カ国・地域首脳会議（G 20 Summit）によって世界経済の安定化を図らざるを得ないことを白日の下に曝すこととなった。最初の首脳会合は米国ワシントン D.C. で 2008 年 11 月に開催され 2013 年 6 月にはロシアのサンクトペテルブルクで第 8 回目の会合が開催されている。

ギリシャの債務危機に始まったユーロ圏の経済停滞と失業者の増加は世界経

済に大きなインパクトを与えており，中国における成長の鈍化もその規模が世界第 2 位であることから影響が憂慮されている。

3）世界人口

次に，世界人口の急激な増加は驚く程の急上昇カーブを描いている。1950 年に 25 億 3 千万人であった世界人口は 60 年後の 2010 年には 69 億 2 千万人と 2.7 倍以上に増加し，2100 年には 108 億 5 千万人になると推計されている。単なる人口の増加だけではなく，世界地域における人口増加格差も重要である。先進国の人口は 2050 年まで現在の 13 億人を維持するのに対して最後発途上国の 49 カ国の人口は 9 億人から倍増して 18 億人になると推計されている[19]。

4）地球環境

地球環境については，既に 1972 年の人間環境会議で開発と環境問題が議論されたが，開発に優先順位が与えられ，また冷戦中でもあり，主要な地球規模の課題とはならなかった。しかし 1992 年の地球サミットでは地球温暖化，生物の多様性，森林問題は，より深刻な問題として認識されるに至った。ただし，効果的な世界レベルでの政策は一定の合意はあるものも実効性を欠いているといわざるを得ない。2012 年のリオ・プラス 20 会議でも同様の国家間対立によって進展を見ることはなかった。最新の IPCC の報告書によると 2100 年には気温は最大で 4.8 度上昇し，海面は 81 センチ高くなるという[20]。

5）開　発

世界人口の増加は食糧，水，エネルギーの需要の拡大を当然のことながら要求する。開発は 2015 年のミレニアム開発目標を超えて達成される必要があり，地球資源への深刻な負荷を引き起こしている。環境と開発の相克は理念的には「持続可能な開発」が提示するように，たとえ解消されたとしても実際の政策に転換するには，ほとんど越えられないほどの困難に直面しているといえる。

6）科学技術の管理

冷戦中の最も重要で緊急な問題は核兵器の管理であった。偶発戦争を防止することは至上命令であった。現在でもこの問題は人類の存続を危機にさらす可

能性をもっており，決して看過できないが，政治的対立の後退によってその蓋然性はかなり低くなっているといえる。原子力発電の潜在的危険性はチェルノブイリ原発（1986年4月）と福島原発（2011年3月）の事故によって証明されている。人類は原子力をその使用済み核燃料の処分も含めて有効に使用する手段をいまだ手に入れていないことが明らかになった。情報技術の進歩は情報の伝達とアクセスを飛躍的に容易にし，市民生活にも大きなインパクトを与えている。他方，サイバーテロに見られるように，国家またはグループによるプライバシーの侵害やハッカー行為が新たな脅威として登場してきた。

3．グローバル・ガバナンス論の台頭

このような地球規模の問題群に対処するには国家中心のウエストファリア体制では不十分であり，市民社会，ビジネス，そして国際機構を内包した新たなシステムが必要であるとの議論が冷戦終結直後から研究者，実務家，市民社会の活動家および国際機構のリーダー達から提唱されてきた。

(1) 開発と安全保障概念の変容

グローバル・ガバナンス論が登場するためには，特に開発と安全保障に関して重要な概念と理論の変化が先行する必要があった。1987年公表されたブルントランド報告は「持続可能な開発」を提示し，1992年の地球サミットの基本的概念となり，以後の開発議論をリードすることになる[21]。1990年代に入ると国連開発計画（UNDP）が『人間開発報告書』を発行し，従来の国民総生産に基づく経済状況の評価を，購買力平価，寿命，教育程度を指標とする人間開発指標を提言し，開発理論に大きなインパクトを与え続けている。

安全保障に関しても国家中心で軍事と外交手段による安全保障から，人間個々人の安全を重視する概念が『人間開発報告書1994』によって提唱された[22]。アナン事務総長は1999年のコソボと東チモールの紛争と虐殺を念頭に，同年の国連総会で2つの主権概念について演説をしている。ひとつは「個

人主権」(individual sovereignty) で，もうひとつは「国家主権」(state sovereignty) であるとし，後者は絶対的ではなく，個人の安全確保も同様に重要であると述べている。アナンの問題提起に対して，人間の安全保障概念はその後，「介入と国家主権に関する国際委員会」の報告書『保護する責任』(2001年) と「人間の安全保障委員会」による報告書『安全保障の今日的課題』(2003年) によって国連の場においても議論され，2005年の国連サミット『成果文書』にも言及されるようになる。このように国レベルでの関心から個人のレベルへの関心と同時に，地球レベルでの展望が三位一体となって議論が展開してきた。

(2) 「ガバナンス」から「グローバル・ガバナンス」へ

このような背景のもとに，ガバナンス論も異なった次元での議論が同時並行で行われることとなる。もともと「ガバナンス」という用語は世界銀行が1989年アフリカの開発に関する報告書のなかで，政府機関の効率性，能率性，法の支配，そして透明性の重要性を指摘したのを嚆矢とする[23]。ここでは単に政府機関のガバナンスの向上と開発との関係を指摘したのに止まり，その後の「良いガバナンス」に見られる民主主義，人権，参加といった要素は考慮の対象外であった。アナン前国連事務総長は1998年の年次報告において「良いガバナンス」について言及し，「人権と法の支配」を伴うことを指摘し，非政府アクターとの合意をも必要とする点を論じている[24]。

世界銀行の『世界開発報告書』(1997年度版) は「変容する世界における国家の役割」をテーマに国家，市場，市民社会の関連領域を図式化して示している。正三角形のなかに国家，民間セクター，市民社会をそれぞれ円で表現し，国家は階層と管理を，民間部門は利益と競争を，市民社会には発言と集団行動の役割を付与している。3者の重複領域には，雇用者組織，労働組合，専門団体を列挙し，国家と市民社会の隣接領域にはNGOsと生活協同組合，民間部門と市民社会との隣接領域には民間自発的組織を確定している[25]。問題は3者の相互関係を正三角形で示すことによって，それぞれの力の大きさが均等になっているかの印象を与えていることであり，後述するように現実とはかけ離

れていることである。

　国内のガバナンスを論じた報告書から，世界レベルでのガバナンスも次第に注目を集めるようになる。1992年ジェイムズ・ロズナウが『政府なきガバナンス』を著して注目を集めた。彼はガバナンスを「政府よりも包括的な現象であり，政府機関を内包するが，非公式な非政府機関をも包摂する」と定義し，ガバナンスは多数によって受け入れられた時に初めて機能するルールである，とした。ガバナンスの概念は世界政治の研究に特に有効なのは，世界に中央政府は存在しないが，ある程度の秩序または日常化された取り決めは世界生活を行うのに通常存在するからである，と述べている[26]。

　「グローバル・ガバナンス」という用語を最も強力に普及させたのは1995年のグローバル・ガバナンス委員会の報告書『地球リーダーシップ』であったのは間違いない。報告書はガバナンスを定義して次のように述べたのは周知のことである。すなわち，「ガバナンスというのは，個人と機関，私と公とが，共通の問題に取り組む多くの方法の集まりである。」[27]グローバル・レベルでのガバナンスには国家に加えて，国際機構，市民社会，ビジネスを主要なアクターとして認定している。国連においてもグローバル・ガバナンスはその語彙に収められ，事務総長の報告等に頻繁に使用されるようになっている。

　国内における国家の役割の変化は国際・地球レベルでの国家の役割とその地位にも変化をもたらす。ロバート・コヘーンとジョセフ・ナイは「グローバル化の実態」と題する論文において地方，国レベル，国際レベルでの民間部門，公共部門，第3セクターそれぞれのアクターを下記の図表の様に確定している[28]。

表1-1　ガバナンスの活動

	民間部門	公共部門	第三セクター
国　際	多国籍企業	政府間組織	NGO（非政府組織）
全　国	企　業	中央政府	非営利団体
地　方	地方企業	地方政府	地方団体

⑶　ガバナンス研究所，文献および教育プログラムの発展

　多少の差異は研究者の間にあるものの，ロズナウが1992年にガバナンスに関する先駆となる書物を世に問うてから20年を経て，地球規模の諸問題に対処する方法として「ガバナンス」は「社会科学における最も普通に使用される用語」[29]となったことは間違いない。グローバル・ガバナンスは公共政策と重なる部分が大きい。国際公共政策が複数の国家が取る協同政策だが，「地球公共政策」はより普遍的な国家の参画を意味すると区別する論者もある[30]。現在のグローバル・ガバナンス理論の主流は単に国家の普遍的な参加だけではなく，多様な非国家アクターをも包括する理論で，市民社会，民間部門，そして国際機構をも重要なアウターとして位置づけている[31]。

　グローバル・ガバナンス論の最も明白な制度的発展については，欧州や米国におけるガバナンスを名称とする研究所の設立がある[32]。1992年にはロンドン大学（LSE）にグローバル・ガバナンス研究センターがメアリー・カルドーやデイヴィド・ヘルドらによって設立されている。（ただし，同センターは研究テーマの変更を理由に，2011年7月に閉鎖されている。）1997年にはウオーリック大学にグローバル化と地域化研究センターが誕生し，ベルギーでは2007年にルーヴァン・グローバル・ガバナンス研究センターが設立されている。研究プログラムとしてはヨーロッパ大学研究所（EUI）にはグローバル・ガバナンスプログラムがあり研究と教育を続けている。北アメリカにおいては，2000年にイリノイ大学にグローバル研究センターが設立され，2001年にはイェール大学にグローバル化研究センターが，2003年にコロンビア大学には法的次元に焦点を当てた学際的なグローバル・ガバナンス・センターがリチャード・ガードナーとマイケル・ドイルによって樹立されている。カナダにおいては2001年に国際ガバナンス・イノヴェーション・センターが設立されている。その他スミス大学をはじめ多くの大学で関連の研究所やプログラムが盛況を呈しているといえる。日本においてもグローバル・ガバナンス学会が2012年3月に結成されたようにグローバル・ガバナンスに関する研究と教育は次第に拡大しつ

つあるといえる。大学・大学院レベルでグローバル・ガバナンス講座は現在も増え続けている。

グローバル・ガバナンスに関する文献はリストアップするのが困難な程豊富であるが，なかでも国連システム学術評議会（ACUNS）が発行する機関誌 *Global Governance: A Review of Multilateralism and International Organizations* は1995年から発行され，グローバル・ガバナンスに関する中心的な学術誌としての評価を得ている。

4．グローバル・ガバナンス論の批判的検証

翻って，社会科学の目的とは何であろうか。マックス・ウエーバーは学問の意義は「魔法からの世界解放」にあると述べている[33]。社会科学はその時代の秩序と統治の本質を見抜き，その神話を暴くことがその任務の中核にあるだろう。現在の世界秩序の本質を検証すると同時に，グローバル・ガバナンス理論が内包する可能性とその限界をも視野に入れた考察が求められている。このような観点から，グローバル・ガバナンス論を批判的に再検討してみたい。

(1) 多様な概念と理論

グローバル・ガバナンス理論も当然ながら多様な学派および実務家による展望を有している。前出のヘルドがグローバル化について「ハイパー・グローバイスト」，「懐疑論者」と「転換主義者」の3学派に分類した方法に従えば，グローバル・ガバナンス理論もかなりの程度これらに呼応するといえよう。第1のグループは，グローバル化を基本的に望ましい傾向と認識し，それを強力に推進すべきであるとし，国家の役割よりも経済主導を重視する。従って，貿易と金融のさらなる規制緩和と自由化を主張する。第2のグループはグローバル化も多国間システムを基本的には変えていないと主張する。第3のグループはグローバル化にかなり曖昧な態度をとっているし，グローバル化に対しての展望と政策を明確にしていないようだ[34]。

グローバル・ガバナンスにおける，どのアクターを重視するかによっても学派の分類も可能であろう。国家を最重要なアクターと見なし，それ以外の非国家アクターを軽視ないし無視するグループは国際関係論では「現実主義者」であり，「懐疑論者」と重なる。民間部門・ビジネスを主たるアクターと考える論者はかなりの部分スーパー・グローバリストと軌跡を同じくしている。市民社会は，必ずしも最強のアクターとは見なされていないが，その役割を優先課題とするグループも次第に影響力を増しているといえよう。国連をはじめ国際機構を焦点にガバナンスを論じるグループは国際法や国際機構論の専門家と国際公務員などの実務家の間にはかなりの支持者があると見られる[35]。このように，グローバル・ガバナンスの論壇は百家争鳴の観を呈しており，どのように収斂していくのか予断を許さない状況にある。

(2) 現状維持と変革のジレンマ

グローバル・ガバナンス論の出発点はグローバル化をいかに管理するかである。ミレニアム宣言にある，グローバル化はその恩恵と負担を国家と国民に不均等に配分しているので，その是正のために「世界レベルでの政策と措置」を取らなければならないとの趣旨は，グローバル・ガバナンス論において充分に取り組まれているとはいえない。グローバリズムは，ナショナリズムやキャピタリズムと同様に，グローバル化を推進する思想や運動を意味する。グローバリストは，グローバル化は恩恵をもたらす傾向として歓迎し，その方向やインパクトを全面的に受け入れるべきであるとする，現状維持派であるといえる。対して，グローバル・ガバナンスは現在の地球的秩序を変革し，より平等な地球社会を形成すべきであると主張する変革論者がある。ただ，彼らは，何を，どのような手段で変革できるのか，またすべきなのかについては多くを語っていない。

(3) 価値観と信念

その困難の核心にはグローバル・ガバナンス論は地球公共財を提供する政策

科学として，根源的に価値志向であり，哲学，宗教，人間観と密接に結びついていることにあるのだろう。政策科学は現状分析の「である」から，未来志向の「あるべき」グローバル化を追求することが内在的に求められている[36]。ある論者は「グローバル・ガバナンスは，主としていまだに存在しないものの地図を作ることに関与している」[37]と論じている。グローバル・ガバナンスの根底にある目的はいわゆる地球公共財[38]を世界中の人々に提供することであり，そのための政策と制度を構築することであるといえる。グローバル・ガバナンスは現在の世界秩序を分析するだけではなく，人類の未来の展望を示すことである以上，そこに多様な価値観と信念が主導的役割を果たすことは明らかであるといえる。多様で，時に対立する，価値観をいかに調和させて，ガバナンスの制度を構築し，政策を実行できるか，グローバル・ガバナンスの論者の模索は続いている。

(4) ガバナンスの異なったレベルでの調和

これまで概観してきたように，グローバル化によって時空の短縮と凝結は確かに進んだ。他方，世界政府が存在しないためにグローバル・ガバナンスの概念と理論が提示されてきたことが暗示するように，地方，国家，地域，世界レベルでの多様なアクターの共同を可能にするような枠組みの構築の問題がある。欧州連合の補完性の原則の様に，欧州地域レベルよりも国家または地方レベルで取り組んだ方がより効果的な問題もある。同じことはグローバル・ガバナンスについてもいえる。世界地域レベルでのガバナンスと世界レベルでのガバナンスをいかに調和させるかという問題は現実の緊急課題でもある。普遍的な世界貿易機関（WTO）の貿易協定が進捗しないなか，各種の自由貿易協定が数多く締結されているのは，世界レベルと地域レベルでの調整の難しさを示す一例にすぎない。地域機構には，欧州連合に見られるような高い次元での統合ではないが，アフリカ連合，米州機構があり，アジアには，より限定的な地域機構として東南アジア諸国連合その他が存在する。地域機構と普遍的機構としての国連は，1990年代半ばから定期的な協議の場を設けて生きているが，こ

れまでの成果は多くないといえる。紛争や環境問題はグローバルな側面と同時に，かなり地域限定的な問題もある。従って，グローバルなレベルでのガバナンスと同時に，地域的ガバナンスの強化と調整は重要な課題といえる[39]。

⑸　アクター間のパワーの落差と相互関係

　グローバル・ガバナンスにおけるアクターとして，国家，市民社会，民間部門および国際機構を包括的に取り込み，検証することには，これまで考察してきたように，多様な論者の間にもかなりの合意がある。前出の世銀の報告書が国内ガバナンスのアクターとして国家，民間部門，市民社会を平等な正三角形に図式し，ナイとコヘインが国際レベルで多国籍企業（民間部門），政府間組織（公共部門），NGO（第3セクター）と表にまとめた点を想起してみよう。アクター間のパワーを検証すれば，その間に大きな落差があることは明白である。

　①　国家：確かに正統な物理的暴力を独占している筈の国家も多くの例外を抱えている。崩壊国家，内戦状態にある国家，その暴力の正統性を疑われえるような国家がある。しかしながら，大多数の国家は単に軍事力と警察力を独占しているのみならず，経済面での地位を高めてきていることは，特に先進国における政府支出が国民総生産に占める割合が経済協力開発機構（OECD）の加盟国平均で45％を占めており，この傾向は続くとの観測が報告されている[40]。2008年以降の金融財政危機は経済における政府の立場を相対的に強化しているといえる。同時に，国家は財政赤字を抱え，決して経済活動において主導権を取りえる立場にもない。

　②　民間部門と市民社会：市場が未発達な国においてはビジネスの相対的立場は脆弱であることはいうまでもない。市民社会やNGOの立場は国によって大きく異なり，グローバル・ガバナンスにおける役割は増大しているものの，極めて限定的である。

　③　国際機構：国際機構のなかで国連は唯一の普遍的，一般的機構としてグローバル・ガバナンスに不可欠のアクターとして認められるようになってい

る。国連を中心とした多国間協力はアクターとしてよりも討論の場，国際世論を反映する場としての役割の方が政治的には大きいかも知れない。しかし，国連平和活動，ブレットンウズ機構，国連開発計画やユニセフなどはより現地志向の紛争解決と開発に重要な機能を有している。地域機構は欧州連合，アフリカ連合，米州機構，そして東南アジア諸国連合などは，それぞれの地域において大きな役割を果たしている。

　このようなグローバル・ガバナンスのアクターを，それぞれの相対的パワーの差異を考慮して楕円形の大きさを表して，国レベルと地球レベルでのアクター間の関係を図式化すると図1-1のように描けるのではないだろうか。矢印は単に上位への委任を示し，楕円形の重複は相互依存関係を表現している。コヘーンとナイは国際レベルでのガバナンスのアクターのなかに国家，とりわけ

図1-1　国レベルとグローバル・レベルでのガバナンス

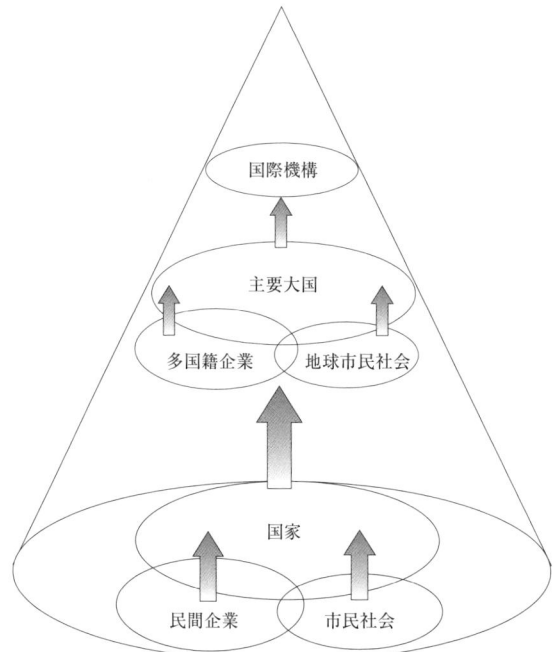

主要国家，を認定していないのは理解しがたい。グローバル・ガバナンスの主役は依然として主要大国であり，国際機構とは識別されなくてはならない。

5．グローバル・ガバナンスのこれから

　グローバル・ガバナンス理論と研究・教育は主として欧米で誕生し普及してきた。むろんグローバル・ガバナンスを推進してきたグローバル・ガバナンス委員会や国連は単に先進諸国の発言の場ではなく，より普遍的な議論の場である。それにもかかわらず，現在のグローバル・ガバナンス論は基本的に現在の世界秩序を大きく変更することなく，改善することによって地球公共財を供給できるとの認識に依拠しているといえる。既に言及した「新国際経済秩序」は現行の経済秩序のもとでは開発は不可能であると宣言したが，先進国の反発に会い80年代にはほぼ死文化してしまった。その後の環境と開発の議論においても修辞的な合意はあるものの，実際の優先順位は途上国と先進国とでは異なる。ミレニアム宣言にある「世界レベルでの政策と措置」を取る必要についても，文言のみで，実際の政策の具体化はミレニアム開発目標以外にはめぼしい協力は見られない。リーマン・ショック以後のG7からG20への移行が示す新興途上国（BRICS）の台頭も地政学の変化はもたらしたものの，ガバナンスの観点からは大きな進歩は見られなかった。

　本章の最初に引用した，1971年に報告された社会科学の進歩は1900年代前半には理論的，質的な進歩であり，20世紀中葉になってより数理的，実証的となったことを指摘している。グローバル・ガバナンス理論は現時点で多分に「質的」であることには異論はないであろう。ガバナンス論が進歩を確実にするためには，やはりより個別の，実証的，経験論的アプローチが一般理論にフィードバックしていく必要があるのではないかと考える。そのためにはいくつかの条件があろう。

　1）ガバナンス論を巡る世界的な認識共同体の形成が期待される。欧米先進諸国の学者や実務家だけではなく，途上国をも含めた世界的なネットワークを

形成し，多様な視点を包括する理論と実践の認識共同体の貢献が期待される。政策科学の分野として，学際的のみならず，学者と実務家との共同作業も必要であろう。グローバル・ガバナンス理論の脱欧米化であり普遍化である。

　2）グローバル・ガバナンスのアクターである民間部門が，国連のグローバル・コンパクトの原則を順守しながら営利活動をすることが，人権，労働，環境そして腐敗防止といった公共財に寄与することになる。グローバル・コンパクトが打ち上げられた2000年から過去14年の間に賛同する企業，団体，地方公共団体の数は増加し2013年5月現在で7,000のビジネスを含む10,000の参加団体があり[41]，次第にその影響力を発揮し始めている。コンパクトのさらなる活動が期待される。

　3）国際的NGOは開発，人権，紛争解決等に多大な貢献をしているが，冷戦の終結に伴う「公共空間」の拡大によって，その活動範囲はますます広がり，多様化している。この分野でも地方，国，地域，そして地球レベルでの活動が有機的に結びつくことが求められている。国際的NGO数は急激に増加し，国連と協力しているNGOは30,000を超え，経済社会理事会における協議的地位を有するNGOも現在3,735を数える[42]。

　4）国際機構では，国連に限定しても既に言及したように，世界的な討議の場として，さらにはアクターとして地球公共財の供給に一層の役割がある。2010年の国連総会の一般討論のテーマは「グローバル・ガバナンスにおける国連の役割を再確認する」であり，多くの代表の演説はこの問題に言及があった。筆者はこの件について国連のプレス・リリースを検証したが，多くの演説は総会と安保理改革についてであり，主要機関の1つである事務局の役割について論じたものは皆無であった。このことは，グローバル・ガバナンスにおける国連の役割の中核を担う事務局と事務総長に対する政府代表の認識の程度を示しているといえる。

　このような多様なアクターをグローバル・ガバナンスに向けて調整し，主導するアクターをどこに求めたらよいのだろうか？　かつて，イニス・クロードJr.が政府の協議体である総会や安保理を「第2の国連」と呼び，事務局を「第

1の国連」として対比させたことを想起すると[43]，グローバル・ガバナンスにおける第1の国連，即ち国際公務員制度の役割の重要性は明らかであろう。国連事務局は人類の利益の代弁者であり，加盟国からは独立したアクターとしての正統性を有し，極めてユニークな地位を占めている。近代国家形成において国家公務員制度が果たした役割に近いものを国際公務員制度に期待するのは現状では無理であるとしても，その育成はグローバル・ガバナンスに必須かつ不可欠ではないだろうか[44]。「国連知的ヒストリー・プロジェクト」はその10年間にわたる調査研究の成果を総括した報告書を『グローバル・ガバナンスと国連：未完の道程』としたのは[45]，将来を見据えた含蓄のあるタイトルであるように思える。これから，どの方向にグローバル・ガバナンスは進展していくのであろうか？ そして，21世紀中葉に「社会科学の主要な進歩」を検証するような調査報告があるとしたら，そのなかに「グローバル・ガバナンス」論はグローバル化の時代における社会科学の進歩として確定されるのであろうか？ 期待を込めて見守っていきたい。

1) マックス・ウェーバー『社会科学の方法』（祇園時信彦・祇園時則夫訳）講談社学術文庫，1994年および大塚久雄『社会科学の方法』岩波文庫，2000年を参照。
2) Karl W. Deutsch, John Platt, Dieter Senghass, "Conditions Favoring Major Advances in Social Sciences," Science, Vol. 171, No. 3970 (February 5, 1971), 450.
3) Roger E. Backhouse & Philippe Fontaine, eds., *The History of the Social Sciences since 1945*, Cambridge University Press, 2010, pp. 8-9.
4) 筆者はアフリカとアジアにおける2つの地域学会の発足に携わった経験をもつ。インドのシムラにおける準備会議と，セネガルのダカールでのアフリカ学会の発足式典はいまでも鮮明な記憶として残っている。
5) ユネスコは1970年代後半には各地域の社会科学団体の協力を推進するために「地域間協力プロジェクト」に着手している。
6) W. W. Rostow, *The Stages of Economic Growth: A Non—Communist Manifesto,* Cambridge University Press, 1960.
7) 鶴見和子・川田侃編『内発的発展論』東京大学出版会，1989年を参照。
8) 国連大学の「人間・社会発展」プロジェクトの報告書。
9) Rolland Robertson, *Globalization: Social Theory and Global Culture,*

Sage, 1992 参照。
10) Ian Clark, *Globalization and Fragmentation: International Relations in the Twentieth Century,* Oxford University Press, 1997 を参照。
11) デイヴィド・ヘルド　アンソニー・グルー　デイヴィッド　ゴールドブラット　ジョナサン・ペラトン『ブローバル・トランスフォーメイションズ：政治・経済・文化』（古城利明・臼井久和・滝田賢治・星野智訳）中央大学出版部, 2006 年, 27 頁。
12)『同上書』14-17 頁。
13) Joseph S. Nye and John D. Donahue, eds., *Governance in a Globalizing Word,* Brookings Institution Press, 2000, p. 2.
14) Wolfgang H. Reinicke, "Global Public Policy," *Foreign Affairs,* Nov./Dec. 1997, pp. 127-128.
15) UN, Kofi Annan, *We the Peoples: The Role of the United Nations in the 20th Century*, 2000.
16) *SIPRI Yearbook 2011.*
17) U Website:Peacekeeping Fact Sheet（10 October 2013）.
18) UN, Peace-building Assistance Office Annual Report 2012, p. 5.
19) 国連の人口推計。
20) http://www/ipcc.ch を参照。
21) 環境と開発に関する世界委員会『地球の未来を守るために』（監修　大来佐武郎）福武書店, 1987 年。
22) 国連開発計画『人間開発報告 1994 年』。
23) World Bank, *Sub—Saharan Africa: From Crisis to Sustainable Development,* 1989, p.xii and pp. 192-193.
24) Kofi Anan, *Secretary—General's Report on the Work of the Organization 1998* (A/53/1), Para. 114.
25) World Bank, *World Development Report: The State in a Changing World*, 1997, p. 116.
26) James Rosenau et al., *Governance without Government: Order and Change in World Politics,* Cambridge University Press, 1992, p. 7.
27) グローバル・ガバナンス委員会『地球リーダーシップ』NHK 出版, 1995 年, 28 頁。
28) ジョセフ・ナイ＆ジョン・ドナヒュー編『グローバル化で世界はどう変わるか：ガバナンスへの挑戦と展望』（嶋本恵美訳）英治出版, 2004 年, 29 頁。
29) Jacob Torfing, B. Guy Peters, Jon Pierre, and Eva Sorensen, I*nteractive Governance: Advancing the Paradigm,* Oxford University Press, 2012, p. 2.
30) Marvin S. Soroos, "Global Policy Studies and Peace Research," in *Journal of Peace Research,* Vol. 27. No. 2（1990）, p. 118.
31) 例えば, Thomas G. Weiss & Leon Gordenker, eds., *NGOs, the UN & Global*

Governance, Lynnne Reinner, 1996 を参照。
32) これらの研究所等についてはそれぞれのホームページを参照。
33) マックス・ウェーバー『職業としての学問』（尾高邦雄訳）岩波文庫, 1993年, 33頁。
34) ヘルド&マグルー『前掲書』12-13頁。
35) 国連システム学術評議会の *Global Governance* に掲載されている論文やエーセイの豊富な蓄積はそのことを傍証している。また，前国連事務総長コフィー・アナンのミレニアム報告書 (2000年) などを参照。
36) Peter Singer, *One World: The Ethics of Globalization,* Yale University Press, 2002 および山脇直司『公共哲学からの応答―3.11の衝撃の後で』筑摩書房, 2011年, および, 『公共哲学とは何か』ちくま新書, 2004年を参照。
37) Meghend Desai & Paul Redfern, eds., *Global Governance: Ethics and Economics of the World Order,* Pinter, 1995, p. 1.
38) Inge Kaul, et al. eds., *Global Public Goods: International Cooperation in the 21st Century,* Oxford University Press, and *Providing Global Public Gods: Managing Globalization,* Oxford University Press, 2003 を参照。
39) 拙著「東アジアにおける多国間主義とガバナンス」滝田賢治編著『21世紀東ユーラシアの地政学』中央大学出版部, 2012年, 参照。
40) 『日本経済新聞』2010年2月19日。
41) UN Website, 3 October 2013.
42) UN DESA, NGO News, 3 October 2013.
43) Inis L. Claude, Jr., "Peace and Security: Prospective roles for the Two United Nations," *Global Governance*, Vol. 2, No. 3 (September / October 1966), pp. 291-292. その後 United Nations Intellectual History Project は第1の国連は政府代表の協議体である総会，安保理とし，第2の国連を事務局とした。さらに，国連の各種委員会の専門家やNGOと市民社会を第3の国連と命名している。Richard Jolly, Louis Emmerij, and Thomas G. Weiss, eds., *UN Ideas the Changed the World,* Indiana University Press, 2009 その他のプロジェクトによる文献を参照。
44) 国連事務局のグローバル・ガバナンスにおける役割については拙編著『地球社会の変容とガバナンス』中央大学出版部, 2010年の「国連事務局の展望―国際公務員制度の進化か，退化か？―」を参照。
45) Thomas G. Weiss and Ramesh Thakur, eds., *Global Governance and the UN: An Unfinished Journey,* Indiana University Press, 2010.

第 2 章
グローバル化論の類型学

滝田賢治

はじめに——社会科学概念の曖昧性・多義性

　本章は「社会科学とグローバリゼーション」をテーマとするプロジェクトの研究報告であるが，グローバリゼーションに限らず社会科学の分野における概念は極めて多義的であり，果たして「科学」と自称する資格があるのか極めて疑わしい。いかなる概念もある事象を分析し認識する「道具」であることはいうまでもないが，それがより広く共有されて相互理解のための「知的財産」となるためには，概念が「核（コア）」を持つリジッドなものでなければならない。「核」を持たないルースに規定された概念は，その概念を表す言葉・タームの「一人歩き」を許して混乱を招くことになる。ある概念を使った方が使わなかった場合よりもはるかにクリアに事象を分析でき認識できなければならないのに，逆にある事象の認識を曇らせてしまうのである[1]。もちろん「核」を持つリジッドな定義であっても，より一般的に適用可能な政治学的概念と特殊歴史的な歴史学的概念がありうる。ここでの問題は，政治学的概念として使われながら概念の「核」がスルリと抜け落ちてしまい政治的偏見を助長したり，非難のための政治的レッテルに堕してしまう場合が多いことである。帝国，帝国主義，ナショナリズム，冷戦，デタントなど「核」が抜け落ちて多義的に使われている概念は枚挙にいとまがない。

　帝国は本来，異民族を支配する統治形態あるいはその空間であったのに，

ギャラハー，ロビンソンは自由貿易帝国主義論を背景に非公式帝国を提起し[2]，さらにネグリとハートは脱中心性と脱領域性を特徴とする主権の形態を帝国と定義した[3]。あるいは理念の帝国，民主主義の帝国といった用語を使う論者も多い。この帝国概念と連動して帝国主義概念も多様化しており，帝国を維持する政策として極めて広義に定義された帝国主義は，より精緻化されてホブソン，レーニンらの古典的帝国主義論からギャラハー，ロビンソンの自由貿易帝国主義論へと「進化」することになるが，現代においても帝国主義の統一的な定義がなされないまま，社会帝国主義とかアメリカ帝国主義のように政治的非難のために利用されるのである。

　ナショナリズムもこれらと同様に極めて多義的に使用されている。ナショナリズムの本来の言葉であるネーションあるいはナショナルには，①言語，宗教，神話，生活習慣などを共有する集団としての民族，②多くの場合，複数の民族からなる国家の構成員としての国民——B・アンダーソン的にいえば「心の中に抱かれた想像の共同体」としての国民[4]——，さらには③国家そのもの——対外的・行政的に統一性を示し枠組みを強調するステイト（state）とは異なり，対内的に多様な構成要素を内包していることを強調するネーション——の3つの意味があり，これを背景としたナショナリズムも，民族主義，国民主義，国家主義という3つの側面をもつことになるが，これら3つの側面，要素が複合的に絡み合っている場合が多いので，カタカナでナショナリズムとぼかして曖昧に使うため，認識そのものも曖昧となり，「A国ではナショナリズムが強まった」とか「A国の指導者はナショナリストだ」と決めつけ非難する場面が国際的にも国内的にも多々見られるのである。

　冷戦もイデオロギー対立，核兵器の存在，米ソ間のコミュニケーションの欠如を背景に米ソが直接軍事衝突を回避した状態という概念の「核」を入れなければ，直接軍事衝突に至らない緊張状態にある全ての国家関係に適用されてしまう。米中新冷戦というのはその典型例である。デタントも，R・スチーブンスンが指摘するように「本来的に限定的和解しかありえない程に国益が根本的に異なる国家間の緊張緩和のプロセス」[5]という概念の核を設けなければ，鋭

く対立していた国家間で緊張緩和していく全ての事例をデタントという概念で安易に説明してしまうことになる。

　これらの用語と同様にグローバリゼーションも実に多義的に使用されている。グローバリゼーションという言葉それ自体は，政治・経済・軍事・文化その他あらゆる分野で使われているが，その言葉には万人が納得するような統一的な意味内容・概念は与えられていない。グローバリゼーションをめぐる議論は百家争鳴的状況にある。しかし世界中の政治家・ビジネスマン・ジャーナリスト・研究者・作家の多くがグローバリゼーションやグローバリズムという言葉を使って各自の認識・意見を表明しようとしているという事実は，統一的な定義がなされていなくても，様々な出来事が世界の一地域に限定されずにグローバル（世界的な・地球上の）に展開し，グローバルに結びつくようになっているというイメージや認識を共有していることを示している。

　冷戦終結前後の1990年頃からグローバリゼーションをめぐる議論が活発化し，現在までに内外で膨大な数の研究書・研究論文が出ており，それらを全てレヴューすることはほぼ不可能であるが，これらの成果を鳥瞰するとグローバリゼーションやグローバリズムをめぐる議論，すなわちグローバリゼーション論の主要なテーマはほぼ共通している。①定義（相互依存関係やアメリカナイゼーションとの関連も含む），②発生期と持続した期間，③グローバリゼーションとグローバリズム，さらにはリージョナリズムとの関係，④駆動力（＝グローバリゼーションを引き起こした要因），⑤影響・結果（国家・政府の機能あるいは主権性，生産・流通・金融の三側面を持つ経済，国際労働力移動，文化とりわけ伝統文化，サイバー空間を含む安全保障，民主主義や倫理，国際関係などに与える影響や，国際社会・国内社会におけるディヴァイド・格差の問題），⑥反グローバリズムとオルターグローバリズム，などである。

　本章では紙幅の制約から，これらのテーマのうち中心的なものとして①グローバリゼーションの定義，②グローバリゼーションの発生期とその持続期間，③グローバリゼーションとグローバリズム，リージョナリズムとの関係，の3つを中心に考察し，その他のテーマについての考察は次の機会に譲りた

い。

1．グローバリゼーションの定義をめぐる議論

D・ヘルドとA・マグルーらは，名著『グローバル・トランスフォーメーションズ』の序論の冒頭で「グローバリゼーションは現代の流行語となっている。……（しかし）現代人類社会を洞察する実質的な要素の少ない幅広い概念なのである（筆者注・ルビは筆者）」ことを認めつつも，「流行語というのはある時代の現実の一部を捉えていることがしばしばあり……グローバリゼーションは，経済的・技術的諸力によって世界が急速に同一の社会空間にまとめ上げられつつあり，地球上の一地域で起こったことが地球の反対側の人々の生活や社会に深刻な影響を与えるものであるという幅広い概念を反映したものである」という現代世界の一部を捉える概念であることは認めている[6]。とはいえ「一時的ないしは当面の出来事と，新たな歴史的段階の到来を示す出来事……とを区別するような首尾一貫した歴史叙述を行っているグローバリゼーションの研究は数少なく」，「グローバル化についての適切な理論も，その主要な特徴についての分析もないのは驚くべきことである」と鋭く指摘し[7]，グローバリゼーションについての理論を提起することをこの名著のテーマとしている。

この理論化作業の前提として，それまでのグローバリゼーション論の主要な流れを，ハイパーグローバリスト，懐疑論者，転換主義者という3つの学派（スクール）別に整理している。ここでヘルドらは，グローバリストでは大前研一，グエヘノ（J. M. Guehenno），アルブロー（M. Albrow）を中心に，懐疑論者ではハーストとトンプソン（P. Hirst and G. Thompson）に焦点を当て，転換主義者ではローズノウ（J. Rosenau）とギデンス（A. Giddens）を代表格にショルテ（J. A. Scholte），カステル（M. Castells），サッセン（S. Sassen），フォーク（R. Falk），ラギー（J. Ruggie），リンクレーター（A. Linklater）を加えて考察している。

グローバリストたちは，「現代グローバリゼーションは，世界のいかなる場

所にいる人間をも世界市場の原理・原則にますます従属させて」いるため,「グローバル経済の時代には伝統的国民国家が不自然でその存在が不可能ですらある単位となった」と確信しており,「各国政府は……ローカル・リージョナルなレベルのガバナンス機構とグローバルなガバナンス機構の挟み撃ちになって……グローバルな資本の単なる伝導ベルトに格下げされる」だけだと断じ,国家権威の衰退と国民国家終焉の前触れを予測している[8]。

ハーストとトンプソンが代表格といえる懐疑論者[9]は,「現代の経済相互依存のレベルは決して歴史的にみて前例のないものではなく……」「今起こっている現象は歴史的証拠に基づけばせいぜいのところ国際化,即ちすぐれて国民的な経済の間の相互作用のレベルが高まったものに過ぎない」と結論付け,グローバリゼーションを1つの神話と断じている。「一物一価の原則が行き渡っている完全に統合された世界規模での経済」というグローバリストの世界経済に関する認識とは正反対であり,その結果,国家機能についての認識も正反対となる。すなわち,「主権国家の政府は,国際的に不可避な条件(筆者注:グローバリゼーションの進行)によって機能不全に陥るどころではなく,逆に越境的な経済活動を規制したり意欲的に促進したりする上で,ますます中心的な存在になっていく」ことを懐疑論者は強調する。ヘルド,マグルーの表現を借りれば「政府は国際化を受動的に受け止めざるを得ないような犠牲者ではなく,逆に国際化の設計者なのである」。彼らは国民経済間の相互作用のレベルが高まったことは認めつつも,「世界経済には不平等性と階層性が深く根付いているという認識に立っていて……」「……世界経済におけるそのような不平等性こそが原理主義と過激なナショナリズムの高揚を促し,その結果,ハイパーグローバリストがいうようなグローバルな文明が誕生するのではなく,むしろ世界はいくつもの文明圏や文化民族的領域に分断されつつあるのである」とS・ハンチントンの見解に同調している。世界経済の方向性,国家主権の行方,世界文明の概念のいずれでも,ハイパーグローバリストと懐疑論では真正面から衝突するのである。さらに一歩進んで,懐疑論者の中には「グローバリゼーションなるものは,多くの場合,国民には人気のない正統派の新自主義的経済戦略を

実行するための政治的には好都合な理論的根拠となっている」とまで踏み込んだ主張をする者もいる[10]。

　転換主義者は，グローバリゼーションなる現象が発生しており，それが世界経済や国家機能を変容させることは認める点でハイパーグローバリストと同じ立場であるが，「一物一価」の完全に統合された世界経済市場が現れ，主権国家が終焉しつつあるというハイパーグローバリストの認識を否定するとともに，世界経済の構造・特徴も主権国家の機能も以前に比べ本質的に変化していないという懐疑論者の認識も拒否している。両者の立場・認識を否定しながら，今後，グローバリゼーションがどのように展開していくかについては展望を示していない。

　転換主義者の代表の1人とも目されるローズノウは，この学派に共通する「時代の転換」を強烈に意識しつつ，グローバリゼーションとグローバルガバナンス[11]を関連付けている。すなわちグローバリゼーションが，統治が単一あるいは少数のアクターによって行われるのではない「政府なき統治」（筆者注：グローバル・ガバナンスを意味する）を生み出していることを強調する。国民国家（筆者注：ローズノウは nation state という言葉を使っているが，文脈的にはやはり sovereign state を使うべきであろう）が依然として唯一の「統制の回路」であることは認めつつ，第1に国家の権能が衰退してきていること，第2に国民国家の国境を様々なものが膨大に出入りしているために国家だけでグローバル・イシュ（地球的問題群）を解決することはできなくなっており，グローバル・ガバナンスが不可欠になってきていると主張する。一方で国家が唯一の「統制の回路」であることは認めつつ，他方で国家だけではグローバリゼーションにより生まれたグローバル・イシュを解決できないために，グローバリゼーションとローカリゼーション，中央集権化と地方分権化，そして統合と分裂という相矛盾する力が働いていると指摘し，この矛盾する現象を fragmegration（筆者注：fragmentation と integration の合成語）という新しい概念で説明している。しかしこの学派に共通する問題ではあるが，グローバリゼーションの駆動力については明確にしていない[12]。

同じくこの学派に属するともいっていいショルテは，グローバリゼーションをめぐる議論が始まった頃にはグローバリゼーションを国際化（internationalization），自由化（liberalization），普遍化（universalization），西欧化（westernization），脱領土化（deterritorialization）として見る5つの解釈が存在していたと指摘する。国際化とは国境を越えた国家間の交流と相互依存の増大を，自由化とは国境の開放，交流に対する政府による規制の撤廃を，普遍化とは人道・人間性というような基本的人権にかかわるような価値がグローバルに共有されていくことを，そして西欧化とは資本主義，合理主義などの西欧で発生した近代性（を具現化した発想・様式：筆者注）がグローバルに拡大することを意味する。その上でショルテは，これら4つは現在ではグローバリゼーションを議論する上でほとんど必要のないものとなり，現在グローバリゼーションを特徴づけているのは5番目の，コミュニケーション，組織，貿易，金融，エコロジー，意識における脱領域化だけであると主張している。この脱領域的な空間が増大することにより，新たな形態の資本主義的生産の出現，多層的・拡散的なガバナンス，共同体形成による多元主義の強化，合理主義的知識に対する批判の高まり，などが生まれてきているため，グローバリゼーションは社会構造・社会秩序の転換を促していると結論づけている[13]。

　こうした認識はR・O・コヘインとJ・S・ナイにも当てはまり，彼らは今や古典ともいっていい『パワーと相互依存』で，「グローバリゼーションが意味する現象は全く新しいわけではない」が，「……世界政治の本質が変化しているという考えを一般に浸透させ」「距離的に遠くの要因に対する脆弱性が高まっていることを伝える」効果を認めつつ，むしろ焦点をグローバリズムに置いている[14]。

　コヘインとナイは，まずグローバリズムを「資本と商品，情報とアイディア，人々と軍事力，環境と生物学的要因（酸性雨や病原体）に関するフローや影響力を通して結びついた相互依存関係のネットワークがいくつもの大陸にまたがった世界の状態」と定義した上で，グローバリズムは一種の相互依存関係であることを強調している[15]。ナイは『国際紛争』の中で「グローバリゼー

ションは地球規模で起こる相互依存の別称である」とまで言い切っている[16]。ここで彼らはヘルドやマグルーが生み出した「濃密」「希薄」という概念を援用し、「グローバリズムが次第に濃密になる過程がグローバリゼーションである」と定義している[17]。

J・H・ミッテルマンは、グローバリゼーションを「経済的には生産形態が変容していき、政治的には主権国家が独占してきた統制力の度合いが低くなって政治権力が徐々にではあるが割合を変化させながらも主権国家の「上と下」（筆者注：国際社会と地域社会へ）に移動していく歴史的変容過程」であると定義している[18]。A・ギデンスは、グローバリゼーションの特徴として「時空の圧縮」を強調しつつ、グローバリゼーションを「互いに遠く隔たった場所を結びつける世界的規模での社会関係の繋がりが強化される現象」と定義している[19]。W・E・シュアーマンは、グローバリゼーションの本質を「人間活動の時空空間の圧縮化を伴う現在進行中のプロセス」と定義し、それは社会・国家・ジェンダーの別なく同時性と即時性（simultaneity and instantaneousness）は先人たちを確実に驚嘆させるほどに我々の日常生活の構成要素になってきていることを強調している[20]。

ハイパーグローバリストの認識も懐疑論者の認識も単純で理解しやすいが、これらに比べローズノウやショルテらの転換主義者の論理は複雑である。まずこの学派に属する研究者に共有されているのは「現在、グローバリゼーションが展開している過程は、歴史的にみて前例のないほどのものであるので、地球上の政府と社会は、国際問題と国内問題、対外的問題と対内的問題の明確な区別がもはやできないような世界に自己を適合させていかねばならなくなっている」という強烈な問題意識である。彼らの定義に共通する、①時空構造が圧縮されていったため、②遠隔地相互の社会関係が政治・経済・文化・環境など全てのレベルで連関性を強め、③世界のある地点の出来事が、世界中の人々にほぼ同時に認識されるようになり、直ちに反応が起きるようになった現象、というものであろう。compression of time and space, growing interconnectedness, connectivity, simultaneity and instantaneousness という概念が転換主

義者のグローバリゼーション概念の中核概念になっているといえるであろう。

しかしグローバリゼーションが，近代社会と世界秩序を再編しているといいつつ，このグローバリゼーション自体を引き起こしている駆動力に関しては「いくつもの危機的事件によって意味を与えられた，矛盾に満ちた長期にわたる歴史的過程」というに止めており，グローバリゼーションの今後の展開についても明確な認識を打ち出していないなど，その主張の割には論理の不透明感が拭えない。それと同時に，転換主義者と一括りにしているが，この学派に属すると考えられる研究者によって力点が大きく異なっており，この学派をさらに分類する必要があるであろうが，ここでこうした課題は残るものの，この学派の議論を敢えて総合すると，次の3点に要約できる。

まず第1に，経済的グローバリゼーションにより国民経済は再編されつつあり，国民経済の空間はもはや国家の領域的国境と一致しなくなっている。国家はもはやその領域的国境内部で発生する問題に対する唯一の管轄権を保有する存在ではなくなっている。第2に，現代グローバリゼーションにより，権威が地方，国家，(国際)地域，グローバルの全てのレベルにおいて公的機関と民間機関に分散する傾向が強まり，国家は権威・ガバナンスの点で唯一の形態ではなくなってきたのである。その結果，第3として，主権国家の政府は，その権限，機能，権威を再編成・再設計せざるをえなくなっており，グローバリゼーションに対応するための「調整戦略」を採用する必要に迫られているのであり，「国家の終焉」とは逆に今まで以上に積極国家とならざるをえなくなっている[21]。

これら3学派のグローバリゼーション考察を踏まえつつ，ヘルドとマグルーはより客観的なという意味でより「科学的な」——彼ら自身は「科学的」という言葉は使ってないが——グローバリゼーション論を試みている。彼ら自身は「グローバリゼーションの類型学を構築する」と表現しているが[22]，まさにグローバリゼーションを「科学した」といっても誇張ではないであろう。3学派の先行研究を参考にしつつ，グローバルなフロー，ネットワーク，これらの間の諸関係の3つの現象を，①広がり，②強度，③速度，④インパクトの傾向，

の4つの次元の間の関係から考察している。①の中の「高い広がり」とは，リージョナル間／大陸間のネットワークとそこでのフローを指し，「低い広がり」とはローカルなネットワークとそこでの交流を示している。②の中の「高い強度」は，経済から文化まで社会生活のあらゆる分野ないしは局面を覆うネットワークとフローを示し，「低い強度」は限定された分野ないし局面でのそれを示している。③の中の「速い速度」とはいうまでもなくフローの速度が相対的に速いことを，「低い速度」は遅い速度を示していることはいうまでもない。最後の④インパクトは，グローバリゼーションが国民経済や民族共同体にいかなる影響を与えるかの指標であり，「高いインパクト」はグローバリゼーションによって経済や社会が受ける影響力が高いことを指し，「低いインパクト」は逆に抵抗力が強いことを示している。

この4つの次元を組み合わせて図2-1のようなグローバリゼーションの論理的類型を提示している。4つの次元①〜④が全て「高い」タイプ1は「濃密なグローバリゼーション」であり，ある種の懐疑論者にとってはグローバルな帝国——筆者が後述することになる近代的海外植民帝国——が存在した19世紀末のグローバリゼーションがこのタイプに近いという。4つの次元のうち，最後のインパクトだけが「低い」タイプ2は，「拡散したグローバリゼーション」で，経済グローバリゼーションの行き過ぎに批判的な論者が望ましいと考えるものであると指摘している。強度は低く，速度は遅いが，インパクトは強く，グローバルな関連性を持つ高い広がりが認められるタイプ3を「膨張的グローバリゼーション」と名付け，西欧諸国がグローバルに拡大した近世はこのタイプに近いと認識している。後述することになるが，筆者が定義するグローバリゼーション第1期と符合するグローバリゼーションの段階である。グローバル・ネットワークの広がりは高いが，強度は低く，速度も遅く，インパクトも低いタイプ4を，ヘルド達は「希薄なグローバリゼーション」と名付け，ヨーロッパと東洋・中国を結びつけた古代における絹や奢侈品の交易が行われた時代がこれに当たると説明している。

こうした類型学により議論を整理した上で，ヘルドとマグルーは，グローバ

図 2-1　グローバリゼーションの論理的類型

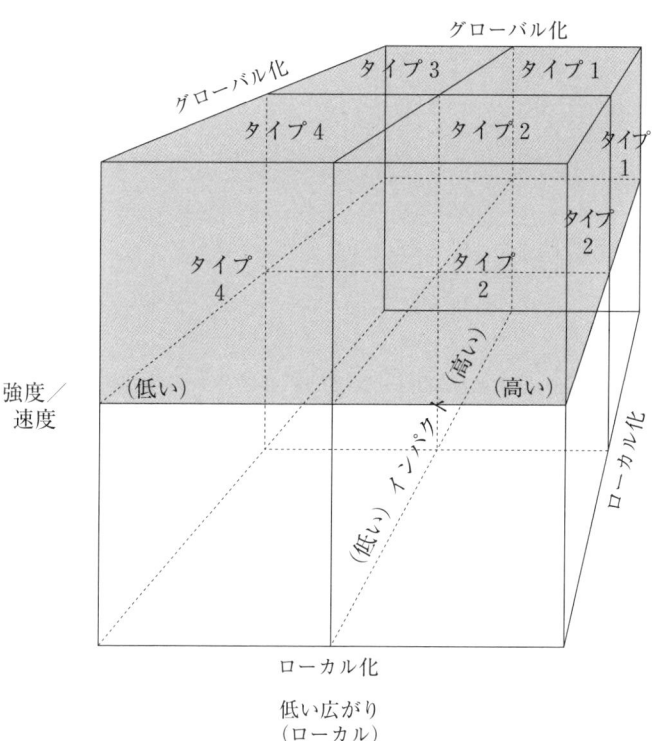

　　　　　　　　　　　高い広がり
　　　　　　　　　　　（リージョン間）
　　　　　　　　　　　　グローバル化
　　　　グローバル化　タイプ3　タイプ1
　　　　　　　　タイプ4　タイプ2　タイプ1
　　　　　　　　　　　　　　　　　タイプ2
　　　　　　タイプ4　　タイプ2

強度／
速度　　　（低い）　　　　（高い）（高い）
　　　　　　　　　　　　　　　　　ローカル化
　　　　　　　　（低い）インパクト
　　　　　　　ローカル化
　　　　　　　低い広がり
　　　　　　　（ローカル）

出所：D. ヘルド, A. マグルー他著『グローバル・トランスフォーメーションズ』
　　　中央大学出版部, 2006年, 39頁

リゼーションをまず一般的な平易な表現で「社会関係や取引のための組織で生じる変容を具体化し，大陸間・地域間における活動・相互作用・パワーのフローとネットワークを生み出すプロセス」「世界の異なった地域間の，文化から犯罪，金融から環境問題までの結合関係と，その結合関係が時間が経つにつれて変化・増大していく状況」と定義している。その上で，4つの次元を基礎に，より「科学的に」グローバリゼーションを次のように定義した。「グローバリゼーションは，社会的関係と交流のための空間的組織の変容を具体化し

——それは社会的関係や交流の広がり，強度，速度そしてインパクトによって評価されるのだが——大陸横断的なフローもしくはリージョナル間のフローと，活動，相互作用，パワーの行使のためのネットワークを生み出す過程もしくは複数の過程の組み合わせである[23]。

相互依存関係が国家間の対称的な力関係を前提にしているのに対して，このようなグローバリゼーションは階層性と不均等性（hierarchy and unevenness）という概念を体現し，地球的規模での階層化（global stratification）の過程であるため，単一の地球社会を規定したものではないと考える。そして増大する相互関連性（interconnectedness）は共通の恐怖心や根深い憎悪を生み出すばかりか，協力よりも紛争を生み出す源泉となる可能性を指摘している[24]。こうして見てくると，当のヘルドとマグルーは3つのスクールの中で部分的には懐疑論者としての立場を共有しつつ，転換主義者に共通する「時代の転換」という認識も併せ持つ中間的な立場といえるかもしれない。

2．グローバリゼーションの発生——発生論と時期区分

このような中核概念で説明可能なグローバリゼーションはいつ発生したのかという問いは，グローバリゼーションとは何であり，それを発生させた要因，すなわちグローバリゼーションの駆動力（発生要因）は何であるのかという問題と直結する。そこで前節で検討したグローバリゼーションの定義の妥当性を検証するために近現代の国際政治経済史を再検討することにする。

ウェブスター英語辞典にグローバリゼーションあるいはグローバリズムという語が現れたのは1960年代であるが，経済学，政治学，国際政治学などの社会科学の分野でこれらの概念が使われ出したのは，1990年代に入ってからのことである。このことは少なくとも現代におけるグローバリゼーションなる現象が鋭く冷戦終結と密接に結びついて認識され始めたことを意味している[25]。「はじめに」でも強調したように，社会科学概念の定義には特定の歴史的段階における特殊歴史的な現象と政治学的現象とがある。ここではまずグ

ローバリゼーションをより一般的に適用可能な政治学的概念として把握し，その類型について考察する。その上で，特定の歴史的段階における特殊歴史的現象としての現代グローバリゼーションについて定義を下したい。

前節で検討したヘルド，マグルーたちも，「今日グローバリゼーションには新しい要素があることに注目することは重要である」としながらも，「グローバリゼーションには何ら新しい点はない。過去2000年にわたるグローバリゼーションには，世界宗教の発展，大航海時代（the Age of Discovery），諸帝国の拡大を含む多くの局面が見られたのである」ことを確認している。

ハワイ大学のM・テヘラニアンはグローバリゼーションを3つの時期に区分し，第1波はBC 2000年からAD 1500年までの3500年にわたりシルクロードに沿って発生し，第2波はヨーロッパ諸国がアジア・アフリカの広大な地域を植民地化することによって始まり，第3波は情報技術を生産，権力の正当化，規制，通信などに適用することにより地球的規模で展開し始めた新しいタイプの資本主義としてのpan-capitalismが登場したことにより発生したと主張している[26]。

アメリカン大学のJ・ミッテルマンは，前述の定義を前提に，テヘラニアン同様グローバリゼーションを3つの時期に区分している。16世紀以前の歴史的変容過程としてのグローバリゼーションを「初期グローバリゼーション（incipient globalization）」，西欧において資本主義が発生してからブレトンウッズ体制が崩壊する1970年代初頭までの歴史的変容過程としてのグローバリゼーションを「架橋期グローバリゼーション（bridging globalization）」，そしてそれ以降，現在までの変容過程を「加速期グローバリゼーション（accelerated globalization）」と時期区分している[27]。M・ステガーも，グローバリゼーションを近代以前のグローバリゼーション，近代の幕開けとされる16世紀のグローバリゼーション，そして1970年代のグローバリゼーションの3つの時期に区分している[28]。

A. G. ホプキンスはグローバリゼーションを歴史的には4期に区分しているが，実質的には3期に区分しているといってよいだろう。すなわち第1期は原

初グローバリゼーション（Archaic globalization）で，工業化とか国民国家などとは無縁の時期にヨーロッパばかりかアジア・アフリカ地域に存在した帝国，（都市）国家，商業・貿易に従事するディアスポラの活動が遠隔の地域相互を結びつけていた事実を強調している。第2期はプロトグローバリゼーション（Proto Globalization）で，ヨーロッパとアジアを中心にアフリカの一部を含む地域で，1600年から1800年の間に，海上交易の効率化を中心とした各地域固有の様々な要因により現れた変化を背景に国家が再構成され商業・貿易活動が拡大したことにより現れた現象としている。第3期は近代グローバリゼーション（Modern Globalization）で，1800年以降，自由貿易，帝国主義的膨張，そして軍事・通信技術の進歩を背景に工業化の進展と国民国家の台頭を伴った西洋中心の時期のグローバリゼーションで，次第に非西洋諸国もこれに加わることになったグローバリゼーションである。この時期には初期的なコスモポリタニズムへの順応も見られたという。第4期は脱植民地グローバリゼーション（Post-colonial globalization）で，1950年代以降に世界が脱植民地化へ向かい，新しいタイプの超領域的組織が現れ地域統合が進み，さらにはイスラム世界も包摂する非ヨーロッパ地域でのグローバリゼーションが進んだと見る[29]。

　グローバリゼーションの定義と密接に関係するが，グローバリゼーションの始期や時期区分をめぐっては様々な議論が展開されており，これらの論者の見解もその一部であるという限界を意識しつつ，時期区分について考察したい。グローバリゼーションをどう定義しようが，この言葉を使う以上，地球上の諸現象がリンクしている状況を前提としている。地球上の諸現象が，ある時，突然リンクし始めたわけではなく，歴史の展開の過程でリンクする条件が徐々に整っていったと理解すべきである。いわば人類の歴史そのものがグローバリゼーションの過程であるといってもよい。もちろんそれは，絶えず連続してその過程が進行したという訳ではなく，打ち続く戦争や深刻な飢餓，大規模な自然災害・天変地異によりしばしば断絶を繰り返しながら，その過程をたどっていったと見るべきであろう。スーパーコンピューターを駆使した現代の科学の成果により，世界中の人類の祖先は数十万年前にアフリカ大陸で発生し，その

後，長大な時間をかけて世界中に拡散していったことが解明されている。

したがって，グローバリゼーションの歴史が人類の発生から世界各地への拡散であるとしても，あるいはテヘラニアンのようにもう少し限定して有史以来の歴史としても必ずしも強力な反論はなしえないであろう。しかし人類史あるいは有史以来の歴史としてグローバリゼーションを捉えても，21世紀初頭の地球社会が抱えている諸問題を考える上で意味ある定義を下すことはできないことも明らかである。この観点からすれば，テヘラニアンのいう第2波，あるいはミッテルマンがいう架橋期グローバリゼーション以降のグローバリゼーションを考察することが生産的である。

中世末期から近代——正式には近世 (early modern) というべきであろうが——にかけて天文学，数学，物理学が発展し，羅針盤が発明され，造船・航海技術が進歩したことにより，中世キリスト教世界を支えていた天動説が地動説によって取って代わられるという宇宙観の根本的な転換——トマス・クーンの「パラダイム・シフト」——が行われたことが，グローバリゼーションという概念を地球社会にとって初めて意味あるものとして提起したといえるであろう。別言すれば，15世紀末から16世紀にかけての大航海時代——以前は地理上発見の時代といっていた——が，大きな意味を持ってくる。1492年にコロンブスがアメリカ大陸を発見し，1492年にはヴァスコ・ダ・ガマがインドに到達し，1522年にはマゼランが世界一周を成功させたことにより，世界のより多くの人々，すなわち国王・貴族・宮廷付き学者や芸術家・貿易商人たち——現代でいうところのパワーエリートを中心にではあるが——が地球全体を認識するようになったのである。1511年にエアハルト・エッツラウプが作成した地図では，経度と緯度を示す経線と緯線が直交する格子状に配置して世界全体を描くメルカトル図法が使われていた事実は，それを如実に示している[30]。これらの事実を踏まえると，15世紀末から16世紀初頭の大航海時代以降に展開した，世界各地をリンクする動きが歴史的に有意なグローバリゼーションの始まりと見るべきであろう。人類史そのものもグローバリゼーションの概念に包摂できるとしても，人類社会にとって有意なグローバリゼーションはこれが

最初であり，第1期とすべきであろう。

　第1期のグローバリゼーションを大前提に19世紀に発生した第1・2次産業革命は，いわば第2期のグローバリゼーションを引き起こすことになる。第1期以降のグローバルな連関を，質・量の2つのレヴェルで緊密にさせたのが18世紀後半イギリスで，続いて19世紀前半西欧で進行した第1次産業革命であった。これは技術・機械・動力革命であったばかりでなく，蒸気機関という動力による運輸・通信革命であったため，ヒト・モノ・カネ・サーヴィス・情報が相互に遠隔の地域を，より短時間で結びつける絶大な効果を持ったのである。特に1851年11月にはロンドンとフランスのカレーの間で世界初の商業用海底電信の営業が始まり，1年後にはロンドン・パリで直通電信サーヴィスが開始されたことは，当時としては最先端の通信サーヴィスであった[31]。

　こうした効果・実績を背景に18世紀後半には，内燃機関の発明と電気の実用化により，これらの連関が大規模に進展したのである。内燃機関を駆動させるのに不可欠な石油を求め，中東・湾岸地域に列強が殺到して第1次世界大戦の原因の1つとなったのも事実であるが，内燃機関は実用化された電気と連動して鉄道・船舶ばかりでなく自動車・航空機・潜水艦の発明・実用化に繋がり，グローバリゼーションを加速した。電気の分野では，蓄音機――単に音楽を聴くばかりでなく，音声で記録を残す効果がある――や電灯を発明したトーマス・エジソン，音声により直接的に通信を可能にする電話を実用化したアレキサンダー・ベル，交流発電・送電システムを発明したジョージ・ウェスティングハウスもグローバリゼーションを加速するのに貢献したのである[32]。こうした電気工学の発展も背景としながら，1895年イタリアで無線電信の実験に成功していたマルコーニは，1899年にはドーバー海峡横断電信サーヴィスを始め，1901年12月には大西洋横断の無線電信（2,100マイル）に成功して1907年にはここで商業サーヴィスを開始するに至ったのである[33]。

　これらの技術が広く普及するためには時間や空間に関する単位・基準，いわゆる度量衡が統一されることが不可欠であり，西欧諸国が中心となり，その統一作業が急速に進展したのである。1875年のメートル法条約によりメートル

が長さの世界単位となり，1884年の交際子午線会議によってイギリスのグリニッジ天文台の地方時を基準とする世界時間が決められたのである。

19世紀の2つの産業革命により欧米諸国は高度な技術力と生産性，これらに支えられた軍事力と金融力を確保し，産業資本主義と金融資本主義を維持・展開させていくためにアジア・アフリカの広大な地域を植民地化し，本国とこれら地域を海上輸送路（シーレーン）と海底ケーブルでリンクし（図2-2），イギリス，フランス，ベルギーやアメリカは海外植民帝国へと変貌したのである[34]。

2つの産業革命の成果により展開した第2期グローバリゼーションは，まさにこのグローバリゼーションを推進した駆動力とその結果によって，20世紀前半の2つの大戦を引き起こし，自らの展開にブレーキをかけることになった。第1次世界大戦はヨーロッパ大陸とその周辺海域を戦場とし1,200万人もの犠牲者を出し，第2次世界大戦はユーラシア大陸東西の広大な地域と大西洋や太平洋の広大な海域を戦場として4,300万人もの戦死者をもたらすという人

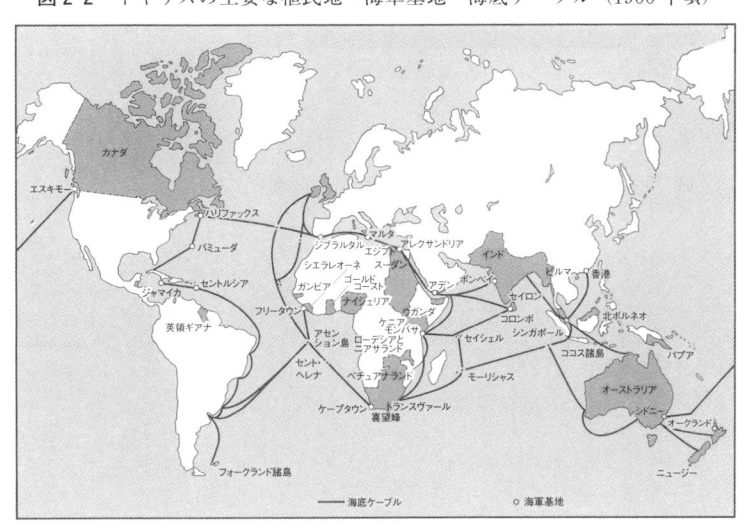

図2-2　イギリスの主要な植民地・海軍基地・海底ケーブル（1900年頃）

出所：ポール・ケネディ（鈴木主税訳）『大国の興亡（上巻）』草思社，1988年，339頁

類史上最大の悲劇・惨劇をもたらしたのである。第1・2次産業革命の「成果」としての高度な技術力と，これを基礎とした軍事力がなければ，この悲惨な結果は生まれなかったはずである。戦間期の20年間を挟む2つの大戦は，「20世紀の30年戦争」といえるかもしれないが，この「30年戦争」により第2期のグローバリゼーションの進展は鈍化した。悲劇への深刻な反省から，史上初めてグローバルな平和維持機構として国際連盟とその失敗を踏まえた国際連合が誕生したことに象徴されるように国際主義あるいはコスモポリタニズムが広がりを見せ始めたのも事実であった。

　第2次世界大戦後，アメリカは自らが主導して平和維持組織としての国際連合を設立し，戦間期の経済ブロック化が戦争の原因であるとの認識に基づき，自由経済体制を構築するために金1オンス＝35米ドルを前提にしたブレトンウッズ体制（IMF＋世界銀行）とGATT体制を構築し，これを国際公共財としてヒト・モノ・カネ・サーヴィス・情報が自由に行き交うアメリカ的秩序を作り上げようとした。もしこれが成功したならばそれはアメリカ的なグローバリゼーションの実現であった。アメリカナイゼーションとしてのグローバリゼーション第3期となったはずである。しかし戦後間もなく発生した米ソ冷戦がその実現を阻んだのである。テヘラニアンはpan-capitalismという概念を導入して金とドルの交換停止以降の時期を，ミッテルマンもブレトンウッズ体制崩壊以降の時期を，ステガーも1970年代以降の時期を，グローバリゼーションの第3期としている。金とドルの交換停止により国際金融は「海図なき航海」を余儀なくされたものの，このことがかえって国際金融市場を活性化させ，70年代の米ソ間のモスク・ワデタント（R・スチーブンスン）とも重なり東西貿易も含め国際貿易も活性化したことを，これらの論者はグローバリゼーション第3期開始の根拠としている。

　しかし現実には，その後まもなく米ソ新冷戦が発生しヒト・モノ・カネ・サーヴィス・情報のフローは停滞したのが現実であった。したがってグローバリゼーション第3期としての現代グローバリゼーションの始期は，第2次世界大戦の終結を契機とするのでもなく，またブレトンウッズ体制の実質的崩壊を

契機とするのでもなく，やはり1990年前後の冷戦終結を契機とするのが合理的であろう[35]。それは冷戦終結が，ヒト・モノ・カネ・サーヴィス・情報が，それ以前の段階よりもはるかに大量に，短時間で（高速で），その結果多くの場合安いコストで移動しあうことを可能にしたことが明らかだからである。

なぜ冷戦終結が現代グローバリゼーションを引き起こしたといえるのであろうか。第1に冷戦終結は，まずアメリカ中心に，情報の世界的同時化と即時化を引き起こしたからである。第2に，生産・流通・金融の3要素からなる経済活動のうち，特に金融の比重が激増したからである。その上に，冷戦終結により，それまで分断されていた世界市場が統合化に向かい始め資本主義間競争が激化したからである。

ヒト・モノ・カネ・サーヴィス・情報の移動は通信手段と運輸手段によって行われることはいうまでもない。アメリカでは冷戦終結により，冷戦期，軍事用に独占使用されていたインターネット，暗号技術，通信衛星，GPS（Global Positioning System）が商業用に開放され，その結果コンピューター本体及び周辺機器，ソフトウェア，通信機器を中心とするIT産業が急速に成長し始めたのである。冷戦終結に先立つ1970年代以降，インテル社によるマイクロ・プロセッサーの開発によってME革命（マイクロ・エレクトロニクス革命）という情報技術革命が始まっていたが，冷戦終結はコンピューターの小型化・高性能化・低廉化を通じて先端産業ばかりでなく広く社会生活へ浸透したのである。情報通信手段の高度化は，金融，情報，サーヴィスの同時化，即時化を可能にしたのである。また情報通信技術の飛躍的発展にも支えられた運輸手段の高度化，高容量化こそが大量のヒト・モノをより短時間で移動させることを可能にしたのである。第2次世界大戦開始以来，短時間でヒト・モノを移動させる航空機の国防上，産業上の重要性を認識したアメリカは冷戦期を通じて航空産業重視政策を追求した。航空会社の育成と世界的航空網の構築に努め，さらには以遠権や離発着枠の拡大を同盟国を含む外国政府に要求する不平等な航空協定を結び，航空産業のハードとソフトを独占しようとしたのである。このような国際航空政策の「成果」としてDHL, UPS, Federal Expressなどのアメリカ

系国際宅急便がこの分野で世界市場を独占することを可能にしたのである。こうした航空政策により，アメリカ主導のヒト・モノのグローバリゼーションを進めたのである。

冷戦が終結し情報技術革命が急速に進行したとしても，経済の金融化が伴わなければ経済グローバリゼーションに牽引されたトータルな意味での現代グローバリゼーションは進行しなかったであろう。すでに触れたように，まだ冷戦中の1970年代初頭におけるアメリカの金・ドル交換停止と，それに伴う変動相場制移行により金融の肥大化が顕著になっていた。この移行により，アメリカによるドルの散布が無規律的に行われ，世界的に流動性が過剰になり，外国為替相場が不安定となり，特定国の規制から自由で，しかも世界各地に収益機会を求める大量の国際投機資金（＝ホットマネー）が形成された。この投機資金と，これを媒介とする金融会社やヘッジファンドが利用するようになったのが情報技術革命であった。すなわちコンピューターによって今までには無かった金融商品が次々と作られ，コンピュータ・ネットワークを通じて膨大な資金が瞬時に移動することになったのである。情報革命と金融業の結合は現代グローバリゼーションを経済面で推進することになったのである[36]。

また同時にソ連とソ連ブロックの解体は，これら地域の市場経済化を促進して先進資本主義国の進出ラッシュを引き起こし，他方で共産主義の脅威の消滅により拡大しつつある世界市場での先進国間のハイパーコンペティションを激化させたのである[37]。ソ連の後継国家であるロシアは，一定程度，民主主義的制度を整えつつも権威主義体制の下で国家資本主義的政策を強行に推進し，中国も社会主義市場経済という名の下に，政治的には共産党の集団独裁制ともいうべき権威主義体制を堅持しつつ市場経済により高度経済成長を実現し，これらの国家を含む新興国群（BRICS, NEXT-11）が，先進資本主義と原料獲得・製品販売・資本輸出市場としての世界市場獲得競争を激化させてきた。

こうした事実を再確認すると，グローバリゼーション第3期としての現代グローバリゼーションは冷戦終結を一大契機として，まずアメリカナイゼーションとして始まり，程なくして文字通りグローバル化することにより真のグロー

バリゼーションとなったというべきであろう。それは2008年のリーマンショックが如実に象徴している。

3．グローバリゼーションとグローバリズム

　グローバリゼーションをめぐる議論の核心は，現代地球社会にとっての意味あるグローバリゼーションの定義と時期区分であるが，今一つ忘れてならない論点は，グローバリゼーションとグローバリズムの関係さらにはグローバリゼーションとリージョナライゼーションないしリージョナリズムとの関係である。コヘインとナイは第1節で見たようにグローバリズムを一種の相互依存関係と捉え，グローバリズムが次第に濃密になる過程がグローバリゼーションと規定している。仮にこの定義を受け入れたとすると，リージョナリズムも一定地域内に限定された相互依存関係であり，このリージョナリズムが濃密になる過程がリージョナライゼーションということになる。この論理をさらに拡大すると，ナショナリズムも一種の相互依存関係となるはずである。「はじめに」でも言及したがカタカナで表すナショナリズムには複合的な意味があるとはいえ，イズムに象徴されるようにある種の感情や主義・主張を表すと理解するのが一般的である。これらの……イズムをある種の相互依存関係と捉える見方も一概に否定できないが，その論理を拡大していくと不自然な結論に達してしまう。コヘインとナイの知名度によりこの定義はある程度認知されているようであるが，妥当性を欠いていることは明らかである。

　用語の持つ常識的な意味合いを重視するならば，グローバリゼーションは第1節で詳しく検討したように現象や過程であり，グローバリズムはこの現象なり過程を支持する主張あるいは政策，さらにこの政策を推進する制度や組織を表すはずである。すなわちグローバリズムはヒト・モノ・カネ・サーヴィス・情報などが地球的規模で移動しあう現象——その意味ではある種の相互依存関係であるが——を支持する主張・立場であり，これを進めようとする政策，さらにはその政策を安定的に持続させるための制度や組織を表すものとして理解

図2-3　現代グローバリゼーションをめぐる連関

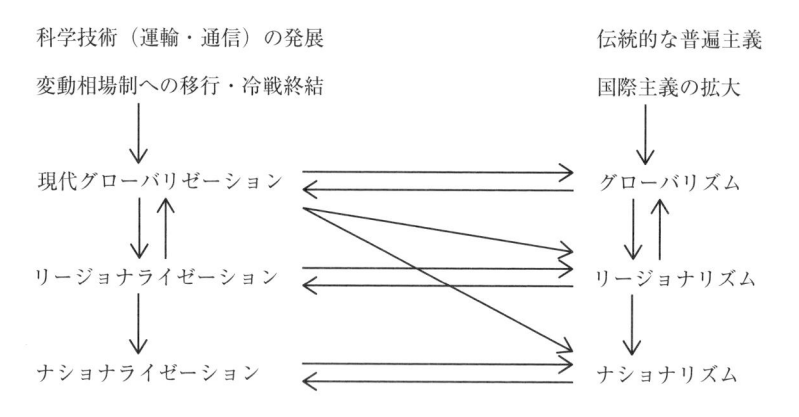

```
科学技術（運輸・通信）の発展              伝統的な普遍主義
変動相場制への移行・冷戦終結              国際主義の拡大
        ↓                                    ↓
現代グローバリゼーション  ⇄         グローバリズム
        ↕↘         ↗↙                  ↕
リージョナライゼーション  ←         リージョナリズム
                  ↘       ↙
ナショナライゼーション  ←         ナショナリズム
```

出所：筆者作成

すべきであろう。単なる相互依存関係ではないのである。グローバルに移動しあうことがある種のアクターにとって利益を増大させるとか、世界平和を推進する効果があると考えることが背景にあるはずである。もちろん逆の立場・主張もあるはずで、それが反グローバリズムの運動を引き起こし、賛成する世界経済フォーラム（WEF）と反対の立場に立つ世界社会フォーラム（WSF）の間の鋭い対立を生んできたのである。ここで問題は、主張・政策としてのグローバリズムが存在しただけでグローバリゼーションが進行するというわけではなく、第2節の時期区分でも検討したように多くの場合、技術的進歩がグローバリゼーションを発生させ、進行させてきたのである。この技術的進歩の背景に、それを望む政治家・資本家・技術者たちの主張や技術進歩を支える政府・為政者の政策があったかもしれないし、技術が先行してグローバリゼーションが進行していく中で、これをさらに「発展」させようとする主張・政策としてのグローバリズムが生まれた場合もあったかもしれない。

　グローバリゼーションとグローバリズムの関係は、論理的にはリージョナライゼーションとリージョナリズムにも当てはまらなければならない。リージョナライゼーションは一定地域でヒト・モノ・カネ・サーヴィス・情報が以前の

段階よりもより大量に，より短時間で，その結果，多くの場合，低コストで移動しあう現象とその過程と見ることができる。それはこれらの移動が地域内各所の人々の経済的利益を増進するという理由や，移動しあうことにより生まれる協力関係が地域の平和に貢献するという理由からこうした現象の推進を主張したり，その主張を具体化した政策として地域的な結合強化を求めるリージョナリズムが台頭してきたのも事実である。すでに冷戦期に形成されていたEC／拡大ECは冷戦後の1993年にはEU（ヨーロッパ連合）としてヨーロッパのリージョナリズムを具現化し，東アジアでもASEANが内部矛盾を孕みながらも地域統合体として内実を強化してきている。

　この地域的な結合を強化すべきであるという主張や政策としてのリージョナリズムによってリージョナライゼーションが起こる場合と，逆にグローバリゼーションの場合と同じく技術的進歩，とりわけ運輸手段や通信手段の低コスト化や効率化によって進行する場合もある。もちろんグローバリズムの場合と同様に，これらの移動が一定地域の価値観や伝統文化と緊張関係を生むという理由で反グローバリズムの動きと同様に，反発・排斥が起こる反リージョナリズムも起こりうる可能性もあるはずである。しかし現実には反リージョナリズムよりも，むしろイスラム原理主義のような宗教的原理主義や，民族や国家・国民のアイデンティティを再確認する動きとしてのナショナリズムが反グローバリズムの中心的現象として現れてきていることに留意すべきであろう。しかし両者とも一見，反グローバリズムの動きと括られているが，前者は反グローバリズムも運動の重要な契機としながら通信・移動・支持者の調達・武器調達を含めグローバリゼーションの「利益」をフルに利用しながら伝統的な国境を「無視」しながら活動している。それに対して，後者は民族や国家・国民のアイデンティティを再確認する主要な手段として，過去の歴史の再評価を行ったり自分たちが「固有の」と認識する国境線や領土に固執して，かえってリージョン内で緊張を高める負の効果をもたらす傾向が強いことも事実である。

おわりに

　社会科学の概念を表す学術用語は，広義にルースに定義すると対象とする現象を広く捉える効果があるが，同時に曖昧性を含むことにより，その定義を使った方が使わなかった場合より現象を遥かに明確に理解できるという効果を失うことになる。逆に狭義に定義した場合は，このシャープな効果を持つことになるが，常識的に見て明らかに共通性を通底させている現象の一部を切り取ることになってしまうという負の効果があることも認めなければならない。したがってグローバリゼーションに限ったことではなく，帝国や帝国主義なども広義の定義と，同時にこの広義の定義の中に狭義の定義を含ませることが不可欠であろう。

　これまでの考察に基づいてこの視点を勘案すると，広義には「グローバリゼーションとはヒト・モノ・カネ・サーヴィス・情報が，以前の段階に比べ，より大量に，より短時間で（＝より高速で），その結果，多くの場合，より低いコストで，遠隔の地を移動しあう過程や現象」とすべきであろう。そして，この広義の定義に包摂される形で，各段階ごとのグローバリゼーションを，その駆動力と結果に重点を置きながら定義することが適切であろう。

　広義の定義にしたがえば，人類史や有史以来の世界史もグローバリゼーションの歴史ということになるが，それではグローバリゼーションは意味ある概念――使った方が使わなかった場合よりはるかに現象をクリアに認識でき説明できる効果を持つ概念――とはなりえない。そこで広義の定義を前提としつつ，国際政治経済現象が以前の時代よりはるかに大規模に変化した時期ごとにグローバリゼーションの駆動力と結果を検討することが重要になるであろう。すでに第 2 節で検討したように，第 1 期グローバリゼーションは，大航海時代（15 世紀末から 16 世紀初頭）から西欧中心に第 1 次産業革命が進展し始める 19 世紀初頭までと考えるのが適切であろう。その駆動力は，数学・物理学・天文学などの学問の飛躍的発展を背景に，羅針盤・望遠鏡・造船技術・航海技術・

食糧保存技術などの長足の進歩をとげ，それが天動説に基づく宇宙観・地球観を地動説に基づくそれに大転換（パラダイム・シフト）させ，地球をめぐる長大な航路が発見され，ヨーロッパを起点としながらも世界各地が緩やかではあるが結びつき始め，ヒト・モノ・カネ・情報が遠隔地相互を移動し始めたのである。これを初期グローバリゼーションといっても不自然ではないであろう。その結果，技術力・軍事力・経済力に勝る西欧諸国が，アジア・アフリカ・ラテンアメリカに前近代的な植民地を形成していき，強制労働や略奪貿易により西欧以外の広大な地域を搾取する構造を作りだしたのである。

　18世紀後半，イギリスで蒸気機関を動力源として始まった第1次産業革命は，フランス革命とナポレオン戦争の混乱を挟み西欧諸国に波及して，ウィーン体制の下でこの地域の広大な部分で初期産業資本主義が発達し，英仏を中心にヨーロッパ外に原料獲得・製品販売市場としての勢力圏を拡大していった。19世紀後半には，内燃機関と電気を基礎にした第2次産業革命が進展し，国家統合を果たしたドイツ・イタリアに極東の日本を加え，資本輸出市場の獲得も目的とした植民地獲得競争が始まった。第1・2次産業革命の成果としての運輸・通信技術の驚異的発展により，多くの航路が開かれ，海底ケーブルによる通信網が拡大し，さらに無線・電話が普及し，世界各地が宗主国と植民地という垂直的な関係でリンクされていったのである。ヘルド，マグルー的に表現すれば，広がり・強度・速度・インパクトいずれの点でも「濃密な」グローバリゼーションが展開し始めたのである。この第2期のグローバリゼーションこそ本格的なグローバリゼーションというべきであろう。この第2期グローバリゼーションが原因の1つともなり，20世紀前半の30年間に，合計で5,500万～6000万人もの犠牲者を出す2度の世界大戦が発生し，グローバリゼーションの進展は抑制され，第2次世界大戦の終結は，さらなる進展を想像させたが，米ソ冷戦の現実が再びそれを阻んだのである。そして1990年前後の冷戦終結は，文字通りの世界市場の出現を前提に現代グローバリゼーションを引き起こしているのである。

　グローバリゼーションには「光と影」がつきまとうという表現が象徴するよ

表2-1 グローバリゼーションの時期区分

グローバリゼーションの段階	時　期	駆動力	結　果	マクロ(注1)的傾向
第1期 (初期グローバリゼーション)	大航海時代 (15世紀末～ 16世紀初頭) ～19世紀初頭	羅針盤・望遠鏡・造船技術・航海技術 国王・冒険家・宣教師	パラダイム・シフト 地球規模の航路の発見	西欧化
第2期 (近代グローバリゼーション)	19世紀初期 ～（WWⅠ・Ⅱ）～冷戦終結	第1・2次産業革命 →運輸・通信技術 →蒸気船・海底ケーブル・無線・電話 産業資本家	「近代的」植民地の形成 「近代的」帝国主義の出現 2度の世界大戦	西欧化 国際化 普遍化
第3期 (現代グローバリゼーション)	冷戦終結以降 ～現在	ブレトンウッズ体制の崩壊 →変動相場制→金融の自由化 ME／IT革命→インターネット開放 IT企業・多国籍企業・ヘッジファンド	国際金融の混乱 「頭脳国家」 「肉体国家」 }(注2) デジタル・ディヴァイド 国家資本主義的政策 第3次産業革命？ →3次元プリンター	普遍化 自由化 脱領域化 アメリカ化？(注3)

注1：マクロ的傾向は，文中でも指摘したショルテが言及したマクロ的傾向を，筆者のグローバリゼーション区分に適用した場合，考えられる傾向である．ショルテは西欧化，国際化，普遍化，自由化は，現代グローバリゼーションには当てはまらず，脱領域化のみがそのマクロ的傾向として認められると指摘している．普遍化は確かに第1次世界大戦終結以後，国際連盟の設立に象徴されるようにその萌芽は表れていたが，本格的には国連が創設され，世界人権宣言，国際人権規約A／B，人種差別撤廃条約などが国際的規範として広く受け入れられたのは第2次世界大戦後であり，対人地雷撤廃条約や小火器移転登録制度は冷戦後に実現したので，グローバリゼーション第2期と第3期をまたぐものとして理解すべきであろう．また自由化も第2次世界大戦後にアメリカ主導で進められたが，米ソ冷戦の現実がその進展を阻害したので，これも第2期と第3期をまたぐ傾向として見るべきであろう

注2：「頭脳国家」「肉体国家」という概念はリチャード・ローズクランスが作り出したもので，前者はIT技術により情報を集中し計画・管理機能を担う国家で，後者はその指令に基づきモノづくりに特化した国家を指す

注3：現代グローバリゼーションをアメリカナイゼーションと捉えて，この観点から批判する論調も広く存在していたが，それは冷戦終結直後にはその傾向があったと見るべきである

出所：筆者作成

うにプラスの効果とマイナスの効果があることは広く認識されているが，反グローバリズムの動きに見られるようにこれも多分にグローバリゼーションを利用して展開されており，極端なナショナリズムの担い手もグローバリゼーションの恩恵を受けつつ運動を推進している矛盾に満ちた現実がある。ヘルド達のいう「濃密な」グローバリゼーションの展開を抑制し，同時にリージョンに緊張をもたらす極端なナショナリズムを穏健化するためにリージョナリズムの果たすべき役割は大きいといわざるをえない。ME 革命を背景としてインターネットがグローバルな規模で発達し，グローバリゼーションやリージョナライゼーションが急激に進行し，一方でさらなる発展を支持する勢力が拡大する一方，激しく反対する勢力が存在しているが，グローバリゼーションの動きを阻止することは不可能に近いであろう。問題は，グローバリゼーションの「影・負」の部分をいかに緩和化していくかであろう。ミッテルマンやショルテが強調するように，人間社会が生み出したグローバリゼーションは人間の知恵でその暴走をコントロールできるはずである。

1）拙稿「訳者あとがき」R・W・スチーブンスン（拙訳）『デタントの成立と変容』中央大学出版部，1989年。
2）J. Gallagher and R. Robinson, The Imperialism of Free Trade, "Economic History Review", 2nd series, Vol. VI, No.1.
3）アントニオ・ネグリ，マイケル・ハート『帝国：グローバル化の世界秩序とマルチチュードの可能性』以文社，2003年（Michael Hardt and Antonio Negri, "Empire", Harvard University Press, 2000）。
4）ベネディクト・アンダーソン（白石彩，白石隆訳）『増補　想像の共同体』NTT出版，1997年。
5）スチーブンソン，前掲書。
6）David Held, Anthony McGrew and et al. *Global Transformations: Politics, Economics and Culture*, Polity Press, 1999. p.1. D・ヘルド，A・マグルー他（古城・臼井・滝田・星野　訳者代表）『グローバル・トランスフォーメイションズ』中央大学出版部，2006年，1頁。
7）Held, McGrew and et al., ibid. 同書，2頁。
8）Held, op. cit., pp. 3-4. 同書，5-8頁。
9）P. Hirst and G. Thompson, *Globalization in Question* (2nd edition), Polity, 1999. pp. 2-3.

10) Held, op. cit., pp. 5-6. 同書，8-11 頁。
11) 国連のグローバル・ガバナンス委員会報告書（1995 年）では「ガバナンスというのは，個人と機関，私と公とが共通の問題に取り組む多くの方法の集まり」であると定義し，「（グローバル・ガバナンスというのは）NGO，市民運動，多国籍企業，及び地球規模の資本市場まで含むものと考えるべきであり，これらと双方向に作用しあうのが急激に影響力を拡大している全世界的なマスメディアである」とあまり明確でない定義をしている（京都フォーラム監訳『グローバル・ガバナンス委員会報告書：地球リーダーシップ』NHK 出版）。要するに，グローバル・ガバナンスとは，単一の世界政府による一元的統治により世界秩序を担保するのではなく，この報告書に例示された多様なアクターによる多元的かつ重層的なネットワークによって，主権国家の国境を越えた越境的なグローバル・イシュを制御・管理することを意味するものである。
12) James Rosenau, *Along the Domestic-Foreign Frontier: Exploring Governance in a Turbulent World*, Cambridge University Press, 1997. James Rosenau, *Distant Proximities: Dynamics beyond Globalization*, Princeton University Press, 2003.
13) Jan Aart Scholte, *Globalization: A Critical Introduction,* Palgrave, 2005.
14) Robert O. Keohane and Joseph S. Nye, *Power and Interdependence*, Prentice Hall, 2001. p. 229. コヘイン，ナイ（滝田賢治　監訳・訳）『パワーと相互依存』，ミネルヴァ書房，2012 年，337 頁。
15) Keohane, ibid. コヘイン，ナイ，前掲書，338 頁。
16) ナイ『国際紛争』有斐閣，243 頁。
17) Keohane, op. cit., p. 234. コヘイン，ナイ，前掲書，345 頁。
18) James H. Mittelman, *The Globalization Syndrome*, Princeton University Press, 2000. J・H・ミッテルマン（田口富久治・松下冽・柳原克行・中谷義和訳）『グローバル化シンドローム—変容と抵抗—』法政大学出版局，2002 年，4 頁。
19) Anthony Giddens, *The Consequences of Modernity*, Polity Press, 1990. pp. 18-20.
20) William E. Sheuerman, "*The Twilight of Legality? Globalization and American Democracy*". *Global Society*. Vol. 14, No. 1 2000. pp. 55-56.
21) Held, op. cit., pp. 7-9. 同書，12-16 頁。
22) Held, op. cit., p. 21. 同書，36 頁。
23) Held, op. cit., p. 16. 同書，27 頁。
24) 同書，704-705 頁。
25) 拙稿「グローバリゼーションと国際関係」25 頁,『中央評論』中央大学出版部，2001 年。
26) Majid Tehranian, *Rethinking Civilization: Resolving Conflict in the Human Family*. Routledge. 2007. 及びアフマジ・テヘラニアン教授の中央大学での講演（2000 年 10 月 19 日，社会科学研究所「平和の諸条件（Ⅱ）」）研究会。

27) Mittelman, op. cit., J・H・ミッテルマン，前掲書，26 頁（*The Globalization Syndrome*, Princeton University Press, 2000）。
28) Manfred B. Steger, *Globalization: A Very Short Introduction* (second edition), Oxford University Press, 2009. マンフレッド・B・スティーガー『グローバリゼーション』岩波書店，2009 年，23-46 頁。
29) A. G. Hopkins ed., *Globalization in World History*, Pimlico (London), 2002. p. 56.
30) 1569 年にメルカトルが発表した地図で使ったことが最初であるかのように喧伝されているが，その半世紀前にエッツラウプが使っていた。長所と短所を兼ね備えたものであるが，船乗りにとって舵取りが容易なため羅針盤が発明された時代から広く使われていた。
31) ソ連科学アカデミー（金光不二夫ほか訳）『世界技術史』大月書店，1986 年，454-457 頁。
32) ソ連科学アカデミー（金光不二夫ほか訳），同所。
33) ソ連科学アカデミー（金光不二夫ほか訳），同所。
34) ハプルブルク帝国，ロシア帝国，オスマントルコ帝国，清帝国などは，本来の版図の周辺地域の異民族を支配・統治する前近代的領土帝国であったのに対して，英仏ベルギーなどの諸国は第1・2次産業革命により発展した産業資本主義と金融資本主義の高度な展開を図るため，原料獲得，製品販売，さらには資本輸出のための市場を確保するために植民地獲得に乗り出し，この勢力圏を維持・防衛するためにシーレーンと海底ケーブルを確保する必要があった。その結果，ヒト・モノ・カネ・サーヴィス・情報が，ヨーロッパとアジア・アフリカなど遠隔の地域を行き来する速度と量が高まったのである。この第 2 期のグローバリゼーションは，いわば南北間の垂直的なフローを特徴としていたといえる。アメリカを海外植民帝国と規定することには反論が予想されるが，アメリカは 19 世紀末から 20 世紀初頭にかけて「裏庭」であったカリブ海地域や中米地域を勢力圏に組み込み，さらに米西戦争を契機にフィリピンやハワイ——米西戦争の結果ではないが——など太平洋にも勢力圏を構築し，対外膨張を開始した史実は否定できない。大陸国家として「成長」してきたアメリカは，この対外膨張によって海洋国家——太平洋と大西洋の両洋に対応することを課題としたため両洋国家という場合もある——としての二面性を抱えることになり，このことがアメリカ外交を複雑にしたとの指摘もある。またオバマ現大統領も含め歴代大統領は，アメリカは帝国であったことはないと強調することが多いが，他民族の伝統的生活空間を統治・支配する極めて古典的な定義に従っても，アメリカ史における帝国の記録を消し去ることはできない。
35) 文献学的に見ても，グローバリゼーションに関する研究書・論文が急激に登場するのは 1990 年代に入ってからのことである。それはやはりグローバリゼーションなる現象が鋭く冷戦終結と密接に結びついて認識され始めたことを意味しよう。ソ連帝国の崩壊とソ連ブロックの解体，その過程で発生した湾岸戦争におけ

るRMA（軍事による革命）を背景としたアメリカの圧勝は，一方でアメリカ国民に「ヴェトナム・シンドローム」を払拭させてある種の愉悦感に浸らせ，他方でグローバリゼーションはアメリカナイゼーションであるとのイメージを世界中に植えつけた。1990年代に入ってから活発化したグローバリゼーション研究は，アルブロー，ヘルド，マグルー，クラーク，ハースト，ロビンソンン，グレイなど圧倒的にイギリス学派が中心になっていることもこのことと無関係ではないであろう。すなわち研究者を含め多くのアメリカ人が冷戦の「勝利」を当然視する傾向が強く，P・ケネディなどの「衰退派（declinist）」は冷戦勝利の興奮と愉悦感の中に埋没してしまい，多数派は現象化しつつあったグローバリゼーションを客体化できなかったのであろう（拙稿「グローバリゼーションとアメリカナイゼーション―冷戦終結との関連において―」3031頁『東京大学アメリカ太平洋研究』Vol.1．東京大学大学院総合文化研究科付属アメリカ太平洋地域研究センター，2001年3月）。

36) 鶴田満彦「グローバリゼーションとは何か」18-19頁『中央評論』238号，中央大学出版部，2001年冬。

37) 拙稿「グローバリゼーションと国際関係」26-27頁，『中央評論』238号，中央大学出版部，2001年冬。

第 3 章
グローバル化におけるリージョナリズムの位相
―― アジア欧州会合（ASEM）の視点から ――

髙 瀬 幹 雄

は じ め に

　世界のグローバル化の一方で，各地域で新しい地域秩序の構築が続いている。かつて1960年代を嚆矢として様々な「地域主義（リージョナリズム）」が現れてきたが，現行の地域主義には「開かれた」かつ「メガ（巨大）」な特徴を有するものが多くなっている。

　一般に，グローバリゼーションとリージョナリゼーションは同時進行のシンクロナイズされた現象である。それはときに対抗的であり，ときに相互作用し，補完的でもある。リージョナリゼーションは，その形態として地域統合体や地域協力のための機構や枠組みがあり，その活動や力学から，インター・リージョナリズムやトランス・リージョナリズムなどもあらわれている。

　そのなかで，「アジア欧州会合（ASEM=Asia-Europe Meeting）」[1]は1996年の発足以来，アジアと欧州のメガ・リージョナリズムな地域協力と対話の枠組として活動を続けている。ASEMが他の様々な地域協力枠組と異なっている点として，次の3点を指摘したい。

　まず，第1に，メンバー国家の首脳による自由で非公式な対話を本旨としながらも，EUとASEANという地域統合組織を内包するだけでなくそれを基盤とするという一面を持っていることである。このことは，発足時のASEMがASEANメンバーとEU双方のイニシアティブをもとにアジア側がASEAN 7

カ国＋中国・韓国・日本と，欧州側は当時の EU 加盟 15 カ国との対話として スタートしたことにあらわれている。

　第 2 に，歴史的，政治経済的にも発展の度合いに差がある異文化間の地域対話という特徴である。民主主義や法の支配，人権の尊重といった諸原則を共通のルールとする共同体意識に基づいて統合を進める欧州に対して，アジアは構成するメンバーの発展段階が異なり，文化的・宗教的多様性を内包し，共通の価値観は存在せず，統治の形態も異なっている。この異体制と異文化の非対称的な諸国家からなる 2 つの地域の対話はその枠組み，会合のプロセスや機能，運営において制度のあり方に影響する。

　第 3 の特徴として，ASEM そのものの変容をもたらすほどのメンバーの拡大がみられることである。それは 1 つには EU 加盟国の増加および ASEAN の加盟国の拡大に伴うものであるが，加えて，発足以来のアジアの国際環境の変化によって影響され，隣接地域の諸国を取り込みながら他の地域統合や枠組と重層的な連関性をもって展開していることである。

　以下，本章では，ASEM の概観を鳥瞰したうえで，3 つの特徴を軸として，ASEM の展開を考察し，その他の地域協力機構との比較を踏まえて，グローバリゼーションへの対応としてのリージョナリズムの位置づけのなかで，インター・リージョナリズムやトランス・リージョナリズムの文脈を含めた位相から ASEM の検討を試みるものである。

1．ASEM の概観

　ASEM は 2013 年 9 月現在で 51 のパートナー（49 カ国と 2 機関）に拡大している。そのメンバーシップの内訳は，ASEM への参入年を含めて示せば以下のとおりである。

　　【アジア側】：インド (2008)，**インドネシア**，オーストラリア (2010)，
　　韓国，カンボジア (2004)，**シンガポール**，**タイ**，**中国**，**日本**，ニュージー

ランド (2010), パキスタン (2008), バングラディッシュ (2012), **フィリピン, ブルネイ, ベトナム, マレーシア,** ミャンマー (2004), モンゴル (2008), ラオス (2004), ロシア (2010), **ASEAN 事務局**（以上, 20 カ国と 1 機関）

【欧州側】：**アイルランド, イタリア, 英国,** エストニア (2004), **オーストリア, オランダ,** キプロス (2004), **ギリシャ,** スイス (2012), **スウェーデン, スペイン,** スロバキア (2004), スロベニア (2004), チェコ (2004), **デンマーク, ドイツ,** ノルウェー (2012), ハンガリー (2004), **フィンランド, フランス,** ブルガリア (2008), **ベルギー,** ポーランド (2004), **ポルトガル,** マルタ (2004), ラトビア (2004), リトアニア (2004), ルーマニア (2008), **ルクセンブルグ, EU（欧州委員会）,**（以上 29 カ国と 1 機関）[2]

注：太字の国家は, 原参加国（1996 年設立）

図 3-1　ASEM メンバー国（49 カ国）と世界に占める割合

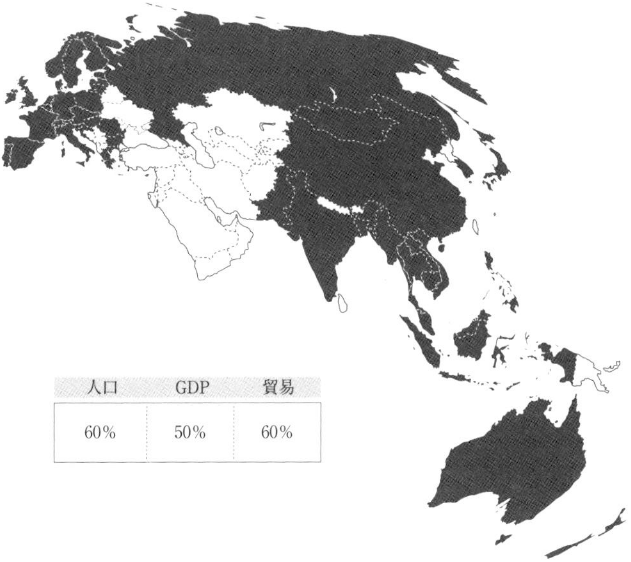

人口	GDP	貿易
60%	50%	60%

出所：地図は, eurasian review の掲載地図を参考, 比率は, 2013 年の EU の統計による[3]

このように ASEM メンバーは，成立当初の 25 のパートナー（アジア 10 カ国，欧州 15 カ国）から，49 カ国と 2 機関のパートナーになり，欧州のほとんどの国とアジア（北東アジア，東南アジア）の大部分をカバーしている。特に冷戦終焉以降，拡大に拍車がかかり，ロシアや南アジア，オーストラリア，ニュージーランドといった中間的地域の国々も含めるようになり，メンバーシップの国々の世界に占める比率は，世界の人口の約 60％，GDP の約半分（50％），貿易の約 60％ をこえている（図 3-1）。

ついで，ASEM がメガ・リージョナルな枠組であることを把握するために，アジアをめぐるその他の地域協力の枠組や組織と比較したのが，図 3-2 である。

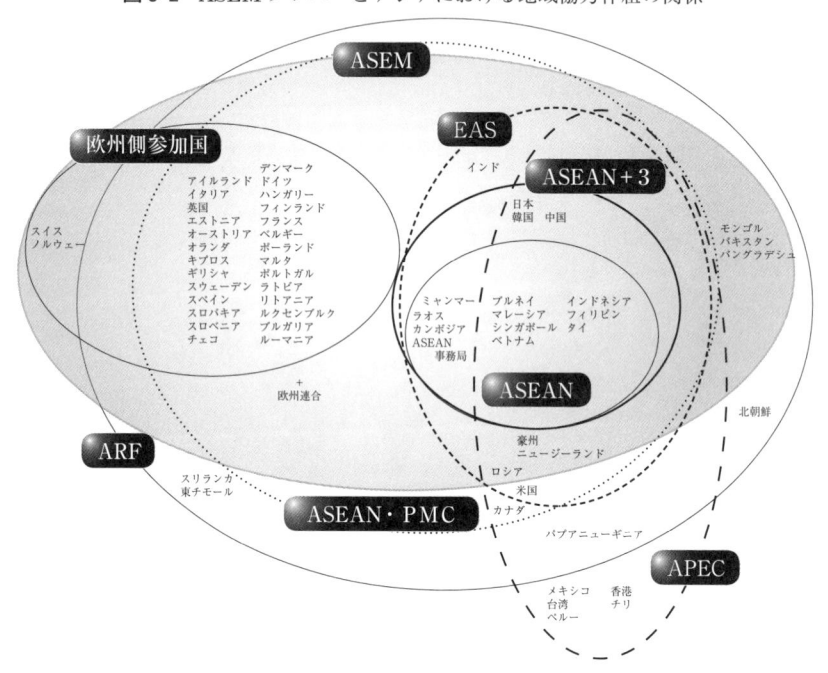

図 3-2 ASEM メンバーとアジアにおける地域協力枠組の関係

注：図中の ASEM 以外の各地域フォーラムの概要
・ARF（ASEAN Regional Forum）：ASEAN 地域フォーラム＝アジア太平洋における政治・安全保障分野を対象とする全域的な対話のフォーラム

・ASEAN・PMC（ASEAN Post-Ministerial Conferences）：ASEAN 拡大外相会議＝ASEAN とその域外対話国・機関との間の対話の場
・APEC（Asia-Pacific Economic Cooperation）：アジア太平洋経済協力＝アジア太平洋地域の持続可能な発展を目的とし，域内の主要国・地域が参加するフォーラム
・EAS（East Asian Summit）：東アジア首脳会議＝地域共通の問題に対し，首脳主導で具体的協力を進展させる場
・ASEAN＋3（ASEAN Plus Three）ASEAN と日中韓で幅広い分野で具体的協力を推進する場
・ASEAN（Association of Southeast Asian Nations）：東南アジア諸国連合＝域内における経済成長，社会・文化的発展の促進等を目的とする，東南アジア諸国の連合体
出所：外務省「ASEM 参加国と機関」平成 24 年 12 月 24 日[4]

　以上のような重層的で複雑に錯綜する地域協力枠組の様相は，あくまでメンバーシップという側面からみたものであり，図3-2の注にあるように各フォーラムの目的は，それぞれ経済・貿易問題から，安全保障，政治的な首脳会議など多種多様にわたり，加盟国を規定する状況も異なる。
　それを留保したうえで，図から ASEM のメンバーを抽出すれば，比較的近似の広範囲メンバーを有する ARF や APEC の構成国と比較すれば，ASEM からは米国，カナダは当然であるが，スリランカ，台湾，北朝鮮等が抜けていることが目につく。また，欧州側も当初は EU 加盟国のみが長く続いたが，2012 年からその枠を超えてスイス，ノルウェーが参加するようになっている。
　この枠組の要である2年に1度アジアと欧州で交互に開催される首脳会合の開催時期と場所，参加国は表3-1のようである。
　この表からわかるように，1996 年発足時から，現在までの拡大は目を見張るものがある。そもそも ASEM の創設時には，世界経済の3大センターのうち，欧州と米国，米国とアジアのパイプに比べて相対的に脆弱であった欧州とアジアのパイプの関係強化を目的としていた。したがって米国および米州関係国は含まれず，この原則は維持されているが，この点を除くとそのメンバーの拡大傾向は著しい。何より当初から中国が参加しているのに加えて，ロシアという地域大国が参加するようになったことは後に検討するように ASEM の今後の展開において本質的な変容をもたらす可能性をもっている。

表 3-1 ASEM 首脳会合の歴史と参加国の変遷

第1回	1996年3月	バンコク	アジア 10 カ国（ASEAN 7 + 3） 欧州 15 カ国　＊1
第2回	1998年4月	ロンドン	アジア 10 カ国　欧州 15 カ国
第3回	2000年10月	ソウル	アジア 10 カ国　欧州 15 カ国
第4回	2002年9月	コペンハーゲン	アジア 10 カ国　欧州 15 カ国
第5回	2004年10月	ハノイ	アジア 10 カ国（ASEAN 10 + 3） 欧州 25 カ国 ＊2
第6回	2006年9月	ヘルシンキ	アジア 13 カ国 + 3 カ国　欧州 25 カ国　＊3
第7回	2008年10月	北京	アジア 16 カ国 欧州 25 カ国 + 2 カ国 + ASEAN 事務局　＊4
第8回	2010年10月	ブリュッセル	アジア 16 カ国 欧州 27 + 3 カ国（露・乳・豪）＊5
第9回	2012年11月	ビエンチャン	アジア 19 カ国　欧州 27 カ国 + 3 カ国　＊6

＊1　アジアは，当時の ASEAN 構成国 7 カ国と日中韓，欧州は当時の EU 加盟国と欧州委員会
＊2　アジアでは，ASEAN 構成国で未参加であった 3 カ国（ラオス，カンボジア，ミャンマー）が，欧州では，2004 年に新たに EU に加盟した旧東欧 10 カ国が参加するようになった
＊3　インド，パキスタン，モンゴル，ASEAN 事務局の新規参加
＊4　2007 年に EU に加盟したブルガリア，ルーマニアが新規参加
＊5　ロシア，ニュージーランド，オーストラリアのアジアとしての新規参加
＊6　3 カ国は，バングラディシュ，ノルウェー，スイス
出所：asem infoboard の HP より

2．ASEM の原点——ASEAN と EU

　ASEM の第 1 の特徴として，ASEAN と EU の要素を指摘した。1960 年代の第 1 次リージョナリズム勃興期に登場し，世界でもっとも成功しているとされるこの 2 つの地域組織は，しかしながら，その加盟国，組織としての制度の性格はかなり異なっている。周知のように，EU はその半世紀をこえる経済，社会，政治分野での統合を通じて，国家主権を制限し，通貨の統合や共通外交安全保障分野も対象とするもっとも先進的な地域機関である。その意思決定の手続きも規定や条約という規範に基づき公式な場における具体的政策の実現を図る。これに対し，ASEAN は国家主権を補完し，域内の加盟国の相互依存の

進展による安定と国家体制の維持を優先する。その意思決定は全体のコンセンサスを得ることが重視され，意見の相違の表面化を避けながら，非公式な場で招請されることが優先される[5]。このようにまさに対照的な地域統合組織が，どのような経緯でASEM形成の基盤となり，対話の枠組みを下支えしてきたのであろうか。

ASEM成立の経緯は1994年のシンガポールのゴー・チョク・トン（Goh Chok Tong）首相の「アジア欧州サミット構想」に始まる。「第3回東アジア・欧州経済サミット（通称，アジア版ダボス会議）」での提言をもとに，ゴー首相は，アジアと欧州の関係強化を目的として首脳が直接対話する会合を次期EU議長国フランスのバラデュール（Balladur）首相に提案した。EU側も同年7月に「新アジア戦略に向けて（Toward a New Asia Strategy）」[6]と題する政策提言文書を作成して世界経済の成長の核となりつつあったアジアに大きな関心を示していた。

欧州側は，ASEAN加盟国のシンガポール首相の提案を「新アジア戦略に向けて」のひとつの回答とみなし歓迎する姿勢をみせた。その背景には，当時APEC（アジア太平洋経済協力会議）の枠組みから欧州が排除され，APECの非公式首脳会議へのオブザーバーとしての参加も米国やインドネシアによって拒否されていたことがある[7]。EUのアジアサミット創設への積極的な姿勢は，成長するアジア市場への経済的要因だけでなく，APECという世界レベルの話し合いに欧州が排除され参加しなかったことが歴史上はじめてのことであったという危機感であった[8]。

ASEANとEUの対話の開始は，1970年代にさかのぼってEUの前身であるEC時代からはじまっており，1980年代にはすでに恒常的な関係が確立されていたのである[9]。

欧州側（当時はEC）が，日本以外のアジア諸国を意識し始めた一因には，1973年の英国のEC加盟がある。英国の加盟は，旧植民地諸国と英連邦特恵制度によって展開していた関係を終焉させ，新たにECを通じた貿易協定の必要性を生じさせた。英連邦を構成しているインドやマレーシア，シンガ

ポールのうち，インドとともにECはバイ・ラテラルな特恵貿易協定を提案したが，マレーシアとシンガポールはASEANを通じた地域対地域の関係構築を求めた。したがって，ECは，東南アジアのASEANと交渉協定を行うことになり，1978年からはEC・ASEAN閣僚会議も開催されるようになった。こうして，ECとASEANは貿易協定を結ぶことになり，それは経済協力協定や政治対話・文化交流をも含めた包括的な協定の締結へ進む。

1980年7月にECは，「EC・ASEAN協力協定」を結び，通商・経済・開発分野における協力関係を樹立した。その前年の1979年には，日・米・カナダ・豪・NZとともにASEAN拡大外相会議（PMC）のメンバーとしてアジアを舞台とした多国間の協議システムにも参加するようになり，1994年にはASEAN地域フォーラム（ARF）にも参加し，同地域の政治・安全保障領域の問題にもかかわりをもってくるようになる。

このようにアジアと欧州の地域協力と対話はECとASEANの組織レベルで開始されるようになっていたが，この関係は順調に発展したとはいえなかった。欧州とアジアとの関係は，両者の貿易実績の拡大から経済関係を中心に必要に迫られていたとはいえ，歴史的な宗主──植民地関係，人権問題や民主主義の擁護を掲げる欧州（EC）側とアジア諸国の体制（天安門事件やインドネシア，ミャンマーなどの国内体制）などによってたびたび障害に直面していた。

1994年11月のEU首脳会議で承認された「新アジア戦略にむけて」は対アジア政策の積極化を表す最初の包括的な政策指針であった。そこでは次のような目標が挙げられている。①アジアにおけるEUの経済的な存在感を高める。②アジア諸国との政治的経済的関係を深めて強化するために国際的な協力と理解を促進することに貢献する。③貧困緩和と持続可能な成長への貢献をすることでジアの発展途上の国への経済発展を促進させる。④アジアにおける民主主義，法の支配，人権と基本的自由の発展と強化に貢献する。そして，この目的の達成のためにEUがアジアとの政治対話を強化するというものであった。この戦略文書の対象となる「アジア」とは，26カ国・地域をさしており，東アジア8カ国・地域（中国，日本，北朝鮮，韓国，モンゴル，台湾，香港，マカオ），

東南アジア10カ国（ブルネイ，インドネシア，マレーシア，フィリピン，シンガポール，タイ，カンボジア，ラオス，ベトナム，ビルマ），南アジア8カ国（インド，パキスタン，バングラディシュ，スリランカ，ネパール，ブータン，モルディブ，アフガニスタン）となっている[10]。

こうした状況を背景として，ゴー・チョク・トン首相はフランスを公式訪問し，アジア欧州サミットの提案を行った。それを受けた次期EU議長予定国フランスがEU加盟国の根回しをもとに，欧州委員会を中心とした作業文書と報告書が作成されマドリードのEU首脳会議で容認された。これをうけて，アジア（1995年9月タイのプーケットで開かれ，この時点でアジアは中国，日本，韓国も参加した）[11]と欧州とでSOM（高級事務レベル会合）が開催され，12月にマドリードで双方の基本ポジションが承認された。その席上，名称をアジア欧州首脳会議ではなく，アジア欧州会合（meeting）とすること，議題は①政治と安全保障，②経済協力，貿易，投資，③その他の協力（環境，人的資源，科学技術交流，産業協力，文化接触，開発協力）という枠で首脳が自由に議論を交えること，共同声明ではなく議長声明とすること，などの基本的枠組みを制定し，第1回を1996年3月，バンコクで開催することに決定したのである[12]。

アジア側でASEAN諸国がイニシアティブをとった理由としては，①旧植民地と宗主国が対等な立場で対話することに強い意義がある。②ASEANによる域外大国との関係再構築が可能である。③アジアの経済成長の持続のため，欧州からの投資と技術移転が必要である。④15カ国，3億7,300万人，GDP約7兆ドルのEUは，ASEAN製品の重要な輸出市場となる。⑤APECなどで人権問題を振りかざす米国を牽制することができる。⑥米国とEUを競わせることによって，より高度な技術移転を伴った有利な投資を勧誘することができる，などであった[13]。

このようにEUとASEANという2つの組織が共同して準備したASEMの運営には，EUよりASEAN方式が採用されている。EUの政策決定と組織は法的拘束力を重視するメカニズムを持つのに対して，いわゆる非公式で「コンセンサス」を重視し，拘束力の強い決定や共同声明を避けるアジア的調整メカ

ニズムが採用されたのであった[14]。ASEM の対話の基本枠組は「相互の尊重と平等の精神に基づき，アジア・欧州両地域の協力関係を強化する」であることが確認され，その制度や運営については骨格のみ合意された。名称も欧州よりもアジアが先に来ているのは，欧州中心ではないとするための EU 側の配慮であり，Summit ではなく Meeting としたのは，首脳間の率直な対話を第1としてプロセスや組織上の硬直化を避ける意図があったといわれている[15]。

ここにおいて，冷戦以降国際社会のなかでダイナミックな変容と発展をとげるアジアと欧州という2つの地域を跨がる25カ国と1機関代表の集う定期的な対話のフォーラムがスタートしたのである

3．ASEM——政治・経済・文化の非対称地域の交流

アジアと欧州という大きな枠ではみえにくい多様で様々な異質性を含む ASEM は，創設時における経緯とその理念から「ASEM プロセス」と呼ばれる独特の方式をうみだした。その原則は，アジアで2度目の会合となった第3回首脳会合（ソウル）で採択された「アジア欧州協力枠組2000」で確認されている。その特徴として4つのキー概念，「非公式（informality）」，「多元性（multi-dimensionality）」，「対等なパートナーシップ（emphasis on equal partnership）」と「人々とハイレベルの二重性（dual focus on high-level and people to people）」が挙げられる[16]。

1　「非公式」であること。政策決定者と当局者が，政治・経済・社会に関する共通の関心事について話し合える開かれた場を提供していることであり，二者間および国連や世界貿易機関（WTO）などの多国間の場で対話を補足することである。

2　「多元的」であること。アジアと欧州の両地域の関係の全範囲を対象とし，政治・経済・文化に関する問題を同等に扱うこと。

3　「相互尊重と相互利益」に基づいた「対話と協力」のプロセスによる，対等なパートナーシップを強調する。

4　社会のあらゆる部門での人と人の交流促進に一層の焦点を当てつつ，ハイレベル（首脳，閣僚，政府高官）の会議の場を提供する。

　このASEMプロセスがうみだす基本的な活動領域としては3つの柱「政治（Politics），経済（Economy），文化・社会その他（Society &Culture）」が設定されている[17]。

　政治の柱：グローバル・イシューとしてアジア・欧州両地域の共通の関心事について，地域情勢，安全保障や国際秩序について宣言，声明や文書が発出されている。近年は特に，テロリズム，大量破壊兵器，移民問題などが扱われている。また，形式にとらわれない非公式会合の特性を生かして，民主主義，人権，法の支配，言論の自由などの基本的価値に関する問題についても自由な意見交換が行われている。

　経済の柱：グローバル化と持続可能な開発に焦点を当てつつ，アジア・欧州間の経済・金融分野でのさらなる発展や，気候変動問題を始めとする環境問題などグローバルな課題への取組について議論している。また，アジア欧州ビジネスフォーラム（AEBF）との連携のように，民間部門との対話の促進も進めてきている。

　社会・文化その他：アジアと欧州のより深い相互理解のため，両地域間の文化的つながりの強化，特に市民間の緊密な交流の促進が必要との観点から，文化，芸術，教育の各活動や両地域の若者や学生の交流の支援など。

　ASEMは，年2回のペースで開催される首脳会合の対話の枠組でスタートとしてその後制度が整備されていく。その結果，首脳会合を頂点とし，3つの柱の活動分野に準じて，現在までに外相会合（10回，以下各会合の回数を表記）[18]，財務大臣会合（10回），経済閣僚大臣会合（5回）が開催されている。さらに外相会合については，第6回外相会合の結果，2005年以降は，2年に1度，首脳会合が開かれない年に開催されるようになった。加えて，環境大臣会合（3回），文化大臣（5回），教育大臣（4回），労働雇用大臣（4回），移民管理大臣（1回），科学技術大臣（1回），情報通信技術大臣（1回），エネルギー安全保障大臣（1回），交通大臣会合（2回）が開かれている。こうした閣僚（大

臣）や局長級会合[19]の事務レベルでの調整・補佐のため各種の「高級実務者会合（SOM=Senior Officials Meeting）」がある。また，ASEM は常設の事務局は持たないが，アジアと欧州それぞれの意見をとりまとめる調整国を持ち回りで務めることになっており，ASEAN グループおよび北東・南アジアグループからそれぞれ1カ国，欧州側は EU 議長国と欧州委員会がその任務を果たしている[20]。なかでもアジア欧州それぞれの議論を深めるため，アジア側 MOS，欧州側 MOS とともに ASEAN 固有のメカニズムである調整国会合が必要に応じて開催され，ASEM プロセスの円滑な運営を支える形になっている。

このような ASEM プロセスの全体を鳥瞰すればその構造は，以下のようにまとめられる。

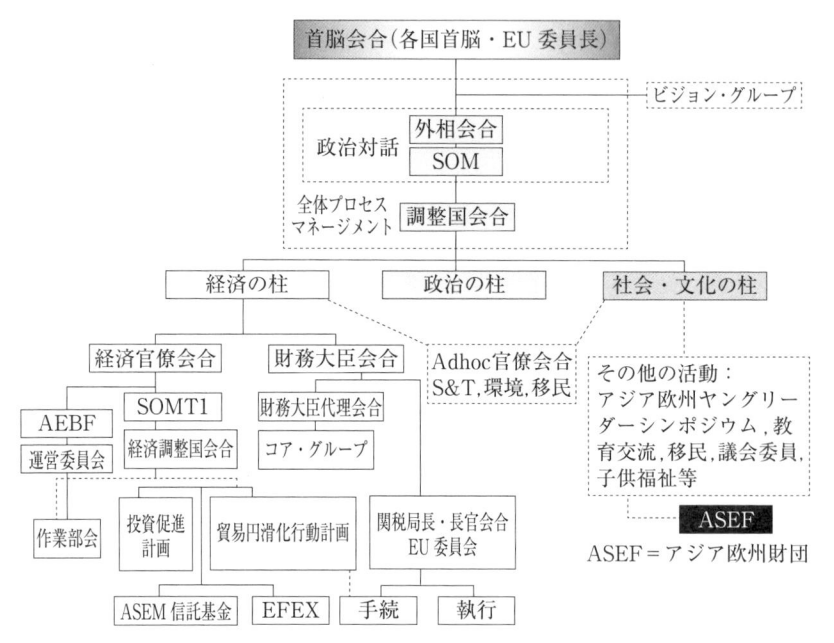

図 3-3　ASEM プロセスの構造

出所：asem infoboard にある ASEM の structure の図をもとに筆者作成

図 3-3 のなかで，注目されるのは第 3 の柱「社会・文化の柱」における活動

である。政治の柱における首脳や外相会合の政治対話，経済の柱での経済閣僚，財務大臣会合やその他の閣僚会合が扱う柱に対して，第3の柱である社会・文化領域において，民間部門の活動を含め，人的交流を活発に行っており，ASEMの第2の特徴である国内の社会体制の相違と異文化間の対話の枠組みという要素が，ASEMを他の経済や安保などを目的とする地域協力枠組との違いを際立たせている[21]。

　この文脈で，アジアと欧州の人的交流を体系的な企画のなかで進めていくことは，第1回首脳会合において提唱されている。コペンハーゲンで開催された第4回首脳会合においては，さらに文化多様性について独立したセッションが設けられ，ベトナムのハノイでの第5回首脳会合では，旧東欧諸国10カ国がEUに一挙に加盟しメンバーを大きく増えたこともあって「文化と文明間の対話に関するASEM宣言」が採択され，文化多様性を尊重することの重要性，文化・教育交流を促進して文化に対する対話の継続が確認されている。

　そのひとつが，アジア欧州財団（ASEF=Asia-Europe Foundation）である。これはシンガポールでの第1回外相会議で設立され，アジアと欧州のシンクタンク，市民および文化団体同士の交流を目的として，ASEM各国から1,500万ドルの拠出金を得てシンガポールを拠点に幅広い活動をしている。その活動は，人的交流，知的交流，文化交流からなり，人的交流には，教育・ビジネス・青年・環境・政治の部門からなり，なかでも教育研究，ビジネス，環境問題が重視されている。日本での事業として，女性問題についてのセミナー，ASEMパートナーの学生が合宿を通じて，アジア欧州地域についての理解を深める「ASEF大学」，アジアと欧州のジャーナリスト会議や個人的交流のサポートなどを行っている[22]。またASEMには，「イニシアティブ」といわれる参加パートナーが取り上げたい課題について会合，セミナー，新たな枠組みを提案する事業があり，これに基づく日本の提案として結実したのが，「ヤングリーダーズ・シンポジウム」であり，その後も形を変えながら各国で開催されている[23]。この第3の柱におけるASEMの活動は，ASEMプロセスの4つ目のキー・キャラクタリスティックに挙げられている「社会のあらゆる部門での人

と人との交流とハイレベルの二重性（dual focus on high-level and people to people)」における民間交流とハイレベルな政治対話を提供するASEMの特質を象徴しているといえよう。

4．多国間交渉の「場」として

　通常，首脳会合のプログラムは，そのときの国際情勢と地域情勢に沿ったテーマを首脳が話し合い，それとともに定例的なワークセッション（第1〜第5）が2日間にわたって行われ，最終日に開催国による議長声明が発せられ，とりまとめられた各宣言が発表されるというものである[24]。

　アジア欧州会合は，現在までに9回の首脳会合が重ねられてきた。その成果について議長声明に表れたトピックを拾い上げると以下のようである[25]。

　第1回（1996）のバンコク（タイ）では，アジア経済が急成長するなかでアジアと欧州の対等な対話・協力の場を設定した歴史的な会合として「さらなる成長のためのアジアと欧州のパートナーシップ形成」を設定し，政治対話の促進，経済分野での協力強化，その他の分野での協力の促進を主要な柱として掲げた。

　第2回（1998）のロンドン（英国）では，直前に生じたアジア通貨危機に対するアジアと欧州の協力と対応等について協議し，「アジア金融・経済情勢に関する声明」を発表した。

　第3回（2000）のソウル（韓国）では，「アジア欧州枠組2000（AECF）」を採択し，ASEMの将来の方向性を打ち出すとともに，朝鮮半島情勢については「朝鮮半島の平和のためのソウル宣言」を発表し，南北首脳会談を高く評価して欧州とともに北朝鮮との関係改善に取り組む姿勢を示した。

　第4回（2002）のコペンハーゲン（デンマーク）では，前年に勃発した同時多発テロの影響をうけて，テロとの闘いのための協力の強化や，日朝会談などについて協議し，「国際テロリズムに関する協力のためのコペンハーゲン宣言」，「朝鮮半島の平和のためのコペンハーゲン宣言」で朝鮮半島の緊張緩和，

国際テロ対策と経済の持続的な成長にアジア欧州が協力する決意を強調した。

第5回（2004）ハノイ（ベトナム）では，ASEM 参加国の拡大を承認，アジアと欧州で新たに13カ国を加え，38カ国2機関体制となった。それに伴いアジアと欧州のパートナーシップのさらなる活性化と実質化への取組を協議し，「より緊密な ASEM 経済パートナーシップに関するハノイ宣言」と「文化と文明間の対話に関する ASEM 宣言」を発表した。

第6回（2006）ヘルシンキ（スウェーデン）では，ASEM 創設10年を迎え，その評価と今後の10年の対話と協力分野等を協議し，ASEM の第2次拡大を承認，インド，パキスタンやモンゴルというアジアの外延を取り込むようになり，「気候変動に関する ASEM 宣言」，「ASEM の将来に関するヘルシンキ宣言」を発表した。

第7回（2008）北京（中国）では，リーマン・ショックに発する国際金融危機への対応を協議し，「持続可能な開発に関する北京宣言」，「国際金融情勢に関する声明」を発表した。

第8回（2010）ブリュッセル（ベルギー）では，ロシア，豪州，ニュージーランドを加え，世界経済ガバナンス，持続可能な発展，地球規模の問題，地域情勢について協議し，「より実効的な世界経済ガバナンスに関するブリュッセル宣言」を発表した。

第9回（2012）ビエンチャン（ラオス）では，欧州債務危機に発する世界における経済財政問題，地球規模の問題として気候変動，軍縮，エネルギー安全保障，防災，海賊，麻薬問題などを協議し，「平和と開発のためのパートナーシップの強化に関するビエンチャン宣言」を発表している。

このように，2年に1度のペースで開催されている首脳会合の声明をみると ASEM が自由で非公式な対話という特性を生かして，ホットな国際情勢の諸問題に応じたテーマで議論が重ねられてきたことがわかる。しかしその歩みは最初から順調ではなかった。多くの期待とフォローアップの会合やイベントを決めた第1回バンコク首脳会合につぐ第2回ロンドン会合では，直前のタイに始まるアジアの通貨・経済危機で暗転し，会合への期待は大きく冷や水を浴

びせられることになった。アジア側の金融支援の要請に対する欧州側の消極的態度と双方の思惑のずれは ASEM 発足の欧州側の動機を考えれば当然であった[26]。

しかし，ASEM が首脳会合だけでなく制度として下位会合や種々の機関を有していることは単なる首脳間対話にとどまらない側面をもつ。アジアの通貨危機に関しては，全体として即応能力に欠けたが，その後の財務大臣会合で事後対応が継続的に行われ，通貨・金融管理システムの多国間調整にこれまで実効的な経験を持つ EU 諸国の代表が貢献するという関係がみられる。例えば 2012 年 10 月にバンコクで開かれた第 10 回 ASEM 財務大臣会合では，ASEM パートナーだけでなく恒例化したアジア開発銀行（ADB），欧州中央銀行（ECB），欧州金融安定ファシリティ（EFSF），国際通貨基金（IMF），世界銀行を含めてアジア欧州両地域における地域金融アレンジメントを主要テーマとして協議している。こうした金融アレンジメントはアジアと欧州に問題解決の相互認識と学習を与え，欧州の金融問題の対応としての欧州安定化メカニズム（ESM）とその前身である欧州金融安定ファシリティ，ASEAN＋3 によるチェンマイ・イニシアティブに関する提言・声明を出している[27]。このように ASEM でアジアと欧州の金融安定安全網としての「チェンマイ・イニシアティブ」と「欧州安定化メカニズム」の間で情報やノウハウを共有していることは大きなメリットであろう[28]。

ASEM 首脳会合は，同時にその場に集まった首脳によるバイ・ラテラルな首脳会談の機会を提供している。ちなみに第 9 回ビエンチャン首脳会合の際に，野田佳彦首相は開催地のラオスを皮切りに，ポーランド，カンボジア，EU，フィリピン，タイ，ベトナム，デンマークの 7 カ国 1 機関にわたって首脳同士の会談を行っている。それに加えて，会合の合間にリトリート式による会談や「立ち話」も重要になってきている[29]。

このビエンチャン首脳会合は，ここ数年の日中の外交関係の最大の障壁となっている「尖閣諸島問題」を巡る激しい対立以降の最初の日中首脳がまみえる会合として内外に注目された。そもそも 2112 年 9 月 9 日にウラジオストク

のAPEC首脳会談で，野田首相と接触した胡錦濤国家主席は，焦点となっていた尖閣諸島の領有権について，日本政府による国有化に厳しく警告を発していた。その2日後の9月11日，野田首相はまさにその「国有化」を断行し，面子をつぶされたとする中国政府と反日暴動による激しい官民あげての反日運動が起こったのである[30]。

3カ月後の11月5〜6日に予定されていたASEM首脳会合で会合に同席する温家宝首相と野田首相の首脳会談の調整が図られた[31]。2年前の2010年の第8回ASEMベルギー首脳会合においては，同種の「中国漁船衝突事件」に関して菅首相の働きもあり両国首脳は，翌2011年に横浜で日中首脳会談に結びつけていたのである。しかし，結局，首脳会談は実現せず，両首脳は言葉を交わすどころか視線すら合わせなかった。中国側は，各国首脳発言後の自由討論の最後に，すでに退席していた温家宝首相にかわって揚外相が，「釣魚島（尖閣諸島の中国名）の領有権問題を取り上げ，中国の領有権の主張とともに「反ファシズム戦争の結果や秩序を否定してはいけない」と強く日本を非難した。野田首相は「ASEMの未来」をテーマとするセッションの協議のなかで，予定した発言に加えて「本来，2国間関係に関わることを話すつもりはなかったが，」として尖閣諸島の日本政府の立場に触れ中国の非難に応酬した。この両国のやりとりを受けて会合の議長国ラオスのトンシン首相は，「両国の視点が語られた。この話は2国間で話し合ってほしい」と引き取られたのであった[32]。

このアジアの海洋地域をめぐる中国問題は，その後の一連の各国外交の焦点になっている。この第9回ASEM首脳会合を皮切りに，バリ島での民主主義についての会合，11月17日からのプノンペンでのASEAN首脳会議，11月19日インドネシアのバリ島での東アジアサミット（EAS）や付随する会合で「中国問題」の対応が繰り返された。中国が主張する南沙諸島の領有権問題で利害関係にある東南アジアにおいては，同年7月に開かれたASEAN外相会議で，中国に配慮する議長国カンボジアが中国の行動に反発するベトナム，フィリピンと真っ向対立し，ASEANの45年という長い歴史上はじめて共同

声明をまとめることができなかった[33]。

このように，非公式でオープンな首脳会合の枠組は，当然，長所と共に短所を兼ね備えている。9回にわたる会合の議長声明が示しているのは，国際環境のなかで影響をうける両地域の変動に柔軟な姿勢で対応をしているという評価がある一方で，「単なるおしゃべりの場である，実効性に乏しい」という厳しい評価もされている。しかし，ASEMプロセス全体をみれば，首脳会合の合間を埋める年に隔年開催されるようになった外相会合，財務大臣会合やSOMなどの実務者会合や調整国システムが，ASEMの実効性を担保してくるようになっているといえる。それは明らかに，協議に参加する国家の外交交渉の場をこえ，政治体制，政策決定のやり方，国内事情や社会や文化を大きく異にする参加国が，一同に会する機会を通じた2国間外交会議や，会合を準備し支える多くのセッションを含めた活動に，単なる対話にとどまらない協議フォーラムとしての制度的な成果をあげつつあるともいえよう。

5．拡大の問題——ロシアの参加

ASEMの特徴の3番目に挙げたメンバーの拡大は，今後の展開をみるときの重要なファクターとなると考えられる。スタートしたころは，欧州側はEU加盟国，ASEAN（7ヵ国）と日中韓がアジアという定義であった。のちにASEANに加盟したミャンマーはその軍事政権と人権問題を理由に欧州に嫌われ，長く参加を拒まれていた。ASEANのメンバーの拡大は，政治問題であり制度の構築とともに常に焦点となった。

設立後10年経過した2006年第6回ヘルシンキ会合をきっかけに，数度にわたって参加国が増加するようになる。ASEMの意義として，対話と協力を進めていくうえで民主主義の重要性を説くことが重要事項となっている。その点，ミャンマーの民主化は，アジアの近隣諸国にとっても死活的である。したがって，ASEMにミャンマーを疎外するのではなくて，中にとりいれることによって民主化を促進することが合理的な解決策ではないか，という議論のう

えでミャンマーを受け入れることになった[34]。

現在では，ASEM創設の端緒となったEUの「新アジア戦略にむけて」におけるアジアの定義を思い起こせば，そこで対象となっていた南アジアやモンゴル，それに加えてオセアニア諸国も参加することになった。この意味で，EU側のアジア戦略は，15年をへて本来の姿に近づいたといえる。

しかし，2012年から正式にロシアが，「アジアの枠」として参加したことの意味は大きい。ロシアは，アジアというより欧州とアジアの双方に跨がるトランス・リージョナルな大国である。この拡大を促進する流れには金融・財政問題，テロ，環境などの対策についてグローバル化のなかで従来の地理的概念が形骸化し，地域間対話の領域性を失わせる傾向もこれに拍車をかけている。

拡大をめぐる論議のなかでもロシアの参加は論争の焦点であった。さらに，ロシアは欧州側なのか，アジア側なのかも問題を複雑にしている。ロシアの外交政策の転換がみられるのは，2000年9月に成立したいわゆるプーチンとメドヴェージェフによる双頭体制の確立に始まる。ソ連崩壊後に新生ロシアになったあとも，ロシアのアジア地域への関与と影響力は限られたものであった。安全保障対策におけるARF（ASEAN地域フォーラム）には，原加盟国であったが，1996年以降展開する主に中国と中央アジアを対象としたSOC（上海協力機構）を例外として，それ以外のアジアの会合や協力枠組みへの参加やプレゼンスは限定的であった。

それがプーチン体制で変化する。2012年5月に大統領に復帰したプーチンは，グルジア紛争やウクライナ外交に苦しみながらも，最後の未加盟の大国といわれたWTO（世界貿易機関）の加盟を申請から20年を経て2012年8月に実現させている。その先触れとして，2002年のアジア協力対話（ACD=Asia Cooperation Dialogue タイのタクシン首相の提唱）にアジア30カ国とともに参加し，東アジアサミット（EAS）にも2005年の第1回首脳会議からオブザーバーとして出席し，さらに2011年には正式メンバーとなっていることが挙げられる。

2007年にプーチン大統領は，APECの首脳会議をウラジオストクに招致す

ることに成功し，外交の軸をアジア太平洋地域に移す方針を打ち出し，「ユーラシア大陸のリーダーとして欧州の架け橋」になると宣言した。この転換について ASEM との関連では，アジアへの経済関係の改善強化をはかり，ロシアにおける貿易の 50% を占める EU との関係の重要性を再確認する一方で，成長を続けるアジア市場との接近を果たすべく ASEAN 地域と諸国へのアプローチを開始する[35]。

2005 年 12 月，ロシアの外交当局が，ランドマークなイベントと位置づける ASEAN とロシアのバイ・ラテラルな関係を構築した初めてのロシア・ASEAN 首脳会議をクアラルンプールで開催した。その会議でロシアは「漸進的かつパートナーシップ」のために，「2005〜2015 年に向けての包括的行動計画（Comprehensive Program of Action to Promote Cooperation for 2005-2015)」を発表した。そこでは，ロシアが，①地域統合プロセスに積極的な役割を果たすこと。②ASEAN 市場へのロシアの商品・テクノロジー・投資の促進を行うこと。③同時にシベリア，極東地域の諸国の経済発展を含めた近代化をはかり，ASEAN との相互作用をもとに貿易・経済・投資協力を進めていく。④将来にむけてロシアと ASEAN はオープンで透明性のある安全保障協力をアジア太平洋地域で構築するための共同ステップとする。⑤これは集団的であり，非ブロックで，相互尊重の精神のもとで国際法とすべての国家の平等の原則に基づいたものである[36]。さらに，5 年後の 2010 年にハノイで第 2 回ロシア・ASEAN 首脳会議を行い両者の一層の関係強化のために，2007〜09 年にかけて 175 万ドルの ASEAN—ロシア金融資金を提供して，同年 6 月 15 日，ASEAN センターをロシア外務省付属の公立大学であるモスクワ国際関係大学（MGIMO）に開設した。このセンターがアジア太平洋地域におけるロシアの協力関係構築の基盤としてロシアの外交政策の優先要素のひとつであるとしている[37]。

こうした流れをうけて，2008 年，北京で開かれた第 7 回 ASEM 首脳会合はロシアの参加を承認し，2010 年のブリュッセルでの第 8 回 ASEM 首脳会合から正式なメンバーとして，かつアジア側の参加という形で実現したのである。

2012年11月のビエンチャンでの第9回首脳会合開催の前日に，メドヴェージェフ首相は「ユーラシアの橋をかけるロシア」と題するメッセージをASEMメンバーにむけて発表した[38]。そこでは，ロシアの対外政策方針において「ASEMは欧州とアジアのみならず太平洋地域を含めるユニークなフォーラムであり，急速に変化し続ける世界に対処するプラット・ホームとして，その地理的にも文化的にも多様性に富む枠組みでロシアの重要な働きをする」との決意を述べている。そこには，ロシアが今後十数年をみこして，急速な発展をみせるアジア太平洋への取組，グローバルな世界経済の中心が東にシフトし世界のGDPの55％を超える同地域への歴史的役割を果たそうとするロシアの意図が語られている。

6．ASEMの評価と課題

　発足から18年を経過したASEMの歴史において，当初EU加盟国とASEAN＋3の25カ国で始まった対話は，近隣諸国を取り込みながら今や51パートナーのメガ・リージョナルな地域協力枠組となった。このASEMは，アジアと欧州にとってグローバリゼーションのなかの地域間対話としてインター・リージョナル，あるいは地域横断的なトランス・リージョナルな「場」という現象とどう絡んでくるだろうか。
　本章においてみてきたように，ASEMの展開には多くの要因のなかで，EUとASEANを基盤とした制度的要素がみられるし，構成するメンバー各国の外交を含む集合体としての性格もみてとれる。その2つの観点から若干の課題を取り上げてみたい。

(1)　ASEMの制度面での課題

　発足以来，政治，経済，文化，社会と非常に多岐にわたる問題を対象としているため，その伝統的な批判のなかに「ASEMは焦点がぼやけている。対話と協力の結果が具体的に現れていない」との指摘がある。ASEMが発足して

10 年に際して，フィンランドと日本が行った共同プロジェクトは，当時の ASEM の抱える問題として，ASEM の構造が国家間の関係を中心としているのか，あるいは地域間の関係を中心としているのかについて，全般的な合意がなく曖昧なまま進展してきた点を指摘する。日本側の報告書で山本正氏は「ASEAN の発足時には，たしかに国家間の政府と政府間のフォーラムとして考えられた。しかし，時を経るとともにアジアと欧州の地域間の関係調整の必要が増大し，それぞれの地域内の統合が進展するとともに，ASEM の活動のなかに地域対地域の対話を取り入れるようになってきた。この組織としての方針の曖昧さが ASEM の問題点につながっていると思われる。」として，それを改善するためには，運営の強化，多様な課題への効果的対応，機能的協力の強化を提言している[39]。

この制度としての効率性と具体的成果についての改善は，その後 8 年を経緯した現在も ASEM の制度内では繰り返し提案されている。最近では 2013 年 4 月 25〜27 日に中国の揚州において「アジアと欧州における平和と繁栄に向かって：ASEM のダイナミクスの必要性（Towards to Peace and Prosperity in Asia : The Need of a Dynamics）」をテーマにするシンポジウムが開かれ，「持続的かつダイナミックな ASEM のための揚州イニシアティブ」が掲げられた。そのなかで，ASEM プロセスの作業方法と効率性の向上をめざし，会合の議題や日程の合理化，優先順位の明確化，高官による事務調整の役割強化など 6 項目にわたる改善策を提言している[40]。

一方で，2012 年 11 月 6 日，第 9 回ビエンチャン首脳会合で野田佳彦首相は，第 5 セッション「ASEM の将来の方向性」において，アジア側の冒頭演説を行っているが，そのなかで「ASEM はアジアと欧州を結ぶ唯一のフォーラムであり，両地域のみならず国際社会の平和と安定にとっても重要である。」との見解を語ったうえで，「拡大する ASEM の運営については，効率性を重視するあまりに過度に機構化すべきでなく，現在の対話のフォーラムとしての特徴を維持しつつ，効率性の向上に向けた議論に日本は貢献していく」との意思を表明している[41]。こうした動きをみると，メンバーを増やし，協議

のプロセスは多様化するなかで，アジア欧州をとりまく国際情勢の変化に対応しようとする参加国の政府の思惑とASEMプロセスを制度的にサポートする調整国機関や事務会合との綱引きは今後も続くであろうと思われる。

(2) 多国間会合としての「場」としてグローバルな会合との関係から

　ASEMの議長声明では，「グローバルな組織であるWTOやIMFの多角的貿易体制へのコミットメント」がたびたび再確認され，ASEMメンバーによるグローバルな組織における協議の「前哨場」になっている。それに加えて，様々なASEMをささえる会合も，その他の国際会議や枠組での議題と日程などを調整しながら設定されている。例えば，ASEM第10回財務大臣会合は，主催国タイの考慮により，2012年10月に48年ぶりに東京で開催された世界銀行の年次総会に出席した欧州側の帰り道途上にあるバンコクで総会直後に開催され，定例となった世銀やIMFスタッフを交えて欧州債務危機の影響が続く重要なタイミングでの会合となっている。

　このように，地域間の対話と協力を目的とするASEMは，経済ブロック化阻止への相互協力と牽制を通じて，両地域のみならず世界各地で進みつつある地域統合や地域協力を域外に開かれたものとしてWTOやIMFなどと整合的でその意味では補完的なものとしてとらえられるかもしれない。しかし，例えばグローバルなWTO加盟国に加盟するすべての国で話し合う貿易交渉が壁にぶつかっていることも事実である。その最大の原因は先進国と発展途上国との対立である。貿易や投資の自由化に関する交渉は，2国間であるいは，いくつかの国で交渉する状況が続いている。それを打開すべくTPP交渉が実効的枠組として進行中である。しかし，ASEMメンバーであり，ASEANの有力国であるインドネシアは，TPP交渉には参加していない。その原因の1つとしてASEANと中国とのバイ・ラテラルな自由貿易協定締結以降，農産物，食品，繊維製品などの中国からの輸入が急増し，インドネシア産業が打撃をうけ，貿易赤字が膨らみ，大国との貿易障壁の逓減に悩まされているということ

が挙げられる[42]。

しかし，インドネシアも一国家として問題に対処することができないのも自明である。むしろ長年参加している地域の枠組としてのASEANの枠組み，それに連関する近隣の枠組みなどで問題の再設定をはかることが考えられる。そうした延長線上に，より広域的なミドル，メガリージョナルな枠組みが交錯するなかで，アジアと欧州の唯一の枠組みであるASEMが存在するといえるのではなかろうか。ASEMというメガ・リージョナルな政治対話だけでなく制度的発展のなかで，人的交流や異文化対話システムの構築を進めていくなかでアジア・欧州の「地域間」としてのインター・リージョナルな枠組みにとどまらず，アジア太平洋地域戦略を射程にするロシアの参加は，ASEMを，2地域を「架橋」するトランス・リージョナルな側面をみせはじめているように思われる。

1）ASEMの邦訳名称については，外務省（日本政府）は「アジア欧州会合」，EUでは「アジア欧州会議」とされており，マスコミや新聞報道などでは両方が混在する。

なお，ASEMについての文献は多く存在するが，紙幅上，本章において参考としたものとして，L. Daehoon, "Remembering a forgotton gradeuer, ASEM", *Inter-Asia Cultural Studies*, Vol. 2, No. 2, 2001, C. M. Dent, "ASEM and the "Cinderella Complex" of EU–East Asia Economic Relations", *Pacific Affairs*, Spring, 2001, C.G.Letta, *ASEM's Future ASIA-EUROPE PARTNERSHIP Vol. I & Vol. II*, 2002, Bolonga, Italy, Univ. of Helsinki, "ASEM in its Tenth Year Looking Back: Looking Forward An evaluation of ASEM in first decade and a exploration of its future possibilities European Background Studies", paper, March 2006, J. O. Moeller, "ASEAN's Relation with the European Union: Obstacles and Opportunities", N.M. Morada, "Europe and Southeast Asia: ASEAN–EU Interregionalism between Pluralist and Societies", *Review of European Studies,* Vol. 4, No. 3, July 2012.

越川和彦「アジア欧州会合（ASEM）」『国際問題』452号，1997年，田中俊郎「ASEM（アジア欧州会合）」『日本EU学会年報』第17号，1997年，同「EUの地域主義外交とアジア—ASEMプロセスを中心に」『国際問題』494号，2001年，長尾悟「EUとアジア」細谷・長尾編『ヨーロッパ統合』有信堂，2000年，首藤もと子「EUとASEAN」植田隆子編『二一世紀の欧州とアジア』勁草書

房，2002 年，案浦崇「ASEM 首脳会議の経過とその役割」『湘北紀要』25 号，2004 年，渡邊啓貴，「第 10 章　アジアへの戦略—ASEM（欧州会合）」植田隆子編著『EU スタディーズ 1　対外関係』勁草書房，2007 年，J. Gilson, " The EU and East Asia and ASEM", 慶應大学『法学研究』84 巻 1 号，2011 年。
2）2013 年 7 月 1 日から，クロアチアが 28 番目の EU 加盟国となり将来的には 30 カ国となる。
3）www.eurasiareview.com/および，www.euinjapan.jp/en/world /asem
4）外務省 HP，http://www.mofa.go.jp/mofaj/area/asem/index.html
5）この EU と ASEA の制度における歴史・社会的な相違については，首藤もと子，前掲，54-56 頁に詳しい。
6）Commission of the European Communities, "Towards a New Asia Strategy", COM (94) 314 final, Brussels, *Commission of the European Communities*, July, 13, 1994, pp. 3-4.
7）米国はアジア太平洋の問題に欧州が口をだすことを嫌い，インドネシアは東ティモール問題で人権擁護を掲げる EU に反発していた。田中俊郎『EU の政治』岩波書店，1998 年，218-219 頁。
8）同上，および長尾悟「EU とアジア」細谷・長尾編『ヨーロッパ統合』有信堂 2000 年，155 頁。
9）1972 年 6 月，第 4 回 ASEAN 外相会議は加盟国の貿易相による特別協調委員会とブリュッセル駐在大使から構成される ASEAN ブリュッセル委員会（ABC）を設置した。ここに ASEAN は EC との対話の制度化に成功し，ASEAN にとって EC は最初の域外地域パートナーとなり，欧州とアジアの協議機関の歴史的な端緒となった。渡邊啓貴「第 10 章アジアへの戦略—ASEM（アジア欧州会合）」植田隆子編著『EU スタディーズ 1　対外関係』勁草書房，2001 年，227 頁。
10）Commission of the European Communities, *op. cit.*, p. 3 なお，ビルマはミャンマーのことであるが，ここでは文書の表記にしたがった。さらに，中央アジアの 5 カ国に関しては，CIS（独立国家共同体）として扱い，ここには含まれないとしている。
11）ASEAN 以外の 3 カ国の態度は，当初は統一性を欠いていた。中国は国家戦略として多国間の枠組みに参加することは消極的で，この枠組みに参加することで天安門事件以来の人権問題への批判が新たに生じることも懸念していた。日本も EU 以外に新たな外交的接触を増やすことに消極的で必要であれば 2 国間の経済協定を指向し，この枠組みへの参加が米国から批判されることを危惧していた。これに対して韓国は，対外経済関係を多様化して多国間レベルでの交渉を高めるものとして積極的であった。また，マレーシアのマハティール首相は，この枠組みが "アジア" という地域概念にそぐわないとの疑問を呈していた。C. M. Dent, "ASEM and the Cinderella Complex of EU-East Asia Economic Relations", *Pacific Affairs*, spring, 2001, p. 36.
12）長尾悟，前掲，159-160 頁，首藤もとこ「EU と ASEAN」植田隆子編著『二

一世紀の欧州とアジア』勁草書房，2002年，67-68頁，案浦崇，前掲，44頁，田中，216-217頁。

13) 長尾，前掲，160頁。
14) C. M. Dent, *op. cit*., p. 40.
15) 案浦崇，前掲，48頁。
16) ASEMプロセスの原則は，ASEMの公式HPにkey characteristicsとして掲げられている。asem infoboadより。および駐日欧州連合代表部「アジア欧州会議」http://www.euinjapan.jp/world/asem/，ASEMの運営・手続きについては，第3回首脳会合において採択された「アジア欧州協力枠組2000」に基づき，21世紀のビジョンと主要な原則としてここに挙げられた4つの原則，さらに目的と優先事項（政治対話，地球規模の問題，経済・金融分野，社会・文化や教育分野などが議事日程に挙げられてそれにほぼそって今日に至っている。案浦崇，前掲，46頁。
17) 外務省，前掲「アジア欧州会合（ASEM）とは」外務省HPより。
18) 第1回外相会議は，1997年2月にシンガポールで開催されている。その後，ベルリン，北京，マドリッド，バリ，キルデア（アイルランド），京都，ハンブルク，ハノイ，そして2011年6月にブダペストで第10回会議が開催されている。
19) 局長・長官級会合のなかで，ASEM関税・局長会議は，ASEMプロセスのなかでも首脳会合に次いで歴史が古く1996年6月にスタートしている。日本は2007年に第7回会議を主催し，安全かつ円滑な貿易，知的財産保護，環境問題，税関協力などについて「横浜宣言」をとりまとめている。外務省，前掲「アジア欧州会合について」7頁。
20) 例えば，2013年度は調整国としてアジア側は，ASEANからマレーシア，それに東アジアからモンゴル，欧州側は欧州委員会とリトアニアとなっている。www.aseminfoboad.org
21) もちろん，他の経済フォーラム，例えばAPECなどでも文化・人の交流分野が扱われているが，経済分野が主流で付随的な扱いに比べて，アジア欧州を結ぶASEMは文化，社会から教育まで人の交流分野に力を入れている。
22) www.asef.org
23) 「ヤングリーダーズ・シンポジウム」は1997年3月に宮崎で開催された後，オーストリアや各国で同種のフォーラムが開催されている。同種のものに，2003年7月につくばで開催された「ASEM教育交流シンポジウム」がある。外務省，前掲，11頁。
24) 例えば，直近の2012年の第9回首脳会合（ビエンチャン）では，全体のテーマとして「平和のための友，繁栄のためのパートナー」が設定され，共通の関心事として，経済・財政問題，地球規模の問題，社会文化協力，地域情勢（国連，ASEAN，北朝鮮，中東和平，イラン，アフガニスタン），それにASEMの将来が討議された。そのなかで，欧州経済の漸進的回復，財政援助のIMFや貿易に関するWTOへのコミットメントの確認，成長と雇用，金融市場の安定に関する

G 20 への支持，国連改革，あらゆる形態のテロへの包括的な対応，福島等防災や緊急対応分野の協力強化，持続可能な食料安全保障推進へのコミットメントの再確認などが挙げられている。外務省 HP。
25) 首脳会合の内容については，asem infboard，外務省 HP に掲載の議長声明と総括，また第 4 回までの内容は，案浦，前掲，44-47 頁を参照。
26) 同上，45 頁。
27) 大石一郎，平澤千裕「第 10 回 ASEM 財務大臣会合」，財務省『ファイナンス』2012 年 12 月，27-28 頁。
28) 『日本経済新聞』2013 年 8 月 13 日。
29) 首脳による「立ち話」は，会場の狭さなどから通訳のみで行われたり，時間も 5～15 分程度，事前に場所と相手を決めて行われたり，どこの首脳との話でも対応できるように政府スタッフによる想定問答集が用意されたりしているという。『朝日新聞』2013 年 9 月 25 日。
30) 遠藤誉「発火点は野田総理と胡錦濤国家主席の立ち話」日経ビジネス 2012 年 9 月 19 日，また，「国有化」をめぐる日中の認識ギャップについて歴史的考察をしたものに，生田美智子「ギャップを超えた同期現象的認識」『世界思想』第 40 号 2013 年 1-4 頁。
31) 日本政府は，11 月 4，5 日両日に中国湖北武漢市で中国外務省と局長級協議を開いて直前まで事態の打開を模索したが，両首脳が接触できる環境を整えることはできなかった。『日本経済新聞』2012 年 11 月 7 日。
32) 同上，「ASEM 首脳会合，日中，尖閣めぐり激論，日，領有権の問題ない」2012 年 11 月 7 日。
33) 藤谷健「プノンペンから 国際会議の風景」『朝日新聞』2012 年 7 月 15 日。
34) 田中均，前掲，66 頁。
35) V. Kolotov, "The Age of Asia; At the Beginning", *International Affairs*, Vol. 56, No. 6, 2010, p. 101.
36) S. Lovrov, "Russia and ASEAN Can Do a Great Deal Together", *International Affairs*, ibid, pp. 17-18.
37) D. Medvedev, " Address to the Readers of International Affaires in ROSSIA-ASEAN 2010", *International Affairs*, ibid, pp. 11-12.
38) D. Medvedev, "A Russian bridge across Eurasia", *The Hindu*, November, 3, 2012.
39) 山本正「10 年目のアジア欧州会合（ASEM）―過去を振り返り，将来を展望する」『外交フォーラム』，No. 214 43 頁。
40) www.aseminfoboard.org , document "Yangzhou Initiative for a Substantial and Dynamic ASEM", ASEM Symposium, 25-26 April 2013, China.
41) 外務省「野田佳彦総理による冒頭演説―アジア欧州会合第 9 回首脳会合（ASEM 9）の概要」http://mofa.go.jp/mofaj/area/asem/asem_9_sk.html
42) 有田哲文「TPP インドネシアから見える「壁」」『朝日新聞』2013 年 9 月 21 日。

第 4 章
グローバル化と国際関係理論の多様化
―非西洋の国際関係論が与える理論的インパクト―

今 井 宏 平

はじめに

　本章は，グローバリゼーションが進展するなかで，国際関係論，とりわけその理論がどのような影響を受け，変容を遂げているかについて「非西洋」の視点に着目し，考察する。

　国際関係論は，1919年にウォールズ大学アベリストウィス校で初めて講義が行われて以降，アメリカの社会科学（S・ホフマン）[1]，またはヨーロッパ中心主義（J・M・ホブソン）[2]といわれるように，極めて西洋色が強い学問体系として発展してきた。特にその理論に関しては，ほとんどがアメリカとイギリスにおける論争やいくつかの学派の考えが中心となっている。80年代から90年台にかけて台頭したヨーク（イタリア）学派，コペンハーゲン学派，ウェールズ学派，オーストラリア学派も西洋の理論であった。

　しかし，近年，まさにグローバリゼーションによって知と権力の関係が変容するなかで，非西洋の国際関係論（Non-Western International Relations）に注目が集まっている。A・ティックナーとO・ウェーヴァーが2009年に編集した『世界各国の国際関係論の知識』を皮切りに，2010年にA・アチャーヤとB・ブザンが編集した『非西洋の国際関係理論』，2012年にR・シルリアムが編集した『国際関係と非西洋思想：帝国主義・植民地主義・グローバルな近代の探求』が出版されている。さらにティックナーとウェーヴァーが中心とな

り，ルートリッジ社から『西洋を超えた世界』シリーズが立ち上げられており，ティックナーとウェーヴァーの編著に続き，2012年にティックナーとD・ブラネイによる編著『国際関係を異なる視点から考える』，2013年にH・ブレイテンバークの『フランスの国際関係論』，ティックナーとブレネイによる編著『国際を要求する』が出版されている。これらの編者または共著者の共通認識は，P・ビルギンが指摘しているように，西洋，特にアメリカの国際関係理論は，単に国際政治の説明を目的としているだけではなく，それがアメリカの知識人や政策決定者に影響を与え，現実の国際政治に反映される場合がある，という点である[3]。つまり，国際関係理論における権力関係が現実の国際政治の権力関係につながるのである。

本章では，非西洋の国際関係論の試みが既存の国際関係理論に与えたインパクトについて，4つの点から検討する。第1に，1980年代中頃から90年代にかけて，非西洋の国際関係論が台頭した背景について確認する。第2に，M・アイユーブが提示した「サバルタン・リアリズム」の概念について考察する。第3に，非西洋世界の説明のために必要不可欠である国家の内政の考察について，歴史社会学とネオクラシカル・リアリズムの視点をまとめる。第4に，近年の非西洋の国際関係論の試みとその実態について考察する。結論において，非西洋の国際関係論が既存の国際関係理論にもたらしている変容は，今後どのような方向に向かうのかについて私見を述べたい。

1．非西洋の国際関係論が台頭した背景

非西洋の国際関係論に早くから言及しているビルギンは，非西洋の国際関係論が歴史的に発展してこなかった理由を，K・ウォルツの構造的リアリズムの学問的束縛，アメリカにおける地域研究と国際政治学・政治学の棲み分け，国際関係理論の視点に関して非西洋地域から西洋地域への乏しい提供，を指摘している[4]。ビルギンの指摘は，国際関係論の第3の論争の重要性を暗に示唆している。しかし，非西洋の国際関係論が発展してこなかった理由は第3の論争

が起きたことによってのみ，解決の糸口が提供されたのだろうか。本節では，非西洋の国際関係論が台頭した背景として，国際関係論における第3の論争，冷戦構造の崩壊，グローバリゼーションの進展，を取り上げて概観する。

　国際関係理論における第3の論争とは，「存在論（ontology）」に立脚した構造的リアリズムやネオリベラル制度論などの実証主義的手法を用いた諸理論と，「認識論（epistemology）」に立脚した批判理論，ポストモダンの国際関係論，コンストラクティヴィズムなどの言説分析や解釈学を導入した脱実証主義を目指す諸理論との論争である[5]。前者は特に簡潔性，一般理論の構築，大国重視の姿勢を打ち出していたため，非西洋地域への関心は低かった。また，関心がある場合でもその内政や特殊性についての言及も見られず，非西洋からのまなざしは考慮されていなかった。また，アメリカの政治学，国際政治学がその科学性を追求し，一般理論を志向していたため，言語を習得したうえで一次資料やフィールドワークによって当該国家または地域の文化や歴史，特にその特殊性を研究する地域研究の業績は軽視されがちであった。これに対して，R・コックスの「理論は常に誰かのために，そしてなにかの目的のためにある」という有名なフレーズに見られるように，脱実証主義を志向した諸理論は，一般理論よりも中範囲理論[6]を目指し，多様な視点を研究対象とした。これにより，国際関係論において非西洋の視点が大きな議題の1つとなった。

　冷戦構造の崩壊も非西洋の国際関係論の重要性を喚起した事象であった。まず，ウォルツに代表される構造的リアリズムやネオリベラル制度論は，冷戦構造の崩壊を予見できず，またその理由を十分に説明することもできなかった。これにより，実証主義的な諸理論の理論としての正当性が大きく傷ついた。また，冷戦は米ソ間のイデオロギー対立，コミュニケーション機能の低下，核兵器によって成り立っていたが，米ソと同盟を結んでいた諸国家，さらに第三世界に属する諸国家の行動も米ソの2極の対立の構造に収斂されがちであった。第三世界の理論として冷戦期に提唱された従属論にしても，南と北という構造と北による南への搾取というマルクス主義的な視点が中心にあり，諸国家の特殊性を十分に考察するものではなかった。また，ポスト冷戦期に中東で湾岸危

機，さらに西洋の周辺であるバルカン半島で民族対立を発端とした紛争が起きたことも，国際関係論に非西洋地域をはじめとした地域研究の重要性とその受容を喚起した。

　グローバリゼーションによる世界大での変容過程と世界的な一体性の高まりも，非西洋の国際関係論の発展を促す要因であった。グローバリゼーションは人，物，金，情報が全地球規模で移動することで経済，金融，政治，文化，環境といった分野で引き起こされるさまざまな現象のことを指す言葉である。D・ヘルド等は，グローバリゼーションの研究者をハイパーグローバリスト，懐疑論者，変容主義者に分類しているが[7]，そのなかでもとりわけ変容主義者の考えに傾倒している。また，M・フェザーストーンは，グローバリゼーションによる文化の変容過程を，「個別の文化が限界まで外部へ拡張すること，つまり地球全体への拡張」という支配的な文化の世界的拡張と，「以前は別々に保たれていた社会関係と堅く結びついていた諸文化が，以前と比べて数多く生み出され，混合され，折衷される」という文化の圧縮，に大別している[8]。前者が西洋化，近代化，アメリカナイゼーションを意味するのに対し，後者はポストモダニズムやポストコロニアリズムの視点から，これまで無視または軽視されてきた受動的な他者や社会的弱者の考えに光を当てる分析であった。国際関係論におけるグローバリゼーション研究は当初，変容の過程でもとりわけ前者の側面を強調するきらいがあったが，批判的な視点をグローバリゼーションに導入することを試みたJ・ミッテルマンの研究などによって，後者の側面にも光が当てられるようになった。ミッテルマンは批判的グローバリゼーション論を提唱し，K・ポランニーの二重運動，A・グラムシのヘゲモニー概念，J・スコットのインフラポリティックス，M・フーコーの権力論，に基づく抵抗の思想をグローバリゼーション研究に取り入れている[9]。特にフーコーの知と権力の関係に注目し，グローバリゼーションは既存の知と権力の関係をも変容させる現象であることを強調した。

2. 嚆矢としてのサバルタン・リアリズム

　国際関係論における第3の論争，冷戦構造の崩壊，グローバリゼーションの進展が，非西洋の国際関係の必要性を喚起するうえで重要な役割を果たすなかで，体系的に非西洋の国際関係論について論じた先駆的な業績が，98年に刊行されたS・G・ニューマン編集の『国際関係理論と第三世界』であった。この編著は非西洋の研究者と非西洋の国際関係理論に注目する西洋の研究者との共同作業であった[10]。このなかで特に注目されたのが，アイユーブが提唱し，西洋起源の既存の理論の修正を促した「サバルタン・リアリズム」という概念であった。

(1) サバルタンという視点

　そもそも，「サバルタン」とはどのような概念なのだろうか。サバルタンとは，元々はグラムシの用語で，支配諸集団のヘゲモニーの下，受動的かつ従属的な状態にある人々のことを指す。グラムシのサバルタン概念は，大きく2つの主張を包含していた。第1に，階級闘争を念頭に置き，従属状態にあるサバルタンがその状態から脱するためにサバルタンに属する知識人をいかに形成し支配の主導権を握るかという点である[11]。第2に，サバルタンは重要となる固有の歴史を有しているにもかかわらず，自分たちの歴史を記述したり語ったりする権利を有していない，という点である[12]。

　このグラムシのサバルタンの概念，特に後者の理解に注目し，さらに発展させたのが，R・グハ，P・チャタジー，G・スピヴァクといったインドの思想家であり，彼らは一連の「サバルタン・スタディーズ」シリーズを刊行している[13]。グハは「サバルタン・スタディーズ」の意義を，インドの歴史家たちがすでに固定化している既存の用語を使用して，単線的な歴史を論じていた点に疑問を持つこと，インドにおける国民性，ブルジョア的変革，労働者階級の連帯などの闘争が，内部に激しい競合を含んだ闘争だった点を明らかにするこ

と，そして競合状態を明らかにするには闘争に参加した人々の主体的位置を認識しなければならないこと，に求めた[14]。田辺はインドのサバルタン・スタディーズを，サバルタンという概念を階級闘争だけの理解ではなく，(i) そこに文化人類学的視点である心性構造や意味の体系を取り入れて，サバルタン意識を明らかにしようとした初期のサバルタン・スタディーズ，(ii) 1985年に発表されたスピヴァクの「サバルタン研究—歴史記述を脱構築する」によって，サバルタンが「ある意味を共有する行為主体」から「ある特定の歴史的瞬間において支配的な意味体系に対抗する行為主体」と再定義され，サバルタン意識はエリートの理解のなかにこそ見出されるとしてサバルタンの声がいかに抑圧されているかに注目したサバルタン・スタディーズ，そして (iii) フーコーやE・サイードの考えを取り入れ，どのような支配的な意味体系がサバルタンの声を抑圧してきたかについて論じた，後期サバルタン・スタディーズ，に分類している[15]。後期になるに従って，サバルタン・スタディーズはサバルタンの特徴を明らかにするというよりも，ポストコロニアリズムの一環として理解されるようになった。

(2) サバルタン・リアリズムの概要

アイユーブが1998年の「サバルタン・リアリズム：国際関係理論は第三世界と出会う」において主張したサバルタン・リアリズムの背景には，国際関係の主要な理論（アイユーブは構造的（ネオ）リアリズムとネオリベラリズムを念頭に置く）が国際システムにおける多くの国々の行動を考慮に入れていないこと，特に国際システムの紛争と無秩序の最大の要因である第三世界は無視されていることを問題視する視点がある。言い換えれば，構造的リアリズムとネオリベラリズムは基本的に大国しか分析の俎上に載せておらず，植民地主義的な認識では共通している[16]。アイユーブのサバルタン概念は，前述したグラムシのサバルタン概念の第2の意味を意識したものとなっている。加えて，アイユーブは，構造的リアリズムとネオリベラリズムが国際システムの紛争と無秩序を説明できない理由に内政を無視している点を指摘している[17]。そして，単純

に現代的な内政について考察するだけではなく，アイユーブは（ⅰ）合法的な主権国家による国家設立の段階，（ⅱ）国民の民族的・政治的構成，（ⅲ）国家設立において，隣接する国家間で競合する領土的・人口的な空間，（ⅳ）大国の動向，（ⅴ）国家間紛争と国内紛争を活性化または減退化する国際規範，に重きを置いている[18]。98年の論文で歴史社会学という用語は出てきていないが，2002年に98年の論文を加筆・修正した論文「国際関係論における不平等と理論化：サバルタン・リアリズムを事例として」において，アイユーブは英国学派の国際社会論とともに歴史社会学の考えを参照している[19]。アイユーブによると，第2次世界大戦後に独立を果たしたものの，第三世界に属する国々は国際システムにおける「弱い国家」であり，第三世界の国々の国家としての機能は，一元的な支配が完全に確立されていなかったヨーロッパにおける中世後期または近世の諸国家に類似している，とされる[20]。

(3) サバルタン・リアリズムに対する批判

M・バーネットはアイユーブが主張する国際政治における弱者の視点の導入には賛同するが，サバルタン・リアリズムを理論や概念ではなく「プロパガンダである」と痛烈に批判している[21]。バーネットの批判は主に次の5点である。第1に，バーネットは自身がコンストラクティヴィズムの潮流に位置する研究者として，アイユーブが国際関係理論の本流として主に構造的リアリズムとネオリベラリズムにしか焦点を当てていないことを批判する。つまり，アイユーブは，本章第1節で触れた第3の論争を無視していると糾弾した[22]。第2に，バーネットはアイユーブが結局のところ，第三世界の特殊性を新たに国際関係理論に反映させるのではなく，第三世界の国々が正当性を高め，安定すると，西洋の諸国家と同様の安全保障パターンが見られるようになるという前提に立っている点を批判する。アイユーブは国内政治の重要性を強調する一方で，第三世界の特殊性を何も打ち出しておらず，ウォルツのユニットの同質性[23]をそのまま受容しているように見受けられるというのである。第3に，バーネットは「サバルタン・リアリズムは本当にリアリズムなのか」，という

点を問題視した。リアリズムの前提は，生存，主権国家を唯一のアクターと仮定して内政は問題としないために各国の機能は同質である，アナーキー下で自助努力によって安全保障を確保する，ことに求められる。しかし，アイユーブはリアリズムといいながらも内政の状況を考慮すべきであると主張しており，バーネットはもはや彼の理論はリアリズムとはいえないのではないかと指摘する[24]。バーネットの第4の批判点は，サバルタン・リアリズムは具体的な理論的枠組みを提供しておらず，単に非西洋世界を考慮することを提唱する主張だけになっている，という点である。第5に，アイユーブは第三世界の説明のために，英国学派や歴史社会学といった時間軸をその枠組みに導入した理論の有効性を説いているが，主権国家のみが正当性を有していることを強調し過ぎており，他の非国家アクターがどのように生成されてきたかは問題としていない点を批判している。また，英国学派の考えは西洋で生まれた「西洋型」の秩序体系や諸制度がどのように国際化したかに焦点を当てており，極めて西洋中心的である。そのため，第三世界は考慮されるが，あくまで受動的な地位とみなされている，とバーネットは指摘した[25]。

アイユーブのサバルタン・リアリズムはサバルタンという言葉を使用していることから，批判理論，ポスト植民地主義の理論を標榜していることに疑いはないが，第三世界の諸国家に特徴的な概念や行動を発展させたり，第三世界が低開発の状態に追い込まれ，抑圧されてきたかを暴いたりするよりも，第三世界が弱い国家なのは近代化が達成されていないからである，という単線的な説明となっている。また，そもそも冷戦構造が崩壊して以降，第三世界という枠組み自体が時代遅れとなっている。アイユーブが第三世界という概念で非西洋または非先進諸国を一括りに論じていることは大いに問題がある。

3．中範囲理論としての歴史社会学とネオクラシカル・リアリズム

サバルタン・リアリズムは第2節で見たようにさまざまな問題点を孕む概念

であったが，内政を考慮する中範囲理論の重要性を喚起したことで非西洋の国際関係論に1つの道筋を示した。本節では，非西洋の国際関係論の必要性が叫ばれ始めた90年代から2000年代にかけて，国際関係理論に取り入れられ始めた歴史社会学とネオクラシカル・リアリズムについて検討する。歴史社会学とネオクラシカル・リアリズムは，内政を重視する枠組みであり，非西洋世界の国際関係の分析にも有用であった。

(1) 歴史社会学の国際関係論への応用

歴史社会学の大家であるT・スコッチポルによると，歴史社会学の特徴は以下の4点である[26]。第1に，歴史社会学は時間と空間における具体的な位置づけを理解するために社会構造と社会プロセスを扱う。第2に，歴史社会学は時間を超えるプロセスを捉えることと，連続した時間の流れをつかむことで結果を理解する。第3に，歴史社会学は個人の生活と社会変容における故意ではない結果と故意である結果を理解するために，意味ある行動の相互作用と構造的なコンテクストをその分析に用いる。第4に，歴史社会学は具体的な社会構造とその変化のパターンに関する普遍的な点と変容する点を強調する。

歴史社会学を国際関係論に応用する試みは，時系列的に3つの時期に区分することができる。第1の時期は1950年代後半から60年代初頭にかけての時期で，R・アロン，ホフマン，A・ボーズマンなどが，「オッカムの剃刀」の前提を受け入れ，非歴史的かつ簡潔な説明を展開するクラシカル・リアリズム，行動科学主義に傾倒する国際関係理論を批判する形で生じた。アロンは，外交政策の説明のためには各国，各地域で固有の地形・人口・経済を歴史的に比較することの重要性を説いた[27]。アロンの弟子に当たるホフマンも国際関係論は一般理論ではなく，歴史社会学による帰納的な方法での検証の必要性を説いている[28]。

第2の時期は1980年代で，ウォルツの『国際政治理論』におけるユニットである主権国家の軽視を批判する形で生じた。こうした批判の前面に立ったのは，スコッチポル，M・マンといった歴史社会学者であった。スコッチポルは

国家を「ある地域の政治的中心における制度のセット」と定義し，国家は国際的な領域でも国内的な領域でも闘争を行う主体であり，ユニットとしての国家と国際システムは双方向に影響力を行使する関係であると主張した[29]。また，マンは，ウォルツがアナーキー下ではパワー（ケイパビリティ）の配分によって国家間の優劣が決定すると述べているが，そのパワーは軍事力に限定されている点を批判した。マンはユニットの優劣は軍事力のみで判断するのではなく，「ソーシャル・パワー」によって決定されると主張する。マンによるとソーシャル・パワーとは，イデオロギー・経済・軍事・政治という4つのパワーから成り立ち，全体として機能を果たすとされる[30]。軍事力だけが突出していても，経済力や政治力が欠けていると次第にその正当性と権威は衰退することになる，とマンは指摘した。

　第3の時期は，第3の論争後も一向に国際関係理論の「非歴史性」が克服されていないことを批判する形で生じた[31]。歴史社会学の枠組みは，国家を再評価し直す新ウェーバー主義に代表される，ユニットに焦点を当てる研究と，マルクス主義の歴史唯物論の視点からウェストファリア体制を再考，または英国学派の国際社会の拡大を歴史的に捉え直すといった，システム，国際構造，秩序原理に焦点を当てる研究とに大別されるが，ここでは前者のみを概観する[32]。ホブソンは，新ウェーバー主義の歴史社会学の原則として6点を指摘する[33]。第1に，歴史の重要性をあげ，歴史それ自体が重要なのではなく，現代における国内・国際における機構や活動の原因に関する問題提起・考察するうえで歴史が重要な役割を果たすと主張する。第2に，多様な因果関係である。国家の行動は単一の原因に左右されるのではなく，マンのソーシャル・パワーやS・ストレンジの構造的パワーに代表されるように多様な要因から成り立っている。第3に，多様な空間性である。これは国際的な領域と国内的な領域を区別するのではなく，国際的な諸力が国内社会を構成し，国内的な諸力が国際社会の構築にも影響を与えるという視点である。第4に，部分的な自律性をあげる。国際的領域と国内領域を区別する国境（境界）により，経済やイデオロギーは遮断され，それぞれの主体ごとにそれらが再構築される点を分析の組

上に載せる。第5に，複合的な変化である。システムとユニットを扱う際，継続する変化と不継続な変化の両方に注意しなくてはならない。第6に，構造的リアリズムに見られるようなユニット軽視を改める点をあげている。

ユニット・レベルにおけるもう1つの重要な歴史社会学的な試みが，進化論的アプローチであった。H・スプリュートは，「主権国家は国際システムのユニットとして所与ではなく，最も時代に適合したユニットとして，他のユニットとの生存競争に勝利する形で現れた」と主張した[34]。スプリュートによると，中世の終わりにはハンザ同盟などの都市同盟，イタリアに多く見られた都市国家，そして主権国家という3つのアクターが存在し，各ユニットは新たな経済資源，とりわけ香辛料や織物に代表される長距離貿易の開拓を目指した。各ユニットは皇帝（主権国家の場合は国王），諸侯，都市の関係によって成り立っており，結果として内部的なヒエラルキーが最も統制されており，国王と都市の利益関係が強固であった主権国家が競争に勝ち抜いた，と説明している。スプリュートは，中世末期から近代にかけて，封建制度というシステムの存在とその崩壊がいかにユニットの生存に影響したかを，各ユニットの内的状況から検証し，主権国家の適応性を証明した。

このように，歴史社会学は歴史性とユニットの生存と機能に焦点を当てる枠組みであり，非西洋国家または地域の分析にも適用されてきた[35]。

(2) ネオクラシカル・リアリズム

次にネオクラシカル・リアリズムについて論じていきたい。ネオクラシカル・リアリズムとは，今野の定義に基づくと，「ネオリアリズムの国際システムの制約に関する洞察を犠牲にすることなく，対外政策の実施を制約する複雑な国家・社会関係を単純化した形で組み入れた理論であり，基本的には，国際システムの状態（相対的なパワーの分布など）を独立変数，国内要因（国内政治構造，指導者の認識，政府の資源動員能力，戦略文化，イデオロギー，ナショナリズムなど）を媒介変数，対外政策の決定や戦略的選択（同盟・提携行動，戦争，軍備拡張，模倣，革新など）を従属変数とする」リアリズムの理論である[36]。クラシ

カル・リアリズム（E・H・カー，H・J・モーゲンソー，A・ウォルファーズなどの議論）や構造的リアリズムが秩序論であり，一般理論を目指していたのに対し，ネオクラシカル・リアリズムは対外政策決定論であり，中範囲理論を目指すものであった。構造的リアリズムがアナーキーというシステムに焦点を当てるのに対し，アナーキーの影響力を考慮したうえで，それ以前のクラシカル・リアリズムと同じように国家というユニットの重要性に再び光を当てたため，「ネオ」クラシカル・リアリズムと呼称される。

　ネオクラシカル・リアリズムという用語を最初に使用したローズは，その特徴を，（ⅰ）対外的な変数（システム）と内政的な変数（ユニット）の両方が明確に説明に組み入れられており，各国の対外政策はまず国際システムにおける位置によって影響を受け，その後，各国別の相対的な能力によって決定が下される，（ⅱ）対外政策の選択は政治的リーダーとエリートによって下され，単純な各国の相対的なパワーや能力ではなく，いかに政策決定者がそれらを知覚したかに基づく，（ⅲ）理論的な位置として構造的リアリズムとコンストラクティヴィズムの中間に位置する，としている[37]。ただし，どのような内政変数を用いるかは研究者によってさまざまである。よって，ネオクラシカル・リアリズムは還元主義的な1つの理論ではなく，リアリズムの立場に立ちながらも外交政策の説明にシステムとユニットの両方を考慮する多様な実証研究を包摂するものである[38]。ただし，ユニットの中身の解釈はかなり広く，内政の構造や資源動員能力といういわゆる第2イメージと，政策決定者が内政の動向をどのように認識し，決定するかという第1イメージの両方を含む[39]。

　ユニットを従属変数として捉えるネオクラシカル・リアリズムは，主権国家として対内主権が脆弱な中東やアフリカの国々を西洋諸国と異なって分析することができる。例えば，「オムニ・バランシング」を提唱したデイヴィッドや，R・ジャクソンの「擬似国家」論の考えはネオクラシカル・リアリズムと再解釈できよう[40]。

4．対抗ヘゲモニーとしての非西洋国際関係論確立の試み？

　コックスを中心とした国際関係論の「ヨーク学派」に属する学者たちは，「事実はどのように構成され，そして誰の利害に奉仕しているか」を暴き出し，新たな真実を確立するための批判理論を提唱する。この視点は，インドの後期サバルタン・スタディーズと共通の問題意識である。第3節で概観した歴史社会学とネオクラシカル・リアリズムの視点は，これまでサバルタンとしてほとんど無視されてきた非西洋国家の内政における特殊性，とりわけ脆弱性を考慮できる枠組みであった。しかし，これらの視点は非西洋国家の分析枠組みとしては有用であるが，国際関係の理論に非西洋的な視点を反映させる，さらに既存の理論や概念を再定義するものではなかった。本節では，非西洋国家を分析できる枠組みの提供からさらに一歩進んで，国際関係の理論や概念に再定義を迫る非西洋の国際関係論について考察していく。非西洋の国際関係論は，単にこれまで紹介されてこなかった非西洋地域の国際関係観，国際関係的な思想を紹介するものなのか，それとも非西洋地域における西洋諸国の国際関係論の受容の仕方が問題なのか，さらに踏み込んで，非西洋の思想が西洋起源の既存の国際関係の概念の変容を迫る，グラムシがいうところの「対抗ヘゲモニー」となるものなのか，考察していく。

(1) 非西洋地域の国際関係観の紹介

　非西洋の国際関係の考えを西洋起源の既存の理論的枠組みに導入，または対抗させるための第一歩は，非西洋の国際関係の思想，またはそのあり方の紹介である。ウェーヴァーとティックナーが編集した『世界各国の国際関係論の知識』は，研究者たちがどのように国際関係論を理解しているのかを手がかりに，主に非西洋の地域または諸国家の国際関係について紹介している。具体的には地域として南アメリカ，アフリカ，東アジア，東南アジア，南アジア，ア

ラブ，中東欧，西ヨーロッパ，国家として南アフリカ，中国，イラン，イスラエル，トルコ，ロシア，アメリカの事例が考察されている。ウェーヴァーとティックナーは，結論において，「全世界的に国際関係論の研究者のコミュニティでは，多くの場合，パワー，安全保障，国益といった概念を考慮に入れるリアリズムを基礎とした考えの内面化による，明白な国家中心の存在論が共有されている」と述べている[41]。ティックナーはブラネイとの次編著である『国際関係を異なる視点から考える』において，今度は安全保障，国家・主権・正統性，グローバリゼーション，世俗主義と宗教，国際的なるもの，という諸項目について非西洋地域の考え方を俯瞰している[42]。

アチャーヤとブザンの『非西洋の国際関係理論』の目的は，非西洋の国際関係の伝統を西洋地域の人々に紹介することと，非西洋の国際関係の思想家を支配的な西洋の理論に挑戦させること，であった[43]。アチャーヤとブザンは，「これらの目的は西洋と対立するためでも西洋で発展した国際関係理論を否定するものでもなく，西洋起源の国際関係理論だけでは視野が狭く，また，国際関係理論に独占的に影響を与えている状況は健全でないと考えているためだ」と主張する[44]。彼らは，非西洋（特にアジア）の国際関係理論への貢献を，(i) アジアの宗教，政治，軍事に関する古典的な伝統または思想の紹介，(ii) アジアの指導者たちが国際政治の秩序の組織化のために提唱した「原則的な考え」に基づく外交アプローチの紹介，(iii) B・アンダーソンの「想像の共同体」，スコットのインフラポリティックスなどの非西洋の経験から創出された考え，にまとめている[45]。『非西洋の国際関係理論』では，中国，日本，韓国，インド，インドネシアといったアジア諸国に，地域として東南アジア，宗教としてイスラーム，さらに世界史の視点から非西洋地域の国際関係理論について検討している。

(2) 非西洋地域における既存の国際関係の受容形態

ウェーヴァーとティックナーは，世界における国際関係論が明らかに西洋の国際関係論によって形作られているものの，西洋の国際関係論はそれぞれの地

域で受容の仕方が異なっているので，決して「均一」に広がっているわけではないことを指摘している[46]。また，非西洋地域の国際関係論の重要性を提唱する研究者たちはあまり指摘してはいないが，非西洋地域も植民地の経験がある諸国家，冷戦期に第三世界に属していた諸国家，早い段階から西洋化を試み，西洋起源の国際社会に組み込まれていた諸国家，というようにさまざまなバリエーションがある。ここでは19世紀の後半から西洋化を志向し，早くから西洋起源の国際社会に組み込まれていた日本とトルコについて簡潔に触れ，比較したい。

　日本では，戦前の時代から現実の外交との結びつきで，国際関係論の領域に位置づけられる外交史と国際政治経済論に対する関心が高く，独自の発展を遂げてきた[47]。1950年代初頭に入って，アメリカで趨勢を誇ったリアリズムが国際関係の理論として最初に日本に輸入された。しかし，日本は戦後，憲法第9条に代表される平和主義というフィルター，そして上述した外交史に代表されるように歴史学のフィルターを通して，リアリズムの受容が行われた。例えば，日本におけるリアリストの第1世代に位置づけられる神川彦松や田中直吉，第2世代の高坂正堯などは外交史を専門としていた[48]。また，日本において国際政治学のリベラリストの代表格に位置づけられた坂本義和は，リアリズムの大家であるモーゲンソーの下で若き日に研究生活を送ったものの，モーゲンソー流のパワーポリティックスを無批判に受容することはなかった[49]。日本においてリアリズムは，パワーとアナーキーによって国家は自動的・自発的に勢力均衡論を選択するといったモーゲンソーや，ウォルツ流の構造的リアリズムといった単線的なリアリズムではなく，アロンやホフマン流の歴史と深慮に根ざし，パワーやアナーキーの影響をどう解釈し，国家がどのように行動するかを検討する基軸として受容された。その代表的な論考が高坂の「現実主義者の平和論」であり，永井陽之助の『平和の代償』であった。その一方で，50年代から関寛治を中心にアメリカで盛んになった行動科学主義の研究も取り入れられたが，日本における独自の傾向や発展はあまりみられなかった。

　トルコの国際関係論は，1980年代以前はほぼアンカラ大学政治学部によって

論じられてきた。アンカラ大学の政治学部は，オスマン帝国時代から高等教育機関として存在したムルキエ・メクテビ（Mulkiye Mektebi）の後継であり，多くの外務官僚を輩出する官僚養成校として機能していた[50]。アンカラ大学の政治学部の国際関係論の特徴はトルコ外交史と国際法であり，トルコの国際関係論は特に前者によって特徴づけられてきた。こうした特徴を有していたことから，国際関係理論の発展が本格化してくるのは，アンカラ大学の政治学部の影響力が低下し，他の大学でも国際関係論が論じられるようになった1980年代においてであった。特に80年代に国際関係学部を設立した中東工科大学とビルケント大学が主導する形で国際関係理論の受容が進んだ。トルコは国際関係理論の受容が1980年代からであり，欧米に留学していた際に第3の論争を経験した研究者が教職に着いたため，日本に比べると特定の学派が柱になっているわけではないが，脱実証主義の理論が積極的に取り入れられてきた[51]。その一方で，アンカラ大学に対抗して発足した側面があるため，外交史に代表される歴史的な視点は薄い傾向にある。

このように，19世紀から西洋化を志向してきた日本とトルコの国際関係論の受容の傾向をとっても大きな相違がある。

(3) 対抗ヘゲモニーとしての非西洋国際関係論

対抗ヘゲモニーとしての非西洋国際関係論を考えるうえで参考になるのが，ヨーク学派，コペンハーゲン学派，ウェールズ学派，オーストラリア学派といった，西洋における周辺の諸学派である[52]。これらの学派はなぜ学派として成り立っているのだろうか。その理由は2つに大別できる。第1に，ヨーク学派にはコックス，ウェールズ学派にはK・ブース，コペンハーゲン学派にはブザンとウェーヴァーをはじめとしたというコペンハーゲン平和研究所（Copenhagen Peace Research Institute）のメンバーという中心人物，または研究所が存在した点である。第2に，ヨーク学派はグラムシの概念を援用した批判理論，ウェールズ学派にはフランクフルト学派の概念を援用した批判的安全保障理論，コペンハーゲン学派は言説分析を安全保障論に取り入れた批判的安

全保障理論，オーストラリア学派は批判理論，ポストモダン，コンストラクティヴィズムといった認識論に基づく国際関係論を前面に押し出したアプローチ，というように理論的に一貫した特徴が見られる。各国または各地域が自前（homegrown）の国際関係理論を提供するためには，少なくとも中心となる人物，または核となる理論的特徴が必要となる。

こうした視点で非西洋地域を鑑みると，自前の国際関係理論を提供しているといえそうなのが，アチャーヤである。アチャーヤは，安全保障研究に軸足を置きつつ，地域秩序と規範の伝播に焦点を当てた研究を行っている。より具体的には，東南アジアにおける規範の「ローカル化」と規範の「補完性の原理」，そして東南アジアにおける「安全保障共同体」の確立，に関して，コンストラクティヴィズムの立場から考察してきた。とりわけ規範のローカル化は，各国または各地域で汎用性の高い議論である。規範のローカル化とは，規範の伝播は規範起業家や規範の伝播者による一方的なプロセスではなく，規範の受容者が既存の規範のなかに新たな規範を取り込んだり，適応させたりするという複雑なプロセスとされる[53]。つまり，それぞれの地域，国家，地方で発達した規範やその様式が重要であるとされた。これはM・フィネモアとK・シキンクに代表される規範の伝播に関する研究において，国際規範の伝播を重要視する反面，各地域や各国の既存の規範との衝突や変容の過程について詳述しなかったことに対するアンチテーゼであった[54]。アチャーヤは規範のローカル化のプロセスを4つの段階に分け，説明を行っている。それらは（ⅰ）ローカル化の前段階として，規範の受容者にとって新たな国際規範が既存の規範に対して利益をもたらすか否かが考慮され，利益をもたらすと考えられた場合は新たな規範の受容を始める段階，（ⅱ）規範起業家（または伝達者）によって国内で新たな規範が伝播される段階，（ⅲ）既存の規範に新たな規範が選択的に取り込まれる段階，（ⅳ）ローカル化された規範が地域，国内，地方で拡大，普遍化する段階，である[55]。アチャーヤはASEANを事例として取り上げ，ASEANの1950年代と1990年代の規範のローカル化を比較検討している[56]。

アチャーヤの規範のローカル化は非西洋地域に限定されない他地域，または

他国にも応用可能であり，今後の理論的発展，比較研究が期待される。

おわりに

　本章では，非西洋の国際関係論の試みが既存の国際関係理論に与えたインパクトについて，非西洋の国際関係論が台頭した背景，アイユーブが提示したサバルタン・リアリズムの概念，非西洋世界の説明のために必要不可欠な国家の内政を考察するための枠組みである歴史社会学とネオクラシカル・リアリズム，そして近年の一連の非西洋国際関係論の試みについて考察してきた。

　国際関係理論における第3の論争，冷戦構造の崩壊，グローバリゼーションの進展，によってこれまで無視されてきた非西洋地域の思想や主権国家としての機能についての検討が国際政治を説明し，理解するために必要不可欠であることが広く認識されるようになった。そうした中で登場したアイユーブのサバルタン・リアリズムの概念は，バーネットの批判に見られるように理論というよりもパースペクティヴであったが，非西洋の国際関係理論を発展させるうえでの叩き台となった。デイヴィッドやアイユーブは，内政の状況を全く論じない構造的リアリズムの理論では非西洋地域の政治や国際関係をうまく分析できないことを批判したが，この点が90年代後半から2000年代にかけて国際関係論における歴史社会学の導入，ネオクラシカル・リアリズムの台頭を促した。歴史社会学とネオクラシカル・リアリズムは，非西洋地域の分析を行ううえで有効な枠組みとなっている。ただし，歴史社会学とネオクラシカル・リアリズムは中範囲理論として有効だが，非西洋地域の思想や知見を取り入れて発展したわけではなかった。アチャーヤ，ブザン，ティックナー，ウェーヴァー等は非西洋の国際関係論が国際関係理論における西洋の独占を崩し，多様な国際関係理論が可能となる試みを展開している。本章では，非西洋国際関係観の紹介，非西洋地域における既存の国際関係の受容形態，対抗ヘゲモニーとしての非西洋国際関係論に分類し，検討した。受容形態としては日本とトルコの事例を比較したが，植民地の経験がなく，19世紀から西洋化を試みるという共通

点がある両国においても国際関係の受容の形態は全く違っている。受容の形態を精緻に比較するためには，当該国家の歴史と学問の系譜について詳細に考察する必要がある。また，対抗ヘゲモニーとしてはアチャーヤの規範のローカル化を取り上げた。規範のローカル化は，一般理論ではなく中範囲理論を志向しており，多様な国際関係理論を検討するうえで有益な枠組みであり，今後概念の精緻化と他地域への適用が期待される。

　本章で論じてきたように，非西洋の国際関係論，特にその理論は既存の国際関係理論を打倒するものではなく，あくまで西洋の独占的な状況を変化させ，西洋中心主義の知と権力の関係を断ち切ることを目的としている。今後，非西洋の国際関係論が陥ってはならない罠はアチャーヤが指摘しているように，偏狭主義と過剰なナショナリズムと地域主義であろう[57]。非西洋世界の国際関係論は，グローバリゼーションが進展する現代世界ではさらに発展していくことが予想される。多様な国際関係理論がどこまで西洋の国際関係理論が支配する知的構造を変容させることができるのか，注視していきたい。

1) Stanley Hoffmann, "An American Social Science: International Relations", *Daedalus*, Vol. 106, No. 3, Summer, 1977, pp. 41-60.
2) John M. Hobson, *The Eurocent Conception of World Politics: Western International Theory, 1760-2010*, Cambridge: Cambridge University Press, 2012.
3) Pınar Bilgin, "Looking for 'the International' beyond the West", *Third World Quarterly*, Vol. 31, No. 5, 2010, p. 824.
4) Pınar Bilgin, "Thinking past 'Western' IR?", *Third World Quarterly*, Vol. 29, No. 1, 2008, pp. 10-14. ウォルツの理論の偏狭性を批判した論文として，Naeem Inayatullah and David L. Blaney, "Knowing Encounters: Beyond Parochialism in International Relations Theory", in Yosef Lapid and Friedrich kratochwil (eds.), *The Return of Culture and Identity in IR Theory*, Boulder: LYNNE RIENNER Publishers, 1996, pp. 65-84.
5) 第3の論争という名称は以下の論文によって定着した。Yosef Lapid, "The Third Debate: On the Prospects of International Theory in a Post-Positivist Era", *International Studies Quarterly*, Vol. 33, No. 3, 1989, pp. 235-254.
6) 中範囲理論とは，マートンによって提唱された理論で社会システムにおける一般理論と，経験的なデータから得られる個別的事実に関する記述との中間を志向するものである。チャールズ・クロザーズ（中野正大・金子雅彦訳）『マートン

の社会学』世界思想社，1993 年，67-73 頁。
7) デイヴィッド・ヘルド，デイヴィッド・ゴールドプラット，アンソニー・マグルー，ジョナサン・ペラトン（古城利明・臼井久和・滝田賢治・星野智監訳）『グローバル・トランスフォーメーションズ』中央大学出版部，2006 年，3-17 頁。
8) マイク・フェザーストーン（西山哲郎／時安邦治訳）『ほつれゆく文化：グローバリゼーション，ポストモダニズム，アイデンティティ』法政大学出版局，2009 年，10，21 頁。
9) ジェームズ・ミッテルマン（奥田和彦・滝田賢治訳）『オルター・グローバリゼーション：知識とイデオロギーの社会的構成』新曜社，2008 年，28-31 頁。
10) この著作に執筆している研究者は，ニューマンの他，アイユーブ，C・エスクーデ，S・デイヴィッド，K・J・ホルスティ，D・プチャーラ，アチャーヤ，ブザンである。
11) 片桐薫『グラムシ・セレクション』平凡社，2001 年，241 頁。これは，つまるところグラムシの論じるヘゲモニーの問題となる。グラムシはヘゲモニーを「ある階級が他の階級に自分たちの道徳・政治・文化的価値観を承認させるような機能を示し，それを通じて支配の主導権を持つこと」と定義している。
12) 同上書，246-251 頁。
13) インドにおけるサバルタン・スタディーズの概要に関しては，R・グハ／G・パーンデー／P・チャタジー／G・スピヴァク（竹中千春訳）『サバルタンの歴史』岩波書店, 1998 年；田辺明生「サバルタン・スタディーズと南アジア人類学」『国立民俗博物館研究報告』第 33 巻 3 号，2009 年，329-358 頁を参照されたい。
14) R・グハ／G・パーンデー／P・チャタジー／G・スピヴァク，同上書，pp. vi-viii。
15) 田辺，前掲論文，335-342 頁。
16) Mohammed Ayoob, "Subaltern Realism: International Relations Theory Meets the Third World", in Stephanie G. Neuman (ed.), *International Relations Theory and the Third World*, New York: St. Martin's Press, 1998, p. 37.
17) *Ibid.*, p. 38.
18) *Ibid.*, pp. 45-46.
19) Mohammed Ayoob, "Inequality and Theorizing in International Relations: The Case for Subaltern Realism", *International Studies Review*, Vol. 4, Issue. 3, 2002, pp. 27-47.
20) *Ibid.*, p. 42.
21) Michael Barnett, "Radical Chic? Subaltern Realism: A Rejoinder", *International Studies Review*, Vol. 4, Issue. 3, 2002, p. 62.
22) *Ibid.*, pp. 51-53.
23) ウォルツを始祖とする構造的リアリズムは，(i) アナーキーという国際システムが諸国家の行動を規定し，(ii) ユニットとしての諸国家の機能は同質であり，諸国家間の関係はパワーの配分によって決定する，ことを前提としている。

24) この点に関して，バーネットの批判は正鵠を射ているが，リアリズムを自認する研究者のなかでも内政を考慮してこなかったことは90年代から問題視されている。アイユーブも引用しているG・ローズが提唱したネオクラシカル・リアリズムは，リアリズムの視点を対外政策決定論から再解釈している。ネオクラシカル・リアリズムについては第3節を参照されたい。
25) 英国学派の視点による国際社会の拡大に関しては，Hedley Bull and Adam Watson (eds.), *The Expansion of International Society*, Oxford: Oxford University Press, 1984 を参照されたい。西洋起源の国際社会の拡大を受容する国家の視点から研究したものとしては，例えば以下を参照されたい。Nuri Yurdusev (2009), "The Middle East Encounter with the Expansion of European International Society" in Barry Buzan and Ana Gonzalez-Pelaez (eds.), *International Society and the Middle East: English School Theory at the Regional Level*, Basingstoke: Palgrave Macmillan 2009, pp. 70-91；Shogo Suzuki, *Civilization and Empire: China and Japan's Encounter with European International Society*, London: Routledge, 2009. 国際社会の拡大の限界に関しては，池田丈佑「ヨーロッパ国際社会の拡大と限界」佐藤誠・大中真・池田丈佑編『英国学派の国際関係論』日本経済評論社，2013年，186-202頁を参照されたい。
26) Theda, Skocpol ,"Sociology's Historical Imagination" in Theda Skocpol (ed.) *Vision and Method in Historical Sociology*, Cambridge: Cambridge University Press, 1984, p. 1.
27) Raymond Aron, "Historical Sociology as the an Approach to International Relations", in The Nature of Conflict, Paris: UNESCO, reprinted in abbreviated form in Raymond Aron, "Aron-:Historical Sociology" in Evan Luard, *Basic Texts in International Relations*, London: Macmillan, 1992 (原著は1957), pp. 578-581.
28) Stanley Hoffmann, "International Relations: The Long Road to Theory", *World Politics*, Vol. 11, No. 3, 1959, p. 367.
29) Stephan Hobden, *International Relations and Historical Sociology*, New York: Routledge, 1998, p. 169. 例えば，有名な社会革命の研究においてスコッチポルは社会革命を引き起こす条件として，外部からの経済的・軍事的圧力によって国家が脆弱化し，国内の農民反乱と結びつくことを指摘している。そして，革命後新たに成立した政府は，国内での正当性を獲得するために対外戦争を積極的に実施し，これによって国際システムのバランスも変化すると説明している。Theda Skocpol, *States and Social Revolutions: A Comparative Analysis of France, Russia and China*, Cambridge: Cambridge University Press, 1979, p. 4.
30) Michael Mann, *The Sources of Social Power Volume 1: A history of power from the beginning to A. D. 1760*, Cambridge: Cambridge University Press, 1986, p. 2.

31) ここでのウェーバーとは，いうまでもなく M・ウェーバーのことである。ホブソンは，国際関係論における「非歴史性」と「非社会学性」に関して次の3点を指摘している。第1に，「現実化の幻想」である。ホブソンによると，これは現在が効果的に過去から切り離されることで現在が静的であり，自己構成され，自律しており，実体的なものとして見られ，歴史的な時空間の流れにおける位置づけが曖昧にされる現象である。第2に，「当然の幻想」である。現在という時間は，自然な人間の要求に沿って自然発生的に現れたという理由によって説明される。これにより，社会的な諸力の歴史的過程・アイデンティティや社会性に基づく排除・現在を構成する諸規範といった要素が曖昧となっている。第3に，「不変性の幻想」が指摘できる。現在は自然であり，構造的な変化に抵抗すると考えられるため，永続的であると考えられる。これにより，固有の秩序変化としての現在が再構成される課程が曖昧となる。ホブソンは固有の特徴を持つ，現代システムを構築しているさまざまな社会的な諸力を再考し，歴史に基づく時間軸を考慮する必要性を訴えた。John Hobson, "What's at stake in bringing historical sociology back into international relations? Transcending chronofetishism and tempocentrism in international relations", in Stephen Hobden and John M. Hobson (eds.), *Historical Sociology of International Relations*, Cambridge: Cambridge University Press, 2002, pp. 5-13.

32) 国際構造や秩序原理を扱う歴史社会学的分析に関して，歴史唯物論の視点からの分析は例えば，フレッド・ハリディ（菊井禮次訳）『国際関係論再考：新たなパラダイム構築を目指して』ミネルヴァ書房，1997年（特に第3章と第4章）；ジャスティン・ローゼンバーグ（渡辺雅男・渡辺景子訳）『市民社会の帝国：近代世界システムの解明』桜井書店，2008年；ベンノ・テシィケ（君塚直隆訳）『近代国家体系の形成：ウェストファリアの神話』桜井書店，2008年を参照されたい。英国学派の国際社会論をよりマクロな視点から捉えた分析としては，Barry Buzan & Richard Little, *International Systems in World History: Remaking the Study of International Relations*, Oxford: Oxford University Press, 2000 を参照されたい。

33) John M. Hobson, "Debate: The second wave of Weberian historical sociology: The historical sociology of the state and the state of historical sociology in international relations", *Review of International Political Economy*, Vol. 5, No. 2. 1998, pp. 286-291. 歴史社会学の研究ではないが，国際関係論における国家の役割を再検討した優れた研究として，以下の2冊がある。イェンス・パーテルセン（小田川大典・乙部延剛・五野井郁夫・青木裕子・金山準訳）『国家論のクリティーク』岩波書店，2006年；押村高『国家のパラドクス：ナショナルなものの再考』法政大学出版局，2013年。

34) Hendrik Spruyt, *The Sovereign State and its Competitors: An Analysis of Systems Change*, Princeton: Princeton University Press, 1994, pp. 20-21.

35) 歴史社会学は国際政治のシステムとしてのアナーキー，ユニットとしての主権

国家を所与とせず，その正当性や生存を問題にしており，コックスの分類に基づくと「批判理論」に分類される枠組みである。歴史社会学の枠組みを中東に適用した研究としては，Fred Halliday, *The Middle East in International Relations: Power, Politics and Ideology*, Cambridge: Cambridge University Press, 2002 を参照されたい。

36) 今野茂充「ネオクラシカル・リアリズムの対外政策理論」『法学研究』第83巻3号，2010年，398頁。
37) Gideon Rose, "Neoclassical Realism and Theories of Foreign Policy", *World Politics*, Vol. 51, 1998, pp. 150-154.
38) Steven Lobell, Norrin Ripsman, Jeffrey Taliaferro, *Neoclassical Realism, the State, and Foreign Policy*, Cambridge: Cambridge University Press, 2009, p. 10.
39) クリストファー・レイン（奥山真司訳）『幻想の平和：1940年から現在までのアメリカの大戦略』五月書房，2011年，441-448頁。
40) Steven David, "Explaining Third World Alignment," *World Politics*, Vol. 43, 1991, pp. 233-256 ; Robert Jackson, *Quasi-states: sovereignty, international relations and the Third World*, Cambridge: Cambridge University Press, 1990.
41) Ole Wæver and Arlene B. Tickner, "Conclusion: Worlding where the West once was", in Ole Wæver and Arlene Tickner (eds.), *International Relations Scholarship Around the World*, London: Routledge, 2009, p. 334.
42) Arlene B. Tickner and David L. Blaney, *Thinking International Relations Differently*, London: Routledge, 2012.
43) Barry Buzan and Amitav Acharya, *Non-Western International Relations Theory: Perspectives on and Beyond Asia*, New York: Routledge, 2010.
44) ブザンとアチャーヤによると，「西洋が国際関係理論を独占している」ことの意味は，西洋の思想，政治理論，歴史が国際関係理論のほとんどの主流の起源となっていること，世界史がヨーロッパ中心の枠組みで考えられていること，とされる。これらの点に関して，（ⅰ）西洋の国際関係理論は国際関係を理解するための正しい道筋を発見した，（ⅱ）西洋の国際関係理論は，国際関係理論の研究において，（グラムシがいうところの）覇権を獲得している，（ⅲ）非西洋の国際関係理論は存在するが，覆い隠されたままである，（ⅳ）国際関係理論の生産に関して，ローカルな状況は無視されている，（ⅴ）国際関係理論に関して西洋は先発しており，現在我々は非西洋地域の後追いの過程を見ている，ことが前提とされる。*Ibid.*, p. 6, pp. 16-22.
45) *Ibid.*, pp. 10-16.
46) Wæver and Tickner, *op. cit.*, p. 338.
47) 日本の国際関係理論の受容に関して体系的に論じているのは猪口孝『国際関係論の系譜』東京大学出版会，2007年，157-188頁。戦前の日本の国際関係論，特

にその思想を取り扱った研究として，酒井哲哉『近代日本の国際秩序論』岩波書店，2007 年を参照されたい。日本における外交史の発展に関しては，細谷雄一「国際政治史の系譜学―戦後日本の歩みを中心に―」李鍾元・田中孝彦・細谷雄一編『日本の国際政治学 4：歴史の中の国際政治』有斐閣，2009 年，19-39 頁；国際政治経済論の発展に関しては，田所昌幸「国際政治経済―戦後の展開と今後の課題―」田中明彦・中西寛・飯田敬輔編『日本の国際政治学 1：学としての国際政治』有斐閣，2008 年，151-168 頁を参照されたい。

48) 日本におけるリアリズムの発展に関しては，村田晃嗣「リアリズム－その日本的特徴」田中明彦・中西寛・飯田敬輔編，同上書，41-60 頁を参照されたい。

49) 例えば，以下を参照されたい。坂本義和「「力の均衡」の虚構―ひとつの「現実主義」批判―」坂本義和『坂本義和集 2：冷戦と戦争』岩波書店，2004 年，36-63 頁。

50) Ersel Aydınlı and Julie Mathews, "Periphery theorizing for a truly internationalized discipline: spinning IR theory out of Anatolia", *Review of International Studies*, Vol. 34, 2008, pp. 697-698.

51) 例えば脱実証主義的なアプローチを志向している研究者として，中東工科大学では Necati Polat, Faruk Yalvaç，ビルケント大学では Pınar Bilgin が挙げられる。

52) 英国学派は西洋国際関係の中心に位置するので，ここでは言及しない。

53) Amitav Acharya, "How Ideas Spread: Whose norms matter? Norm Localization and Institutional Change in Asian Regionalism", *International Organization*, Vol. 58, No. 2, 2004, p. 239. 規範は一般的に「所与のアイデンティティによって諸アクターが有する，適切な行動に関する共通の期待」と定義されるが，規範にもさまざまなレベルがある。

54) Martha Finnemore and Kathryn Sikkink, "International Norm Dynamics and Political Change" *International Organization*, Vol. 52, No. 4, 1998, pp. 887-917.

55) Acharya, *op. cit.,* p. 252.

56) 詳細は Amitav Acharya, *Whose Ideas matter?: Agency and Power in Asian Regionalism*, Ithaca: Cornell University Press, 2009 を参照されたい。アチャーヤの規範の伝播を批判的に検討した研究として，例えば Hiro Katsumata, "Mimetic adoption and norm diffusion: 'Western' security cooperation in Southeast Asia?", *Review of International Studies*, Vol. 37, No. 2, 2011, pp. 557-576.

57) Amitav Acharya, "Dialogue and Discovery: In Search of International Relations Theories Beyond the West", *Millennium*, Vol. 39, No. 3, 2011, p. 624.

第 5 章
グローバル化と地政学の位相

大矢　温

はじめに

　「グローバル化」という用語はしばしば明確な定義を欠いたまま，が，それにもかかわらず，幅広く用いられてきた。その背景としては，20世紀末期から環境汚染や地球温暖化といった国家を越えた問題が意識されるようになったことが挙げられるし，政治的には東西冷戦が社会主義の総本山たるソ連邦の崩壊によって終焉したことも挙げることができよう。地球規模で動くさまざまな現象が矢継ぎ早に起こったため，「グローバル化」という現象を総体として捉えにくくなっているのかも知れない。とはいえ，「グローバル化」を「地球規模での変動が進む様子である」，と漠然と定義することには大方の同意を得られるであろう。また，「グローバル化」という現象の始期についても，「グローバル化」という用語が明確に概念規定されていない以上，これも明確に定義することはできないにしても，グローバル化していない時代，地球規模で変化が進まなかった時代の終わりを以て「グローバル化」が始まった，ということぐらいは最低限，できよう。

　地球規模での変化を阻害したのは，ほかならぬ主権国家による国境の主張であり，さらには国境を主張する国家を束ねて地球を二分した東西両陣営の存在であった。主権国家と冷戦対立のこの時代，地球上のほぼすべての地域が国境によって囲まれ，「東」と「西」の間には体制の壁が横たわっていた。本来1

つの国家であるべきドイツやベトナム,そして朝鮮半島は東西両陣営に分断され,ドイツにおいてはベルリンも「壁」によって東西に分断されていた。

　というわけで本章においては若干の留保をつけつつ,米ソ両首脳によって冷戦の終結が宣言された1989年から社会主義の総本山たるソ連邦が土崩瓦解する1991年頃までをおおまかに「グローバル化の始期」として考えたい(あるいは冷戦終結宣言直前のベルリンの壁の消滅は,冷戦の終結に先駆けた象徴的な事件だったのかも知れない)。

　さて,「若干の留保」とは,ソ連邦の崩壊が当のソ連邦の住民にとって必ずしもグローバル化を意味しなかった,という点である。ソ連邦という巨大な領域を支配していた体制が崩壊した結果,この地域は15の独立国家の国境によって分断されたからである。西側から見たグローバル化(=体制の壁の消滅)は,旧ソ連邦地域では必ずしもグローバル化を意味しなかったのである。東西両体制の壁は消滅したが,「独立国家」による国境の壁が出現したのである。ソ連邦という巨大な統一性も霧散した。予め結論めいたことを述べるなら,このあたりの事情も本章で分析の対象にするロシア地政学派の思想の背景になっている。

　本章では,このようなグローバル化の過程において,ソ連邦・ロシアにおける「地政学」の立ち位置がいかに変化したかを検証していきたい。

　まずは日本における地政学の状況を瞥見することから議論の入り口に立とうと思う。

1. 日本における「地政学」

　日本において「地政学」の研究が本格化したのは,「日本地政学協会」という研究団体が現役海軍中将上田良武を会長に頂いて設立されたのが昭和16年11月なので,日米開戦前夜,ということになる。実際,この協会の「参与」に名を連ねている国松久彌もその著書『地政学と東亜共栄圏の諸問題』において「この地政学がドイツから我が国に輸入されたのは大正の末期である」(必要に

応じて文字仮名遣は現代表記に改めてある。以下同。）としながらも「それが世人の注目を惹き，地政学的な研究が我が国で盛んに発表されるようになったのは支那事変以後のことである」[1]と紹介している。「支那事変以降」としているので1937年以降，日本が軍国主義の道を邁進していた時代を背景として日本で地政学の研究が本格化したことになる。

　さらに，日本地政学協会設立の翌年の昭和17年1月には機関誌の『地政学』が創刊されているので，ここから日本地政学協会の性格を知ることもできる[2]。巻頭の「宣誓」で「国防科学的大系の樹立に寄与せんこと」が誓われていることからもこの協会の言う「地政学」なるものが日本軍国主義と表裏一体であることが窺われるが，本協会の性格は，この「宣誓」に続いて印刷されている協会の設立趣意書である「日本地政学協会の使命について」においてより一層明らかである。ここでは「新しき科学的研究領域」としての地政学について「民族，地域而して生活圏」を対象とし，「現在及び将来の国家の発展への新たなる指標」を示すことを謳いながらも，欧米の地政学よりすぐれた地政学大系の樹立を目指し「依って以て高度国防国家の建設に貢献せんこと」を地政学の課題として掲げている。

　つまり，日本において地政学の研究は，日本の軍事的拡張主義を時代的背景とし，「国家の発展への新たなる指標」を示すことによって，「高度国防国家の建設に貢献する」目的で進められたことになる。日本の地政学が戦後の民主化の潮流の中で政治学という学問分野の中ですら市民権を得られなかったのは，1つには，このような事情を背負ってのことであった。

　このような地政学が再び注目されるようになるのは，「もはや戦後ではない」と言われながらも，おずおずと国際社会に復帰した50年代を経て，日本が政治的にも経済的にも本格的に国際進出するようになった高度成長期のことだった。グローバル化はまだ先のことにしろ，少なくとも国際化が進んだこの時代，一般の日本人にとっても東西冷戦を背景とした国際政治の現実が理解されるようになると，国際政治のアクターたちの軍事戦略を分析する必要から，ふたたび地政学に注目が集まるようになったのである。

たとえば地政学を「覇権の政治学」と位置づけ[3]，日本における地政学の復権を提唱した倉前盛通による『悪の論理　ゲオポリティク（地政学）とは何か』は，「国際ビジネスマン」向けの啓蒙書という性格の本であるが，昭和52年に初版発行後，1年も経たない昭和53年8月にはすでに18版を数えているに至っている。ここからもこの書物，および地政学が当時の日本社会の注目を集めていた様子が窺える。

本書において著者は，米国の地政学者の著作を引用する形で，第2次世界大戦について，これを「もてる国，大資本家，大地主の米国，英国，ロシア」に対する「勤勉な労働者」としての「持たざる国，日独」の資源の再配分をめぐる戦いであった，と肯定的に評価した上で，「日独が敗戦した結果，現状打破の理論を提供したという罪名で，地政学も戦犯あつかいをうける破目に追い込まれた」[4]と地政学の現状を憂いている。彼が復権を目指す地政学の意義についてもまた，本書の最後で「日本の地政学的見地からの軍事的防衛戦略も……読者諸氏の頭脳で，よく考えてみていただきたい」[5]と彼自身が述べている通り，日本の軍事的抬頭のための地政学の応用であろう。日本における地政学は，それが復活の兆しを見せた1970年代後半においてすら，戦前戦中の軍国主義的な影を引きずっていたのだ。

米英において地政学が国家の国際戦略を研究する学問領域として市民権を得ているのに対して，現在においてすら，日本において地政学が正当な地位を得られないでいる原因の1つとして，上述のように事情が大きく作用していると考えられる。実際，地政学の分析枠組みと手法を積極的に利用することによって現代世界の状況を分析し時事問題を解説しようとする意欲的な研究者ですら，そもそもその地政学とその用語が「学術報告などでこの種の用語を使用するとなれば，その内容もかなり胡散くさいものとして扱われてきた」[6]と告白せざるを得ない，というのが現在の日本における地政学の置かれた立場ではなかろうか。

2．ソ連邦における「地政学」

　全体主義的な軍国主義拡張路線が敗戦という形で破綻した日本やドイツにおいて地政学が市民権を得られずにいるのは上述のような事情があるのだが，第2次世界大戦の戦勝国であったソ連邦においても地政学は否定的な評価を受けてきた。

　たとえばソ連的な「知」の集大成とも言える『ソヴィエト大百科事典』では「地政学 геополитика」の項目は次のように説明されている[7]。

> 　帝国主義諸国の攻撃的政策を根拠付け宣伝するために，物理的および経済的地理学のデータの歪曲解釈を使用するブルジョア的，反動的概念。地政学の基本的な理念は，人間社会生活における物理―地理的諸条件の決定的役割，および人種の不平等である。社会ダーウィニズムおよびマルサス主義もまた使用されている。「生存圏」「自然国境」，地理的条件といった概念を軍国主義と征服戦争を正当化するために拡大して使用する傾向がある。

　ここでは「地政学」はドイツや日本といった「帝国主義諸国」の「攻撃的政策」の「軍国主義と征服戦争を正当化する」イデオロギー，せいぜいが「データの歪曲的解釈」をするエセ科学，という位置づけである。しかしながら，革命防衛から大祖国戦争を戦い抜き，東西冷戦時代には「西側」勢力と国際政治の舞台でしのぎを削ってきたソ連邦に世界戦略の学として「地政学」がない，というのはいささか奇異な印象を受けよう。種明かしをしてしまえば，ソ連邦において「地政学」の代わりに「政治地理学 политическая география」という用語が使われていたのだ。同じく『ソヴィエト大百科事典』では次のように「政治地理学」を説明している。

（政治地理学は）国内および個々の国々の間，および諸国の集団の領土的配置および政治勢力の相互関係を，それらの社会経済構造との関連に於いて，そして国の領土形成の問題，国家の国境，歴史的地方，行政制度を研究する。

（中略）

（政治地理学は）資本主義の全般的危機の時期に特別な重要性を帯びた。ソ連邦およびその他の社会主義諸国に於いて，資本主義から社会主義へ，2つの対立する社会勢力の闘争，という現代の基本的内実に立脚しつつ，世界および個々の国の現代政治地図が研究されている。

ソ連邦の政治地理学の発達にとってマルクス・エンゲルスの作品と並んで基本的な意義を持つのは，レーニンの著作『ロシアにおける資本主義の発達』(1899)，『農業における資本主義の発達法則についての新資料』(1915)，『資本主義の最高段階としての帝国主義』(1916)，『国家と革命』(1917) などである。

マルクス・エンゲルス，およびレーニンの著作にこの「政治地理学」を基礎づけるべし，という最後の段は，今となってはほほえましいほどに教条主義的であるが，この「政治地理学」を，「領土的配置および政治勢力の相互関係」について，資本主義と社会主義という「2つの対立する社会勢力の闘争」，つまり冷戦下の状況において，国際的な「政治地図を研究」する学問領域としている点を見れば，ソ連邦においてこの「政治地理学」が実質的に地政学として機能しており，ひるがえって「地政学」という用語は帝国主義諸国の軍国主義や征服戦争を正当化するイデオロギーとしての否定的なレッテルであったことが分かる。

ソ連邦においてもファシズム時代のドイツ地政学の印象が強いためであろう，「地政学」という用語に対しては否定的であったのである。

さて，「地政学」をめぐるこのような状況は，ソ連邦の崩壊と共に劇的に変化した。周知のごとく，ソ連邦の崩壊を決定づけたのは1991年12月8日にロ

シアのボリス・エリツィン大統領，ウクライナのレオニード・クラフチュク大統領，そしてベラルーシのスタニスラフ・シュシケーヴィッチ最高会議議長の間で合意された独立国家共同体設立についての合意であった。

　今にして思えば1991年は激動の年だった。1991年3月の全ソ国民投票で有権者の77.5％によって「平等な諸共和国の新たな統一連邦」としてのソ連邦の維持が支持されたのを受けて，ゴルバチョフソ連邦大統領が連邦を維持する条件として各共和国の自治をより広く認めた「新連邦条約」を提示し，いったんはソ連邦の崩壊過程に歯止めがかかるのではないか，と思われたのだが，それもつかの間，1991年の8月に当のゴルバチョフ大統領を拉致監禁したクーデター未遂事件，そしてエリツィンロシア共和国大統領（1991年6月の選挙でソ連邦を構成する共和国の1つとしてのロシア共和国の大統領に選出されている。大統領就任直後の7月にはソ連邦共産党を離党した）によるゴルバチョフソ連邦大統領の追い落としと，事態がさらに流動的になる中での「独立国家共同体設立」宣言とソヴィエト社会主義共和国連邦の終焉であった。

　政治史的には，12月25日午後7時のニュースでゴルバチョフが辞任演説し，新年1月1日から価格の自由化が導入されたことが1つの時代の区切りとなるわけだが，「地政学」に関しては，むしろこの「独立国家共同体設立についての合意」の方が大きな意義を持つ。「独立国家共同体設立についての合意」いわゆる「ベロヴェーシ合意」の前文において「ソ連邦は国際法の主体および地政学的現実としてその存在を終えた（傍点筆者）」と宣言されたのだ[8]。それはソ連邦時代，日陰者の憂き目にあってきた「地政学」という用語がソ連邦崩壊と共に公の場でふたたび日の目を見た一瞬だった。

　これを機に「ロシアの地政学的利益」，「地政学的諸条件」あるいは「地政学的に」といった表現が堰を切ったように使われるようになった。たとえば新生ロシアの外務大臣に就任したアンドレイ・ゴズィレフは，明けて92年の新年早々の外交方針演説で「伝道師主義 мессианство を脱して，我々は実利主義 прагматизм のコースを採る……イデオロギーに代わって地政学（傍点筆者）がやって来る」[9]と宣言した。ここでは「伝道師主義」とか「実利主義」といっ

たソ連邦時代には聞くことがなかった新しい用語と共に「地政学」が外交方針として位置づけられている。ここでゴズィレフが意図する「地政学」とは，新たに国際政治の主体になった新生ロシアの戦略を，イデオロギーを排して実利的に検討する学問としての「地政学」である。つまり「地政学」は新生ロシアにおいて，脱イデオロギーを掲げる学問領域，あるいは「ものの見方」，思考様式となったのである。

　しかしその後，「地政学」はロシアの統一，ロシアの大国意識と表裏一体になったイデオロギーへと転化していく。たとえば2000年5月に正式にロシア大統領に就任したウラヂーミル・プーチンは，就任直後の6月に発表したロシアの安全保障教書，「ロシア連邦外交政策の概念」において，「国際関係における多極的システムの達成」を掲げ，「ユーラシア最大の大国としてのロシア」の「地政学的条件」の中で多極的外交を展開する必要を強調している[10]。さらに好調な経済に支えられた第2期プーチン政権の時代には，プーチン大統領自身のみならず共産党のゲンナヂー・ジュガーノフから「極右」とされる自由民主党のウラヂーミル・ジリノフスキーに至るまで，この「地政学」を頻々と使うようになった。このような「ロシアの地政学的利益」の強調は，ソ連邦崩壊以後のロシア人にとっての「アイデンティティーの真空状態」[11]を満たすと同時に，一時の混乱を脱して国際政治の舞台におけるプレゼンスを発揮しようとする新生ロシアの「大国としての復活」と軌を一にしていたのだ。

3．ロシアにおける地政学の過去

　実はロシア人による地政学への注目は，すでに述べた1990年代，ソ連邦崩壊前後の混乱期が初めてではない。戦間期にヨーロッパにおいて地政学が提唱され，普及した，まさにそれと期を同じくして，社会主義革命によって祖国を追われたロシア人亡命知識人の一部が地政学の影響を受けつつ，「ユーラシア主義」という独自の思想体系を練り上げていったのである[12]。

　この「ユーラシア主義」の始期については，一般に1921年のこととされて

いる。この年，ロシア人亡命知識人のニコライ・セルゲーヴィチ・トルベツコイ（1890-1938）とピョートル・ニコライヴィッチ・サヴィツキー（1895-1968）がブルガリアのソフィアにおいて論文集『東方への旅立ち Исход к Востоку』[13]を発行し，その序文の最後で「我々は自らをユーラシア主義者と認めることを恥じない」[14]と宣言したためである[15]。これは1919年にイギリス人のH・J・マッキンダーが『デモクラシーの理想と現実』を出版し，その中で「ハート・ランド」理論を提唱し，地政学の基礎を築いた直後のことである。時期といい，方法論といい，「ユーラシア主義」は戦間期のヨーロッパで流行した地政学の「ロシア版」，つまりロシアの見地からした地政学なのである。

　というわけで新生ロシアにおける「地政学の復権」を語る際に，欠くことのできない前史として，1920年代のロシア人亡命知識人を中心として語られた「ユーラシア主義」について一瞥してみたいと思う。

　この「ロシア版地政学」とも言える「ユーラシア主義」とは，1917年革命によってロシア帝国が消滅した後，革命ロシアによって祖国を追われた亡命知識人を中心に，祖国「ロシア」（ここでいう「ロシア」とは，後述するように，キエフ・ルーシから帝政ロシア，そしてソ連邦に至るまで，政治的な変動を経てもなお，この地域を一貫して称する観念である。敢えていえば，「ロシア」というリヴァイアサンが帝政や社会主義政権といった衣を纏って伸縮しているイメージであろう）をいかに捉えるか，という問題意識から発生したものである。おそらく革命による祖国喪失を味わった彼らは，政治的な変動に影響されない，より長期的なスパンで祖国「ロシア」の意義について考察しようとし，そのための手段として地理条件や自然条件を重視する地政学の手法を取り入れたものと思われる。ツァーリ政府とか社会主義政権とかといった表面的な変化ではなく，より一貫した観念として「ロシア」を捉えよう，という問題意識である。

　その点，1991年にソ連邦という祖国を失ったロシア人が，ソ連邦や新生ロシアといった表面的な変化ではなく，より一貫した，根本的な観念として「祖国ロシア」を希求した際に，かつて同じような問題意識から「ユーラシア」を提示した戦間期のユーラシア主義に注目したのも自然な流れであった。祖国喪

失，という点でソ連邦崩壊後の1990年代における地政学の復権と，この1920年代のユーラシア主義は思想的背景を共有しているのである。

　すでに指摘したように，戦間期のユーラシア主義は，「ロシア版地政学」とも呼べる内容を持つ。たとえばユーラシア主義の創始者の1人で「ロシア最初の地政学者」[16]とも称されるサヴィツキーは，この『東方への旅立ち』の中で1921年に発表した論文「大陸―大洋」において，「基本的な気候区分」として「大陸性と海洋性（Das Land-und Seeklima）」[17]を挙げ，海洋国家に対して物資の交易上，不利な立場にある大陸国家ロシアが国際市場で採用するべき戦略として，「暖かい海」を目指すのではなく，その「大陸性」を志向すべきだと論じた[18]。論文中に「地政学」「地政学的」といった用語こそ使用していないものの，ランド・パワーとシー・パワーを対置するマッキンダーの地政学やマハンの海洋国家論の影響を強く感じさせるものである。地理的条件や自然条件からロシアが採るべき戦略を論じる点も，地政学のアプローチそのものである。

　地政学とユーラシア主義との関係を一層明らかにするものとして，彼が1933年に発表した論文「ユーラシア主義の地理学的，地政学的基礎」にも注目すべきである。「ロシアは中国よりもはるかに，『中央の国』と呼ばれる根拠を持っている」[19]，というセンセーショナルな書き出しで始まるこの論文でサヴィツキーは，ロシアを旧大陸の中心として捉え，ヨーロッパをロシアの「西に横たわる旧大陸の半島にすぎない」[20]と断じたのだ。ロシア，つまりユーラシアを中心にして西にヨーロッパ，東にアジアが半島として付属している，というイメージである。これもまた，マッキンダーの「世界島」を連想させる議論である。

　また，ユーラシア主義は，「ロシア自身はアジアでもなくヨーロッパでもない」ということを「ユーラシア主義者の基本的な地政学テーゼ」[21]として掲げることでロシア思想史上，独自の地位を占める。たとえばサヴィツキーは，1925年に発表した論文「ユーラシア主義」において，旧世界をヨーロッパとアジアに分ける従来の地理のヨーロッパ2分法に対し，「第3の，中央の大

陸」として「ユーラシア」を提唱し[22]，さらにその「ユーラシア」が地理的に独自性を有するのみならず，「文化―歴史的な」独自性を備えていることを主張するのだった[23]。「ロシアとは何か」という問題をめぐって従来ロシアの思想家が「ロシアは西か東か」という枠組みで論争を続けてきたことを顧みれば，「ロシアはヨーロッパでもアジアでもない」として「ロシアはユーラシアである」と断言するユーラシア主義の主張はロシア思想史上では独自のものであると同時にマッキンダーの「ハート・ランド論」の影響を強く感じさせるものである。

　従来のロシア思想史においてヨーロッパとアジアを分ける上で重視されてきたウラル山脈についても，彼はその東と西とで「地理的特徴の本質的な変化を認めない」[24]として，ヨーロッパとアジアの分水嶺としてのウラル山脈の意義を否定し，むしろウラル山脈の東西の一貫性，ユーラシア（ロシア）の統一性を強調する。彼は，ユーラシアにおいてはロシアの三色旗のように東西に均一で帯状の自然条件がのびており，そのような自然条件が北から南にツンドラ地帯，森林地帯，ステップ地帯，砂漠地帯，といったようにグラデーション状に並行している，と主張し，これを旧大陸ユーラシアの「旗状」配置と呼ぶ[25]。その上で彼は，ユーラシアにおいては多様な自然の中で多様な民族が経済的文化的相互交流の中で生活してきたことを指摘する[26]。彼にとってユーラシアは，多様な自然条件の中で多様な民族が共生する空間であった。多様な民族は，おのずからユーラシアの大国ロシアに包括される。ロシアは多様性を包括する力があるのである。したがって力ずくの併合，「暴力と戦争」は不要である。ロシアによるユーラシアの統一は，「文化的創造の道，インスピレーション，ひらめき，協力」，つまり平和的・文化的な統一なのだ[27]。

　ロシアの多様性を積極的に評価する文脈で，ロシアのアジア性を強調するのもユーラシア主義の特徴である。

　この点について，サヴィツキーとともにユーラシア主義の旗揚げ的論文集『東方への旅立ち』を出版したニコライ・セルゲーヴィッチ・トルベツコイは，「ロシア文化の上層と下層」において，人類学的見地から，ロシア民族の

血にはスラヴの血のみならず，ウゴル・フィン族やチュルク族の血が流れていると主張する一方，文化的にもロシアの民族文化はスラヴのみならずウゴル・フィン族やチュルク族を含み，アジアのモンゴル文化や西のバルカン文化と密接な関係を持っていると主張している[28]。

　サヴィツキーやトルベツコイがこれらの論文を発表した時期に彼らの祖国「ロシア」が，1917年に帝政が崩壊した後，赤軍による軍事統一，そして周辺諸国の社会主義革命とソ連邦への「加盟」，といった混乱状態にあったことを想起すれば，地政学の手法を用いて「ユーラシア主義」に至った彼の問題意識が，すでに述べたように，帝政とか社会主義政権とかにかかわらない，より永続的な概念としての「ロシア」の統一とその大国としての復活にあったことは明らかである。

4．新生ロシアにおける「地政学」の位置

　すでに述べたように，新生ロシアにおいて地政学はソ連邦時代の否定的なイメージを脱し，国際政治におけるロシアの戦略を研究する実学として認知されるようになった。ただしその際，そもそも地政学という学問の性格上，ロシアにおいても地政学は国際関係のアクターとしてのロシアの統一性を与件とし，その結果，ロシア内部での政治対立を無視，あるいは軽視してきた。その結果，新生ロシアにおける地政学は，ロシア統一のイデオロギーとしても作用するようになった。たとえばチェチェン紛争に見られるようなロシア国内の分離独立の動きに対しては，ロシアによる南方進出という見地から，むしろ分離独立運動を鎮圧するための論理として機能したのだ。また同時に，すでに述べたように，新生ロシアにおいて地政学はロシアの大国化のイデオロギーとしても作用した[29]。プーチン大統領から共産党のジュガーノフ書記長や民族派の党首ジリノフスキーに至るまで軒並み「地政学」を連呼したのは，党派の左右にかかわらず，ロシアの大国化，という点で彼らが一致していたからである。

　このように，新生ロシアにおける地政学は，ロシアの統一と大国化のイデオ

ロギーとしてロシアの政治用語の中に浸透していったのだった。それと同時に，学問分野として立つに必要な「学」としての厳密な反省を欠いたまま，国際政治学，哲学，歴史学といった既存の学問分野の成果を貼り合わせ，いわば借り物の寄せ集めによって地政学を作り上げようとする活動も活発化した。

さて，このような新生ロシアにおける地政学復権の中心人物の1人にアレクサンドル・ドゥーギンという人物がいる。「ロシア最初の地政学の教科書」と銘打った『地政学の基礎』の著者としても有名だが，独自の地政学理論として「ユーラシア主義」（20年代のユーラシア主義と区別するために「ネオ・ユーラシア主義」と呼ぶこともある）を掲げた政治活動家としても有名である。彼の伝記については不明な点も多いが，彼自身によって「伝記と主著」が公表されているので[30]，それを参考にしつつ，政治運動家，「地政学者」としての彼の足跡をたどってみよう。

1962年モスクワ生まれ。ソ連邦崩壊直後93年には極右民族派の政治活動家，エドアルド・レモーノフと共に「民族ボリシェヴィキ党」を創設し，新生ロシアの政治的陣営においては反エリツィン，反アメリカの急先鋒と見なされていた。保守派の論客と評価されたためか，92年には参謀本部軍事アカデミーで戦略講座の一環として「地政学」の講義もしている。活動面では93年のモスクワ騒乱事件（第2次ホワイトハウス攻防戦）においてルツコイ副大統領やハズブラートフ最高会議議長らの反エリツィン派の保守派議員と共に最高会議ビルに籠城し銃撃戦を体験したこともある。その後もエリツィン大統領による「自由主義路線」を批判し続けたドゥーギンであるが，98年頃から微妙に立ち位置が変化している。まず98年にレモーノフらと袂を分かち，さらにエリツィン退陣後の2000年には別の政治運動，「全露社会政治運動『ユーラシア』」なる運動を旗揚げする。この運動の綱領的文書「ユーラシアが一番」（2000）において彼は，プーチン政権に援助と支持を与える用意があることを表明し[31]，従来からの路線の変更を印象づけた。自身の記述においても，2000年にプーチン路線を支持し，「野党的立場から中心的立場に転身した」と記している。「中心的立場」とは，左翼の共産党，右翼の自由民主党と距離を置いたことを

意味すると同時に，野党的立場から与党的立場へと立ち位置を変えたことを意味する[32]。実際，その後，2001年には政党「ユーラシア」は正式に政党登録し，議会内野党への道を目指す方向へと転換した。

しかしこれはドゥーギンが従来の主張を変えた，というよりは対米従属路線をとり続けたエリツィンから「大国としての復活」を掲げ，アメリカに対して距離を取るプーチン路線へとロシア政府の路線自体が変化したことの反映として見る方が，おそらく正しい。エリツィン大統領の辞任を受けてロシア連邦大統領に就任した直後の2000年6月にプーチン大統領は「ロシア連邦の対外政策における概念」を発表したが，そこで彼は，ソ連邦崩壊後の国際関係において，アメリカの一極支配を打破して「国際関係の多極的システムの構築」をロシアの外交方針として掲げている。これは以下で分析するように，ドゥーギンの「ユーラシア主義」が説く反米，反グローバリズムと軌を一にする。彼がロシア下院議長の元で「地政学的鑑定センター」を立ち上げたのもこの年のことである。

その後も，ドゥーギンの地政学，および「ユーラシア主義」はロシア社会で一定の注目を集め続けている。参謀本部軍事アカデミーでの講義用に著した『地政学の基礎』は1997年に「ロシア最初の地政学の教科書」として出版され地政学の入門書として読み続けられているし，翌98年から彼はロシア下院議長の安全保障顧問に就任している。2008年にはモスクワ大学社会学部教授に就任し，地政学の講義を担当している。

ただし，彼の「地政学」が一学問領域として認められたか，という点については疑問符をつけざるを得ない。

ドゥーギン自身が「7年生の教科書より易しく」（日本の小学6年生に相当する）説明しているところによると，「大西洋主義とユーラシア主義」という2つの地政学的な対極が「惑星規模の決闘をしている」という。「大西洋主義」というのは一極世界を現在目指しているグローバリズムであり，この対極にあるのは多極世界を志向するユーラシア主義である[33]。このような状況においてロシアを強力な大国にする戦略を立案するのがユーラシア主義地政学というこ

とになる。つまり，ロシア大国化のイデオロギーと，その方策を審議する学問領域としての地政学は表裏一体の関係にあるのだ。彼の説くところによれば，社会主義が唯物史観と余剰価値説によって「科学」となったように，「ユーラシア主義」も地政学によって科学になったのだ。

ドゥーギンにとって，アメリカ流のグローバル化の進展はロシア文化の滅亡の危機である[34]。なぜなら現に，NATOやヨーロッパ連合は東に拡大している。軍事的にも文化的にもロシアは多様性の統合者としてこれに対抗し，多極的世界を構築しなければならないのだ。と，このように論を展開するドゥーギンの「ユーラシア主義」がマッキンダーのシー・パワーとランド・パワーの議論をもとに，サヴィツキーの「中央の国」の概念やトルベツコイの多様性の議論を折衷したものであることは明らかである。新生ロシアの大国化と共に，超大国であったソ連邦をも肯定的に評価するのはこの文脈においてである。

このようなドゥーギンの地政学が恣意的で問題を単純化しすぎるという点を批判しつつ，ロシア科学アカデミー哲学研究所の上級研究員のヴァダム・ツィンブルスキーは，「学問」として地政学を確立しようとしている。彼は「世界観および学問としての地政学」において，同じような地域を支配したからといってチンギス・ハーンもモスクワ・ロシアも並べて論じるユーラシア主義の手法を批判しながらも，他方，地政学については，彼の論文「ロシア島」において[35]，ハウスホーファーやマッキンダーといった古典的な地政学からブレジンスキーのThe Grand Chessboard[36]やハンチントンの『文明の衝突』といった現代の地政学の代表作も紹介している。さらにここで彼は，従来の地政学を概説するにとどまらず，ハウスホーファーの「世界島」に対しては自ら（論文の題名でもある）「ロシア島」という概念を提示し，またロシアにおける地政学の先駆としては20年代のユーラシア主義者ではなく，19世紀後半の詩人・外交官であるフョードル・チュッチェフの「汎ヨーロッパ思想」を紹介するなど，従来の定説から一歩踏み出すことを試みている[37]。

おわりに

　すでに見てきたように，ロシアにおける地政学はソ連邦崩壊後のグローバル化の中で，ユーラシア主義と結びつくことによってロシア大国化のイデオロギーとなった。このユーラシア主義の根底に横たわるのはアメリカを中心とするグローバル化の波がロシアからかつての同盟国を奪い，ロシア国内においてもロシア的文化を撲滅している，という現状認識だった。ソ連邦崩壊＝グローバル化という条件において初めて可能になったロシアの地政学が，逆説的ではあるが，反グローバル化のイデオロギーとなっているのである。

　ただし，このようなイデオロギー的な地政学とは別に，「多極的な世界の構築」を掲げるプーチン大統領のもとで実利的な外交戦略が練られているは疑いもない事実である。2013年3月には「ロシア連邦の国家プログラム」の一環として外務省から提出された「対外政策活動」が承認されているが，これは2020年までのロシア連邦の国家安全保障の基本的戦略をまとめたものである。ただし，地政学については，その中は「地政学」とか「地政学的」といった用語はほとんど使われていないことが目を惹く。本文中で「地政学」という用語が現れるのはただ1カ所。「第三国の機関による人文的，政治的，宗教的敵対活動の否定的影響の低下，つまり意図的な地政学的，文明論的，およびイデオロギー的取捨選択の克服」という部分のみである[38]。「地政学」という用語のここでの扱いは，敵対勢力による状況の歪曲的解釈，あるいは紛争の口実になるイデオロギーとしての扱いである。社会主義イデオロギーを抜きにして考えれば，ほとんどソ連邦時代の用法そのままである。

　東西冷戦体制が崩壊し，アメリカ一極化という形で進んだ90年代のグローバル化の中で，ソ連邦という「祖国」を失い，対米追従するエリツィン政権の外交の無策に危機感を持ったロシア人が，アメリカの世界戦略の学としての地政学に注目したのも当然のことだった。アメリカの世界戦略に対抗するためにアメリカ流の学問を導入しようとしたのであった。しかし戦前のドイツ地政学

の影響が強いロシアにあっては,地政学は地理学や歴史学,そして動植物学を総合して見るための「ものの見方」つまりイデオロギーにしかなり得なかった。21世紀に入り,ロシアが国際的に存在感を増す中で地政学はロシアの大国化のイデオロギーとして機能したが,だからといって大国化のための具体的な政策を提示したわけではなかった。学問領域としての地政学にしても,それは政治学というよりは哲学,社会科学というよりは人文科学の分野だったのだ。新生ロシアの世界戦略についても,それはアメリカ流の地政学によるのではなく,伝統的な政治学,あるいは政治地理学の枠内で,つまりロシア（ソ連邦）の伝統的なアプローチに回帰している様子が看て取れる。現代ロシアは地政学という学問領域の設定に関しても,アメリカ流の基準を拒否しているのである。

現代ロシアにとって,グローバル化は,その中でロシアが世界共通のルールで戦うための競技場である。しかし,同時にその競技におけるロシアの目的は,その競技場の中に自前の土俵を作ることだ,ということができるかも知れない。

1) 国松久彌,『地政学と東亜共栄圏の諸問題』東京開成館,昭和19年,2頁。
2) 日本地政学協会『地政学』昭和17年,第1巻第1号。
3) 倉前盛通,『悪の論理 ゲオポリティク（地政学）とは何か』日本工業新聞社,昭和52年,22-26頁。
4) 同書,26-27頁。
5) 同書,292頁。
6) 佐藤信夫,『21世紀のシナリオ 地政学で世界を読む』同友館,1995年,ⅲ頁。
7) Большая советская энциклопедия. 1971. Т. 6.
8) Соглашение о создании Содружества Независимых Государств. Исполнительный комитет СНГ официальны сайт http://www.cis.minsk.by/page.php?id=176
9) Российская газета. 21. 01. 1992.
10) Совет Безопасности Российской Федерации. Концепция внешней политики Российской Федерации. http://www.scrf.gov.ru/documents/2/25.html
11) 浜由樹子『ユーラシア主義とは何か』成文社,2010年,11頁参照。
12) 大木昭男「ロシアにおける『第三の道』としてのユーラシア主義」,池庄司敬信編『体制擁護と変革の思想』中央大学出版部,2001年,所収。渡辺雅司「ロシア

思想史におけるユーラシア主義」、『ユーラシア研究』ユーラシア研究所、2002年、第27号。堀江則雄「ユーラシア主義の系譜とプーチン」同上。浜由樹子『ユーラシア主義とは何か』成文社、2010年、参照。
13) 題名の日本語訳については、浜、前掲書、58頁、注2を参照。
14) Коллективный манифест. Предчувствие и свершения // Дугин А. Ред. Основы Евразийства. М., 2002. С. 106.
15) 浜、前掲書、128頁、注26参照。
16) *Дугин А.* Основа геополитики. М., 1997. С. 82.
17) *Савицкий П. Н.* Континент-Океан // Основы Евразийства. С. 313.
18) Там же. С. 323.
19) *Он же.* Географические и геополитические основы евразийства // Там же. С. 297.
20) Там же.
21) Там же. С. 299.
22) *Он же.* Евразийство // Основы Евразийства. С. 266.
23) Там же. С. 267.
24) Там же. С. 302.
25) Там же. С. 300.
26) Там же. С. 303.
27) Там же. С. 303-304.
28) *Трубецкой Н. С.* Верхи и низы русской культуры // К проблеме русского самосознания. Paris, 1927. С. 31.
29) Об этом см. *Цымбурский В. Л.* Геополитика как мировидение и род занятий // Полис. РАН, 1999, No. 4. Примечания 9.
30) *Дугин А. Г.* Биография и основные труды. http://dugin.ru/bio/
31) *Он же.* Евразия превыше всего // Основы Евразийства. С. 12.
32) *Он же.* Обзор евразийской идеологии // Там же. С. 92-93.
33) *Он же.* Партия «Евразия» сегодня затребована самой жизнью // Там же. С. 58.
34) *Он же.* Евразия превыше всего // Там же. С. 6.
35) *Цымбурский В. Л.* Остров Россия // Полис. РАН, 1993, No. 5.
36) 邦題：山岡洋一訳『ブレジンスキーの世界はこう動く』日本経済新聞社、1998年。
37) *Цымбурский В. Л.* Остров Россия // Общественные науки и современность. М., 1995. No. 6.
38) Государственная программа Российской Федерации «Внешнеполитическая деятельность». С. 66. http://www.mid.ru/bdomp/activity.nsf/0/70c680302caf0cc744257b4000450bf3/$FILE/foreign_policy_activity.pdf

第 6 章
グローバル化とディシプリン
――インドにおける，インドをめぐる国際関係研究――

溜　和敏

はじめに

　2000年ごろから，インドにおける国際関係研究の動向を分析する様々な試みが行われている。そうした中の1つのプロジェクトを率いた東西センター（East-West Center）上級研究員（当時）のムタイア・アラガッパ（Muthiah Alagappa）は，2009年に刊行した報告書において，以下のように記した。

　　……インドは，広く定義されるアジアおよび世界において利害と責任を有する，重要な地域大国ならびにグローバル大国として台頭している。
　　しかし，インドの国際関係――経済（貿易，投資，金融），気候変動，安全保障（伝統的，非伝統的），地域ガバナンスおよびグローバル・ガバナンスを含む広範な領域における新たな挑戦，脅威，機会に現在直面している――の展望と実態の変化に，インドにおける国際関係研究は対応できていない。分離独立後の初期数十年には力強く開始されたにもかかわらず，インドにおける国際関係研究プログラムと研究機関は，この国が直面する挑戦や複雑な需要に対して完全には応えることができていない[1]。

　このように，インドにおける国際関係研究は問題を抱えているという認識が一般的である。また，そうした問題認識をふまえて，状況を良くするための試

みも現れ，2010年にはインドで初めての全国的な国際関係研究の学会とされるインド国際関係学会（Indian Association of International Studies）が発足し，2012年に第1回年次大会が開催された。こうした研究動向の自己評価と改革の試みがインドの国際関係研究において活発に行われている[2]。

　一連の動向を観察することにより明らかとなるのは，インドの国際関係研究の評価ならびに目指す方向において，相異なる複数の流れが存在することである。1つには，国際関係研究のディシプリンを狭く捉え，その中でインドの研究者による貢献がなされていなかったと評価し，今後にはその舞台で評価されるような業績の創出を目指すアプローチである。もう1つは，ディシプリンの範囲をより広く捉え，その中ではインドの研究者による有意義な貢献がこれまでにもなされていると評価する見方である。こうした見方をするグループは，主流である前者による狭いディシプリン設定を問題視し，そのあり方の変革を目指している。両者に共通するのはインドにおける国際関係研究の現状への不満と，インドの経験や知識に基づいてグローバルなディシプリン（ただしその捉え方は異なる）への貢献を目指すことである。学界におけるこうした2つの潮流と，実際の世界政治におけるインドへの注目の高まり，さらには外交実務に役立つ研究を求めるインド政府の思惑とが交錯するところに，昨今の活発な動向が生じている。

　本章はこうした動向を検討することにより，グローバル化と国際関係研究の関係をめぐる1つの事例研究を提供する。なお本章では，「インドにおける」研究と「インドに関する（をめぐる）」研究を区別し，両方を含む場合には「インドの」研究としている。

1．現代インドの国際関係研究の新たな動き

(1)　インド国際関係研究の歴史

　最近の動向を検討するまえに，現代インドにおける国際関係研究の来歴を手

短に振り返りたい。

　独立インドにおいて，国際関係研究は他のディシプリンと比較して恵まれた環境にあったと言われる[3]。のちにインド外務省のシンクタンクとなるインド世界問題研究所（Indian Council for World Affairs）が設立されたのは，イギリスによる植民地支配からの独立を果たす前の1943年のことであり，こうした早期の取組みには初代首相ジャワーハルラール・ネルー（Jawaharlal Nehru）ら独立期の指導者による意向があったと言われる[4]。そしてインドにおける国際関係研究の第一歩とされるのが，1955年に行われたインド国際学スクール（Indian School of International Studies）の設立である[5]。インド世界問題研究所の関連機関として創設されたインド国際学スクールは，当初の数年間，デリー大学を構成する1つのスクールとして運営された[6]。1961年にデリー大学から独立して単独の大学機関となり，1970年には新設されたジャワーハルラール・ネルー大学の1つの研究科，国際学研究科（School of International Studies）として再編され，以後インドの国際関係研究に中核的な役割を担っている[7]。1950年代後半以降には，インド国際学スクールに続いて，インド各地の大学でも国際関係や地域研究の学部が設立された[8]。しかし，規模の拡大に教育や研究の質が伴わなかったと言われる[9]。

　こうしてアジア諸国や他の発展途上国と比較すると早期に制度的基盤が整ったインドの国際関係研究であるが，シンガポール国立大学のカーンティ・バジパイ（Kanti Bajpai）によると，1980年代後半には中国や日本，韓国など他のアジア諸国に遅れを取るようになったという[10]。インドの国際関係研究機関は主として外国地域の研究に取り組んだものの，優れた業績を生み出せず[11]，また理論研究への貢献もできていないと言われる[12]。ただし後述するように，インドの国際関係研究が貢献を成しえず，遅れを取ってきたという見方に対しては異論も存在している。

　冷戦終結後の1990年代，インドが経済改革を経て高い経済成長率を実現するようになると，インドの国際関係研究にも変化がもたらされた。研究者による国際交流が拡大するにつれて，米国などの国際関係研究において重視される

方法論への関心の高まりや，カリキュラムの改革，研究機関における文献へのアクセスの拡大など，前向きな兆しが生じた[13]。そして2000年ごろから，インドにおける国際関係研究の状況を見直し，改革を進める動きが盛んに行われるようになっている。

(2) 研究動向分析と改革の動き

インドにおける国際関係研究の動向を整理する試みには様々なものがあるなかで，本節で後記する学会の結成へと至る一連の動向のきっかけを作ったのは，本稿冒頭で言及した，東西センターのアラガッパであった。

アラガッパは2006年から2007年にかけてインドを訪れて研究者との交流を持った際にインドにおける国際関係研究の問題に気づき，2008年にインドの国際関係研究の研究動向を調査するプロジェクト・チームを結成した[14]。その成果として，2009年3月に「インドにおける国際関係研究（Workshop on International Studies in India）」と題された2日間のシンポジウムがシンガポール国立大学リー・クアンユー公共政策研究科において開催され，インド出身の研究者を中心に14本の報告が行われた[15]。アラガッパは，シンポジウムでの議論をふまえて，インドにおける国際関係研究を発展させるための95段落からなる提言をとりまとめて発表した（以下では，「アラガッパ報告書」と略称する）[16]。

冒頭の引用でも示したように，アラガッパはインドの国際関係研究が不十分な状況にあると指摘している[17]。インドの国際関係研究が十分な発展を遂げていない理由を分析し，そのうえで2025年までを目標として研究状況を世界レベルに引き上げることを目指して，様々に具体的な提言を行っている。ディシプリンの再定義や，教育システムの制度的改革，教育において理論と方法論を重視すること，語学研修の強化，全国レベルの学会の設立などがその内容である[18]。

なお，アラガッパ報告書では，国際学（International Studies：IS）と国際関係論（International Relations：IR）というディシプリンの名称を区別して用い

ている。国際学（IS）を，比較政治や国際経済学，国際法，歴史も含む，国際関係にまつわる研究全般の広いディシプリンとして定義し，その中の理論研究（主に実証理論が想定されていると思われる）に関する分野を国際関係論（IR）としている[19]。インドにおいては，ジャワーハルラール・ネルー大学の研究科の名称や，学会の名称に見られるように，国際関係の広いディシプリンを指してとして国際学（IS）という語が用いられていることは確かであるものの，理論研究を意味するところの国際関係論（IR）をその下位区分とするような区別は必ずしも定着していない。そのため本章では，国際学（IS）と国際関係論（IR）の区別を行わず，前述の研究科名などの一部を除いて双方を国際関係（研究）と訳している。

(3) 国際関係学会の設立

前項で紹介したアラガッパのプロジェクトに参加したジャワーハルラール・ネルー大学のマトゥーは，2009年4月，新聞に投稿した意見記事において，アラガッパのプロジェクトを紹介し，そのうえでインドにおける国際関係研究の学会を設立することを提案した[20]。それからちょうど1年後の2010年4月，マトゥーが自ら理事長となってインド国際関係学会が結成された[21]。

インド国際関係学会が実質的に最初のイベントを迎えたのは，それから2年半後の2012年12月であった。2012年12月10日から12日までの3日間，ニューデリーにおいて第1回の年次大会が開催された[22]。計40個のセッションで構成される，大規模な大会となった。研究大会の運営を担ったのは，共催団体となったインド国際研究所（Institute for Research on India and International Studies）の代表でデリー大学政治学部所属のナヴニタ・チャーダ・ベヘラ（Navnita Chadha Behera）であった[23]。

現地で参加した筆者の見たところ，この研究大会は，研究分野，方法論，目指す方向性，それぞれの研究報告の質などにおいて，多様性に富んでいた。インドにおける国際関係研究の行事には珍しいことに，参加者の研究分野においては国際関係理論や地域研究，安全保障研究といったインドにおける国際関係

研究の中心的な分野の研究者だけでなく，社会学，歴史学，経済学の研究者なども多く見られた。その背景には，インドにおける国際関係研究のディシプリンを広く捉え直そうとする主催者の意図が感じられた。たとえば，通常はインドで国際関係研究の範疇で捉えられていない社会学者アシス・ナンディ（Ashis Nandy）との対話という企画が全体セッションで行われた。インドの伝統的な国際関係研究の枠内には含まれないが，広義の国際関係研究におけるインドからの貢献としてベヘラが例示しているのがナンディの業績であった[24]。

こうして大規模な第1回年次大会を開催してスタートしたインド国際関係学会であったが，その後に学会運営が継続されるかどうかは定かでない。2012年の研究大会においては大会を以後も年1回あるいはそれ以上のペースで研究大会を開催することが話し合われていたものの，2013年10月現在で筆者の調べによる限りでは，2013年の年次大会は計画されていない。代わりに，学会との関連は明らかでないものの，前年のインド国際研究学会第1回年次大会とまったく同じ日付となる2013年12月10日から12日に，ジャワーハルラール・ネルー大学国際学研究科による主催で国際関係研究年次大会（Annual International Studies Convention 2013）が開催される予定となっている[25]。

(4) 外交実務からの接近

近年のインドの国際関係研究に見られる新たな特色の1つとして，外交実務と研究との接点が増えていることを指摘できる。先述のインド国際関係学会第1回年次大会（2012年12月）と国際関係研究年次大会（2013年12月）は，インド外務省パブリック・ディプロマシー局が後援している。前者の研究大会では，外相，外務次官，国家安全保障顧問がそれぞれ登壇し，また外務省の局長クラスが担当地域の研究者と交流するセッションも設けられていた。

インド政府・外務省が研究者との交流を強化している背景には，2つの狙いがあると考えられる。第1に，経済力や軍事力を高めたインドに大国としての役割を期待されることが増え，グローバル化が進展してイシューが複雑化して

いる世界情勢において，研究者の知識を活用するというものである。従来のインド外交当局者には国際関係の研究者から学びうることなど無いという考えが一般的であったというが[26]，近年は外交戦略の知恵を民間に求めた例もある。2012年2月，インド政府の国家安全保障顧問や国防大学の関与の下で，民間の有識者8人による外交政策の提言『非同盟2.0』が作成された[27]。非公式の文書ではあるが，現政府に考え方が近いとされる有識者の手による文書であったため，対外政策に関してインド政府の考えを反映したものとして国内外で多大な注目を集めた[28]。

　第2に，インド政府の取組みを自国や他国の市民に伝えるという，パブリック・ディプロマシーの意図もあると考えられる。先述のように研究大会への支援はこのパブリック・ディプロマシー局を通じて行われていた。インド外務省のパブリック・ディプロマシー局が2006年に設立されたこと自体が，パブリック・ディプロマシーへの関心を示している[29]。また，インド外務省から研究者への情報提供という観点において関連する事例として，外交文書の公開が進められている。2012年に外交文書70,000件以上が公開され[30]，さらなる公開が計画されている[31]。

2．実証主義のアプローチ

(1) 2つのアプローチとディシプリン認識

　研究動向をめぐる既存の分析を見ると，アラガッパ報告書のように，インドにおける国際関係研究はディシプリンへの貢献において乏しい成果しか残せていないという評価が主流となっている。しかし，ベヘラは異なる見方を提示している[32]。ベヘラによると，インドにおける国際関係研究の主流となっている「伝統的国際関係論」は，ヨーロッパの歴史に基づくウェストファリア的な国民国家システムを前提として扱い，国家とパワーに着目するリアリストの手法により実証的な知識のみを追求してきたという[33]。インドにおける伝統的

な国際関係研究は、こうしたアプローチにより、南アジア地域におけるサブ・システム・レベルの事象——具体的なトピックは、核問題や地域主義、紛争などであり、象徴的には「銃と爆弾」に注力してきたと言われる[34)]——を扱ってきたという[35)]。後述するように、こうしたアプローチからはディシプリンへの有益な貢献がなされていないと考えられている。しかしベヘラは、伝統的な国際関係研究の範疇だけを見るのではなく、開発学やポスト・コロニアル研究、フェミニズムなどを含めて国際関係研究の範囲を広く捉えると、そこにはインドの研究者による優れた貢献を見出すことができると主張する[36)]。ベヘラはこちらを「新しい国際関係論」と呼び、こうしたアプローチからインドの国際関係研究を再構築すべきと主張している。

そこで、この節の以下の部分で前者の「伝統的」アプローチ、次の節で後者の「新しい」アプローチによる、研究状況の評価と目指している方向について検討する。

(2) ディシプリンへの貢献の不在という評価

ケネス・ウォルツ（Kenneth Waltz）以降に米国を中心に発達した国際関係理論の研究史を振り返り、主要な理論とされるものに絞って検討すると、確かにそこにはインドの研究者からの貢献を見出せない。そもそも欧米において発達したディシプリンであるため、それ以外の地域の研究者からの貢献が少ない[37)]。さらにアラガッパ報告書によると、インドにおける国際関係研究は、インドにおける他の人文社会科学への貢献や、ラテンアメリカや東南アジアなど他の地域の国際関係研究者と比べても、乏しい貢献しかできていないと評している[38)]。こうした評価がインドにおける国際関係研究に対する主流の認識であり、マトゥーはその証拠として、1998年から2008年までの10年間で国際関係研究における主要ジャーナル10誌に論文が掲載されたインド国内の大学所属の研究者が18人であることを示している[39)]。

この点について、シンガポール国立大学のラージェーシュ・バスルール（Rajesh M. Basrur）がより詳細な調査を行っている[40)]。バスルールによると、世

界的に有力なジャーナル10誌において，インドを扱った論文の掲載件数は，1973年から1990年までの18年間で37件であったところから，1991年から2008年までの18年間では87件へと増加した[41]。それら掲載論文の著者を見ると，インド在住あるいはインド出身の研究者による論文の件数は確実に増加している（表6-1参照）[42]。とりわけ，インド出自（Indian origin）でインド国外在住の研究者による論文の増加が顕著である。インド国内在住の研究者による論文掲載の件数も増加しているものの，インド関連論文に占める割合はほぼ横ばいであった。

表6-1 主要誌に掲載されたインドに関する論文の著者

	インド出自以外	インド国外在住のインド出自者	インド国内在住のインド出自者
1973〜1990年	22.75件 (61.49%)	8.75件 (23.65%)	5.5件 (14.86%)
1991〜2008年	41.5件 (43.68%)	40.5件 (42.63%)	18.5件 (14.02%)

注：論文件数について，複数の著者による論文は人数に応じて按分している（たとえば，4人の著者による論文の1人が該当する場合は0.25件と数える）。国外在住のインド出自者について，国籍による区別は行われていない

出所：Rajesh M. Basrur, "Scholarship on India's International Relations: Some Disciplinary Shortcomings," *International Studies*, vol. 46, no. 1 and 2 (January & April 2009), p. 95

バスルールの調査によると，主要ジャーナルに掲載されたインド関連の論文のテーマは，主として外交政策，核問題，他の安全保障問題の3つであった[43]。第1の外交政策をめぐる研究は，インドの2国間関係や多国間関係に集中しており，そこからディシプリンへの貢献を模索するような研究はほとんど行われていないという[44]。第2の核問題においては，インドとパキスタンの核関係と，インドとアメリカの原子力協力という2つの主要トピックがあるという。前者のインドとパキスタンの事例は，核兵器を保有しながらもたびたび戦火を交えてきた貴重な事例と考えられ，多くの研究が行われている[45]。しかし自身もこの分野で活躍するバスルールによると，政策指向の研究に優れ

た業績を見出しうるが，研究の視野が狭く，ディシプリンの発展への貢献はほとんど皆無であるという[46]。第3の核以外の安全保障問題において，軍事安全保障研究を行うシンクタンクが増えた事に伴って業績の数も増えているものの，理論的発展は乏しいという[47]。このようにバスルールは，詳細な検討の結果として，インドの国際関係研究からディシプリンへの貢献はほとんど行われていないと結論している。理論志向の研究においては，既存の理論を個別の事例や南アジア地域レベルで適用し，理論の妥当性を検証することを目的とした研究が多く，独自の理論や貢献においてディシプリンの発展に名を刻むには至っていないのが現状であろう。

(3) 理論への貢献を目指して

アラガッパのプロジェクトに参加したメンバーに見られる主流派のアプローチは，ここまでで紹介したような実証主義志向の研究において，貢献を成し遂げることを目指している。つまり，ベヘラのようにディシプリンの枠組みを問題視するのではなく，ディシプリンの枠内での問題克服を目指している。そこでインド国際関係研究の中心人物の1人であるバジパイは，理論，問い，方法論の軽視がインドの国際関係研究において優れた業績の創出を妨げていると主張する[48]。つまり，欧米において発展した国際関係論のディシプリンそのものを問題視するのではなく，インドにおける教育と研究の質の向上を訴えている。このように理論や方法論のレベルを高めて，実証主義的研究において優れた業績の創出を志向するのが，アラガッパ報告書にも見られる中心的なアプローチとなっている[49]。

ただし理論の重要性を説くバジパイ自身は，実証主義に固執せず，むしろポスト実証主義のアプローチからの貢献の可能性を見出し，強調している[50]。インドの政治思想や歴史的経験を通じて，理論の基礎を成す概念や歴史叙述を問い直すことを提言している。明らかにバジパイは，2国間関係や「銃と爆弾」の研究に固執する伝統的なインドの国際関係研究よりも，広い枠組みでディシプリンを捉えている。しかしベヘラとは異なり，インド国内で行われる他の

（広義の国際関係研究に含まれうる）研究分野における業績を国際関係研究の枠内で評価することを行っていないため，インドの国際関係研究が理論への貢献に乏しいという評価に至っているようだ。

3．ポスト実証主義のアプローチ

(1) 広義の国際関係研究におけるインドからの貢献

インドの国際関係研究というディシプリンの再構築を主張するベヘラは，インドにおける伝統的アプローチよりもディシプリンをより広く捉えると，ポスト実証主義のアプローチにおける研究にインドの研究者からの優れた貢献が多数存在してきた，と主張する[51]。とりわけ，政治学者ラジニ・コタリ（Rajni Kothari）や社会学者ナンディら，ニューデリーの発展途上社会研究所（Centre for the Study of Developing Societies）を拠点とする研究者が行ってきた近代性批判は，国際関係論における多文化性とグローバルな秩序をめぐる研究のさきがけであったと指摘する[52]。ベヘラによると，近代国民国家への最も根源的な批判を提示したナンディの研究は，世界各地の研究者に「国際（international）」という概念を異なった角度から考える契機を与えたという[53]。発展途上社会研究所の発行するジャーナル『オルタナティヴ（*Alternative*）』はこうしたアプローチからの優れた研究を掲載してきたものの，このジャーナルはインド国内で国際関係研究のジャーナルとは見なされていないという[54]。

二国間関係や「銃と爆弾」を重視する狭義の国際関係研究には含まれていないインドから国際関係研究への貢献として，ベヘラによる指摘以外では，日本の国際関係研究者の間ではよく知られた平和研究への貢献という例を挙げられる。インドの経済学者スガタ・ダスグプタ（Sugata Dasgupta）は1968年に，戦争さえなければ平和だという考え方が間違っていると指摘し，戦争は行われていないが貧困や暴力によって平和ではない状態，すなわち「平和ならざる状態（peacelessness）」という概念を提起した[55]。これは直後のヨハン・ガルト

ゥング（Johan Galtung）の構造的暴力論や[56]，その後の人間の安全保障論の基礎となったものであり[57]，したがって平和研究における重要な貢献であったと考えられる。しかし，アラガッパ報告書などのインドの国際関係研究の動向をめぐる文献にダスグプタの名前は登場せず，現在のインドにおいてはインドから国際関係研究というディシプリンへの貢献として認識されていないようである。

(2) 国際関係研究を広く捉え直す

以上のような現状認識に基づいて，ベヘラはインドの国際関係研究が目指すべき方向が，欧米を真似ることや，欧米に追いつくことではなく，「国際関係論をポスト欧米に変えること」であると主張する[58]。そうした国際関係研究の再構築に向けてインドにおいて成しうることは，第1に，オルタナティヴな知的資源を創出するため，理論構築において日常的な経験の役割を見直すこと，つまりは研究者が理論化を行う行為を批判的に再検討することであるという[59]。国際関係論のテキストではフランクフルト学派による研究がこうした取組みの代表とされるが[60]，このような批判理論のアプローチをより先鋭に展開してきたのがナンディら発展途上社会研究所の研究者であったという指摘も別の論者によって行われている[61]。第2に，サバルタン研究やポスト・コロニアル研究に見られるような既存の諸前提に対する批判的な観点をふまえて，インドの歴史や政治思想を読み直すことであるという[62]。ベヘラは，インドの歴史をポスト欧米の国際関係研究に結びつける例として，国家形成のプロセスをめぐる経験の相違を挙げている[63]。従来の伝統的な国際関係研究においては，ヨーロッパの歴史的経験に基づいて，他の政治共同体に優越する国家主権を有するウェストファリア的な近代国民国家をアクターとすることを前提としている。そこでインドの植民地支配以前の伝統的社会のあり方を振り返るとき，多元的で非階層的なアイデンティティを有する人々の交流による社会的・政治的空間として政治的単位が構成されていたという，近代国民国家とはまったく異なるイメージを抱くことが可能になるという[64]。

ベヘラと同様に，インドでは国際関係研究と見なされていないが国際関係研究を問い直す観点を提示しているインド国内での研究に着目する研究者に，南アジア大学のシッダールタ・マラヴァラプ（Siddharth Mallavarapu）がいる。マラヴァラプは，国家論，ナショナリズム論，近代性批判をめぐるインドでの研究に着目し，伝統的な国際関係研究における諸前提を再検討するための「オルタナティヴな経験と価値の源」であると論じている[65]。

(3) 批判的国際関係研究におけるインド

このように「新しい国際関係研究」を目指すベヘラは，ポスト実証主義からのアプローチによってインドの経験や思想を活用することに見出している。しかしそうした試みは，すでにインド国外において，国際関係の研究への問い直しを企図して行われている。それぞれの研究の取組みや立場は多様であるが，広く捉えると国際関係研究の批判的アプローチとされるところに，インドの経験や思想，歴史を参照して国際関係の基礎となる概念や理論，歴史を問い直す研究が，主として国外で活躍するインド出身の研究者の手によって行われている。

たとえば，植民地期インドの研究からスタートしたロンドン大学ゴールドスミス・カレッジの政治学者サンジャイ・セト（Sanjay Seth）は，ポスト・コロニアル研究の観点から国際関係論における主流への批判を試みている[66]。国際関係論における批判的アプローチの有力ジャーナル『ミレニアム（*Millennium: Journal of International Studies*）』に掲載された論文でセトが批判を向けるのは，ヨーロッパで誕生した国際社会のシステム，つまりウェストファリア体制が世界に拡大し，現代の国際秩序の基礎を形作ったという通説的叙述である。セトは国際システムの拡大が植民地支配の拡大・強化の過程であったと指摘して，通説的叙述におけるヨーロッパ中心主義を批判している[67]。セトはこの議論を通じて，認識論の観点から知識の性質を論じている。なお，この議論自体はインドの経験を直接的に参照するものではないが，セトによるポスト・コロニアル論が植民地期インドの研究に基づいていることをふまえる

と，間接的にはインドの経験に基づく国際関係研究へのフィードバックであると言えよう。

別の例としては，インドとスリランカの政治を専門とするハワイ大学マノア校の歴史学者サンカラン・クリシュナ（Sankaran Krishna）による研究がある。クリシュナはポスト・コロニアル研究の観点による大局的なグローバル・ヒストリーの研究も手がけている研究者であるが[68]，前述のセトが編者となった論文集への寄稿では，インドの小説家であるアミタヴ・ゴーシュ（Amitav Ghosh），アルンダティ・ロイ（Arundhati Roy），キラン・デサーイー（Kiran Desai）の作品を題材として，ネイション（国家，国民）と主観性という問題を検討する試みを行っている[69]。

これらの例が示すように，べヘラが「新しい国際関係論」として構想する試みは，すでに主としてインド国外において様々に試みられている。インド国内での研究動向との違いは，こうした研究が国際関係研究の一部として位置付けられていることであろう。

おわりに

最後に，インドの国際関係研究の展開をグローバリゼーションの文脈に位置付けてみたい。インドの国際関係研究における近年の展開を，グローバリゼーションという背景を抜きにして理解することは適わない。インドに関する国際関係研究への需要の高まりをもたらしているのは，経済力や軍事力を高めたインドが世界政治においてその存在感を高めていることであり，このことは改めて論じるまでもなく1990年代以降のグローバリゼーションの加速と結びついている。またグローバリゼーションにおいて様々な事象の相互連関性が高まり，国際関係のイシューが複雑化したことも，インドにおける国際関係研究の活発化に寄与したと考えられる。さらにポスト実証主義のアプローチにおいては，インドの植民地支配の経験を基礎としたポスト・コロニアル研究に拠って，グローバリズムへの批判が試みられていた[70]。

グローバリゼーションとの関連において，ローカルな知的資源への回帰の動きも興味深い。ポスト実証主義においては，本章で紹介したように，欧米中心の既存の知的体系を批判するための参照点としてインドの経験や知恵を用いる試みがなされている。外交実務への貢献を目指す研究動向においても，ネルーによる非同盟政策を見直す試みや，インド独自の概念を再訪するという観点から古代のカウティリヤ（Chanakya）の『実利論』[71]の再検討が行われている[72]。

　本章での検討において見えてきたことは，インドの国際関係研究そのものがグローバリゼーションを体現していることである。インドにおける国際関係研究の動向を整理し，その状況を改善するための様々な試みは，研究者のグローバルな交流の拡大によって生まれていた。そして，「インドにおける」国際関係研究を見直すための試みであったが，インド出身の研究者が世界中に拡散し，国境を越えて頻繁に移動する在外のインド系研究者が多大な役割を果たしている現在，「インドにおける」という観点でインドをめぐる国際関係研究の動向を把握することは難しくなっていた。筆者は従来，2国間関係や「銃と爆弾」を扱う伝統的なインドの国際関係研究ばかりを見ており，その範囲内ではインドからの貢献が乏しいと考えてきたが，本章での検討を通じて，ディシプリンや国境を越えて広がる研究の地平に可能性を見出すことができた。

1) Muthiah Alagappa, "Foreword," in *Report of the Workshop on International Studies in India, Held at Lee Kuan Yew School of Public Policy National University of Singapore, on March 25-26, 2009*, Lee Kuan Yew School of Public Policy, National University of Singapore, 2009 [http://www.spp.nus.edu.sg/docs/Mar 2009_Report_of_the_Workshop_on_International_Studies_in_India.pdf, accessed on March 19, 2010, linkrot as of October 14, 2013], p. 7.
2) インド国際関係学会の初代理事長となったアミターブ・マトゥー（Amitabh Mattoo）は，2009年から2012年の3年間に状況が変化し，国際関係研究においてインドの研究者が台頭する転機になるとの希望を語っている。Amitabh Mattoo, "An Indian Grammar for International Studies," *The Hindu*, December 11, 2012.
3) Amitabh Mattoo, "The State of International Studies in India," *Interna-

tional Studies, vol. 46, no. 1 and 2 (January & April 2009), p. 38.
4) *Ibid.*
5) *Ibid.* インド国際学スクールならびにその後継組織の設立経緯については，以下の論文が詳しい。A. Appadorai, "International and Area Studies in India," *International Studies*, vol. 24, no. 2 (April 1984), pp. 133-143; M. S. Rajan, "Golden Jubilee of the School of International Studies: An Assessment," *International Studies*, vol. 42, no. 3 & 4 (July & October 2005), pp. 195-204.
6) Rajan, *op. cit.*, p. 196.
7) *Ibid.*, pp. 196-197.
8) Mattoo, "The State of International Studies in India," p. 38.
9) *Report of the Workshop on International Studies in India*, p. 12.
10) Kanti Bajpai, "Obstacles to Good Work in Indian International Relations," *International Studies*, vol. 46, no. 1 and 2 (January & April 2009), pp. 109-110.
11) Varun Sahni, "The Fallacies and Flaws of Area Studies in India," *International Studies,* vol. 46, no. 1 and 2 (January & April 2009), pp. 49-68.
12) Kanti Bajpai, "International Studies in India: Bringing Theory (Back) Home," in Kanti Bajpai and Siddharth Mallavarapu, eds., *International Relations in India: Bridging Theory Back Home*, New Delhi: Orient Longman, 2004, pp. 17-38.
13) Bajpai, "Obstacles to Good Work in Indian International Relations," p. 111.
14) Alagappa, "Foreword," pp. 7-8. シンガポール国立大学リー・クアンユー公共政策研究科，政策リサーチ・センター (Centre for Policy Research)，ならびにトレハン財団 (Trehan Foundation) の支援を得て行われた。
15) *Report of the Workshop on International Studies in India*, p. 33.
16) *Ibid.*, pp. 11-27. 2013年10月15日現在，インターネット上ではアクセス不可能となっているが，アラガッパが整理した提言部分はシンポジウムの報告に基づく論文が収録されたジャーナルに再録されている。Muthiah Alagappa, "Strengthening International Studies in India: Vision and Recommendations," *International Studies*, vol. 46, no. 1 and 2 (January & April 2009), pp.7-35.
17) *Report of the Workshop on International Studies in India,* p. 11.
18) *Ibid.*, pp. 14-27.
19) *Ibid.*, p. 14.
20) Amitabh Mattoo, "Upgrading the Study of International Studies," *The Hindu*, September 21, 2009. 全インド国際関係学会 (All India International Studies Association) を，国際関係研究におけるグローバルな学会である国際関係学会 (International Studies Association) の関連組織として設立することを提言している。実際に設立されたインド国際関係学会は，ISAとの関係について

言及していない。アラガッパ報告書にも ISA への言及があるため，2009 年時点では ISA との連携が模索されていたようである。Alagappa, "Foreword," p. 8.
21) ジャワーハルラール・ネルー大学ウェブサイトを参照（http://www.jnu.ac.in/JNUNewsArchives/JNUNews_May_June 10/activities.htm；2013 年 10 月 14 日アクセス）。
22) 研究大会のプログラムは，インド国際研究所のウェブサイトを参照した（http://iriis.in/；2013 年 10 月 8 日アクセス）。大会のテーマは，「『アジアの世紀』の始まり――インドにおける国際関係の理論と実践への課題（The Dawning of the 'Asian Century': Emerging Challenges before Theory and Practices of IR in India)」であった。
23) 学会理事長のマトゥーは，研究大会初日（2012 年 12 月 10 日）の挨拶において，自身でこの大会の開催を依頼し，ベヘラが引き受けたことで大会の開催が実現したと語っていた。実際に，大会運営の現場はベヘラが 1 人で取り仕切っていたように見受けられた。
24) Navnita Chadha Behera, "Re-imaging IR in India," *International Relations of the Asia-Pacific*, vol. 7, 2007, pp. 356-358.
25) 大会ウェブサイトによる（http://aisc-india.in/AISC 2013_web/；2013 年 10 月 8 日アクセス）。グジャラート中央大学，カルカッタ大学，ハイデラバード大学，ならびにプネー大学との共催。大会の主題は，「グローバルな秩序を再イメージする――南からの諸観点（Re-imagining Global Orders: Perspectives from the South)」と発表されている。インド国際研究学会第 1 回年次大会と比較すると，日程に加えて，テーマやセッション構成も類似している。
26) Rajan, *op. cit.*, p. 203. 筆者自身の印象や，他の研究者から聞くところでは，インド外交の実務家は現在も研究者の能力を軽視する傾向が強いと思われる。
27) Sunil Khilnani, Rajiv Kumar, Pratap Bhanu Mehta, Prakash Menon, Nandan Nilekani, Srinath Raghavan, Shyam Saran and Siddharth Varadarajan, *Nonalignment 2.0: A Foreign and Strategic Policy for India in the Twenty First Century,* February 2012（http://www.cprindia.org/sites/default/files/Non-Alignment%202.0_1.pdf; retrieved on March 21, 2013).
28) 作成の経緯ならびに位置付けについては以下を参照。溜和敏「インド外交新戦略は 21 世紀版「非同盟」？――論議を呼ぶ政策提言「非同盟 2.0」」『インド・ウォッチャー』第 177 号（2012 年 4 月），28 頁。
29) インドのパブリック・ディプロマシーへの取組みについては，以下を参照。Ian Hall, "India's New Public Diplomacy: Soft Power and the Limits of Government Action," *Asian Survey*, vol. 52, no. 6（November/December 2012), pp. 1089-1110.
30) "70,000 Files Declassified by External Affairs Ministry," *Times of India*, June 5, 2012.
31) インド国際関係学会第 1 回年次大会では，2012 年 12 月 12 日，学会理事長のマ

トゥーがランジャン・マタイ（Ranjan Mathai）外務次官（当時）に対して，さらなる史料公開を要求した。マタイ外務次官は，局長による確認作業に時間を要しているものの，インド外務省としては積極的に公開を進める意向であると答えた。

32) Behera, *op. cit.*; Navnita Chandha Behera, ed., *International Relations in South Asia: Search for an Alternative Paradigm*, New Delhi: Sage, 2008. 上記に加えて，科学研究費補助金・基盤研究（B）「現代インド外交の解明―実態・戦略的方向性・外交モデルの総合的研究」（研究代表：堀本武功）において実施したベヘラへのヒアリング（2011年2月5日，国際文化会館・東京）の成果を参考にしている。

33) Behera, "Re-imaging IR in India," pp. 344-355.

34) *Report of the Workshop on International Studies in India*, p. 12.

35) Behera, "Re-imaging IR in India," pp. 345-346.

36) *Ibid.*, pp. 355-358.

37) 欧米以外，とりわけアジアにおける国際関係研究の分析に関しては，以下を参照した。Amitav Acharya and Barry Buzan, "Why is There no Non-Western International Relations Theory? An Introduction," *International Relations of Asia-Pacific*, vol. 7, no. 3, 2007, pp. 287-312; Amitav Acharya and Barry Buzan, "Conclusion: On the Possibility of a Non-Western IR Theory in Asia," *International Relations of Asia-Pacific*, vol. 7, no. 3, 2007, pp. 427-438.

38) *Report of the Workshop on International Studies in India*, p. 12.

39) Mattoo, "The State of International Studies in India," p. 39. 主要ジャーナル10誌とされるのは，*Asian Affairs, Asian Survey, Foreign Affairs, International Affairs, International Organization, International Security, Review of International Affairs, Security Dialogue, Survival, World Politics* である。

40) Rajesh M. Basrur, "Scholarship on India's International Relations: Some Disciplinary Shortcomings," *International Studies*, vol. 46, no. 1 and 2 (January & April 2009), pp. 89-108.

41) *Ibid.*, p. 91. 調査対象は以下の10誌。*International Organization, International Security, Journal of Conflict Resolution, Foreign Affairs, World Politics, International Studies Quarterly, International Affairs, Marine Policy, Journal of Peace Research, Washington Quarterly.*

42) *Ibid.*, p. 95.

43) *Ibid.*, p. 93. 主要10誌の論文123件中，外交政策が36件，核問題が22件，他の安全保障問題が22件であった。以下の分野別の検討は，主要10誌に限らずに行われている。

44) *Ibid.*, pp. 103-104. インド外交に関する研究が2国間関係の叙述的分析ばかりで，学問的な広がりを欠くという指摘はアラガッパ報告書にも見られる。*Report of the Workshop on International Studies in India*, p. 12.

45) インドとパキスタンの核戦略をめぐる研究動向については，以下を参照。溜和敏「書評ラージェーシュ・M・バスルール著『南アジア冷戦――核兵器と紛争をめぐる比較分析』」『国際政治』第158号，2009年，203-206頁。
46) Basrur, *op.cit.*, pp. 100-102.
47) *Ibid.*, pp. 102-103.
48) Bajpai, "Obstacles to Good Work in Indian International Relations," pp. 113-118.
49) 以下の論文においてそうした傾向が顕著に示されている。T. V. Paul, "Integrating International Relations Studies in India to Global Scholarship," *International Studies*, vol. 46, no. 1 and 2 (January & April 2009), pp. 129-145.
50) Bajpai, "International Studies in India," pp. 30-34.
51) Behera, "Re-imaging IR in India," pp. 355-358.
52) *Ibid.*, p. 357. 国際関係の主要ジャーナルにおけるナンディの引用例としては，以下の論文がある。Ted Hopf, "The Promise of Constructivism in International Relations Theory," *International Security*, vol. 23, no. 1 (Summer 1998), pp. 171-200.
53) Behera, "Re-imaging IR in India," p. 357. ナンディの研究履歴については，以下が詳しい。石坂晋哉「ガーンディーと自覚のポリティクス―アシス・ナンディのガーンディー論をめぐって」『アフラシア研究』第2巻，2007年。
54) 2011年2月5日のヒアリングにおけるベヘラの指摘。
55) 松尾雅嗣「安全保障と平和」広島大学平和科学研究センター編『人間の安全保障の再検討』2004年，4頁（http://home.hiroshima-u.ac.jp/heiwa/Pub/31/matsuo.pdf；2013年10月3日アクセス）。
56) Johan Galtung, "Violence, Peace, and Peace Research," *Journal of Peace Research*, vol. 6, no. 3 (1969), pp. 167-191.
57) 人間の安全保障概念にはインド出身の経済学者アマルティア・セン（Amartya Sen）による貢献が知られている。このこともインドからの貢献と言いうるだろう。
58) Behera, "Re-imaging IR in India," p. 359.
59) *Ibid.*, p. 360.
60) Richard Devetak, "Critical Theory," in Scott Burchill, et al., *Theories of International Relations,* 3 rd edition, New York: Palgrave MacMillan, 2005, pp. 137-160.
61) 石坂，前掲論文，2頁。フレッド・ダルマイヤー（Fred Dallmayr）による議論に基づく。
62) Behera, "Re-imaging IR in India," pp. 360-361.
63) *Ibid.*, p. 361.
64) *Ibid.*, pp. 361-362.
65) Siddharth Mallavarapu, "States, Nationalisms and Modernities in Conver-

sation: International Relations in India," in Kanti Bajpai and Siddharth Mallavarapu, eds., *International Relations in India: Bridging Theory Back Home*, New Delhi: Orient Longman, 2004, pp. 50-61.
66) Sanjay Seth, "Postcolonial Theory and the Critique of International Relations," *Millennium: Journal of International Studies*, vol. 40, no. 1 (September 2011), pp. 167-183.
67) *Ibid.,* p.173.
68) Sankaran Krishna, *Globalization and Postcolonialism: Hegemony and Resistance in the Twenty-first Century,* Lanham: Rowman & Littlefield, 2009.
69) Sankaran Krishna, "IR and the Postcolonial Novel: Nation and Subjectivity in India," in Sanjay Seth, ed., *Postcolonial Theory and International Relations: A Critical Introduction,* Abingdon: Routledge, 2013, pp. 124-143.
70) 以下がその1例。Krishna, *Globalization and Postcolonialism*.
71) カウティリヤ（上村勝彦訳）『実利論―古代インドの帝王学（上・下）』岩波文庫，1984年。
72) たとえば，インド国防省のシンクタンクである防衛研究所（Institute for Defence Studies and Analyses）では，2013年10月8日の「インド独自の概念と用語を開発する―カウティリヤの実利論（Developing Indigenous Concepts and Vocabulary: Kautilya's Arthasastra）」など，カウティリヤに関するセミナーをたびたび開催している。同研究所のウェブサイトを参照した（http://www.idsa.in/；2013年10月22日アクセス）。

第Ⅱ部　グローバル化と地球環境

第 7 章
グローバル化と新しい安全保障パラダイム
──地球温暖化をめぐって──

臼井 久和

はじめに──危機の宇宙船地球号[1]と日本

　グローバル化（globalization）は，多義的であるが[2]，その突出的な意味合いは，経済的な植民地主義といってよいだろう。それは，世界を分断し縮小させている。そして世界化と周辺化が同時進行している。グローバル化の進展は，多様な政策領域に影響を与え，グローバル・ガヴァナンスを浸食し，政策決定を危機に陥れている。その典型的な政策領域こそ，温暖化や核を含む，人類の存続に関わる地球環境の問題である。

　このような地球環境の危機的状況の解決のために，国連や国際学術連合会議（ICSU），国際 NGO・研究機関などが国際的な共同研究を展開している。このような「未来の地球（Future Earth）」研究[3]の端緒を切り開いたのは，1957年の「国際地球観測年」である。その後，国際的な学際的研究協力は，連携・強化されてきた。まず世界気候研究計画（WCRP, 1980），続いて地球圏・生物圏国際協同研究計画（IGBP, 1986），生物多様性国際研究プログラム（DIVERSITAS, 1991），地球環境変化の人間的側面国際研究計画（IHDP, 1996）が発足した。いずれの「未来の地球」研究におけるキーワードは「持続可能な発展（SD）」である。地球温暖化をめぐるグローバル・ガヴァナンス，つまり京都議定書後の国際協力の新たな枠組みの形成と強化が求められている。このなかで核心的な役割を演ずるのが，「気候変動に関する政府間パネル（IPCC）」で

ある。IPCCは，2013年9月27日，ストックホルムで第1作業部会の第5次評価報告書を発表した。そのなかで人間の活動を原因とする地球温暖化が進み，今世紀末に地球の平均気温は最大4.8度，海面水位が82センチ上昇すると予測し，地球の異変を指摘した。また「脱成長」理論の提唱者の経済学者セルジュ・ラトゥーシュ（S. Latouche）は，「6度目の種の絶滅」が現下の地球環境破壊によって進行していると警鐘を鳴らしている[4]。

1972年に世界に衝撃を与えた1冊の本が刊行された。「ローマ・クラブ」によるレポート『成長の限界』であり，それは，世界が「成長」を追い続けると「地球の持続性」に疑問符が付くことに警鐘を鳴らしたものである。そのレポートの著者の1人，ヨルゲン・ランダース（J. Randers）教授が40年後に1冊の本を著した。『2052　今後40年のグローバル予測』（2013年）である。このなかでランダースは，世界の未来予測をしているが，それは非常に暗いものである。2030年までに気温が2度以上も上昇し，世界中で大規模な洪水や干ばつなどが頻発するようになり，世界は確実に持続可能な社会ではなくなるというのである。いま世界では温暖化によると思われる異常気象，洪水，豪雨，竜巻などが頻発している。「フクシマ」以後，エネルギー政策の在り方に関しても，ランダースは若いころ原発に関する仕事をしていたこともあり，原発の利用に反対し，温室効果ガスの排出削減について，京都議定書に続く新たな国際的な枠組み作りに日本の貢献を期待し，次のように述べている。「地球温暖化の防止のために，CO_2排出削減や再生可能エネルギーの利用拡大が重要になる。こうした分野の技術開発を進めることで，国際社会で日本の存在感は際立つはずだ」[5]と。

しかし，現在日本の政治状況は，「Gゼロ」（I・ブレマー『「G0」後の世界　主導国なき時代の勝者はだれか』2012年）化が進み，グローバル化した世界のなかで浮遊している。2012年の総選挙では，争点が明示されず，安倍自民党は「ねじれ解消」「日本を取り戻す」だけを声高に叫んだ。「フクシマ」「憲法改正」「アジア外交の停滞」「歴史認識問題」は，具体的な争点とはなりえなかった。世界で1960年代以降，理論的にはすでに遺棄されているトリクル・ダウン

（trickle down）仮説に依拠する「アベノミクス」だけが先行していた。貧富の格差は限りなく拡大している。その結果，投票率に示されたように良心的な市民の政治参加は冷え切った。

　原発に関していえば，安倍首相は，2月の施政方針演説で「できる限り原発依存度を低減させる」と明言しながら，アベノミクスの経済成長のために，あたかも未整備のリコール中の車を海外に輸出するかのように，アジアや中東の諸国に原発輸出を図ろうとしている。その姿は，かつての「エコノミック・アニマル」を超えて「エコノミック・ビースト」といっても過言ではない。因みに，『毎日新聞』の世論調査（5月20日）によれば，「日本がトルコへ原発を輸出することになりました。外国への原発輸出に賛成ですか，反対ですか」という設問に「反対」が60％に及び，「賛成」は32％に過ぎなかった。

　この間，グローバル化した世界の中で日本では政治家のレベルの低い恥ずかしい発言が続発した。「原発事故で死者は出ていない」（高市早苗），「侵略の定義は，国際的にも学界的にも定まっていない」（安部晋三），さらに橋下大阪市長の慰安婦発言や人権人道担当上田秀明大使の国連拷問禁止委員会での「日本は世界一の人権先進国だ」「笑うな，シャラップ！」など，これらの発言は，本来撤回したり反省したりして済む問題ではない。

　このような「侵略」「歴史認識」「人権」に関する発言に対して，また安倍政権に対して欧米・アジアから厳しい批判がよせられている。それはひとえに，長い間戦後の歴史問題をグローバル化した国際社会のなかで国内問題として処理し，加害者責任を否定し，支持を得ようとしてきたことによると考えられる。日本は，なぜ謝罪しなければならないかと考える人々も多いが，過去の行為の謝罪は，世界の新常識になってきている。靖国参拝問題に象徴的に表されているように，歴史認識問題は安全保障問題に直結する。「戦争の記憶」や「フクシマ」や「温暖化」はすでに，人類生存のための共有の課題である。脱国境の問題といっても構わない。グローバルな市場経済の拡大により，新たな国境を越えた法的秩序や規範の形成が求められている。

　キャロル・グラック（C. Gluck）教授は「安倍政権と戦争の記憶」のなかで，

日本に「グローバルプレーヤー」としての役割を期待し，次のように述べている[6]。

　「この20年ほどで，戦争の記憶に関する『グローバル記憶文化』とでも呼ぶべきものが生まれました。それは，国家が過去に行った行為について新しい国際規範ができた，ということを意味します」
　「90年代からずっと言い続けているのですが，日本はグローバルプレーヤーになる努力をするべきです。非核国で，兵器も売らず，世界有数の経済大国という稀有な国です。ノルウェーが平和交渉の仲介役をするように，他国がしない隙間の役割を見つめるべきでしょう。クール・ジャパンだけでは無理でも，もっと多面的なソフトパワーを武器にして，何かできるはずです」
　「それは，台頭する中国にどう対処するか，という問いへの答えでもあります。軍備に軍備で対抗するのは，ばかげていますから」。

　ブッシュ（G. W. Bush）政権下で大統領補佐官や国務長官を務めたライス（C. Rice）は，その『ライス回顧録　ホワイトハウス激動の2920日』（2013年）のなかで日本への言及は少ないが「日本は，停滞し老化しているだけでなく，周辺諸国からの憎悪で呪縛されているように思えた」と書いている。日本への警鐘であるといえよう。
　また，もう1人の注目すべき発言を紹介しよう。メディアの劣化か，メディアがほとんど報道しなかったものである。それは，2013年8月の原水爆禁止世界大会におけるオリバー・ストーン（O. Stone）監督のスピーチである[7]。その直前，日本政府は，同年4月核不拡散条約再検討会議の第2回準備委員会（ジュネーブ）で核兵器の非人道性を訴える「いかなる状況でも核兵器が2度と使われないことが人類存続の利益になる」という共同声明に署名しなかった。被爆地広島・長崎の失望は大きかった（日本は，2013年10月22日，国連総会第一委員会の「核不使用声明」に初署名した。署名国は125カ国）。ストーン監督は，次

のように述べた。

　「今日ここにこられてうれしい。初めて広島に来たが，この 2，3 日，特に皆さんも出席されたと思うが今朝の平和記念公園での式典を見て強く心動かされた。よくできた式典だった。日本人の良心を証明するような式だった。このすばらしい記念式典は『日本人』の性質をよく表していたと思う」

　「しかし，今日そこには多くの『偽善』もあった。『平和』そして『核廃絶』のような言葉が安倍首相のような人の口から出た。でも私は安倍氏の言葉を信じていない。そして，この場にいる，歴史をよく知る人々は，安倍氏を信じないという私の言葉に同意しくれると思う」

　「第 2 次大戦で敗戦した 2 つの主要国家はドイツと日本だった。両者を並べてみよう。ドイツは国家がしてしまった事を反省し，検証し，罪悪感を感じ，謝罪し，そしてより重要な事に，その後のヨーロッパで平和のための道徳的なリーダーシップをとった」

　「ここでみなさんには，ドイツがヨーロッパでしたように，立ち上がって反対の声を上げてほしい。日本はかつて戦争に負け，広島，長崎その他でひどい目にあった。その悲しみを糧にして強くなり，繰り返し戦争を起こして日本と世界に痛みを与えてきたバカ者どもと戦ってほしいのです」。

　米議会調査局は，5 月 1 日に「日米関係」に関する報告書を公表した[8]。そのなかで安倍首相について「『ストロング・ナショナリスト』として知られる」と記述し，閣僚の選定にもそれが反映し，さらに歴史認識に関わる言動が地域，つまり日中韓の関係悪化を惹起し，アメリカの利益を損なう恐れがあることに懸念を示した。

　海外クォリティー・ペーパーからも厳しい目が安倍政権に注がれていることを忘れるべきではない[9]。4 月 23 日付の『ニューヨーク・タイムズ』社説は「必

要のない国家主義」と論評し，4月27日付の『ワシントン・ポスト』は「安倍晋三の歴史を評価する能力の欠如」と書き記した。年末の総選挙直後からイギリスのメディアは，安倍政権批判を展開した。『ガーディアン』（12月16日）と『インディペンデント』（12月16日）は，タカ派政権で近隣諸国の緊張激化を説いている。安倍首相が「戦後レジームの解体」を主張し続けるなか，ドイツの週刊紙『シュピーゲル』は，安倍総理の戦前への回帰を鋭く批判した。

このようななかでわれわれは，先達に学ぶべきであろう。まず「フクシマ」との関連でいえば，自由民権運動家で足尾銅山鉱毒事件を告発した田中正造を思い起こす。2013年は没後100年にあたる。田中は，非戦・軍備の全廃を説くとともに「真の文明ハ山を荒らさず，川を荒らさず，村を破らず，人を殺さざるべし」という有名な言葉を日記（明治45年6月17日）に書き残している。この言葉は，21世紀の新しい安全保障のキーワードである「人間の安全保障」の萌芽を予知しているといっても過言ではない。

また通産次官を務め，日本は「平和の実験台に」と説いた佐橋滋は，その著『日本への直言』（1972年）のなかで，軍備と戦争について，次のようなことを書き，重要な指摘をしている。いま日本に問われていることは，軍備に軍備で対抗することでなく，また安全保障環境の変化に応じることではなく，安全保障環境を変える提言と行動を世界に発信し，人類の平和に貢献することである。

「軍備は存在すること自体が脅威である。守るだけの軍備というものはなく，いつでも攻撃に転用し得るものだからである」「軍備はその性質上拡大傾向を持つものである。どこまでいってもこれで十分という軍備はない」「軍備は経済的にいえば全くの不生産財であり，人間の生活向上になんら益するところがないどころか，大変なマイナスである」「軍備を国家有事の時，つまり戦争のための保険であるかのような説を唱えるものがいるが，とんでもない詭弁である。軍備が戦争を生むことを忘れてはならない」。

グローバルな経済競争が世界を席巻し，成長を追求し続ければ，IPCC第5次報告書が指摘するように，温暖化は極限まで進み，地球は自壊するしかな

い。核（原発）の開発と拡散が続けば，ビキニ海域から「フクシマ」にいたる核汚染のグローバル化がさらに進行し，核廃棄物の処理もままならず世界は核の墓場にならざるをえない。27 年過ぎたチェルノブイリの現実が示すように，廃炉は進まず，廃棄物の処理は一向にさだまらない。この落とし穴から抜け出すためには，われわれに必要なことは発想の転換であり，安全保障パラダイムの転換である。平和憲法を持つ日本は，軍事力や集団的自衛権の行使ではなく，グラック教授やストーン監督が示唆するように「隙間の役割」を演じ，ソフトパワーを活かすことであり，「道徳的なリーダーシップ」を担うことであろう。また佐橋滋の直言は，戦後のレジーム・チェンジがいとも簡単に繰り返されるなかで，現下の日本にとって貴重な提言に違いない。

　この問題を別の観点から考えよう。これまでの国際関係を緊張させてきたのは，ストロング・ナショナリズムや偏狭なナショナリズムであった。国益中心主義ともいえよう。これに対して 20 世紀に登場したのが，国際連盟や国連に表象される国際主義（インターナショナリズム）である。いずれも国（ネーション）を基本的単位として捉えることには変わりない。このナショナリズムを克服する考え方が 21 世紀のグローバリズムである。入江昭（ハーバード大名誉教授）は，尖閣をめぐる日中の確執に関して，次のように書いている。「ネーションではなくグローブ，すなわち世界，国益ではなく地球益を根本概念とすれば，守るべきなのは人類全体の『歴史』であり『地理』だ。したがって個々の国の過去も領土も，人類すべての遺産であり共有財産なのだとする態度を培っていかなければならない」[10]と。国際政治観，安全保障観の転換が求められている。『UN　クロニクル』（*UN Chronicle,* Volume L, No. 2, 2013）が security について特集を組むように，安全保障の領域は，多様化し，複雑化している[11]。

　国際政治学のアクターが国家だけである時代はとうに去り，そのアクターは多様化し，国際政治学の依拠すべき利益は「何よりもまず世界の利益，世界の平和でなければならない。一国のいわゆる『国家的利益』（『国益』（national interest）なるものは『国際的利益』（international interest）もしくは『世界的利

益』(world interest) の増進達成の過程を通じて全うされるものでなければならないから」である。アメリカ留学から帰り，日本の国際政治・関係論の開拓者である川田侃は，冷戦期 1958 年『国際関係概論』のなかで，こう書いた。

気候変動に関する政府間パネル (IPCC) の第 4 次評価報告書の結果に基づいて編まれた『地球白書 2009－10』は，冒頭で次のように書いている。

「過去 3 年連続して，北極の短い夏の終わりに驚くべき異変が起きた。どの年も数週間にわたり，その周辺に広大な開氷域が出現し，その間，船舶がパナマ運河も喜望峰も経由することなく，大西洋から太平洋に航行することが可能になったのである。このような航路が可能になったのは，有史以来初めてのことである。」[12]

人間の活動に由来する気候変動という巨大な船は，すでに動き出してしまった。いま地球社会は，危機の真只中にある。その結果，地球の生態系のバランスは崩れているといってよいだろう。具体的にいえば，地球環境問題，つまり気候変動に伴う地球温暖化，自然災害の増加，大気汚染，エネルギーや水問題，熱帯森林破壊と生物多様性の減少，海面上昇など多様である。これらのなかでも，とりわけ重要なものが温暖化の問題，つまり気候変動 (climate change) である[13]。

この地球温暖化の脅威に対する脅威認識は世界の隅々の人々まで行き渡っているといってよい。世界最大の市場調査会社エーシーニールセン (ACNielsen) は，2007 年 2 月 15 日のプレスリリースで「地球温暖化への問題意識：南北アメリカで大きなギャップ　意識の高い南米人と意識の低い北米人」を公表した。そのなかで世界の消費者の 91％ が地球温暖化の問題を認識し，そのうち半数以上の 57％ が非常に深刻な問題であると捉えていることを明らかにした。日本では 2005 年に外務省が「地球環境問題に関する意識調査」を行っている。それを見ると，日本国民が地球環境問題に深い関心をもっていることが

手にとるようにわかる。この回答票のなかで問われていることは「次にあげる地球規模問題のうち、日常生活の中であなたが深刻に感じている問題はなんですか」や「地球規模問題のうち，国際社会の中で，日本が率先して取り組むべき課題は何だと考えますか」であり，いずれの設問に対しても，回答の上位は「地球温暖化」と「環境破壊」である。2つの調査から明らかになることは，これが，世界の市民の共通危機認識であるということができよう。

また，これらの地球環境問題の登場は，国際政治の争点領域にも大きなインパクトを与えてきた。とりわけ冷戦の崩壊は，伝統的な安全保障のあり方に変容を迫り，安全保障のパラダイム・シフトをもたらしてきたといってよいだろう。このようななかで地球環境問題が世界の安全保障に大きな影を落とすようになってきた。「世界、国家、個人というそれぞれのレベルで、環境破壊が安全保障と安定に投げかける脅威はますます歴然としつつある」と前記『地球白書』は記している[14]。そこで本章では、「気候変動」あるいは「地球温暖化」問題が安全保障問題のなかでどのように位置づけられるかについて，次に考えることにしたい。

1．2つの安全保障の考え方

国際政治の舞台は，グローバル化の進展ともに大きく変容してきた。そして地球規模の問題群が，われわれの日常生活にさまざまな影響を与えてくるようになってきた。軍事的な対立・抗争が、1日とはいえ絶えたことはない。戦争のあり方も変わってきた。伝統的な戦争としての国家間の戦争は少なくなってきたが，それに反して内戦やテロは増大している（図7-1）。また組織的な暴力行使がなくても、途上国の多くの地域で貧困や飢餓，不平等や差別，経済的不平等や環境破壊により多数の犠牲者が生じている。「飢餓に苦しむ人が途上国を中心に9億人近くいる一方で、世界中で生産した食料の三分の一，年間十三億トンが捨てられている」（『東京新聞』2013年9月23日）。食料安全保障が喫緊の課題になっている[15]。レスター・ブラウン（L. Brown）は，私たちの将来に

図 7-1　タイプ別の武力紛争数（1946－2006 年）

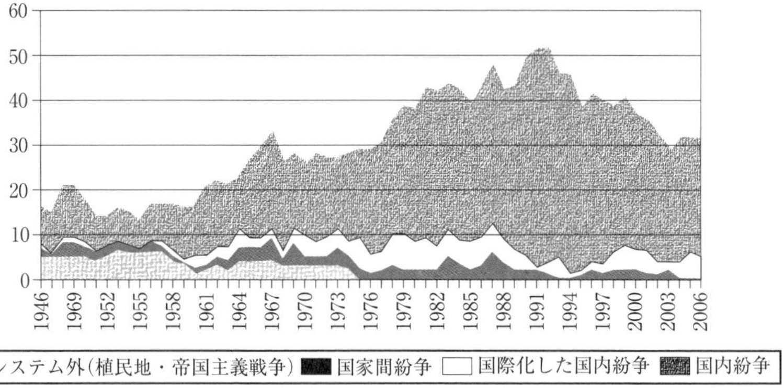

システム外（植民地・帝国主義戦争）　国家間紛争　国際化した国内紛争　国内紛争

出所：Harbom and Wallensteen (2007) *Journal of Peace Research*, Vol. 44, No. 5, p. 624

とっての真の脅威は「ピーク・ウォーター」であるといっている[16]。世界中の市民は「恐怖からの自由」と「欠乏からの自由」を求めている。

　このような事態を背景にして安全保障の再定義ないし再構成の動きが表出してきた。その動きを主導したのは，東西冷戦の終結の影響とマシューズ（J. T. Mathews，国家安全保障会議（NSC）のディレクターや国務次官補を務めた後，世界資源研究所副所長，カーネギー国際平和財団会長などを歴任）の一連の論考であるということができよう。言うまでもなく冷戦の終焉は一挙に起こった訳ではない。それまでにいたるプロセスは長かった。世界が 2 つに分断され，核の均衡によって「恐怖の均衡」が成立したが，それは国家にとって「安全」ではなく「不安」であったし，民衆にとっても正しく同様であった。1945 年にアメリカで開発された核兵器が日本に投下されると同時に，反核の運動が始まり，核軍縮・廃絶をはじめとする平和運動はグローバル化した。環境保護の運動も，カーソン（R. Carson）の『沈黙の春』（1962 年）刊行を契機に 60 年代以降世界大に広まった。国連は，環境問題を討議する世界会議を 72 年にストックホルムで開催し，ローマ・クラブは『成長の限界』を公表した。20 年後には「地球サミット」が開かれ，世界は「京都議定書」への道を歩み始めた。国際政治

的には 85 年にゴルバチョフ（M. S. Gorbachev）書記長の「新思考外交」をあげることができる。もう 1 人のソ連指導者シェワルナゼ（E. A. Shevardnadze）外相も国連に登場し、「生命圏には、政治ブロック・同盟・体制という区切りなど一切存在しない」[17]という有名な演説を 88 年に行った。米本昌平は、この核軍縮と温暖化には共通性があることを指摘し、「さらに進んで欧米ではこの両者を連続的に論じる、『環境安全保障』の立場が登場している」と記している[18]。

マシューズは、伝統的な軍事的安全保障論を批判し、環境問題を理論的に安全保障の一部として位置づけた論文「安全保障の再定義（Redefining Security）」（*Foreign Affairs,* Spring 1989）を発表した[19]。そしてさらに、同誌に 1997 年には「パワー・シフト」を掲載し、新しい冷戦後のグローバル・アクターとして NGO や民間組織の重要性を論じ、注目を浴びた。この間の 91 年には第 21 回オッペンハイマー記念講演では「国家と自然―グローバルな安全保障を再考する」と題して論じている。マシューズの論調の核心的部分は、次のように纏めることができる。

「冷戦の終焉は、人々の時間と関心を自由にした。こうして環境は、外交官が『その他』の関心事と呼ぶ静かな日影の世界から、国際的優先課題のなかで高位についた。

それに関連して、はるかなひろがりをもつ重大な状況もまた進行中である。われわれは現在、国民国家の誕生いらい、国家主権の性質における最も根本的な変化の真っただなかに生きているのかもしれないのである。環境的動向は、その多くの貢献要因のなかで最も有力なもののひとつである。主権の性質の変化は、かつての外交問題と国内問題のあいだの厳格な分割線をぼやかし、さらに、国家安全保障の概念をも変えつつある。こうした傾向が、われわれをどの方向に導くのかを述べるにはまだ早すぎるが、国際的ガバナンス（international governance）の最も基本的な概念が、われわれの足下で変容していることを知るのに早すぎることはない」[20]

1990年代当初，カナダの国際問題研究所の機関誌 *International Journal* は，「世界政治の緑化（The Greening of World Politics）」の特集号を組んだ[21]。冷戦時代は，ハイ・ポリティクス優位な時代であった。安全保障や防衛問題の解決が最優先の課題であった。そして「長い間，環境問題は国際政治からも黙殺されるロー・ポリティクス以下の地位にあった」[22]が，冷戦崩壊とともに，環境問題は，ハイ・ポリシーとして世界のなかで最重要課題として国際政治上の争点領域となってきた。

　簡単にいえば，マシューズは，地球規模の環境問題の輩出が，「国家主権」に対する重大な挑戦を意味することを提示し，国家主権を超える新しい国際的枠組みの構築，つまり南北が協力して「グローバル・コモンズ（global commons）を効率よく運用するメカニズムの構築」をめざすことを説いている[23]。

　新しい安全保障の概念の登場について，武者小路公秀は，次のように理論的に述べている。「軍事力を独占する『国家』とその構成する『国際社会』が，軍事力を『善用』して平和な世界をつくるという知恵が生まれたのは……宗教戦争を終結させるウェストファリア条約のときであった。それ以来，そのとき生まれた近代『国家』が『安全保障』の主体となってきた。さらに1980年代以来世界を覆っているネオリベラル・グローバル化のなかで，ウェストファリア型の『安全保障国家』も，急速に新しいグローバル国家の体裁をとりはじめている。その結果，『国家安全保障』だけでは，現実社会の諸現象の分析が間に合わなくなっている。そのなかで，『安全』を『国家』から切り離す『人間の安全保障』という新しい概念が提唱されることになったのである」[24]と。

　われわれは，伝統的な安全保障概念，つまり国家中心，軍事力中心の考え方を広く再構成することを迫られ，グローバルな安全保障概念を模索する必要があるといえよう。このような背景のもと，国連開発計画（UNDP）の『人間開発報告書　1994』のなかで新しい考え方として「人間の安全保障（Human Security）」を提示した。そのなかで，次のように書いている。「安全保障という概念はかなり長い間，狭義に捉えられていた。たとえば外部侵略から領土を守る安全保障や外交政策を通じての国家利益を保持する安全保障，核のホロコー

ストから地球を救う安全保障などである。安全保障の概念は，人間よりも国家とのつながりが強かった。……多くの人にとって安全とは，病気や飢饉，失業，犯罪，社会の軋轢，政治的弾圧，環境災害などの脅威から守られることを意味している」[25]と説明し，さらに「人間の安全保障」とは「武器に関心を向けることではなく，人間の生活や尊厳にかかわることである」[26]と書き，新しい概念として打ち出した。UNDPの報告書は，「人間の安全保障」について7つの領域をあげている。経済の安全保障（貧困からの自由），食糧の安全保障），健康の安全保障（病気からの自由），環境の安全保障（清潔な水と空気の確保など），個人の安全保障（暴力，犯罪，薬物の恐怖からの自由），地域社会の安全保障（家族生活，それぞれの民族集団に参加する自由），政治の安全保障（基本的人権を享受する自由）である。冷静崩壊後，伝統的な紛争は減少し，貧困や環境破壊，民族や宗教対立が激増し，テロも頻発している。これらの新しい危険や脅威に対して軍事力によって平和や秩序を打ち立てることはできない。新しい国際的規範や取組みが不可欠にとなろう。そこにおいて必要なことは新しい安全保障のパラダイムである。当初，誇大なスローガンともいわれたが，国際機関や日本，カナダなどが政策化し，他方では，学問的に安全保障研究の新しい分野として，多くの研究が発表され国際シンポジウムも開催されている[27]。

　もともと安全保障の基本的スキームは，「だれが」「だれの安全を」「どのような危険に対応して」「どう守るか」ということである[28]。伝統的なリアリストの軍事的安全保障の概念は「国家の，国家による，国家のための安全保障，つまりナショナル・セキュリティ」であり，人間の安全保障は「人間の，人間による，人間のための安全保障」であることを意味する。ブザン（B. Buzan）の指摘をまつまでもなく，いまや守られるべきものは，多様になり，必ずしも「国家」だけではない[29]。明確にこのことは「安全保障の対象が国家から個人へ変わっている」と指摘できることである[30]。これらの論点を整理するのに便利な図として，ボヴァ（R. Bova）のものをあげることができる（図7-2）。ボヴァは，2つの安全保障のアプローチを対照的に図式化している。2つの安全保障を主要なアクター，目標，脅威の源泉，脅威への対応ついて対比し，論

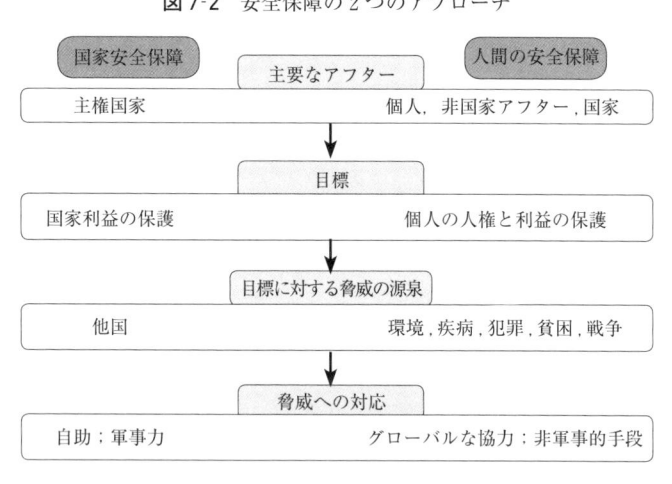

図 7-2 安全保障の 2 つのアプローチ

```
   国家安全保障      主要なアフター     人間の安全保障
  ┌─────────────────────────────────────────────┐
  │ 主権国家              個人，非国家アフター，国家 │
  └─────────────────────────────────────────────┘
                        ↓
                       目標
  ┌─────────────────────────────────────────────┐
  │ 国家利益の保護         個人の人権と利益の保護    │
  └─────────────────────────────────────────────┘
                        ↓
                 目標に対する脅威の源泉
  ┌─────────────────────────────────────────────┐
  │ 他国                 環境，疾病，犯罪，貧困，戦争 │
  └─────────────────────────────────────────────┘
                        ↓
                    脅威への対応
  ┌─────────────────────────────────────────────┐
  │ 自助：軍事力         グローバルな協力：非軍事的手段│
  └─────────────────────────────────────────────┘
```

出所：Bova, R. (2010) *How the World Works,* p. 251, Longman

点を明確にしている。

　地球温暖化をめぐる気候安全保障（climate security）は，どのように位置づけることができるのだろう。気候変動や温暖化の問題は地球環境問題の中核を占める問題である。この意味において気候安全保障の問題は，環境安全保障の核であるとともに「人間の安全保障」の核であるといっても過言ではない。なぜなら，人口爆発，貧困や食糧不足，綺麗な水，自然災害や紛争の続発，土地の酷使と劣化，戦争と基地（被害），環境と開発という問題は，地球温暖化の問題と密接に関係しているからである。ユニセフは「貧困（poverty）―人口爆発（population）―環境悪化（environment）」という PPE の悪循環を『世界子ども白書　1994』で説明している。

　また，われわれが考えなければならないことは，冷戦崩壊後も紛争が絶えることがないということである。そこでの問題は，戦争と軍と環境問題の関連性の問題であり，一言でいえば軍事的安全保障の負の側面である。戦争こそ最大の環境破壊であるといわれてきた。ベトナム戦争は，そのことを象徴的に表現している。ベトナムではアメリカ軍は，枯れ葉作戦を展開し，ベトナムを焦土

と化し，多くの犠牲者を出し，遺伝子を破壊し，糾弾された。従軍したアメリカの帰還兵のなかには精神神経障害や癌を病むものが多数出現した。91年の湾岸戦争はまた，地球環境問題と安全保障の関連を世界にさらけ出したといってよい。多国籍軍の空爆の映像は世界の耳目を驚かせ，原油の大量の流失もまた同様であった。それはエコサイドともいわれた。ベトナム戦争症候群，バルカン症候群，湾岸戦争症候群，イラク戦争症候群，アフガン症候群という名のもとに兵士や民間人が犠牲となってきた。

90年代前後から，アメリカの軍のなかで1つの動きが出てきている。それは，軍と環境問題の関係である。これまでの軍事行動や兵器生産が環境問題にどのような影響を与えてきたかの検証である。広い意味での軍事活動が環境や住民の健康状態にどんな危害を加えてきたのか，について検討し『ディフェンス・モニター』(89年6号，国防総省の広報誌) で明らかにした。議会では，『ウォール・ストリート・ジャーナル』紙に2度にわたり「非核の世界へ」を投稿した4賢人の1人，サム・ナン (S. A. Nunn) 上院軍事委員会委員長が「戦略環境研究計画 (Strategic Environmental Research Programme)」を提出し，それは環境破壊が国家安全保障の脅威であり，そのために「米軍システムを環境調査機関に変換する」ものである[31]。民間レベルでは，すでに言及したマシューズの他に，レスター・ブラウン編『地球白書』に収められているレンナー (M.Renner) などの論文が示唆的である[32]。

21世紀は，9.11同時テロから始まった。また2001年にはIPCCは，第3次評価報告書を発表した。2005年7月のイギリスにおけるグレンイーグルス・サミットでは，気候変動問題が最重要課題として取り上げられ，イギリスは，それ以後のサミットの流れを作り出した。そしてG8，中国，インドなど主要20カ国および世界銀行，IEAからなる気候変動の対話が開始されることになった。イギリスは，06年に「スターン・レビュー」[33]を公表し，環境相から横滑りしたベケット (M. Beckett) が外相に就任し，「気候安全保障」を主導した。翌年の07年4月17日，国連安全保障理事会では温暖化に伴う気候変動が「国際の平和と安全」に脅威であることをめぐって公開討論会が開かれた。

このことは「気候変動が安全保障上重大である」という脅威認識を共有していることを示しているといえよう。討論会では安全保障理事会が議論の対象にすべき問題かどうかについては意見が分かれたが，55カ国が意見表明をした。日本の大島賢三国連大使は「気候変動が国家安全保障に対する脅威」になりうるのは明らかで，安保理を含む国連の機関が「より強力な役割を果たすべきだ」と主張した[34]。

このような脅威認識はいま，世界に広まっている。イギリスの国防省（MOD）は，2007年初めに1つの報告書を公表した。*The DCDC Global Strategic Trends Programme 2007-2036, Third Edition.* である。この報告書のなかでも気候変動，グローバリゼーション，そしてグローバルな不平等の3大要因が，人類の生活と生命を左右し，この3つは言うまでもなく相互に関連していることが記されている。同じことが，イギリスの国際戦略研究所（IISS）の *Strategic Survey 2007* にも書かれている。また注目すべきは，イギリスの気候変動問題特別代表は，2013年から英国海兵隊海上部隊司令官を務めたニール・モリセッティ（N. Morissette）であり，なぜ気候変動問題を担当しているのかとの問いに，次のように語っている。「気候変動の及ぼす危機は国家安全保障に直接かかわるからだ。昨年末に軍隊を退役するまで，この3年間はエネルギー安全保障や気候変動の影響を各国に訴える公使の仕事をしてきた。米太平洋軍司令官もアジア太平洋地域での最大の脅威は『気候変動だ』と答えていた。我々も同じ認識だ」[35]と。

アメリカのシンクタンクCNA（The CNA Corporation）も，次のような報告書を2007年に公表している。*National Security and The Threat of Climate Change.* という報告書である。報告書作成にあたって11人の元アメリカ軍幹部からなる「軍事諮問委員会」が立ち上げられ，委員長はゴードン・サリバン（G. Sullivan）元陸軍参謀長が務めた。地球温暖化は，飢饉や水不足によってアフリカや中東などの地域情勢を不安定化し，テロや紛争の激化をもたらし，延いてはそれがアメリカの国家安全保障に影響を与えることを示唆し，温暖化と安全保障が直結していること指摘している。その上で5つの提言をしている[36]。

また同じ年にポデスタ（J.Podesta）とオグデン（P.Ogden）は、「気候変動の安全保障の含意」を発表し、地球環境問題が国家や地域の安全保障に及ぼす影響について分析し、たとえば移民や難民の増加、水紛争、大雨や洪水被害、疫病の流行、経済成長への影響などを論じている[37]。

　このように安全保障のあり方と気候変動、つまり地球温暖化の関係を見てくると、安全保障のパラダイムの転換を再考せざるをえない。安全保障は軍事力では保ちえないということである。2つの安全保障のアプローチを相互補完的に捉えることが大切である。世界銀行は、「人間の安全保障と国家の安全保障は相互に補完しあうべきものであり、通常実際に補完しあっています。しかしいつもそうであるとは限りません。国家が弱体で、地方の武装勢力や民兵がはびこるのにまかせていたり、国家が強大で、国家自体が拷問や裁判抜きの処刑などの虐待を行ったりすることで、人間の安全保障は脅かされうるのです」と解説している[38]。

　では次に、この地球温暖化の現実に目を転じることにしよう。

2．地球温暖化の現状と課題

　地球温暖化（global warming）は確実に加速している。それは、石油や石炭などの化石燃料を大量に使用することによって地球大気の温室効果が進み、地球の温度が上昇することを意味し、多方面に重大な影響を与える。とりわけ気候変動を大きく左右する。すなわち、「地球温暖化とは、人間活動の拡大に伴う温室効果ガスの排出量の増大により、温室効果ガスの大気中の濃度が高まり、『温室効果』が強められ、地表面の温度が気候の自然な変動に加えて上昇することである。その結果、海水の膨張や氷河の融解に伴う海面上昇や、気候メカニズムの変化に伴う異常気象の頻発等が生じるおそれがあるとされており、人類にとって非常に大きな影響を及ぼす問題である。」[39]温室効果ガス（greenhouse gas, GHG）には、二酸化炭素（CO_2）、メタン（CH）、一酸化二窒素（N_2O）、CFC（クロロフルオロカーボン）、HCFC、ハロンなどがある。なか

でも代表的なものが CO_2 である。

　地球温暖化が進み，地球は破局的状況にあるとよくいわれる。その科学的研究の中核的役割を担うのが，前記 IPCC であり，その報告書は，世界の英知を集めた気候変動の科学の最高の作品であるといっても差し支えない。その結果，2007年のノーベル平和賞をゴア元アメリカ副大統領とともに授与された。

　IPCC は，世界気象機関（WMO）と国連環境計画（UNEP）によって1988年に設立された国連の組織であり，そのなかには3つの作業部会が創られ，第1作業部会は「地球温暖化がどこまで進行したか」，第2作業部会は「地球温暖化の将来起こりうる影響」，そして第3作業部会は「地球温暖化の影響を抑えるための対策」について分析・評価し，報告書を作成し，公表してきた。この間の「IPCC と温暖化の国際交渉の経過」を表示しよう（表7-1）。第4次報告書（第1作業部会）は，約65万年前にさかのぼる大気の分析に基づき，地球温暖化の「人為起源」をほぼ断定した。第5次報告書は，表7-1を見るとわかるように，さらにそれを確認している。

　2007年の3作業部会の報告書をもとに，同年11月にパチャウリ（R. K. Pachauri）議長のリーダーシップのもとスペインで統合報告書が南北の激しい議論を経て纏められ，世界の科学者の温暖化の共通認識となった。これは，世界の市民の脅威認識の調査結果と共有されている。この会議での論点は，地表の平均気温の上昇をどこまで抑えるかということであり，「1980～99年の平均に比べ2度前後を1つの境界線」[40]として示したことである。つまり産業革命に比して2度上昇が限度であることが明確に示されたことである。2009年のイタリアのラクイラ・サミットでは，G8と主要途上国で平均気温の上昇を2度未満に抑えるべきことが科学的見解として表明された。

　世界の現実の姿を見てみよう。地球温暖化の主な要因である世界の CO_2 の排出量は増え続けている。1990年から比べても現在，排出量は4割以上増加している。2010年の排出量の多い国は，中国，アメリカ，ロシア，インド，日本の順であり，アメリカと中国の排出は突出し，総量の約42％を占めているが，最初から京都議定書に入っていない。またそれを受けて，大気中の二酸

表 7-1　IPCC と温暖化国際交渉の経過

1988 年 11 月	IPCC 設立	
90 年 8 月	1 次報告書「予測には多くの不確実性がある」	
92 年 5 月	国連気候変動枠組み条約採択	
95 年 12 月	2 次報告書「人為的影響が地球全体の気候に表れていることが示唆される」	
97 年 12 月	京都議定書採択	
2001 年 4 月	3 次報告書「過去 50 年間の温暖化の大部分は温室効果ガス濃度増加による可能性が高い」(66% 以上)	
05 年 2 月	京都議定書発効	
07 年 11 月	4 次報告書「温暖化には疑う余地がない」「20 世紀半ば以降の気温上昇のほとんどは人為起源による可能性が非常に高い」(90% 以上)	
12 月	IPCC にノーベル平和賞	
08～12 年	京都議定書第 1 約束期間	
13 年 9 月	5 次報告書第 1 作業部会 (ストックホルム)「可能性が極めて高い」(95% 以上)	
11 月	国連気候変動枠組み条約第 19 回締約国会議 (COP 19, ワルシャワ)	
14 年 3 月	同第 2 作業部会 (横浜)	
4 月	同第 3 作業部会 (ベルリン)	
10 月	5 次報告書公表 (コペンハーゲン)	
15 年	新枠組み文書採択	
20 年	「ポスト京都」新枠組みスタート	

出所：『毎日新聞』2013 年 9 月 20 日に加筆

化炭素濃度も増加している。2005 年には 379 ppm に上がっている。自然変動の範囲内 (180-300 ppm) をはるかに超えている。2013 年 5 月, 米海洋局 (NOAA) が, ハワイのマウナロア観測所で「400 ppm 超」を観測した。この事実を前に, 国連気候変動枠組み条約 (UNFCCC) のフィゲレス (C. Figueres) 事務局長は,「私たちは歴史的な限界点を超え, 危険領域に突入してしまった」[41]という声明をだした。2012 年以降世界の各地で CO_2 の月平均濃度は「400 ppm」を超えている。日本でも大船渡市, 南鳥島, 与那国島などで 400 ppm 超を観測した。世界の平均気温の変化と CO_2 濃度の上昇に伴う影響の事

例は多岐にわたる。2013年のIPCCの新報告書によれば,「予測される海面水位と気温の変化」(図7-3) と「予測される極端な気象現象」(図7-4) は, 次のように図表化できる。また世界の平均気温は, この100年に0.74度上昇し, 年平均気温の上位10位はすべて1998年以降に集中している。このように世界的に異常気象が常態化している。このことは, 温室効果ガスの排出削減が急務であることを「科学」が明らかにしているといえよう。

バン・キムン国連事務総長は, スペインの会議で「世界の科学者たちが声を1つに合わせた。次は世界の政治家たちの番だ」[42]と訴えた。地球温暖化の問題は,「科学」の世界から「政治」の世界に移ってきた。そして「将来の問題の解決には, 今日とは全く異なるグローバル・ガヴァナンスの構築が不可欠である。つまりは,『国際合意を必ず順守する』という強い決意をもったグローバル・ガヴァナンスが求められるのだ」[43]とパチャウリ議長は書いている。

IPCCの統合報告書は, 温暖化への適応策や削減策のところで, 要旨で次のように書いている。「国際協力によって温室効果ガス排出を減らす多くの方策

図7-3 予測される海面水位と気温の変化

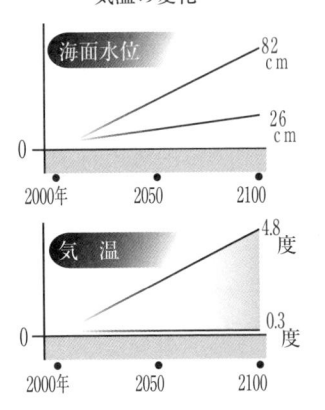

※IPCC報告書を基に作製, 1986年〜2005年の平均値が基準
出所:『北日本新聞』2013年9月28日

図7-4 予測される極端な気象現象

	21世紀前期	21世紀後期
暑い日の増加や寒い日の減少	可能性が高い	ほぼ確実
高温や熱波の増加	評価せず	可能性が非常に高い
大雨の頻度や強度, 降水量の増加	多くの地域で可能性が高い	いくつかの地域で可能性が非常に高い
干ばつの強度や期間の増加	確信度が低い	可能性が高い
極端な高潮位の増加	可能性が高い	可能性が非常に高い

出所:図7-3と同じ

がある。国連気候変動枠組み条約と京都議定書の最大の功績は，温暖化問題への世界的な対応を確立し，国内政策を推進し，国際的な炭素市場を創設し，削減努力を促すメカニズムを構築したことにある」[44]。そこで，次に地球温暖化問題について，国際政治の場での国際交渉の論点を纏めてみると，次のようになろう。まず，温暖化は人間の活動，つまり化石燃料から排出される温室効果ガスに大きな原因があり，その温室効果ガスの削減を1国ではなく世界的に取り組むことが不可欠であり，その際先進国の責任が重いということである。簡単にいえば，加速する温暖化を防ぐための地球環境ガヴァナンスの形成と強化が緊急の課題であるということになる[45]。

3．環境外交の展開と地球環境ガヴァナンスの構築

　地球環境問題が国際政治の世界でハイ・ポリシー化したのは，その問題の解決なしに世界や人類の無条件生存可能性はありえないといっても過言ではないからである。気候変動とその影響を防ぐためには，国家利益の追求ではなく，国際協力，国際交渉による地球環境を守るための規範づくりが重要である。それは分かりやすくいえば，温室効果ガスを排出しない環境保全のための条約や制度，あるいはレジームの形成であるといってよい。国際環境条約には多数の2国間，多国間の条約や協定，宣言などがある。現在，温暖化防止の国際条約のなかで中心的な役割を果たしているのは，なんといっても気候変動枠組み条約（UNFCCC）と京都議定書（Kyoto Protocol）の2つである。

　まずUNFCCCは，1988年にIPCC設立され，その第1次報告書が1990年に発表され，それを受けて，地球温暖化防止の国際的枠組みとして92年5月に採択された。そしてブラジルにおける「地球サミット」の折に155カ国によって署名され，94年に発効した。UNFCCCは，「大気中の温室効果ガスの濃度の安定化」を究極的な目的とし，基本原則として「共通だが差異ある責任」と「予防原則」を掲げている。そして先進国は，温室効果ガスの排出を「1990年の水準に戻す」という目的を約束することになった。約束はしたが，強制力

はないことが問題であった。そのため条約に強制力を持たせる道が模索されてきた。

1995年ベルリンにおける第1回気候変動枠組み条約締約国会議（COP1）でCOP3（京都）の会議で先進国ごとに削減の数値目標を定めることが決められた（ベルリン・マンデイト）。京都で開催されたCOP3では「京都議定書」が採択され，第1約束期間（2008-2012年）に温室効果ガスの排出量を1990年の水準から先進国全体で5％削減（日本は6％）することが定められた。この会議で日本は，議長国として必ずしもリーダーシップを発揮することはできなかったといわれている。議長国である「日本の代表団は，環境庁（当時），通商産業省（当時），外務省の官僚たちにより編成されており，学者やNGOを含む欧米の代表団とは，いささかならず趣を異にしていた」のであり，そして「代表団内部での意見の隔たりは著しく大きかった」[46]のである。とりわけ産業界の意向を代表する通産省はCO_2排出削減にはきわめて消極的であった。この構図は今なお，北北対立と南北対立が交差する温暖化をめぐる国際交渉のなかで不変である。

ブルントラント（G. H. Brundtland）報告書のなかには，次のような1節がある。「地球は一つであるが，世界は一つではない。我々の生活は一つの共通の生物圏に依存している。しかし，個々の地域社会や国々は，外部に対する影響にほとんど配慮しないままに，自らの生存や繁栄を懸命に求めている」[47]。またドイツの環境大臣を務めたトリッティン（J. Trittin）は，いみじくも次のように書いている。「地球は国際取引の競技場と化した。しかしそこには地球環境の有限性に目を向ける，十分な競技ルールや決定権を持つ審判は存在しなかった。そこでは強者の権利だけが優勢であった。」[48]と。多くの国際会議は争点は何であれ，実態はこれに近い。その原因は，先進国と新興国・途上国の激しい対立であり，米中の削減義務問題であるといってよいだろう。日本は，民主党新政権発足後の2009年9月に，鳩山首相は国連演説で2020年までの温室効果ガスの削減目標を「90年比25％削減」と表明し，国際的に大きく評価されたが，削減率をめぐって日本では産業界を中心に揺れ動いている。佐和隆

光は,「鳩山氏が『90年度比25％削減』の目標をいち早く打ち出したことは,まことに意義深い。……大幅な排出削減目標は実質経済成長率を低下させ,失業率を高めるのではない。……モノに満ち足りた先進国にとっては,新産業を創出し雇用を増やす唯一の施策が,高い削減目標を掲げてエコ製品の開発・普及を促進することである。言い換えれば,グリーン・ニューディールこそが,これからの経済成長のバネ仕掛けなのである。日米の新政権は,新しい産業革命の火蓋を切って落とそうとしているのだ」[49]と書いている。このことは不可能ではないだろう。未完の科学である原発の開発や増設ではなく,「脱原発」をベースに再生可能エネルギーの研究開発に資源を投入する必要があろう。日本の環境省の研究プロジェクト・チームが,それを明らかにしている[50]。日本は,2050年に排出量70％削減は可能であり,低炭素社会を実現できるというものである。「スターン・レビュー」と同様,そのために必要な経費は,2050年のGDPの1％で賄うことができると想定されている。

2012年末に復権した自民党政権の安倍首相は,2013年初頭COP 19までに温室効果ガスの削減を「ゼロベース」で見直しを指示したが,自民党は独自の政策を纏められないでいる。政府内でも新しい削減目標を設定することに積極的な環境省と原発と関連づけて反対する経済産業省が対立し,妥協点を見いだせないままである（2020年までの温室効果ガス削減目標・対策を協議する環境省と経済産業省の合同審議会は,対立が根深く2013年10月22日に解散したが,安倍政権はCOP 19に向け「20年までに05年比3.8％減」を11月6日に表明した。この数値は,京都議定書の基準年90年比に直すと3.1％増となり,日本は国際交渉のなかで発信力を持ちえないだろう）。太田宏は「日本の環境外交」のなかで「最近の日本の気候変動政策は受け身的で後ろ向きである」と評している[51]。

これまで温暖化をめぐる国際交渉で大きな役割を果たしたのは地球市民社会・NGOである。グローバル化が進展している現在,国際交渉のアクターは国家にとどまらない。国家の機能は逓減しているからだ。「国家は小さな問題を扱うにはあまりにも大きくなりすぎ,大きな問題を扱うにはあまにも小さくなりすぎたのである」[52]。地球環境問題に関わるアクターには国家はじめ,国

際組織，自治体，市民，運動，企業，メディア，NGO など多様である。海面上昇で国家の浮沈がかかる島嶼国（連合）も有力なアクターである。これらのアクターが織りなす政治過程は，伝統的な国際政治からは想像できないものである。いまや多くのアクターは，国境を超えてネットワークを組み，トランスナショナルな形で国際的に圧力を行使し，政治的合意形成に積極的に参画するのである。オタワ・プロセスやオスロ・プロセスで国際 NGO が果たした「規範企業家」として役割は，高く評価されよう。とりわけ注目されるのが国際 NGO の活動であり，地球環境問題については，その活動は傑出している。国際 NGO が，世界を動かす時代が到来し，市民社会と市民社会を連結し，国際社会や組織に政策提言をすることを日常的に可能にしている。NGO 外交という言葉も現れ，本も刊行されている[53]。また新しいタイプのシチズンシップ，つまりエコロジカル・シチズンシップという概念も登場している[54]。プリンセン（T. Princen）は，エコロジカルな環境危機が国際 NGO が環境外交で役割を果たす「政治的スペース」あるいは「ニッチ」を作り出したと論じている[55]。この意味で地球環境レジーム形成の新しいグローバル・アクターであるということができる。1972 年の国連人間会議，リオ・サミット，さまざまな国連の世界会議や締約国会議での政策決定に際して専門的知識を駆使して情報を提供し，ロビー活動を展開してきた。前記マシューズは，論文「パワー・シフト」のなかで国際 NGO は「脇役から交渉アクターへ」[56]と論じ，さらに「ある NGO が出版する『ECO』は，公的な協議の進行具合を知るための最善の情報源だったし，政府が提出した案をめぐる膠着状態を打破するためのフォーラムの場でもあった」[57]と書いている。

　国際 NGO のなかで注目すべきは，ニュース・レター『エコ』を発刊する「気候行動ネットワーク（CAN）」である[58]。CAN は，1989 年に結成された地球環境問題に取り組む環境 NGO のネットワークであり，中枢になる機構は持たず，7 つの地域ネットワークが活動の中心になっている。主なメンバーは，グリーンピース，世界自然保護基金，地球の友，世界資源研究所（WRI）など 400 以上の世界の環境 NGO が参加している。そして気候変動防止のために市

民の立場から国際交渉や各国の政策を監視し，情報収集し，政策提言をしている。そして 2009 年麻生政権の「中期目標」（90 年比 7.3%）表明と後ろ向き姿勢に対して，日本に「特別化石賞」を授与した。

　世界を 2 つに分けた東西対立が終えたが，依然として世界の回転軸としての南北対立はますます増大している。先進国と途上国の貧富の格差は拡大し続けている。この対立軸が COP 15 を支配した。この意味において地球環境問題は，その基底に南北問題が伏在しているといえよう[59]。その上に，先進国同士の対立が顕在化し，GNP 大国として登場し，二酸化炭素排出量世界一の中国問題がある。ポーター／ブラウン（Porter / Brown）によれば[60]，地球環境レジーム形成における課題は，主導国，支持国，日和見国，拒否国が，国際交渉の場で今後どう行動するかという問題である。

おわりに——21 世紀日本の選択肢

　IPCC は，人間活動が温暖化もたらした可能性は「95% 以上」であると公表したが，対応策はまとまっていない。地球の温度を産業革命時に比べ 2 度以内に抑える問題にしても，COP 15 で示されたように世界の足並みは揃っているわけではない。しかし，地球環境の保全を目標とする環境条約は着実に伸びている。『バイタル・サイン　1995-96』（ワールドウォッチ研究所）によれば，1950 年 7 件であったものものが，累積で 100 件を超えるのは 1980 年であり，1994 年には累積 173 件にまで増えている。その後も増えていることは確実であろう。『国際環境条約集』（三省堂）によれば，その数は 900 を超えるという。とはいえ，地球環境の劣化は進んでいる。「残念ながら，現状では，環境の改善につながる決定的な措置を選択する政治的な意思があまりにも欠けている」[61]からである。

　われわれにとっていま肝要なことは，気候安全保障を模索するときになすべきことは，伝統的な安全保障と同様，信頼の醸成を図ることである。南北間に信頼が欠けていることにより，地球温暖化防止の国際交渉はなかなか進展しな

い。そういう意味において COP 15 は失敗した。武者小路公秀は「相互の信頼をつくらないあいだにいくら人類の立場から環境問題に協力しろといっても，それは無理である。やはり南北の信頼醸成ということが一番大事である」[62]と書いている。

　次の問題は，レジームや制度を創るということである。その制度づくりで大切なことは先進国中心ではなく，途上国の自立性とか内発性を尊重するということである。それは，国際的な民主主義の原理にかなうものでなければならない。そうでなければ，途上国のサステナビリティ，つまり「持続可能な発展」を確保することができないのである。

　COP 15 は，政治的合意には到達できなかったが，主要排出国が排出削減目標 2010 年 1 月までに提出することや途上国への支援体制づくりでは，多くの追加資金の表明がなされ，一定の成果をあげることができたが，大きな課題は積み残された。そのようななか，コペンハーゲン駅周辺では NGO フォーラム（Klimaforum 09）が開催され，「System change–not climate change」という宣言文を発表した[63]。それは，気候危機の解決のため人々や地球が公正で持続可能な社会に向けて変革されねばならないというものであり，6つの提言が折り込まれている。そのなかには化石燃料からの脱却，原生林伐採の世界的禁止，国際機関や多国籍企業の民主化などが含まれている。簡単にいえば，システム変革の必要が説かれているのである。このことは，人類と地球の持続的な発展を図るために「発展のあり方」を再考することであろう。

　これらの諸点を考えあわせると，当然のこととして国連の強化，つまり改革・民主化が大きな争点となる。ケナン（G. Kennan）は，国連人間開発会議の開催決定を受けて，1970 年に『フォーリン・アフェアーズ』に「世界の環境悪化を回避するために」という論文を寄稿し[64]，環境保護を目的とする独立の国際機関（International Environmental Agency）の創設を提案した。それは，国益を代表するのではなく，科学的データの収集，分析，環境保全のための研究，国際的環境基準の策定等を通じて人類と地球の生存に奉仕することを目的にした。まさに現時点において最も必要な制度といえるだろう。2年後に国連

環境計画（UNEP）が創設され，さらに環境関係の組織が相次いで創られ，条約も前述のように多数結ばれた。しかし，それをうまく調整できる国際機関は存在しない。沢山の環境問題に対処する国連改革案が提案されている（表7-2）。

多くの改革提案の存在するなか，ケナンの提案した強力な国際機関を創るためには，多数の条約をクラスタリングし，整理統合することが必要であろう[65]。世界環境機関（WEO）の創設は，その第一歩になろう。WEOは，世界保健機関（WHO）や世界貿易機関（WTO）と同様な機関と考えることができる。UNEPを中核機関にして新たな環境機関を創設し，地球温暖化を防止し，気候安全保障を確保することが求められている。そのためには軍縮や財源の問題も検討されねばならない。軍縮に関していえば，戦車や戦闘機が演習であれ実戦であれ，どれほどCO_2を排出しているかを考えてみればよいだろう[66]。また途上国の持続的発展に関しても多額な援助は不可欠である。財源としてグローバル・タックス，つまりトービン税や国際連帯税を考えるのも一考であろう[67]。そうすることによって重層的な地球環境ガヴァバナンスが有機的に機能することができるのである。世界政治はあたかも，先進国であろうと途上国であろうと，信号機が付いていようとなかろうと，多種多様のアクターが規範と安全と秩序を求める交差点のようである。このようなボーダーレスな地球的危機状況のなかで，憲法で平和主義を掲げる日本は大国の途ではなく，グラック教授やランダース教授，そして佐橋滋が説くように小日本主義の道を歩み，世界で優位に立つ日本のソフトパワーと省エネ技術を駆使して持続可能な社会を創りあげるためにリーダーシップを発揮し，核問題（軍縮・原発）や「戦争の記憶」ほかに関して国際会議を広島，長崎，沖縄に誘致し世界をリードし，さらに伝統的な「国家安全保障」の視点からではなく「人間の安全保障」の実現を模索すべきであろう。2013年の国連総会における安倍首相の演説での不分明な「積極的平和主義」とは何だろう。政府公表の英文訳は，proactive contribution to peaceである。この含意は何か。「アメリカの平和」のために自衛隊を海外に出すことを正当化することなのだろうか。戦争や軍事活動は環境破

表7-2 環境問題に対処するための国連組織改革案

提　案	内　容
安全保障理事会の役割拡大	安全保障にかかわる環境問題についての主たる管轄権を安保理事会に付与する。
環境安全保障理事会の創設	環境上の緊急事態とその長期的影響を専門に扱う新しい理事会を設置する。
新しい国連総会委員会の創設	環境と持続可能な開発の問題を専門に扱う。
信託統治理事会の任務変更	特定の地球資源（アマゾンの森林など）を「生物圏トラスト」に指定する。同理事会の提示する基準の達成と引き換えに，管理国は国連システムを通して債務救済やその他の支払を受ける。
経済社会理事会の強化	環境政策に関する徹底的な討議を行い，持続可能な開発を促進するための国連中央機関として機能し得るように強化する。
持続可能な開発に関する委員会の創設	人権委員会をモデルとし，地球サミットの決定事項の実施状況を点検するために年次会合を持つ。その目標は国連機関と各国政府が，他国政府および非政府団体に対して決定事項の実施により大きな責任を負うようにすることである。
新しいハイレベルの調整機関の創設	すべての国連機関のプログラムを点検し，持続可能な開発の目標にもっとも効果的に寄与しうるような調整事項を勧告する。
国連環境計画（UNEP）の強化	情報の収集や提供プログラムなどすぐれた実績をあげている活動分野に力を集中させ，それに応じて国連開発計画（UNDP）との協同的活動（地球環境資金制度の管理など）を拡大する。もしくはUNEPの任務を拡大し，専門機関に昇格させる。
環境平和維持軍の創設	環境災害の発生現場で援助活動に当たる国連軍を組織する。

出所：Patricia A. Bliss-Guest, U.S. Council on Environmenntal Quality. "Proposals for Institutional Reform of the UN System to Promote Sustainable Development Policies," presented at Twentieth Annual American Bar Association Conference on the Environment, Warrenton, Va., May 18.1991 より抜粋。『地球白書1992-93』所収

壊の最たる事象に他ならない。日本の政策決定でよくみられる多数のイエス・マンを選び，委員会や私的懇談会を立ち上げ，自己の政策を正当化し，押し通すという手法は未成熟の民主主義でしかなく，熟議民主主義には程遠いといわざるをえない。

歴史が明らかにしているように「剣によって立つものは剣によって滅ぶ」のである。ローマ帝国は滅亡し，パックス・ブリタニカは崩壊し，日独は敗北し，そして「世界の警察官」アメリカと，その「アメリカン・ドリーム」は摩耗し，すでに衰退期を迎えている。「チェルノブイリ」[68]や「フクシマ」は，あらゆる面でわれわれ人類に多大な教訓と負の遺産を残した。われわれは，歴史に学び，歴史と真摯に向き合わねばならない。いまグローバル化時代の地球社会のなかで日本にとって肝要なことは，「脱原発」と「脱同盟」の道を歩み，「非核の世界」のビジョンを牽引し，真の平和に貢献することであろう。

われわれは，ヨーロッパ統合の父，ジャン・モネ（Jean Monnet）の言葉を銘記すべきである。『ジャン・モネ回想録』（2008 年，原著 1976 年）の冒頭で象徴的な言葉，つまり「我々は国々を同盟させるのではない。我々は人々を結びつける」と記している。古典的な国家観を脱し，安全保障の要諦は，軍事ではなく，国境を超える市民の繋がりであることを意味している。日本において「脱原発」と「脱同盟」は，密接に連関し，日米「同盟」が「脱原発」の大きな障害になっているといえるからである。

（2013.10.1.記）

1) K・E・ボールディング，公文訳（1970）「来るべき宇宙船地球号の経済学」『経済学を超えて』所収，竹内書店，参照。
2) グローバル化に関する文献は枚挙にいとまがない。ここでは D. Held の邦訳されているものをあげておく。中谷義和監訳（2002）『グローバル化とは何か』法律文化社，同監訳（2004）『グローバル化をどうとらえるか』法律文化社，古城利明ほか訳者代表（2006）『グローバル・トランスフォーメーションズ：政治・経済・文化』中央大学出版部。また Globaliztion, vol. 1, no. 1, 2004. には J. N. Rosenau, J. A. Tickner, J. H. Mittelman ほかの論考が収められているので，参照のこと。合わせて次も，参照されたい。Jan Aart Scholte (2000) Globalization: a critical introduction, Martin's Press., 臼井（2005）「グローバリゼーションと東アジアの共生」滝田賢治編『グローバル化とアジアの現実』中央大学出版部，所収。
3)『季刊　環境研究』2013／No. 170 は，「特集：地球環境科学とグローバルガバナンス」を組んでいる。
4)『毎日新聞』2013 年 9 月 30 日，10 月 7 日，およびラトゥーシュ，中野佳裕訳

(2010)『経済成長なき社会発展は可能か？』作品社，を参照。
5) 『朝日新聞』2013 年 8 月 28 日。
6) 同上，2013 年 8 月 20 日。
7) http://www.webdice.jp/dice/detail/3946/, 2013/08/29，参照。
8) 詳細は *Japan-U. S. Relations:Issues for Congress,* May 1, 2013 (Congressional Research Service) を参照。
9) 大貫康雄「安倍政権を厳しい目で見つめる海外メディア」『世界』2013 年 7 月号，参照。
10) 『北海道新聞』2013 年 4 月 26 日。この点に関し，入江教授の著作は示唆的である。日本語で読めるものをあげると，『平和のグローバル化へ向けて』（NHK 出版，2001 年），『権力政治を超えて』（岩波書店，1998 年），『グローバル・コミュニティ』（早稲田大学出版部，2006 年）などがある。
11) 手元にある新しい安全保障に関する 1 冊の有益な本があるので，あげておく。J. P. Burgess, ed. (2010) *The Routledge Handbook of New Security Studies,* Routledge.である。また次も参照。武者小路公秀（2003）『人間の安全保障論序説―グローバル・ファシズムに抗して』国際書院，吉川元（2007）『国際安全保障論―戦争と平和，そして人間の安全保障論の軌跡』有斐閣。
12) ワールドウォッチ研究所（2009）『地球白書 2009 - 10』ワールドウォッチジャパン，2 頁。21 世紀に入り北極圏の永久凍土の溶解が顕著になり，著名な地理学教授 L・C・スミスは，1 冊の本をものした。『2050 年の世界地図　迫りくるニュー・ノースの時代』（小林由香利訳，NHK 出版，2012 年）である。
13) 非常に沢山の書物が刊行されている。論文執筆に際して多くの示唆を受けたものを略記する。*Global Governance: A Reciew of Multilateralism,* Volume 15, Number 4, Oct. –Dec. 2009. はガバナンスや気候変動の特集。McKibben, B., "Climate Change", *Foreign Policy,* Jan. / Feb., 2009, *UN Chronicle,* Volume XLVI, Number 3 & 4, 2009 は気候変動問題の特集号。地球環境研究会編（2008）『地球環境キーワード事典』（5 訂）中央法規，気候ネットワーク編（2009）『よくわかる地球温暖化問題』（新版）中央法規，西条辰義ほか（2009）『地球温暖化の経済学』大阪大学出版会，明日香壽川（2009）『地球温暖化』岩波ブックレット，浅岡美恵編著（2009）『世界の地球温暖化対策』学芸出版社，小西雅子（2009）『地球温暖化の最前線』岩波ジュニア新書，石見徹（2009）『地球温暖化は解決できるか―実現可能な方向を求めて』岩波書店，環境経済・政策学会（2010）『地球温暖化防止の国際的枠組み―ポスト 2012 はいかにあるべきか』東洋経済新報社，前記『地球白書』（年刊），J・サックス，野中訳（2009）『地球全体を幸福にする経済学』早川書房，小宮山宏ほか編（2010）『サスティナビリティ学②気候変動と低炭素社会』東京大学出版会，諸富徹・浅岡美恵（2010）『低炭素経済への道』岩波書店ほかなどが参考になる。D. Held and others (2011) eds., *The Governance of Climate Change: Science, Economics, Politics & Ethics,* Polity, 2011. も参照。

14) 前掲『地球白書』205 頁。
15) 馬橋憲男「飢餓と食料安全保障のガバナンス―「商品」か「人権」か―」『法学新報』第 117 巻　第 11・12 号所収，柴田明夫（2007）『食糧争奪』日本経済新聞社，参照。
16) L・ブラウン，枝廣淳子訳「ピーク・ウォーター　井戸が干上がる時，何が起こるのか？」『世界』2013 年 10 月号。
17) 米本昌平（1994）『地球環境問題とは何か』岩波新書，52 頁。
18) 前掲書，46 頁。
19) 論文は日本語で読むこともできる。スペス／マシューズ，黒坂編訳（1991）『地球環境安全保障―二一世紀への提言』岩波ブックレット，12-41 頁。
20) 臼井久和・綿貫礼子編『地球環境と安全保障』有信堂，所収，208 頁。
21) この特集号のなかには，次の論文が収められている。Jim MacNeill, "The greening of international relations", Fen Osler Hampson, "Climate change: building international coalitions of the like-minded".
22) 米本昌平「『気候安全保障』の登場とその意味」『産経新聞』2007 年 7 月 21 日，また同様の主旨の記事「温暖化と気候安全保障」が『毎日新聞』2007 年 3 月 11 日に掲載されている。また次も参照。米本昌平「ポスト核抑止の安全保障概念を」『毎日新聞』2013 年 6 月 3 日。
23) 前掲，臼井・綿貫編，231 頁。
24) 武者小路公秀編著（2009）『人間の安全保障―国家中心主義をこえて』ミネルヴァ書房，7 頁。
25) UNDP『人間開発報告書 1994』国際協力出版会，22 頁。
26) 同上書，22 頁。
27) 栗栖薫子（2008）「人間の安全保障」高坂章編『国際公共政策学入門』所収，大阪大学出版会，人間の安全保障委員会編（2003）『安全保障の今日的課題』朝日新聞社，『国際安全保障』第 30 巻第 3 号（人間の安全保障特集），『国際問題』2011 年 7・8 月合併号（焦点：「人間の安全保障」と対外政策）。
28) 武者小路公秀（1993）「環境安全保障を見る眼」前掲，臼井・綿貫編所収，星野昭吉（2010）『世界政治の構造と弁証法』テイハン，第 6 章，臼井久和（1991）「安全保障の『緑化』」臼井久和・内田孟男編『地球社会の危機と再生』（新国際学Ⅰ）有信堂，所収。
29) Buzan, B. (1991) *People, States and Fear: An Agenda for International Security Studies in the Post-cold War Era*, 2 nd ed., Harvester Wheatsheaf.
30) Thakur, M., "Security in the New Millennum", in Cooper, A. F. and others, *Enhancing Global Governance,* UNU Press, p. 273.
31) 米本，前掲書 65 頁。
32) M. Renner, "Enhancing Global Security" は『地球白書 89-90』（ダイヤモンド社）第 8 章「軍縮　環境安全保障の選択」という形で所収。また Renner, "Converting to a Peaceful Economy" は『地球白書 90-91』（ダイヤモンド社）第 9 章

「経済転換　剣を鋤に打ち直す」という形で所収されている。
33）N. Stern (2006) *The Economics of Climate Change,* Cambridge University Press. 本書は，温暖化防止には予防が経済的で，その対策費用は世界の GDP の 1% で済むことを強調している。N. スターン「GDP 1% で温暖化防げる」『朝日新聞』2007 年 11 月 26 日。次も参照。ニコラス・スターン，赤木訳（2009）「気候変動にたいする地球的合意を目指して―責任と機会」『世界』12 月号。
34）『読売新聞』2007 年 4 月 19 日。
35）『朝日新聞』2013 年 4 月 17 日。
36）提言は，44-48 頁。
37）J. Podesta and P. Ogden, "The Security Implications of Climate Change" *The Washington Quarterly*, Winter 2007−08, pp. 115−138.また『朝日新聞』2008 年 12 月 6 日掲載の「『気候安保』，相次ぎ議論に」を参照。
38）世界銀行／人間の安全保障報告プロジェクト（HSRP）編著（2008）『人間の安全保障はどう守られているか』一灯舎，1 頁。
39）地球環境研究会編（2003）『地球環境キーワード事典』（4 訂）中央法規，42 頁。
40）IPSCC 編，文部科学省・経済産業省・気象庁・環境省訳（2009）『IPCC 地球温暖化第四次レポート　気候変動 2007』中央法規，287 頁。
41）『毎日新聞』2013 年 5 月 31 日。
42）『朝日新聞』2007 年 11 月 18 日。
43）前掲『地球白書 2009−10』iv 頁。
44）『朝日新聞』2007 年 11 月 18 日。
45）地球環境レジームに関する研究は非常に多数にわたる。主なものをあげるにとどめる。星野智（2009）『地球環境とガバナンス』中央大学出版部，松下和夫（2002）『環境ガバナンス』岩波書店，松下和夫編著（2007）『環境ガバナンス論』京都大学学術出版会，毛利聡子（1999）『NGO と地球環境ガバナンス』築地書館，信夫隆司編著（2000）『環境レジームの形成と発展』国際書院，Young, O. R. (1997) *Global Environmental Governance,* MIT Press, Speth, J. G. and P. M. Haas (2006) *Global Environmental Governance,* Island Press.
46）佐和隆光（2009）『グリーン資本主義』岩波新書，16 頁。京都議定書の意義や策定プロセス，そしてその課題については，次を参照されたい。高村ゆかり・亀山康子（2002）『京都議定書の国際制度―地球温暖化交渉の到達点』信山社，大木浩（2007）『きれいな地球は日本から―環境外交と国際会議』原書房，浜中裕徳編（2009）『京都議定書をめぐる国際交渉―COP 3 以降の交渉経緯』（改訂増補版）慶應義塾大学出版会。
47）環境と開発に関する世界委員会，大来佐武郎監修（1987）『地球の未来を守るために』福武書店，48 頁。
48）ユルゲン・トリッティン，今本秀爾監訳（2006）『グローバルな正義を求めて』緑風出版，51 頁。
49）佐和隆光，前掲書 117 頁。

50）西岡秀三編著（2008）『日本低炭素社会のシナリオ　二酸化炭素70％削減の道筋』日刊工業新聞社，は，日本の科学者訳60人が参加した「2050日本低炭素社会シナリオ」という環境省のプロジェクトの成果であり，二酸化炭素削減の「日本モデル」を世界に発信するものである。
51）太田宏（2013）「日本の環境外交」大芝亮編『日本の外交　第5巻対外政策課題編』岩波書店，所収。
52）慶應国際シンポジウム（1980）『地球社会への展望』生産性本部，ダニエル・ベル論文，28頁。
53）国際NGOが世界の政治過程のなかでどのような役割を担っているかについての研究は，近年多様になっている。次のようなものが有益である。環境NGOに関しては，松本泰子が精力的に研究に取り組んでいる。松本泰子「環境とBGO─気候変動への取組み」京都大学地球環境学研究会（2008）『地球環境学へのアプローチ』丸善，所収，同（2001）「国際環境NGOと国際環境協定」長谷川編『講座環境社会学』第4巻，有斐閣，所収，同（2002）「環境政策とNGOの役割─気候変動問題を中心に」『岩波講座　環境経済・政策学』第4巻，岩波書店，所収。馬橋憲男（2002）「国連と環境NGO─市民参加の現状と意義」臼井久和・高瀬幹雄編『環境問題と地球社会』有信堂，所収，他には山村恒年編（1998）『環境NGO』信山社，馬橋憲男（1999）『国連とNGO─市民参加の歴史と課題』有信堂，馬橋憲男・高柳彰夫編（2007）『グローバル問題とNGO・市民社会』明石書店，目加田説子（2003）『国境を超える市民ネットワーク』東洋経済新報社，同（2009）『行動する市民が世界を変えた』毎日新聞社，足立研幾（2004）『オタワプロセス　対人地雷禁止レジームの形成』有信堂，Keck, M. E. and K. Sikkink (1998) *Activists beyond Borders: Advocacy Networks in International Politics,* Cornell University Press, Betsill, M. M. and E. Corell (2008) *NGO Diplomacy: The Influence of Nongovernmental Organizations in International Environmental Negotiations,* MIT Press, Lewis, D. and N. Kanji (2009) *Non-Governmental Organizations and Development,* Routledge, Yaziji, M. and J. Doh (2009) *NGOs and Corporations: Conflict and Collaboration,* Cambridge University Press. O'Neill, K. (2009) *The Environment and International Relations,* Cambridge University Press. さらに次も参照。川島康子（2000）「気候変動問題のゆくえ─国際交渉と市民の役割」『レヴァイアサン』27（特集　地球環境政治と市民社会）。
54）ドブソン，福士・桑田訳（2006）『シチズンシップと環境』日本経済評論社，参照。
55）Princen, T., "NGOs: creating a niche in environmental diplomacy", in Princen, T. and M. Finger (1994) *Environmental NGOs in World Politics: linking the Local and the Global,* Routledge, p. 29.
56）マシューズ（1997）「パワー・シフト」『フォーリン・アフェアーズ傑作選1922-1999』下，朝日新聞社，240頁。

57) 同上書，241頁．
58) 気候ネットワーク編，前掲書およびホームページを参照．
59) 臼井久和（1993）「地球環境と国際政治」臼井・綿貫編前掲書所収，参照．
60) ポーター／ブラウン，細田衛士監訳（1998）『入門地球環境政治』有斐閣．
61) ワールドウォッチ研究所，山藤監訳（1996）『地球データブック　バイタル・サイン 1996-97』ダイヤモンド社，161頁．
62) 武者小路公秀（1993），46頁．
63) 古沢広祐（2010）「『システム変革』なき温暖化対策は破局を引き寄せる」『週刊金曜日』2月12日，786号，参照．
64) Kennan, G. F. (1970) "To Prevent a World Wasteland: A Proposal", *Foreign Affairs,* April 1970, 参照．
65) 松下和夫（2007）前掲書，参照．また Speth / Haas（2006）前掲書を合わせ参照のこと．また環境政治学全体については，Mitchell, R. B., ed. (2008) *International Environmental Politics,* 4 vols., Sage. が大変有益である．また気候変動と安全保障について多角的に理論的に研究したものとして，次のものが参考になる．Hans Gunter Brauch and others, eds. (2009) *Facing Global Environmental Change: Environmental, Human, Energy, Food, Health, and Water Security Concepts,* Springer.
66) 和田武（2009）『環境と平和─憲法9条を護り，地球温暖化を防止するために』あけび書房，第3章「地球環境破壊要因となっている軍事活動」を参照．
67) 上村雄彦（2009）『グローバル・タックスの可能性─持続可能な福祉社会のガヴァナンスをめざして』ミネルヴァ書房，参照．
68) 「チェルノブイリ被害調査・救援」女性ネットワークを立ち上げ，積極的に亡くなられるまで活動された綿貫礼子さんの著作は題名とともに貴重であるので，あげておく．綿貫礼子・吉田由布子（2005）『未来世代への「戦争」が始まっている─ミナマタ・ベトナム・チェルノブイリ』岩波書店．

第 8 章
気候変動とヨーロッパの安全保障
―― オーストリア・EU の気候安全保障への取り組みから考える ――

上原 史子

はじめに

　冷戦後のオーストリア安全保障は1989年のEUへの加盟申請以降，EUの安全保障と密接にかかわることとなり，現在に至る。EUでは1993年のマーストリヒト条約でCFSP（共通外交安保政策）が明文化されたことからヨーロッパ共通の安全保障政策がスタートし，1997年のアムステルダム条約で修正され，発展を続けることとなった。オーストリアのEU加盟交渉の途上でCFSPが誕生したのを受け，オーストリアは1995年のEU加盟と同時にCFSPに参画できる体制作りを迫られることとなる。

　その後ヨーロッパ周辺地域の紛争に直面したEUとEU加盟諸国は，近隣地域で発生した紛争への対処をも可能にするような軍事的安全保障の確立が急務であるとの認識を強めることとなる。その結果1999年6月の欧州理事会ではESDP（欧州安保防衛政策）が明文化され，これ以降EU共通の安全保障政策において軍事力の強化が主要課題とされることとなった。

　21世紀の世界は地域紛争のみならず，テロや組織犯罪など，従来とは異質の軍事的脅威が増大し，ヨーロッパもその対応に迫られることとなった。それと同時に人類共通の課題への対処も不可欠になっている。特に環境やエネルギー，限りある食糧や資源などを世界がどのように確保し，また配分していくべきか，という軍事的安全保障では対応出来ないような脅威が増している。こ

のような世界情勢の変容を受けて，ヨーロッパでは独自の安全保障政策の方向性を再び見直す段階にある。それでは今後のヨーロッパにおける安全保障政策はどのような展開が考えられるのであろうか？

　上述のような国際情勢の変容に伴う冷戦後の安全保障政策の現状をふまえ，本章では，まず21世紀のオーストリアの安全保障戦略において気候変動・エネルギー政策がどのように位置づけられてきたのかについて，2001年に出されたオーストリアの安全保障戦略から分析する。その後EUレベルでは2003年に安全保障戦略として欧州安全保障戦略（ESS）が発表されたが，それを受けてオーストリアでは2005年に安全保障戦略が再び発表されるに至った。この点をふまえ次節ではオーストリアとEUの一連の安全保障戦略の展開を追うことで，ヨーロッパの一国，そしてEUの一加盟国であるオーストリアが，自ら対処すべき喫緊の課題と位置づけている気候変動への対応について安全保障上どのように取り組んできたのかを明らかにし，最後にヨーロッパにおける気候変動問題が外交・安全保障上今後どのような方向性を持つことになるのか，将来を見通すことを目標とする。

　EUの場合は2008年に欧州安全保障戦略の見直しとして欧州安全保障戦略実施報告を発表するに至ったが，欧州安全保障戦略をめぐる一連の動きはまさにEUそしてヨーロッパの安全保障政策の展開ともなる。しかしながら新たに検討すべき非軍事的脅威に対する備えという観点からすると，EUの安全保障戦略文書は具体性に乏しいものとなっている。

　他方オーストリアの新たな安全保障戦略文書は，欧州安全保障戦略やその見直し報告よりももっと早い時期から環境やエネルギーなどといった新たな安全保障上の課題への対応の必要性を再三訴えており，EUのそれよりもはるかに明確な目標を示している。

　このような中でヨーロッパは環境・エネルギー安全保障をどのように安全保障戦略として位置づけ，発展させていく可能性を持っているのか。本章では欧州安全保障戦略が出される前から独自の安全保障戦略を明確にしてきたオーストリアの安全保障戦略における環境・気候変動問題への取り組みの推移からこ

の問題に迫ってみたい。

1．世界の安全保障環境の変容とオーストリアの安全保障戦略

　冷戦の終焉で国際的な安全保障環境が変容し，ヨーロッパで急務となったのは前述のように地域紛争・民族紛争への対応であった。そのためEUは共通外交安保政策（CFSP）を構築し，さらにヨーロッパ周辺地域の紛争への緊急対応を可能にするためにCFSPに防衛という軍事要素を加えた共通安保防衛政策（ESDP）を発展させて現在に至る。

　EUが共通の安全保障政策を発展させようと試みはじめたのと同じ時期，オーストリアはヨーロッパの協調と団結に基づく安全保障を構築するべく新たな政策を展開する。その第一歩が1995年のEU加盟であった。オーストリアは第2次世界大戦後，独立を果たすために中立を国是とすることとなって以降現在に至るまで，中立を外交方針として貫いてきた。オーストリアはEU加盟を機にEUの安全保障政策の中核となるCFSPとESDPの履行という問題に直面するも，自国の中立ゆえに軍事面での全面協力は不可能であった。それゆえ，オーストリアの安全保障政策では従来からの非軍事安全保障への言及がEU加盟以降も色濃くなっていく。

　その後，CFSPが更なる発展を遂げようという中，オーストリアはヨーロッパ共通の安全保障の枠組みに参画するべく，WEUへのオブザーバー参加を果たし，さらには国連の枠組みで平和構築にも積極的に関与した。またNATOにも歩み寄り，平和のためのパートナーシップ（PfP）に参加し，その後さらに発展したPfPやPfPの計画・実施にも加わることとなった。ヨーロッパの枠組みでの安全保障政策への関与と同時に，オーストリアは自国の安全保障政策に関する新たなガイドラインの発表を試みたが，当時の政権党であったオーストリアの中立の維持を主張する社会民主党（SPÖ）と中立放棄の可能性を訴える国民党（ÖVP）の連立与党間ではNATO加盟に対する両党のスタンスの

違いを埋めることが出来ず，両党合意の安全保障政策文書は誕生せずに終わっていた[1]。

以上のように社会民主党と国民党の連立与党による安全保障ドクトリンは流産したが，新たに誕生した国民党と自由党（FPÖ）の連立政権は2000年5月に新しい安全保障防衛ドクトリンを作るための委員会を設置した。この専門家委員会による自国の安保政策上の重要課題の検討結果が2001年1月23日に分析草案として提出され[2]，これを受けてオーストリア議会は2001年12月12日にオーストリアの安全保障政策のガイドラインとなる安全保障防衛ドクトリン（Sicherheits-und Verteidigungsdoktrin）を可決した。

このドクトリンはドクトリンの部と分析の部（1 ヨーロッパの安全保障政策の一般的基盤，2 一般的安全保障政策の現状，3 グローバルな大西洋を越えたヨーロッパの安全保障の機能，4 オーストリアの安全保障環境，5 オーストリアの安全保障政策の基盤，の5章で構成）からなる。

ドクトリンでは，「安全保障政策は一国の安全保障的関心を保持するためのあらゆる手段を含む。とりわけ，これは人々や基本的価値に対する外的脅威の増大を予防することのみならず，外部の安定を構築することによって，もしも必要であれば外的脅威に対する保護によって保証されるものである。」との言及があり[3]，地域の安定こそがオーストリアの安定であるという意識が明確に示されている。

ここでは脅威の質の変化について繰り返し言及されていることからも明らかなように，オーストリアにとっての危機は，はっきりとみえる脅威から全ヨーロッパ諸国に対する予測できないような多方面から起こりえる危機へと変化しているため，オーストリアの安全保障はEUの安全保障と切り離せない状況となっている。そのためオーストリアは安全保障を国益によって定義し，国益を守るためにオーストリアにとって不可欠となる安全保障上の課題を明示することで，包括的安保政策というヨーロッパの団結の原則に沿った内容を基盤とする安全保障防衛ドクトリンを生み出した。

この安全保障防衛ドクトリンはオーストリアが受身の安保政策から，ヨー

ロッパの強い協力に基づく予防の安保政策へと劇的に変容した点を特徴として指摘している。また，オーストリアにとって EU に加盟するもっとも大きな理由の1つは，ヨーロッパの安定した領域に入るためであったとの言及があり[4]，これ以降オーストリアの安全保障は死活の国家の安全保障的利益と EU の安全保障政策的利益双方に基づくものとなり[5]，オーストリアおよび EU の安全保障は互いに強い結束を持つこととなる。

安全保障防衛ドクトリンの分析部では，オーストリアにとって死活の安全保障上の利益は，オーストリア領土の明確化・法秩序の維持，国内の安全保障・オーストリア国民と社会の様々な利益の包括的な保全・自然環境の保護・安定した政治・経済・軍事的環境の保障とヨーロッパの安定の促進・EU 内でのオーストリア国益の確保とグローバルな枠組みでの EU 利益の実現，などであることが示され[6]，これらの重大な安全保障上の問題を解決することがオーストリアの安保政策の中で最大の目的であり，またオーストリアの政治戦略のガイドラインでもあることが明記された。

以上をふまえたうえで，オーストリア政府はこのドクトリンにおいて，民主主義や経済秩序の強化・ヨーロッパの危険や脅威を大きくすることなく，ヨーロッパとしてグローバルな平和と安定に寄与すること・オーストリアと EU それぞれでの安定・安全の包括的な構築・ヨーロッパの安定のための大西洋同盟での協力の保証と深化・軍縮と大量破壊兵器の拡散防止・国境を越えたテロとの戦い・包括的な環境保護の枠組みによる環境の維持，などをオーストリアの安全保障政策上の主たる目標として示すこととなった[7]。以上のようにオーストリアの安全保障防衛ドクトリンでは EU を中心としたヨーロッパでの安全保障政策の取り組みが重視されていると同時に，非軍事的安全保障の中でも特に自然環境の保護が明示された。これ以降オーストリアの安全保障戦略はヨーロッパ全体を視野に入れた，そして気候変動への対応をも備えたものへと発展していくこととなる。

以下ではオーストリアと EU それぞれの環境をめぐる安全保障政策上の取り組みの推移をそれぞれの戦略文書を紐解きながら，21 世紀のヨーロッパに

おける気候安全保障の展開を概観する。

2. ヨーロッパレベルでの気候安全保障の展開——オーストリアの安全保障防衛ドクトリンと EU の安全保障戦略

　前節で述べたようにオーストリアの安全保障防衛ドクトリンは軍事的安全保障のみならず非軍事的安全保障をも前提とした戦略になっている。このことは，ドクトリンが現在のオーストリアにおける安全保障政策の目的が「ヨーロッパという環境の中で政治的・経済的・軍事的・社会的そして生態学的な最大限の安定性を構築することによって平和を守ることである。」と前置きをしている点，さらにドクトリンの決議の章にある「安全保障の外交政策的側面」の節でオーストリアの外交安全保障政策は国際的環境保護の促進（リオプロセスなど）等の原則に則って構築されるべきだとしている点に現われている[8]。このように非軍事的安全保障戦略として，気候変動や環境エネルギー政策が検討課題として明示されている点がオーストリア安全保障戦略の特徴であった。

　またこのドクトリンでは，包括的な安全保障政策ではオーストリアの安全保障上の脅威と，その脅威に対する戦略を明確に定義することが不可欠であることが示されている。特に新たな安全保障上のリスクに対してはヨーロッパ共通の安全保障政策が必要となることから，新たなリスクへの対応は EU 加盟国に共通の安全保障政策を導き出すことになる点に言及し，オーストリアの場合は EU の枠組みにおいて自らの安全保障政策を実現し得るのであり，オーストリア自身の安全保障政策上の問題を解決することは，他の EU 諸国といかに団結できるかどうかにかかっているとしている[9]。

　オーストリアの安全保障防衛ドクトリンでの以上のような言及からは，オーストリアの安全保障政策が EU の安全保障政策の展開に左右されるものとなることが明らかである。

　それでは EU の安全保障とはどういうものなのか？

EUの安全保障政策は21世紀に入るとCFSPとESDPによって新たな展開を見せはじめることとなる。その具体化は2003年6月20日のテッサロニキ欧州理事会で，ソラナ（Solana）共通外交安全保障政策上級代表が発表した「よりよき世界における安全な欧州（A secure Europe for a Better World–European Security Strategy）」という戦略文書という形で表わされることとなった。これが2003年12月12日にヨーロッパ共通の安全保障上の課題と位置づけられ，欧州安全保障戦略として採択されたのはオーストリアの安全保障防衛ドクトリンが発表された約2年後であった[10]。

　この戦略文書は，先制攻撃をも辞さないとする2002年9月のブッシュ・ドクトリンに呼応する形でヨーロッパ版のドクトリンとして出されたものであり，アメリカが最大の軍事大国であることを認めつつも，「今日の複雑な問題に単独で対処できる国はない」と当時のアメリカ・ブッシュ政権を牽制した。また，EUが25カ国からなる巨大市場となっていることをふまえ，EU自身は世界全体の安全保障にも責任を負うべきであるとしている点に特徴がある。

　このようにアメリカを意識して出来上がった欧州安全保障戦略は，新たな安全保障環境における新たな脅威・戦略目標・ヨーロッパの政策課題という3つの章で構成されており，脅威の本質を明らかにしたうえで，ヨーロッパ周辺に安全地帯を拡大し，国際秩序を強固なものにして，さらにそれらの脅威に立ち向かうというEUの3つの戦略目標を明示している。

　この戦略文書でヨーロッパの安全保障上の関心として重視されていたのは，新たな脅威である大量破壊兵器の拡散に対する戦いや国際的テロの脅威への対処などの負の側面への対応，地域的安全保障を考慮した危機管理，ヨーロッパの安全保障を展開するための積極的なガイドラインの設定，といった軍事的要素を中心とした大まかな目標であり，部門別戦略文書は先送りされる形で，具体的な解決策は明示されていなかった。

　欧州安全保障戦略をそれ以前に発表されていたオーストリアの安全保障防衛ドクトリンと比較してみると，EUよりもオーストリアのほうが現在の脅威とその脅威への対応に関する詳細な分析を行っていることがわかる。そこで，以

下ではオーストリアとEUそれぞれの安全保障戦略文書に示されているヨーロッパの環境をめぐる安全保障上の脅威について整理しておきたい。

欧州安全保障戦略の中で扱われている「新たな安全保障環境における新たな脅威」「戦略目標」といった問題群は，オーストリアの安全保障防衛ドクトリンでは一般的考察として取り上げられている。ここでオーストリアの安全保障環境とヨーロッパにおける安全保障政策のパラダイムシフトにより，従来のような目にみえる脅威を前提としたシナリオが描けなくなったことに言及し，安全保障上の危機，それに対する様々な国際機関の役割とそれらへのオーストリアの参加，さらにはオーストリアが中立から団結へと向かう旨が示されている。

また欧州安全保障戦略では「ヨーロッパのための政策インプリケーション」という大きな問題提起があるが，オーストリアの安全保障防衛ドクトリンでは同じような内容がより詳細に言及されており，それは「一般的勧告」「安保政策の対外政策的側面」「防衛政策」「国内安全保障」といった細目に分けて取り上げられている。

欧州安全保障戦略とオーストリアの安全保障防衛ドクトリンのどちらにも共通しているのが新たな脅威についての言及であるが，その内容には違いがみられる。

欧州安全保障戦略では「新たな安全保障環境における新たな脅威」という章で新しい状況として地域紛争や貧困による不安定化，温暖化による世界各地での大量移民の発生やヨーロッパの諸外国へのエネルギー依存の問題があることを示し，新たな脅威としてテロリズム，大量破壊兵器の拡散，破綻国家と組織犯罪を定義している。

他方オーストリアの安全保障防衛ドクトリンでは増大の一途である新たな脅威の具体例として，大量破壊兵器の拡散や政府・特定の利益グループに対する国際テロ，組織犯罪，民族紛争，政治的分裂現象，人口増加，移民，エネルギー・資源問題，食糧問題，環境汚染などを例示し，国際的なテロリズムが西側社会にとって安全保障上の深刻な問題を引き起こしているとする。オーストリアの安全保障防衛ドクトリンではこれらの脅威について欧州安全保障戦略よ

りも詳細な分析がなされており，食糧問題など欧州安全保障戦略では言及されていないものも含まれている点が特徴である。

また，欧州安全保障戦略では温暖化が進むと世界が不安定化する点やヨーロッパの中東やロシア，北アフリカへのエネルギー依存の割合が現在の 50% から 2030 年には 70% にまで上がる可能性があるという点については言及があるものの[11]，その問題への具体的な対応策は示されていない。

それに対してオーストリアの安全保障防衛ドクトリンでは，テロリズムや組織犯罪・麻薬取引などの分野で多国間協力が必要であることに言及し，国連が世界会議や情報交換を通じてこれらの問題の解決を図ることが不可欠であるという具体的な言及がある。それとともに国連が環境保全や移民問題，人権保護，災害援助に対する早期警鐘を行うための組織・制度を構築してきたことに触れ，国連のほかに OSCE や EU（特に CFSP）との協力の重要性をも指摘している[12]。

またオーストリアの安全保障防衛ドクトリンでは「オーストリアの安全保障環境」について1つの章立てがあり，そこではオーストリアの安全保障をめぐる現状について，複雑で境界を越えるような脅威とリスクが絡み合っている中では，危険地帯から地理的に離れている地域でも十分な安全を確保できないことに触れ，それゆえヨーロッパ以外での紛争もオーストリアにマイナスの作用を及ぼす可能性があると指摘している。そのような問題として特に難民の移動，国際貿易，環境汚染，武器・麻薬・人身売買や国際金融の問題が列挙される。そしてこれらの脅威には，包括的な政治経済的支援を実施することで，あるいは国際的な軍事的プレゼンスを通じて地域の安定を図ることで，もっとも効果的に対応できるとしている[13]。

以上のように安全保障防衛ドクトリンと欧州安全保障戦略は，戦略面での具体性については違いがみられるが，どちらも従来からある軍事的脅威のほかに新たな脅威として環境・エネルギー問題を重要な課題と位置づけている点では共通している。また従来の軍事的安全保障戦略に加え，新たな安全保障戦略が必要であることが 2001 年・2003 年の時点でオーストリアと EU それぞれから

示されていた点にも注目し，次節ではその後のオーストリアにおけるエネルギー・環境政策の安全保障戦略における新たな展開を追うこととしたい。

3．気候変動へのさらなる危機感とオーストリアの「包括的安全保障への備え」

　オーストリアは EES が発表された2年後，安全保障防衛ドクトリンを見直す形で 2005 年 11 月に「包括的安全保障への備え（Umfassende Sicherheitsvorsorge–Das sicherheitspolitsiche Konzept Österreichs）」を発表した。オーストリア政府の発表では，「包括的安全保障への備え」は 2001 年の安全保障防衛ドクトリンと 2003 年の欧州安全保障戦略に基づいて作成されたものであり，共通戦略と 10 部門の戦略（外交政策・防衛政策・国内安全保障・経済政策・農業政策・交通政策・インフラ政策・財政政策・健康政策・教育情報政策と情報コミュニケーション技術部門での安全保障）で構成されている。

　この文書は，現在のオーストリアに対する直接の軍事的脅威は想定しにくいとしながらも，ヨーロッパは新たな脅威に直面しており，その新たな脅威としてテロリズム・大量破壊兵器の拡散・組織犯罪・薬物や人身売買・自然環境破壊・経済財政危機といったものがあると指摘している。前回のドクトリンから新たに加えられたのがテロや大量破壊兵器拡散についてであるが，これは 9.11 同時多発テロとその後の世界情勢が大きく作用している。ここで列挙されているような類の脅威に対しては従来の伝統的な安全保障機構（軍隊・警察など）のみでは対処できなくなっていることから，様々な分野を網羅した包括的安全保障政策が求められており，今回の「包括的安全保障への備え」では，経済・財政・保健衛生政策などが伝統的な外交・防衛政策や国内安全保障の維持と並んで重要であることが指摘されている。

　また，包括的安全保障の原理は，安全保障を広義のものであると捉え，内的安全保障と外的安全保障の両側面を包括するものであると説明したうえで，オーストリアの安全保障戦略は安全保障の軍事的側面・非軍事的側面の両方を

含むものであるとしている。オーストリアの将来の安全保障全般について，特に非軍事的側面について詳細な検討がなされているのは，まさにこのような背景からである。

　以上のようにオーストリアの安全保障が様々な政策を包括するものとなりつつあることは，オーストリアの各省庁がこの文書についていろいろな形で言及していることにも示されている。たとえば教育文化省では，「包括的安全保障への備え」の主要課題は，既存の安全保障政策をその時々に応じて利用し，また応用できるように配慮することであるとして[14]，オーストリアの安全保障戦略が伝統的な軍事的安全保障政策と新たな戦略とを融合させながら展開していく見通しを示している。

　特に注目すべき点は，世界が対処すべき喫緊の課題である気候変動対策に関する部分である。2001年の安保防衛ドクトリンにおいても国際的環境保護の促進などを謳っていたが，「包括的安全保障への備え」では文書全体にわたって詳細な検討がなされており，オーストリアの安全保障戦略における重要課題の1つと位置づけられていることが明らかである。

　そこで，以下ではこの「包括的安全保障への備え」の中で取り上げられている課題を明らかにすることで，オーストリアが気候変動に対してどのように取り組むべきだと認識しているのかを検討する。

　この文書は序文からはじまり，外交政策のほか，安全保障戦略・国内安全戦略・交通政策戦略，さらに農業政策戦略それぞれにおいて気候変動問題があげられている。

⑴　序　　文

　「包括的安全保障への備え」の冒頭ではオーストリアの安全保障上の大戦略として環境保護・消費者保護・児童老人の保護等に言及し，とりわけオーストリアとEUに共通する安全保障的関心は，国家の経済的社会的基盤の確保と価値ある環境の維持であるとして，これらがオーストリアの重要な安全保障的関心の1つであるとしている[15]。

また，オーストリアの安全保障戦略ではヨーロッパや国際社会との連携が重要であることがこの文書の中で繰り返し言及されている点もオーストリアの安全保障政策に固有の特徴といえよう。この点については，「今日の安全保障上の課題は一国の措置ではもはや対応できないものであり，ヨーロッパの枠組みでの団結した協力を通じてのみ実現できる」として，オーストリアの安全保障とEUの安全保障は互いに切り離すことが出来ない結びつきがあることを強調していることに示されている。さらに，オーストリアは基本的価値・重要な国益に基づき，EUの安全保障の関心を考慮したうえで，安全保障政策の戦略的な目標設定を行うべきだとし，その場合のオーストリアの安全保障政策にとって特に政治戦略目標として14項目を列挙している[16]。その中にはEU・OSCE・国連のプロジェクトを積極的に支持する枠組みで民主主義・人権により一層配慮すること，ヨーロッパと世界の文脈での平和と安全へのより大きな責任を負うこと，国際的な枠組みでの国際的テロリズムや組織犯罪，そして不法移民に対する戦いなどとあわせて，包括的環境保護の枠組みで人為的災害や自然災害の悪影響を出来るだけ小さくすることによって価値ある環境を維持することが明示されている。

　以上のように21世紀のオーストリアでは環境保護問題を安全保障政策の観点から捉えようとしていることがわかる。

(2) 外 交 政 策

　この文書では外交政策・安全保障政策・国内安全保障政策・交通政策といった各政策に関する戦略も盛り込まれており，その中では気候変動や環境，エネルギー問題にも取り組もうとしていることがわかる。

　たとえばオーストリアの安全保障政策の諸目標の実現には，世界平和の維持のためのもっとも重要なフォーラムとしての国連が一定の役割を果たすことに言及し，オーストリアはその国連に信頼を寄せていることに触れるとともに，ESDPのさらなる発展が外交政策上の戦略として特に重要であることが指摘されている[17]。その上でオーストリアの外交政策の主たる目標として，ヨー

ロッパ統合のプロセスへ参加しつつも自国の主権と独立を保持すること，オーストリアの利益と立場を確保しながらヨーロッパ統合のプロセスに積極的に携わること，西バルカンの安定や近隣地域（ポーランド・スロバキア・ハンガリー・チェコ・スロベニア）との地域協力のさらなる発展，人権への配慮，持続可能な発展や環境問題といったグローバルな問題の解決策を講じること，などをあげている。このようにオーストリアはEU統合に独自路線で参画する意思を鮮明にしており，これがオーストリアの外交安全保障政策の特徴となっている。

また，オーストリアにとって核となる外交・安全保障政策的課題として，平和維持・安定・危機管理一般，オーストリア周辺地域の安定，地中海地域の安定，国際テロ・組織犯罪，大量破壊兵器の拡散，途上国問題・経済危機，環境問題が列挙されている[18]。ここではグローバルな環境問題について，温室効果ガスとその影響は人間の将来にとって何にもまさる課題であるのみならず，安全保障政策上の意味も持ち，そこでは気候変動やそれに関連する経済問題などの兆候や結果が大きな政治的不安定要因（たとえば紛争や移民流出の誘因）として内在することを指摘し，それゆえこういった関係における持続可能な発展の問題は，南北格差を縮小させることで一定の役割を果たすことになるのみならず，安全保障政策の観点からも重要な役割を果たすことになると結論づけている[19]。

さらに，安全保障政策的課題の克服のための外交措置のうち，環境問題については以下の3点を通じて，国際的環境保護の改善が図れると言及している[20]。

- 現在行われている世界貿易ラウンドの進展におけるより緊密な調整と，多国間の枠組みでの環境協定（京都議定書）の発展・結合・転換に際しての積極的な関与。
- 環境領域でオーストリアが積極的な役割を果たし続けること（たとえば再生可能エネルギーに関する世界フォーラムでエネルギーに関する多国間での話し合いにおいて自国の発言力を一段と強化することなど）。
- 国際環境法の規範の拡大と持続的な使用（原子力発電所周辺地域での安全

基準や放射能物質の管理等に関するルールの強化など)。

　以上のように,オーストリアは環境問題をグローバルな枠組みで対処しようとしていることを明文化しており,持続可能な発展と環境への取り組みをめぐるオーストリア外交はEUを中心としながらも国連などの国際機関との連携も強めていくであろうことが予想される内容となっている。

(3) 安全保障政策的戦略・国内の安全・交通インフラ戦略

　この文書ではオーストリアとヨーロッパの安全保障的関心にとっての新たなリスクとして特にヨーロッパ周辺地域での国家破綻や秩序崩壊について言及しており,そこではEU域外地域の地域紛争がスピルオーバーする危険の潜在性を問題視し,その結果として難民の移動や武器麻薬人身売買とともに国際的経済危機や環境破壊も引き起こされえるとし[21],オーストリア安保政策戦略の中でもとりわけ危機・脅威について警鐘を鳴らしている。

　このようにオーストリアはグローバルな環境問題への対応を外交のみならず安全保障政策としても展開していくことが示されており,これ以降のオーストリア安全保障戦略は環境をその一要素と位置づけて発展させていくことが予想されるものとなっていた。

　また市民の保護,国家的危機管理と災害管理について現状分析をしながら,国内の安全に関する戦略としての環境問題の重要性に言及している[22]。ここでは放射能の問題についても言及している点が特徴的であり,オーストリアは放射能漏れに備えて広範な地域に満遍なく環境喚起がいきわたるような早期警戒システムを稼動させていること,IAEAの原子力事故の早期通報に関する条約の締約国であり,EUで加速している情報交換システムにも加わっている点を付け加えている[23]。このように放射能汚染への危機感を強めている点からは,オーストリアの原子力への根強い不信感が窺える[24]。

　さらにオーストリアがヨーロッパの中央に位置しているということがヨーロッパ交通の回廊であるという戦略思考をもたらすこととなり,これは市民・経済・環境保護からのニーズというものを現在のみならず将来も考慮する必要

があることを意味しているという言及がある[25]。このことからは，オーストリアの環境問題がオーストリア国内の交通・インフラ戦略としても重要であり，オーストリアの環境政策がヨーロッパにおけるオーストリアの地政学的な戦略としても進められようとしていることがわかる。

(4) 農業政策戦略（環境政策の現状・リスク・戦略・措置）

　この文書の中で環境政策についてもっとも詳細に言及されているのは農林水産環境省が管轄する農業政策戦略である[26]。農業政策戦略の中では環境と持続的発展に関して 1) 現状分析, 2) リスク分析, 3) 戦略, 4) 措置が具体的に示されていることから[27]，以下でその4点について明らかにしておきたい。

　1) オーストリアの環境をめぐる現状

　ここでは 2002 年 4 月 30 日にオーストリア政府が「持続可能な発展のためのオーストリアの戦略」[28]を決議したことに触れ，オーストリアの環境の現状について言及しながら，健全な環境，経済的繁栄，社会的結束がグローバル・ナショナル・ローカルな政策に共通の目標であり，これによって全人類の生活水準は長期的に保証されるとしている。そして目標をめぐる様々な対立を分析し，その対立を克服するための選択肢を広げることが有効であるとの認識を示している。

　また，持続性に関してはエール大学から発表されている環境履行指標の分析結果を引用しながら[29]，EU 加盟国の中でオーストリアはフィンランド・スウェーデンに続き3番目に高い国であり，国際的に高い水準であることを示している。この文書ではオーストリアが高水準にある根拠として，政府が実現可能な環境保護を確実に実施しているとともに，雇用を創出し，生活水準を保証している点をあげている。

　環境関連の雇用創出に関しては，地方や農村地域の振興策としても触れており，地方・農村の経済力強化には，持続的なエネルギー政策の強化が手段となり，これによってその地方の雇用を創出し，またエネルギー依存を減少させる

ことになるとしている。

　さらに，オーストリアはチェルノブイリ原子力発電所の事故に直面した中欧諸国の中でももっとも大きな被害を受けた国の1つであったし，その影響は現在も続いていることに触れて，近隣諸国に原発が数多く存在することを危機的状況だとしている。

　2）オーストリアの環境に対するリスク

　ここでもチェルノブイリの事故を引き合いに出しながら，自然界に発生した放射性物質は人間の呼吸・食物連鎖を通じて取り入れられてしまい，核汚染物質が人体へ悪影響を及ぼすことに触れ，原子力発電所の事故・原子力発電所の建設・テロという3つの危険シナリオが原子力への依存によって考えられることに言及している。

　3）オーストリアの環境をめぐる戦略

　1992年のリオデジャネイロでの環境と発展のための世界会議以来，オーストリアは持続可能な発展の原則に全力を尽くしてきたことに触れ，ここでは次世代エネルギーの中でも特にバイオマスの利用が地域の活力を生み出すとともに安全なエネルギー供給を可能にする潜在性を秘めていることに言及している。また，水力利用による持続可能な水・エネルギー経済の実現に触れ，オーストリアが従来から支持しているヨーロッパ全体での原発からの脱却が環境と持続可能な発展における主要課題であるとする。

　さらに，エネルギーの使用効果を高め，新たなエネルギー源を確保・強化することでエネルギー経済の枠組みを構築することを目的とする「エネルギーパートナーシップ」という概念が，中東欧の国々の原発を廃止させることを可能にするとして，オーストリア原子力政策の「3段階戦略（①ソ連が建設した第1世代の原子力発電所でこれ以上使用不可能な発電所を閉鎖し，②現在稼動している原発に対する安全基準をより強化し，③ヨーロッパ全体の原子力の使用の停止を促進すること）」に言及する。

　4）オーストリアの環境に対する措置

　持続可能な経済によって経済成長・生活水準・健全な環境が目的として達成

されることから，そのためにオーストリア経済ではどのような枠組みが必要となるかを明確にすることが中心課題であるとする。また，経済の行方について社会がルールを守り，環境政策に責任を持つことこそが世界経済の現状にとって重要であるとしている。

　同時に安全保障防衛政策でも従来のエネルギー確保以外の新たな選択肢を構築する必要があることに言及し，ヨーロッパ全体で核エネルギーの利用から脱却することをオーストリアの目標とし，そのためにオーストリアは核エネルギーの危険性に警鐘を鳴らすとともに，核エネルギーからの脱却を支持することで，ヨーロッパで今なお稼動している原発の安全基準向上のイニシアティブを持つことが不可欠となるとしている。

　また，国境を越える放射能汚染の影響を可能な限り小さくするため，諸外国の原発事故に備えた防護措置が非常に重要である点も指摘している。オーストリアの場合，2004年に出された放射線防護法と放射能から国民を保護するための措置を作り，遂行することが放射能からの防護と緊急事態へ対応する基盤となっている。オーストリアは，諸外国での核施設の事故について出来るだけ早く情報を得るために，近隣諸国との情報・データ交換システムの構築に重点を置いていることにも触れている。

　この「包括的安全保障への備え」では原発の危険性が繰り返し言及されているが，原子力由来のエネルギー供給を断っているオーストリアでは依然として原発への不信感が根強く，実際に2008年2月28日に開催されたEUのエネルギー閣僚理事会でも原子力の研究と発展へのEU資金の導入に反対を示し，投票を棄権する唯一の国となった[30]。また，オーストリアは原発への依存から脱却するべく，自国での再生可能エネルギーの利用を拡大しており，EUが加盟各国に促した再生可能エネルギーに関する行動計画で，オーストリアは2006年に61.6%であった電力における再生可能エネルギーの割合を2010年には78.1%まで引き上げる目標を掲げた[31]。EUの見通しではこの目標達成は難しいとされていたし，オーストリア自身も高いハードルを掲げたとしていたが，2010年に無事目標を達成し[32]，これによってオーストリアはEU

加盟国の中でもっとも高い比率を実現した[33]。

従来オーストリアの環境基準はEUのそれと比べると高い水準にあり，1990年代初頭のEU加盟交渉ではオーストリアがEUの環境基準をオーストリア並みに引き上げることを求めて交渉が難航する場面もみられた。環境政策でのオーストリアとEUの違いは加盟後も依然として解消されないままであり，そのことは前述のように安全保障戦略における環境分野への取り組み度合いの差にも現われていた。そのような中21世紀に入り，オーストリアの「包括的安全保障への備え」が発表された後，EUは欧州安全保障戦略を見直す作業に着手することとなり，ようやく環境政策のヨーロッパレベルでの新たな展開の兆しが現われた。以下でEUの安全保障戦略の見直しの過程について検証し，ヨーロッパの環境をめぐる安全保障戦略の展開を明らかにすることを試みる。

4．ヨーロッパ共通の気候安全保障戦略の可能性──欧州安全保障戦略履行報告発表までの道のりと課題

EUとしてヨーロッパ大での気候変動への対処を安全保障戦略として取り組むことが明確になったのは欧州安全保障戦略の見直し論議からである。

ソラナ Javier Solana は2007年12月の欧州理事会において，欧州委員会と加盟各国がより緊密に協力して2003年の欧州安全保障戦略の履行状況をチェックし，改善点や将来的な補足を提示することを求めた[34]。

このような中，2008年3月14日欧州理事会から委員会に提出された気候変動と国際安全保障に関する報告書は国際的な安全保障への気候変動の影響に焦点を当てて，気候変動に関する国際安全保障の展開によって生じる様々な現象がヨーロッパ自体の安全保障に与えるインパクトについて，そしてEUがどのように対応すべきなのかについて検討した[35]。この報告書は，欧州安全保障戦略においてヨーロッパが世界的な温暖化と天然資源の争奪戦という問題について認識したということに触れ[36]，欧州安全保障戦略の見直し作業ではこれらの問題に対応するべく，温暖化対策の検討が行われていることを示唆し

た。

　この報告書では 2009 年末までに気候変動枠組み締約国会議で 2012 年以降の取り決めについて合意が実現出来なくてはならず，EU はあらゆる手段でこの目標を実現しなくてはならないとされていた[37]。

　そしてこの報告書は，EU レベル・2 国間レベル・多国間レベルでそれぞれ補完的な方法を用いながら，様々な手段で気候変動の安全保障上の問題に取り組むことがヨーロッパ自身の利益になると結論づけている[38]。また同時に気候変動がヨーロッパの自然環境や社会経済全体に大きく影響を及ぼすと考えられるとして，国際安全保障への気候変動のインパクトを強調しているものの，EU の反応はヨーロッパ自身への気候変動のインパクト次第であろうとも述べられており[39]，気候変動の影響がさほど大きくない場合には EU が思い切った戦略を打ち立てないことを示唆する文脈となっている。このことからは EU の気候変動への対応が世界レベルで広がりをみせていくというシナリオを描くのが非常に難しいことを予見していたことが窺える。このような現状をふまえたうえで，報告書は欧州安全保障戦略の履行に関して近々検討が予定されていることにも言及し，欧州安全保障戦略の再検討が気候変動の安全保障的広がりを考慮したものへと発展していく必要があると指摘した[40]。

　こうして 2008 年に欧州安全保障戦略の見直しが予定されている中，EU のシンクタンクである EPLO（European Peace building Liaison Office）は 2008 年 8 月にその見直し議論での論点を「欧州安全保障戦略：2008 年修正のための貢献」という報告書の形で発表した[41]。以下では気候変動の問題が欧州安全保障戦略の見直しの際に重要事項としてどのように取り上げられたかをこの EPLO 報告書をもとに整理しておく。

　EPLO 報告書では，EPLO が勧める優先的戦略として，欧州安全保障戦略で適用された安全保障概念・非国家アクターと市民社会の役割・開発と長期的予防措置の役割・欧州安全保障戦略の評価プロセス・新たな脅威と紛争の原因を突き止めるためのその脅威との関係・大量破壊兵器の拡散・地域紛争と国家破綻などとともに気候変動の問題が列挙されている。

EPLOは，改訂欧州安全保障戦略では「欧州の安全保障に影響を及ぼすグローバルな挑戦」という第2のカテゴリーを導入することで，この気候変動問題が貧困・武力紛争・人権侵害などといった問題とともにこれまでよりも戦略的優先順位を上げていく必要性を指摘している。また，欧州安全保障戦略は委員会と議会の共同声明でその提案に言及すべきである点にも触れ，欧州安全保障戦略はEUとEU加盟国が気候変動に及ぼす影響を考慮し，2009年までに気候変動に対する世界的な合意を取り付けるべくEUにコミットすべきであるということを指摘している[42]。

EPLO報告書は安全保障環境におけるグローバルな挑戦と鍵となる脅威についても言及しており，新たな脅威と紛争の原因との関係について，長期的な戦略からするとそれらの原因を強調することがヨーロッパ市民にとっての，そして人類共通の安全保障を促進することにつながると考えられることから，EPLOはEUが昨今国際的な安全保障の課題として気候変動を定義したことを評価する旨が示されている[43]。

さらに，安全保障環境におけるグローバルな挑戦としての気候変動について，気候変動と国際安全保障の関係は周知のものであり，気候変動によって引き起こされ得る紛争の影響はEU域内で遠からず直接的に波及する可能性があると指摘している。この報告書では，紛争に対する気候変動の影響をEUが効率よく減少させることが出来る方法として，EUの調査・分析・モニター能力を向上させること，市民の保護を含む計画と能力をEUと加盟国が構築すること，複数国にまたがる気候変動に関わる安全保障のリスクに注目すること，あらゆるレベルでの国際協力をさらに拡大すること，気候変動をEUの様々な戦略に統合していくことが提案された。

EPLOの報告書は2007年にEUが創設した最貧諸国を気候変動に立ち向かうべく支援するためのグローバル気候変動同盟（the Global Climate Change Alliance in 2007）[44]を高く評価するとともに，欧州安全保障戦略を全うすることで，EUがこれらの地域に政治的に強く関与していくべきであると言及している。その他，報告書では欧州安全保障戦略においてEU・EU加盟国の諸政策

と行動が気候変動に与える影響を正確にとらえ，温室効果ガスをさらに削減し，エネルギー効率を高めて再生可能エネルギー技術を開発することで，EU がこれらの分野での世界のリーダーとしての地位を堅持し続けるべきであるとしている。

以上のような EPLO の報告書を受けて，2008 年 12 月に作成された欧州安全保障戦略履行報告では気候変動が脅威であるとはじめて定義され[45]，気候変動とエネルギー政策が EU の大きな課題であることが改めて示された。

欧州安全保障戦略は「中心となる脅威・戦略目標・政治的結論」の 3 部から構成されていたが，欧州安全保障戦略履行報告もそれとほとんど変わらないスタイルで，「グローバルな挑戦と主たる脅威・ヨーロッパと域外地域の安定構築・動きつつある世界におけるヨーロッパ」の 3 部構成となっている。第 1 部のグローバルな挑戦と主たる脅威では，ヨーロッパの安全保障のための 5 つの脅威と挑戦として①大量破壊兵器の拡散，②組織犯罪とテロ，③ネットセキュリティ，④エネルギー供給の安全保障，⑤気候変動[46]が取り上げられている。ここでは気候変動が，自然災害や環境破壊，政治紛争や資源競争のためにすでに不安定になっている地域をますます不安定化させるような脅威を増大させるものとみなされており，これまで以上に近隣諸国との協力や，国連の枠組みや地域機構の枠組みで緊密な協力を図り，分析・早期警戒システムの能力をさらに向上させていくことが必要だとしている[47]。

欧州安全保障戦略履行報告は，中国やインドの成長を意識したエネルギー戦略にも言及しつつ，気候変動や資源枯渇，さらには貧富の格差拡大や組織犯罪，経済システムの不安定化といったグローバリゼーションの影の側面への対応を考慮したものとなった。また，EU の拡大と近隣政策の強化・ロシアのグルジア侵攻問題などによってロシアとヨーロッパ間の関係が不安定化している点に触れ，エネルギー問題のみならず，政治レベルでもロシアとの建設的協力が望まれ，それがエネルギー・気候安全保障や効果的な多国間秩序にとって非常に重要であるとしている。そういった中でヨーロッパにとってのグローバルな挑戦であり主たる脅威として，テロや組織犯罪のための大量破壊兵器の拡

散,エネルギー安全保障,気候変動をクローズアップしている。

　EUが欧州安全保障戦略の誕生後5年間に「部分・置き換え戦略」と定義した戦略の中でも最重要領域とされたのは,大量破壊兵器の拡散防止のためのEU戦略(2003年),ヨーロッパ近隣政策(2004年),地中海地域連合(2008年),アフリカ戦略(2007年),域内安全保障の強化戦略(2004年),気候変動と安全保障(2008年),安全な情報社会のための戦略(2006年),EUのエネルギー政策に対する上級代表と欧州委員会の共同文書(2006年),EUの安全保障構造の枠組みでのNATOの役割に関する決議と声明(2003年から2008年)などがあるが,これらの流れから明らかなように,気候変動対策は2008年から始まった比較的新しい取り組みとなっている[48]。

　欧州安全保障戦略履行報告書が出された翌年となる2009年12月8日に開かれた閣僚理事会では,気候変動とその国際的安全保障上の諸影響が環境・エネルギー・CFSPというEUの幅広いアジェンダの一部であり,EUが努力するべき中心課題であり,これがEUの温室効果ガスの削減とエネルギー安全保障の確保のための包括的努力を強化するインセンティヴになると結論づけた[49]。

　こうしてEUでは気候変動への対応が安全保障政策として明確に定義されることとなり,気候安全保障への取り組みを積極的に図るようになって現在に至る。それでは現在の気候変動へのヨーロッパの具体的な戦略はどのようなものがあるのか,その将来像はいかなるものなのかを終節で総括したい。

おわりに——ヨーロッパにおける気候変動をめぐる新たな展開と安全保障戦略の将来

　上述のようにEUの気候変動への対処としての安全保障戦略はゆっくりとしたペースながらも強化されていった。ところが2009年12月にコペンハーゲンで開催されたCOP15会議は,先進国と途上国の間の立場の違いが埋められずに新たな成果がないまま閉会となり,ヨーロッパは従来から目指していた気

候変動分野での世界的リーダーとしての威信を失墜させることとなった。COP 会議の停滞で，ヨーロッパの気候変動対策はこれ以降しばらくの間足踏み状態となっていたが，2010 年 3 月以降，EU レベルでもオーストリアレベルでも新たな動きがみられるようになる。

　EU 委員会は 2010 年 3 月 3 日，成長と雇用のためのリスボン戦略の後継として，欧州のエネルギー・気候変動目標を含む 2020 年に向けた EU 経済の道筋を示す新たな経済戦略「欧州 2020（Europe 2020）」を提案した[50]。

　この戦略ではスマートな成長・持続的な成長・更なる成長の 3 つを優先事項として，気候・エネルギーにおいて「3 つの 20」という目標を掲げるなど[51]，5 つの分野での数値目標を掲げ，「資源効率の高い欧州（Resource efficient Europe）戦略」（成長と資源・エネルギーの利用との切り離し，CO_2 排出量の削減，競争力とエネルギー安全保障の強化）などの 7 つの最重要事項を提示した[52]。

　この文書ではグローバル経済の現代世界において，いかなる加盟国も単独ではグローバルな挑戦に取り組むことは出来ないと指摘したうえで，新戦略の推進がガバナンスの強化につながるとしており[53]，欧州の団結の必要性が改めて示された。

　同じ時期にオーストリアでは「オーストリアのエネルギー戦略」が発表された[54]。2020 年に向けての環境保護目標を新たなエネルギー戦略によって達成しようというものであるが，ポイントとなるのはとりわけ環境に配慮した税制改革，再生可能エネルギーの拡大，交通政策などである。この戦略では再生可能エネルギーのシェアが 28% から 35% に増加すると見込まれているが，詳細な対策と資金調達についてはまだ課題が残っている。この戦略に必要な資金調達は，政府の気候・エネルギー基金の創設が前提となっているが，ブレス（Bures）インフラストラクチャ大臣とベラコヴィッチ（Belakovich）環境大臣はこの基金の創設が様々な投資を引き出すことにつながり，また，環境分野での雇用をも生み出すという楽観的な説明をしている[55]。オーストリアの新戦略の先行きは不透明ではあるものの，今後の気候変動への対応策は上述のような諸戦略のコラボレーションという形で発展していくことは確かであろう。

本章で検討してきたとおり，21世紀に入って世界における脅威の質が変化しつつある中，ヨーロッパでは安全保障戦略の見直しが繰り返されている。これまでの軍事的脅威を前提とした伝統的な安全保障戦略が中心の時代には，EUレベルと加盟各国レベルで脅威に対する認識には違いがあり，その戦略も異なっていたが，冷戦が終結し20年経った現在の脅威は，軍事的であるか非軍事的であるかを問わず，ヨーロッパが共通に抱える課題となっている。ところがその脅威への対処方法はEUレベルと国家レベルで違いがみられる。特に本章では気候変動という新たな脅威に対する戦略がどのような方向性を持ってきたのかを，EUとオーストリアそれぞれの安全保障戦略から検討した。その結果，EUレベルで気候変動が安全保障戦略として明確に位置づけられたのはオーストリアと比べると遅いことが明らかになるとともに，オーストリアの戦略の方がEUの戦略よりもはるかに具体的であることが示された。

気候変動への対応についてはEUよりもオーストリアの方が早くから検討していたという点は，オーストリアが2007年3月21日の閣僚会議で「京都目標2008-2013の達成に向けてのオーストリアの気候変動戦略への適応」を決議したことにも現われている。この文書では気候変動戦略がオーストリアとEUの環境関連目標・経済目標・社会目標の設定を可能な限り広範に考慮して作り変えられるべきであるとの見解が示されていた[56]。また，「大気汚染物質の国による排出上限の設定」のように，従来からある環境に関する具体的な目標設定とあわせて，EUの「リスボン戦略」のような国家の枠組みを超えた横断的戦略を展開するべきであるとの言及もみられた。オーストリアによるこのような指摘が具体化されたのが前述の「欧州2020」の戦略であり，オーストリアは環境の分野で複合的な政策を発展させることにより，ヨーロッパが国際競争力を強化してさらなる成長の潜在性を引き出し，雇用を創出するといったことを主要目標として掲げるようになるだろうという見通しを比較的早い時期から持っていたのである。

「京都目標2008-2013の達成に向けてのオーストリアの気候変動戦略への適応」では，気候変動戦略における措置の多くが環境・経済・社会目標に貢献す

ることとなり，それはたとえば気候保全のための技術開発であり，その開発によってオーストリアやEUの国際的立場が優位になるだろうとの指摘もあったが，ここで示されている目標は「欧州2020」戦略で強調されている分野まさにそのものである。特に2007年以降，ヨーロッパが環境分野で指導的役割を果たそうという姿勢は，EUを中心とした資源・エネルギーをめぐる新たな戦略やEU独自の温室効果ガスの排出枠取引システム（EU-ETS）を早期に構築し[57]，ヨーロッパにおけるこのようなシステムの基準を世界共通の基準へと発展させようとしていた点など随所にみられる。ヨーロッパが環境分野で今後も国際的優位性を維持・発展させるためには，気候変動戦略の目標と内容の設定が重要であり，その戦略が環境・経済・社会など複数の政策分野で相乗効果を生み出すようなしくみ作りが求められよう。オーストリアによる包括的安全保障としての気候変動戦略への取り組みは，EUが新たに取り組むこととなった「欧州2020」という様々な政策分野の複合に通じるものであり，将来にむけて気候変動に関連する諸分野に相乗効果をもたらす枠組みへと発展させることが急務となる。

　また，温暖化対策とともに差し迫った課題となってきた資源・エネルギー対策はヨーロッパのみならず世界全体が直面している喫緊の課題である。特にヨーロッパはロシアへのエネルギー依存度が高いことから，資源・エネルギー問題が環境安全保障戦略において非常に大きな割合を占めてきている点，そしてこれが対ロシア戦略を中心とした外交戦略とも重なってきている点は気候変動戦略で注目すべき点の1つである。

　オーストリアの場合，冷戦の終焉でソ連・ロシアの軍事的脅威というのは冷戦期のような深刻な問題ではないにもかかわらず，21世紀の安全保障戦略では気候変動・エネルギー政策においてロシアを意識せざるを得ない状況である。そこでオーストリアはエネルギー依存からの脱却を図るべく，近年再生可能エネルギーを積極的に取り入れた。その結果前述のように，オーストリアの電力における再生可能エネルギー割合はEU・ヨーロッパ近隣諸国の中でもっとも高くなった。オーストリアがこのようにEU内でもっとも大きな割合で

再生可能エネルギーを利用している状況は，環境・エネルギー政策の転換が急務であるヨーロッパの状況を象徴的に表しており，再生可能エネルギーの分野でオーストリアがヨーロッパのけん引役となっていくことにつながる。EUにおいても様々なリスクと可能性を考慮したヨーロッパ共通のエネルギー政策の速やかな策定が不可欠となっている現在，オーストリアのこのような取り組みにも注目が集まっている。

　これまで気候変動やエネルギーの問題は安全保障政策として意識されてはいたものの，具体的な戦略とはならなかった。ところが21世紀の現在では，これらの政策は安全保障戦略としても位置づけられるようになったと同時に，外交政策・経済政策・交通政策・衛生政策など広範囲に及ぶ問題でもあることから，オーストリアが伝統的に展開している包括的安全保障戦略がヨーロッパレベルでも再び重視されていくと考えられる。

　2003年の欧州安全保障戦略も2008年の欧州安全保障戦略履行報告書も政府間協力の枠組みでの政策文書であり，法的拘束力を持つものではないことから，EUレベルで拘束力を持つ戦略が打ち立てられる必要もある。

　このように，気候変動戦略は非常に幅広い分野の政策の複合体であることから，EUでもオーストリアでも気候変動に対応できるようなシステムを構築するべく，試行錯誤の最中であるというのが現状である。また，今後どの政策分野のどのような要素を盛り込んでいくべきなのかは依然として未知数である。というのも，ヨーロッパではEUレベル・加盟各国レベルで気候変動対策が政策として打ち出されてはいるものの，それは必ずしも民間レベルのニーズに合ったものにはなっていないからである。EUは数値目標を掲げて加盟各国の対策を促すことを主眼にしてきているが，この数値目標は実際の民間レベルでの活動におけるエネルギーの需要と供給の数値を反映したものにはなっておらず，EUの共通政策はまず政策ありきで，民間の企業活動や市民のニーズといった実態にそぐわないという指摘もある[58]。

　そのような中で1つみえてきている道筋は，オーストリアでもEUでも気候変動問題が外交・安全保障政策課題として扱われつつある点である。EU委

員会と上級代表は 2011 年 7 月 9 日に「新たな強化された EU 気候外交に向けて」と題する共同の報告書を発表した[59]。この報告書は EEAS と EU 委員会の諸機関が準備に携わる形で出来上がったものであったが，ここでは積極的で効果的な EU の気候外交のための新たな機会として，気候アクションの促進・気候アクション履行の支援・気候変動と国際安全保障という 3 つの要素を明示し，EEAS の気候変動問題でのより積極的な働きが期待されていること，第三国や国際機構との対話や協力のより一層の強化，さらに中央アメリカ・東南アジア・西南アジア・インド洋太平洋島嶼国の気候変動の安全保障との関連についての詳細な地域研究の必要性が示された。

気候変動問題への対応について，EEAS への期待が示されたのは，気候変動問題の安全保障政策としての対応が EU にとって喫緊の課題であるという認識の表れであり，2013 年 6 月 24 日の EU 理事会外交問題理事会は前掲の 2011 年 7 月の報告書を踏襲する形で，すべての主要排出国を含む包括的な地球規模の合意を確保するためにより戦略的なアプローチが必要であるとの合意に達した[60]。これによって EU 理事会は，気候変動の潜在的な安全保障上の様々な広がりに対処するうえで EU 自身がリーダーシップをとることを再確認することとなった。したがって，EU がこの分野でリーダーシップを取っていこうという場合には，いかに気候外交を展開していくのか，EU 域内外にこの EU 気候外交の将来像を明確に示すとともに，EU 加盟国の優先課題に気候外交を盛り込ませるような働きかけが必要となる。

これからの気候変動戦略・環境安全保障政策は，あらゆる政策分野の中から気候変動戦略として不可欠な要素を的確に抽出して新たな相乗効果をもたらすような複合政策として生み出すという大きな課題が待ち受けており，EU 加盟各国の気候変動戦略への新たな取り組みが注目される。これまで EU 域内で気候問題への取り組みにもっとも積極的な国の 1 つであるオーストリアも今まさに安全保障政策の見直し作業を行っているが，この点については別の機会に論じることとしたい。

（付記）本章は科学研究費「EU の総合的研究」（2011～2013 年度基盤研究 B）による研究成果の一部である。

1) 詳細は拙稿「オーストリアの安全保障—中立と共通外交安保政策とをめぐって—」，日本 EU 学会年報第 19 号『EU 通貨統合』，1999 年。
2) *Sicherheits– und Verteidigungsdoktrin, Analyse-Teil*, Bericht an den Nationalrat, Verfasst von einer Expertenkommission im Auftrag der Bundesregierung, 23. 01. 2001.
3) *Ebd.,* S. 8.
4) *Ebd.,* S. 54.
5) *Ebd.,* S. 66.
6) *Ebd.,* S. 66.
7) *Ebd.,* S. 68.
8) *Ebd.,* S. 9.
9) *Ebd.,* S. 69.
10) European Union, *A secure Europe for a Better World-European Security Strategy*, Brussels, 12. 12. 2003.
11) *Ibid.,* p. 3.
12) *Sicherheits– und Verteidigungsdoktrin, Analyse-Teil,* S. 37–40.
13) *Ebd.,* S. 43
14) オーストリア教育文化省は「『包括的安全保障への備え』を知るために」という文書を作成してその概念を要約している。
15) *Die Umfassende Sicherheitsvorsorge*, Oktober 2005, S. 4.
16) *Ebd.,* S. 5–6.
17) *Ebd.,* S. 12.
18) *Ebd.,* S. 15–18.
19) *Ebd.,* S. 18.
20) *Ebd.,* S. 23–24.
21) *Ebd.,* S. 29.
22) *Ebd.,* S. 47.
23) *Ebd.,* S. 49.
24) オーストリアの原子力政策・エネルギー政策については，拙稿「オーストリアのエネルギー政策—脱原子力から再生可能エネルギーへの道のり」（中央大学『法学新報』第 117 巻第 11・12 号，2011 年 3 月）が詳しい。
25) *Die Umfassende Sicherheitsvorsorge*, S. 67.
26) *Ebd.,* S. 89.
27) *Ebd.,* S. 92–107.
28) Bundesministerium für Land– und Forstwirtschaft, Umwelt und Wasserwirtschaft, *Die Österreichische Strategie zur nachhaltigen Entwicklung*, April,

2002.
29) Yale Center for Environmental Law and Policy, *Environmental Performance Index*.
30) *Der Standard*, 29. 02. 2008.
31) *European Kommission 2009 progress report on renewable energy*, Brussels, 24 April 2009.
32) Bundesministerium für Wirtschaft, Familie und Jugend, *ÖSTERREICH Bericht für das Jahr 2011 gemäß Artikel 3 Abs 3 und Artikel 5 Abs 5 der Richtlinie 2001 / 77 / EG zur Förderung der Stromerzeugung aus erneuerbaren Energiequellen im Elektrizitätsbinnenmarkt*, Oktober 2011.
33) European Commission, *2008 Environment Policy Review* – Annex, p. 67.
34) Johann Frank, *Die Entwicklung der Sicherheitsstrategie der Europäischen Union: Von der Europäischen Sicherheitsstrategie 2003 zum Fortschrittsbericht 2008*, S. 91.
35) Europäische Union, *Klimawandel und internationale Sicherheit. Papier des Hohen Vertreters und der Europäischen Kommission für den Europäischen Rat*, 14. März 2008, S. 2.
36) *Ebd.,* p. 2.
37) *Ebd.,* p. 2. そのため，2009年12月にコペンハーゲンで開催された国連気候変動枠組み第15回締約国会議（COP 15）で議長国を務めることが決まっていたデンマークは，EUのアシストも受けながら世界各国間の意見調整に当たっていたにもかかわらず，ヨーロッパの主張は注目を集めることがなかった。それどころかこの会議では先進国と途上国の見解の相違が際立ち，会議自体もポスト京都議定書の枠組み構築という大きな課題に着手出来ずに終わった。
38) *Ebd.,* p. 3.
39) *Ebd.,* p. 3.
40) *Ebd.,* p. 9.
41) EPLO, *ESS: a contribution to the 2008 review*, August 2008.
42) *Ibid.,* p. 3 / p. 10.
43) *Ibid.,* p. 7.
44) 2007年9月18日に創設されたEUと小国・貧困国・途上国との間のグローバルな気候変動に向けての同盟。
45) European Union, *Report on the Implementation of the European Security Strategy–Providing Security in a Changing World*, Brussels, 11 December 2008, p. 5.
46) 気候変動の節には「2003年に欧州安全保障戦略は既に気候変動の安全保障上の影響を確認していた。」との記述があるが，温暖化によって移民の動きが加速するという問題性を指摘している程度であり，2008年の改訂作業を経てようやくエネルギー安全保障と気候変動が欧州安全保障戦略の脅威として加えられた。

47) European Union, *Report on the Implementation of the European Security Strategy*, pp. 5-6.
48) Johann Frank, *Die Entwicklung der Sicherheitsstrategie der Europäischen Union*, Wien, September 2009, S. 110.
49) *Council conclusion on Climate change and security*, Brussels, 8 December 2009.
50) Communication from the Commission, *EUROPE 2020 - A strategy for smart, sustainable and inclusive growth*, Brussels, 3 March 2010.
51) 20年までに温暖化ガスを1990年比で20%削減し,最終エネルギー消費のうち再生可能エネルギーの比率を20年までに20%に引き上げ,エネルギー消費を20年までに20%削減する,というEUの気候・エネルギー政策における「3つの20」。
52) Communication from the Commission, *EUROPE 2020*, pp. 3-4.
53) *Ibid.*, p. 25.
54) *Die Energiestrategie: Österreich*, 11 März 2010.
55) Redaktionsschluss, *Informationen aus Österreich*, 15 März 2010, S. 4.
56) Bundesministerium für Land- und Forstwirtschaft, Umwelt und Wasserwirtschaft, *Anpassung der Klimastrategie Österreichs zur Erreichung des Kyoto-Ziels 2008-2013*, S. 6.
57) 排出枠取引システムは排出権自体の需要が下がってきたこと等から今は下火になっている。
58) EURELECTRICのHans TEN BERGE氏の指摘。
59) EEAS and the European Commission, *Joint Reflection Paper "Towards a renewed and strengthened EU climate diplomacy"*, Brussels, 9 July 2011.
60) Council of the European Union, *Council conclusions on EU Climate Diplomacy*, foreign affairs Council meeting, Luxembourg, 24 June 2013.

第 9 章
グローバル化と世界の水資源

星 野　　智

はじめに

　グローバル化の問題については，その開始の時代に関する議論があるけれども，ここでは便宜的にグローバル化を広義のグローバル化と狭義のグローバル化に分け，前者を近代以降のグローバル化，後者を 1990 年代以降のグローバル化としておきたい。広義のグローバル化は産業社会あるいは資本主義世界経済の拡大とともに徐々に進展し，その過程において同時に自然に対する収奪あるいは搾取を進めてきた。
　とりわけ近代以降のグローバル化は，化石燃料の消費に示されているように，地球がそれまでの歴史のなかで蓄えてきた負のエントロピーを消費し，地球環境の時間を太古の昔に逆戻りさせている。いうまでもなく 20% ほどの酸素を含む大気は，地球の歴史のなかで光合成によって形成されてきたものであり，この地球共有材は化石燃料の消費によって大きく変容し，それだけでなく気候変動を引き起こしている。2013 年の IPCC の第 5 次報告書においては，気候システムにおける温暖化は明白で，大気と海洋は温暖化し，雪と氷の量は減少し，海面は上昇し，さらに 1957 年〜2009 年にかけて 700〜2,000 m の海水温も上昇したとしている。また二酸化炭素の増加は海洋の酸性化を進めている点も指摘されている。
　環境のグローバル化を引き起こす人為的な要因は，人口増加，産業化，資源

消費であろう。現在，人口増加は開発途上国で顕著であり，その影響は森林資源や水資源の増加だけでなく，砂漠化や土壌の悪化をもたらすことで途上国の人々の生活空間を奪いつつある。人間の歴史において，こうした現象はしばしば起こったことであり，文明の衰退という問題はこのことと密接な関係をもっている。将来的にも，エネルギーや水などの資源の枯渇によって移動を余儀なくされることは必須であり，環境難民の数は増え続けることになろう。

産業化の波は，世界経済の拡大とともに開発途上国にまで進展し，エネルギーと水の消費のグローバル化を引き起こしてきた。開発途上国における人口増加と産業化はまた，生活水準の向上をもたらし，産業，農業，生活面でのエネルギーと水の消費の増加をもたらした。他方，水資源の供給量は地球的レベルで減少しつつある。とりわけ水資源のグローバルな減少に関しては，近代以降の温暖化や森林伐採などの影響が強く，気温上昇によって氷河が減少し，森林伐採によって水の保水量が減少している。エネルギー資源と水資源は地球上で偏在しており，その均衡化は世界経済における市場原理によって図られている。

資本主義世界経済という世界システムは近代以降に形成されたものであり，500年の歴史をもつものであるが，その世界システムがグローバル化したことで，その外延的な広がりはすでに限界に達し，自然資源そのものの開発も限界に到達している[1]。その意味で，地球社会はオーバーシュート（W・キャトン）の状態に立ち至っているということができる。およそ人間社会のシステムは生命体と同様に発生，発展，衰退のプロセスを有しており，その点からすれば，近代世界システムとしての世界経済もその過程を辿っている。すなわち，グローバル化した世界システムにおける成長の限界が始まりつつあるといってよいだろう。それがピークに到達するのは21世紀後半以降であることは間違いないであろう。その終焉がグローバルなレベルで大きな制御不可能な状況を引き起こすことも想像に難くない。その後，新しい社会システムが徐々に形成されていくことになろうが，問題なのはこの過程を制御することで，いかにして持続可能で生態学的に均衡のとれた新しい地球社会システムを作り上げ

ていくのかということであろう。ここでは地球上の水資源に焦点を当て，地球社会における成長の限界という問題を考えてみたい。

1．地球社会とオーバーシュート

　1972年に発表されたローマ・クラブの報告書は，ヨーロッパや日本といった先進諸国が経済発展するなかで，その限界を指摘し，長期にわたる持続可能な生態学的ならびに経済的な安定性を打ち立てることを提起した警告書であった。当時は，経済成長の可能性が限界に到達するということは，21世紀以降の将来のことであるという認識が依然として強く，この警告が現実的なものであるという認識は当時の人々に必ずしも実感されなかった。しかし，それから40年以上経過した今日，その報告書の結論はますます現実味を帯びているように思われる。

　　「(1) 世界人口，工業化，食糧生産，および資源の使用の現在の成長率が不変のまま続くならば，来たるべき100年以内に地球上の成長は限界点に到達するであろう。もっとも起こる見込みの強い結末は人口と工業力のかなり突然の，制御不可能な減少であろう。
　　(2) こうした成長の趨勢を変更し，将来長期にわたって持続可能な生態学的ならびに経済的な安定性を打ち立てることは可能である。この全般的な均衡状態は，地球上のすべての人の基本的な物質的必要が満たされ，すべての人が個人としての人間的な能力を実現する平等な機会をもつように設計しうるのである。
　　(3) もし世界中の人々が第1の結末ではなくて第2の結末にいたるために努力することを決意するならば，それを達成するために行動を開始するのが早ければ早いほど，それに成功する機会は大きいであろう。」[2]

このようにローマ・クラブの報告書『成長の限界』は，世界システムにおける

成長の限界について言及し，持続可能な生態学的・経済的な安定性の構築を謳っている。さらに現在の世界システムの均衡を阻害する要因としての負のフィードバック・ループに関して，以下のように説明している。

「われわれは，正のフィードバック・ループがなんの制約もなしにはたらくと，幾何級数的成長を生じるということを見てきた。世界システムにおいて，2つのフィードバック・ループが現在支配的であり，それが人口と工業資本の幾何級数的成長をつくり出している。いかなる有限のシステムにおいても，幾何級数的成長をとめるようにはたらく制約が存在するはずである。その制約というのは負のフィードバック・ループである。負のループは，成長がシステムの環境の究極の限界，すなわち生命維持能力の限界に近づくにつれ，しだいに強くなる。最後には，負のループが正のループとバランスするか，あるいはこれに打ち勝って成長は終わりを告げる。世界システムにおける負のフィードバック・ループは，環境の汚染，天然資源の枯渇，飢餓などのプロセスを含んでいる。」[3]

今日では，負のフィードバック・ループはさまざまな場面で現れているが，具体的には化石燃料の枯渇，気候変動，放射能汚染，食糧不足，そして水不足などである。化石燃料の可採年数に関しては，ピーク・オイルの時代が到来し，石油が40年，天然ガスが60年といわれており，これらにシェールガスなどの非在来型の石油を加えると，可採年数は増えるとしても，今世紀後半には枯渇する可能性が高い。原子力発電の原料であるウランの可採年数は100年ほどであるので，ウラン自体は今世紀で枯渇する可能性があり，原発自体が世界で今後100年しか持続できないだろう。しかし，その反面，人類は多くの放射性汚染という負のフィードバック・ループに直面することになる。

食料と水に関しての将来的な見通しについては，暗澹たる将来像しか描けないというのが現実であろう。世界食糧農業機関（FAO）は2011年に，『気候変動・水・食料安全保障』という報告書を出し，そのなかで気候変動が食料生産

あるいは食料安全保障の大きな影響を与える点を指摘している。

「将来，食糧安全保障戦略はより複雑になるだろう。高温化は水需要を高め，降雨量が減少するところでは，多くの人々は食糧の安定を確保し生計を維持するために灌漑をさらに拡大しようとする。同時に，灌漑に向けられる水供給は変動しやすく，世界の多くの場所で減少するだろう。安定した食料供給へのアクセスにおける衡平性を達成する必要性から，これまで以上に新しい農業への需要が高まるだろう。灌漑は世界の耕地面積の20％で行われているにすぎないので，その恩恵を享受してこなかった多くの貧しい人々が存在してきた。生存可能な水の生態系を維持する必要性という点からみて，とりわけ貧しい人々が水資源に依存しているところでは，その水資源の重要性は高まるだろう。」[4]

2013年現在，世界人口は71億人であり，国連が同年6月に発表した人口推計では，2050年までに世界人口は96億人に達し，先進諸国では現在とほぼ同じに推移するのに対して，アフリカなど途上国の人口は59億人から82億人に増える可能性があるという。このことから今世紀後半以降に世界人口が100億人に達することは確実視されている。なかでも途上国では食糧と水の供給という点からみて，人口増加による影響は計り知れないものがあり，食糧価格の高騰による人口移動，餓死者の増加，さらに食料と水資源をめぐる地域紛争が激化することは容易に予想されるところである。

したがって今後，農業，産業，生活の各方面での水需要がますます増大すれば，利用可能な淡水量の供給量が世界的に減少することは確実となろう。IPCCが2008年に出版した『気候変動と水』[5]によると，水の利用可能性に対する気候変動上のもっとも大きな要因は降水量，気温，蒸発という要因で，これらのなかで気温がとくに重要となるのは雪どけ水に依拠する流域地帯や沿岸地域であり，後者の場合は海面上昇への影響が大きい。地表面に流れる河川の流去水に関しては，増加すると予測されるものの，水を確保し貯水するための

適切なインフラがなければ，増加した水を十分に利用できないとしている。洪水に関しては，21世紀を通じて降水量がほとんどの地域で増加するために，突発的な洪水や都市部での洪水のリスクに影響を与えるとする一方，旱魃に関しては，その影響は増大し，とりわけ大陸の中央部においては夏の季節に旱魃の大きなリスクを伴うとしている（表9-1参照）[6]。

表9-1 気候変動と旱魃・洪水

時期区分	水の利用可能性と旱魃	洪水
2020s	北欧の毎年の流去水は15%まで増加し，南欧では23%まで減少	北欧と欧州全体の突発的洪水のリスクは冬期に増大
2050s	南欧と東欧で毎年の流去水は20－30%減少	
2070s	北欧の毎年の流去水は30%まで増加，南欧は36%まで減少	今日の100年に一度の洪水が北欧と北東ヨーロッパで頻発

出所：IPCC（2008），p.94より作成

　淡水生態系が気候変動に対して脆弱であるということは，国家的あるいは国際的な水管理を必要としているということである。現在，世界は「統合的水資源管理」というパラダイムに基づくことが求められており，こうした動きは，水資源と生態系としての水問題を政策決定の中心的な場面に置いてきたとされている。水供給に関しては，気候変動のコストが地球的レベルでその便益を上回るとしているが，その理由の1つは，降水量と洪水が増加する一方，旱魃が予測されるためである[7]。

　他方，IPCCの『気候変動と水』は，淡水資源に影響を与える気候変動以外の推進力が人口，食糧消費，経済，科学技術，生活スタイル，淡水生態系の価値に関する社会的見解であるとしている[8]。帯水層からの地下水の汲み上げに依存している農業は，帯水層の水資源を減少させており，これは気候変動とは直接的には関連しない要因の1つであろう。アメリカの穀物生産に水を供給している中部のオガララ帯水層は，近年，大規模な灌漑のために揚水量が増加し，現在の利用量を減らさないかぎり，向う50年以内に枯渇するだろうとい

う予測も出ている。このことから，P・グリックたちは「ピーク・ウォーター」という用語を使い，とりわけ地下水に依存している地域では，その利用のピークが存在するとしている[9]。

このように，気候変動と水資源の利用可能性の減少，旱魃と洪水は，世界システムにおける負のフィードバック・ループの1つとして作用するだろう。気候変動は，ローカルな場面では，水資源の再生可能性に大きな影響を与えている。氷河の融解水に依存している地方のコミュニティは，温暖化によって氷河が消滅すれば，河川の水を利用できなくなる。ここでも「ピーク・ウォーター」の問題が深くかかわってきている。

2．水資源の利用とピーク・ウォーター

すでに触れたように，FAOやIPCCの報告書は，将来的に気候変動によって降水量は増加する一方，世界的な旱魃や洪水が増加するという予測を立てている。他方で，人間社会が利用できる水の量は，増加するのであろうか，それとも減少するのであろうか。P・グリックの「ピーク・ウォーター」という概念は，石油資源をめぐるピーク・オイルという概念から類推したものであるということができるが，もちろんそれとは異なる性格をもっている。石油はその埋蔵量が限定され消費することによって枯渇するが，水は利用されても再び循環する再生可能な資源であって，それ自体は枯渇するものではない。その意味で，水資源はグローバルなレベルで枯渇することはなく，したがってピークに達することはないだろう[10]。このためにグローバルな場面での「ピーク・ウォーター」という考え方は誤っているということができる。

しかし，P・グリックによれば，「ピーク・ウォーター」という概念は，一定の仕方では適用可能であるという。ほとんどの流域においては，降雨，河川の流れ，雪解け水などで水の再生可能な流れが存在するが，化石水あるいは帯水層の水といった水のストックは再生可能ではない。地下の化石水は，何千年もかけて蓄積されたものであり，その自然的な貯水の時間は緩やかである。地

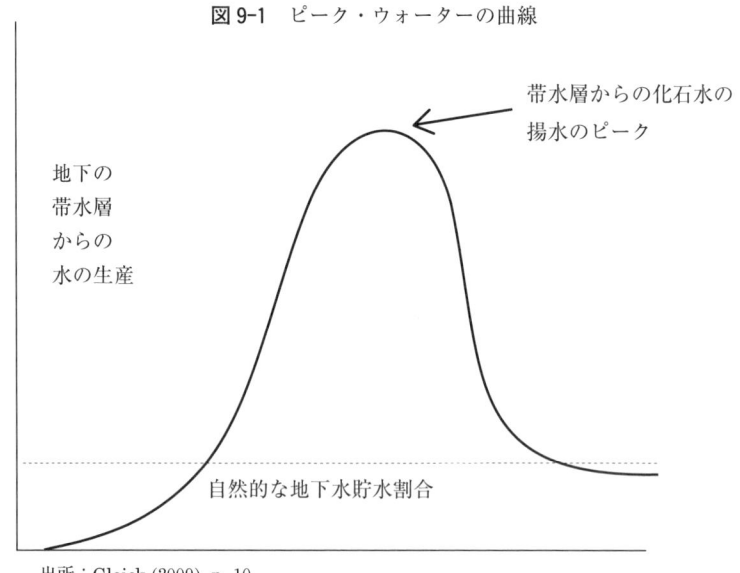

図 9-1　ピーク・ウォーターの曲線

縦軸ラベル：地下の帯水層からの水の生産

矢印注記：帯水層からの化石水の揚水のピーク

水平点線：自然的な地下水貯水割合

出所：Gleick (2009), p. 10

下の帯水層からの水利用が自然的な貯水の時間をはるかに上回れば，地下水のストックはただちに枯渇してしまう[11]。ストックが一定の地下の化石水の場合，それを汲み上げると枯渇するのは明らかであり，したがってそこに石油と同じように「ピーク・ウォーター」を設定することが可能である（図9-1参照）。帯水層からの揚水は経済的なコストの面で入手可能な時点まで継続され，その後急速に低下する。しかしその場合，重要な点は，取水がゼロに至ることはなく，再生可能な貯水が可能になる時点まで続き，そこでは経済的にも物理的にも持続可能な揚水が可能となるということである。

　水資源は他の資源と同様に，地球上において偏在しており，水資源の多い地域においては，穀物生産や綿花生産など農業が盛んであることはいうまでもない。これらの地域の農業はおもに灌漑農業であり，その灌漑水は基本的には河川水か地下水に依存するケースが一般的である。そのため世界の灌漑農業においては，水不足を来すというケースが広くみられる。この点に関しては，F・ピアスは，『水の未来』（原題は『川が干上がるとき』）という著作のなかで以下

のように述べている。

　「地下水の農業利用は，2つの原因から生まれた大きな改革だった。原因のひとつは，河川から取水して農民が必要とする水をまかなおうと政府がつくった灌漑システムの失敗。もうひとつは，従来の手掘り井戸よりも深くまで掘ることを可能にし，そこから水を汲み上げる日本製の安いポンプを買えるようにした，安価な掘削技術の進歩である。
　公式の統計はほとんどないし，集める方法もない。だが，インド，中国，パキスタンの3カ国だけでも，新しい手押しポンプ井戸から年間に400 km^{3}ほどの水を汲み上げている。この数字は，全世界で農業用に使われている地下水の半分以上を占める。彼らは目先の必要のために大陸の水資源を枯渇させようとしている。
　毎年，1億人ほどの中国人が，雨水で補充されない地下水で育てた作物を食べていると思われる。インドでも，2億人ほどが同じことをしている。国内の小麦の90%を生産しているパキスタンのパンジャブ州では，インダス川からの灌漑用水が減った分を地下水に頼る農家が増えている。地下水の取水量が帯水層への涵養量を30%もうわまわり，地下水面は1年に1mから2mも低下している。」[12]

　むろん，地下水の大量の取水は，中国やインドに限ったことではなく，世界中で起こっている現象であり，しかも取水量が涵養量を上回るのが通常である。ベトナム，インドネシア，イラン，バングラデシュなど人口の多いアジア諸国では，競って井戸を掘り，地下水に頼る国が増えている。しかし，この傾向はアジア諸国にとどまらず，メキシコ，アルゼンチン，ブラジル，サウジアラビア，そしてモロッコなどにも波及している。そして，河川水の減少によって，地下水が世界で使われる水の3分の1を占めているという[13]。
　ところで，取水量が涵養量を超えるところでは，P・グリックのいう「ピーク・ウォーター」の時点が出現する可能性は高いといえるが，この影響は降水

量の多い地域と少ない地域，あるいは涵養量が多い地域と少ない地域では異なり，厳密な概念とはいえない。そこでP・グリックは，「ピーク・エコロジカル・ウォーター」という概念を用いて，水によって提供される生態的サービスと，水によって提供される人間的サービスの交差点としてその概念を説明している。

　水の提供プロジェクト（たとえばダム，飲料水，灌漑など）が流域における水の提供を増加させるに伴い，水によって提供される生態的なサービス（たとえば植物と動物のための水）は低下する。一定の理論的な段階で，水によって提供される生態的なサービスの価値は，水によって提供される人間的なサービスの価値と等価となる。この理論的な段階の後，人間による水の占有の増大は，これが人間に提供する価値を超えて生態的な破壊を導くに至る。この生態的なサービスの低下の傾斜は，人間的な価値の増大の傾斜よりも大きい。いってみれば，水によって享受する人間の便益よりも，水不足あるいは水質汚染によってもたらされる生態的な破壊の方がはるかに大きいということであろう。

　「ピーク・エコロジカル・ウォーター」の段階では，社会は水によって提供される生態的な便益と人間的な便益を最大化しようとする。P・グリックがいうように，「ピーク・エコロジカル・ウォーター」の段階を決定することは，その定量化において難しく，むしろ主観的に決定される段階であるかもしれない。それにもかかわらず，人間社会はどのくらいの生態的な破壊が人間的なニーズを満たすために受け入れ可能なのかを決定する。重要な点は，人間による水の専有が増大するにつれて，この水が提供する生態的なサービスが減少するということである。このことは，人間が水を使いすぎると，環境に対してどのような影響を与えるのかを考えてみるとわかりやすいだろう。ある地域の地下水の多量の汲み上げは，植生を変化させ，周辺の動植物へ影響を与え，最終的には砂漠化を引き起こすかもしれない。グリックの問題関心は，人間と水環境のバランスが崩れる段階を「ピーク・エコロジカル・ウォーター」という考え方で捉えようとするところにある。しかしながら，この概念は抽象的かつ主観的な要素が多く含まれているために，水資源の現状を把握するうえでは不十

分であるといわざるをえない。

3．国際貿易とヴァーチャル・ウォーター

　気候変動は，今後，地球環境に甚大なる影響を与えることになるうえに，途上国の経済発展と人口増加がさらに地球環境の悪化に拍車をかけることになろう。すでに触れたように，気候変動は世界の水問題にも深刻が影響を与え，人口増加と相まって地球的レベルでの食料不足を引き起こす可能性も高い。世界で水不足に直面している地域は枚挙にいとまがないくらい多く，その深刻さの度合いは年々高くなっているといってよいだろう。しかしながら，水の稀少な地域でもなんとか食料を確保することができるのは，世界経済における貿易システムのためである。

　水不足は食糧不足と密接に関連し，現在の世界経済における貿易システムが機能しなければ，世界の水不足の地域においては食糧供給すら不可能になるだろう。現在の世界システムにおける貿易は水の存在する地域から水のない地域に食糧という形でヴァーチャル・ウォーターを提供している。その意味では，人間生活において，資源はグローバルな領域で限界に達し，水不足の地域ではその住民を養うだけの食糧を確保することが困難となっている。このような状況を反映して，ヴァーチャル・ウォーター論がこのような状況を説明する概念として注目されている。すなわち，水の豊かな地域から水不足の地域へとヴァーチャル・ウォーターという形で水を移転しており，このことがグローバルな視点からみて水のグローバルな配分を実現しているという考え方がそれである。歴史的にみても，食糧供給は世界システムのなかの分業構造のなかで行われており，古代のギリシア時代には，肥沃な土壌を失っていたアテネは，植民地化した北アフリカ地域から小麦をはじめとする穀物を輸入し，近代以降も，世界システムの中心を担っていたイギリスは，三角貿易によって砂糖や綿花などを海外から輸入し，穀物法廃止によってさらに穀物輸入を増加させた。

　ヴァーチャル・ウォーターという用語は，中東および北アフリカ地域

(MENA）の水問題の研究者であるJ・アランによって精緻化された概念で，「穀物商品に埋め込まれた水」として捉えられる[14]。世界でも深刻な水不足に悩んでいるMENA地域は，世界貿易というネットワークのなかで穀物を調達している。アメリカとEUはMENA地域に毎年4,000万トンの穀物を輸出しているとされ，これに含まれるヴァーチャル・ウォーターの量は400億トンで，ナイル川の水がエジプトに流れるのと同じくらいの水量であるとされる[15]。ヨルダン川やナイル川といった河川を抱えるMENA地域における紛争の大きな原因の1つが水問題であることを考えると[16]，これらの国々の政治にとっては穀物の輸入が間接的に水問題を潜在化させているといってよいかもしれない。逆にみると，アメリカやEUからの穀物輸出は，MENA地域の紛争回避のための戦略として機能しているとみることも可能であろう。たとえば，ヨルダンは年間50億m^3から70億m^3のヴァーチャル・ウォーターを輸入しているが，その数字は毎年国内から引き出される10億m^3の水量とは対照的となっており，このことはヨルダンの国民はアメリカといった国々から水集約的な商品を輸入することで生活しているということである[17]。

　アランはこのMENA地域の水不足におけるヴァーチャル・ウォーターの政治的・経済的意味に関して，以下の3点を指摘している。

　第1に，ヴァーチャル・ウォーターが政治的に重要であるのは，それによって政治的リーダーシップが水不足に直面することを回避することができるからである。「ヴァーチャル・ウォーターは，経済的な問題の解決と同時に政治的な解決を提供している。水が政治的な観点からみて戦略的なものであるのは，この地域の人々が旱魃にもかかわらずこれまでの歴史のなかで需要を満たすために必要な十分な水を有しているからであり，MENAの国々は将来的にも十分な水があると信じている。指導者にとって，これらの信念に矛盾することは統治に不適格であることを認めることに等しいだろう。ヴァーチャル・ウォーターという形の全体的にみて効果的ではあるが不明確な解決の利用は，これ以上によいタイミングはない。」[18]

　第2に，穀物に埋め込まれているヴァーチャル・ウォーターは，その生産コ

スト以下で取り引きされているということである。「穀物価格は約1世紀のあいだに世界市場では下落している。1996年に1トン当たり240ドルに急騰した価格は1997年に1トン当たり140ドルに下落した。小麦の1トン当たりの生産価格は約200ドルである。穀物輸出国は，補助金を受けた取引を行っている。水不足の国は予想できないほどの有利な価格で埋め込まれたヴァーチャル・ウォーターにアクセスすることによって二重の利益を得ている。」[19]

第3に，ヴァーチャル・ウォーターは水危機が水戦争になることを回避させているということである。「水不足の解消が埋め込まれた水を含む補助金を与えられた高価ではない穀物を輸入することによって容易にもたらされるならば，破壊的なほど高価な軍事紛争に訴える必要はない。」[20]

このように，アランの研究はヴァーチャル・ウォーターという概念を手がかりにして，中東の水不足問題の部分的な解決を考察したものであるが，これはMENA地域にとどまらず，水不足に直面している他の地域においても同じような性格をもっているといえよう。しかし，問題なのは，グローバルな国際貿易システムのなかで穀物を輸入することが困難な国々，たとえばサハラ以南のアフリカ諸国は，ヴァーチャル・ウォーターを輸入する能力も資源を持ち合わせていないということである。したがって，この問題は究極的には，資本主義世界経済としての世界システムにおける中心と周辺との格差に由来するものであり，半周辺諸国が多いMENAの国々が概して世界貿易からヴァーチャル・ウォーターの恩恵を受けることができるのに対して，周辺国はその恩恵に与ることができないというところにある。

一般に，ヴァーチャル・ウォーターという用語は，生産物を生産するために必要な水として定義されるが，ここでの必要な水というのはもちろん実際的に利用された水ではなくて，その意味では文字通り仮想水である。このヴァーチャル・ウォーターの実質的な中身に関しては，ヴァーチャル・ウォーターは生産するために利用される水量であり，それは生産物が実際に生産される場所で測定されるとされる[21]。

それではヴァーチャル・ウォーターの実質的な中身はどのように測定される

のだろうか。A. Y. Hoektra と A. K. Chapagain は，穀物収穫量（ton／ha）によって分けられる農地レベル（m³／ha）での穀物での穀物の水利用で計算されるとしている[22]。穀物と畜産物を比較した場合，畜産物の方がヴァーチャル・ウォーターの量が多い。この理由は，生きた動物は多くの穀物を消費し，水を飲み，その飼育においても多くの水供給を受けるからである。牛肉の場合，1頭の牛から200 kgの牛肉が生産されるには平均して3年がかかるが，この期間，その牛はほぼ1,300 kgの穀物（小麦，カラスムギ，大麦，トウモロコシ，乾燥エンドウ，大豆，他の穀物）を消費し，7,200 kgの粗飼糧（牧草，乾草，サイレージ（サイロの飼糧）他の粗飼料）を消費し，24 m³の水を飲み，世話のために7 m³の水を消費する。このことは，1 kgの牛肉を生産するために，6.5 kgの穀物，36 kgの牧草，115 m³の水が必要である。その飼糧を生産するためには平均して15,340 m³の水が必要となる[23]。われわれの日常生活における食料品に含まれるヴァーチャル・ウォーターの量についてみると，1個のハンバーガーには2,400リッターの水が含まれ，その大部分は牛肉が占めている。1杯のミルクには200リッターの水，1杯のワインには120リッターの水，1杯のビールには75リッターの水が含まれている。

表9-2は，生産物の単位当たりのヴァーチャル・ウォーターの量であり，表9-3は，世界主要国における農業生産物の平均的なヴァーチャル・ウォーターの量である。日本の農業生産物に関しては，日本産の農産物は全般的にみて，平均してヴァーチャル・ウォーター量が少ないことがわかる。このことは日本のコメ生産においては水を効率的に利用しているということである。

ヴァーチャル・ウォーターの研究領域においては，世界貿易を通じたヴァーチャル・ウォーターの流れについての研究が多くなされるようになってきた[24]。ヴァーチャル・ウォーターのグローバルな流れの総量は，年間，約1～2兆 m³の範囲にあるといわれており，このことは地上の降水量の1～2％が輸出のための商品生産に利用されているということを意味する[25]。この水量は，コンゴ川，オリノコ川，黄河，ガンジス川といった巨大河川の毎年の水量に匹敵するか，あるいはそれ以上のものである。

表 9-2 生産物の単位当たりのヴァーチャル・ウォーターの量
(世界的平均)

生産物	ヴァーチャル・ウォーター含有量（リッター）
1シートのA4の紙	10
1個のトマト（70 g）	13
1個のジャガイモ（100 g）	25
1カップの紅茶（250 ml）	35
1切れのパン（30 g）	40
1個のオレンジ（100 g）	50
1個のリンゴ（100 g）	70
1杯のビール（250 ml）	75
チーズ（10 g）付きパン（30 g）	90
1杯のワイン（125 ml）	120
1個のたまご（40 g）	135
1杯のコーヒー（125 ml）	140
1杯のオレンジジュース（200 ml）	170
1袋のポテトチップス（200 g）	185
1杯のリンゴジュース（200 ml）	190
1杯のミルク（200 g）	200
1個のハンバーガー（150 g）	2,400
1足の靴（牛革）	8,000

出所：Hoektra and Chapagain（2008），p. 14

　HoektraとChapagainの研究によると[26]，1997～2001年の期間の国際的なヴァーチャル・ウォーターの流れは平均して年間1兆6,250億 m^3 と見積もられ，また国内生産物の輸出に関連するヴァーチャル・ウォーターのグローバルな量は，約1兆2,000億 m^3 である。さらに，年間7兆4,500億 m^3 の全体的なグローバルな水利用（ブルー・ウォーターとグレイ・ウォーターの総量）に関しては，このことはグローバルな水利用の16％が国内消費のためでなく，輸出のために利用されていることを意味し，農業部門では，水利用の15％が輸出生産物の生産に利用され，工業部門では34％である（表9-4参照）。

　そして，ヴァーチャル・ウォーターの大量の「水輸出国」はアメリカ，カナ

表9-3 世界主要国の農業生産物における平均的ヴァーチャル・ウォーターの量

生産物	アメリカ	中国	インド	ロシア	ブラジル	日本	世界平均
コメ（籾米）	1,275	1,321	2,850	2,401	3,082	1,221	2,300
コメ（玄米）	1,656	1,716	3,702	3,118	4,003	1,586	3,000
コメ（白米）	1,903	1,972	4,254	3,584	4,600	1,822	3,400
小麦	849	690	1,654	2,375	1,616	734	1,300
トウモロコシ	489	801	1,937	1,285	1,180	1,493	9,00
大豆	1,869	2,617	4,124	3,933	1,076	2,326	1,800
サトウキビ	103	117	159	—	155	120	175
綿花	2,535	1,419	8,264	—	2,777	—	3,600
綿布	5,733	3,210	18,694	—	6,281	—	8,200
大麦	702	848	1,966	2,359	1,373	697	1,400
モロコシ	782	863	4,053	2,382	1,609	—	2,850
ココナッツ	—	749	2,255	—	1,590	—	2,550
キビ	2,143	1,863	3,269	2,892	—	3,100	4,600
コーヒー（青豆）	4,864	6,290	12,180	—	13,972	—	17,000
コーヒー（焙煎）	5,790	7,488	14,500	—	16,633	—	21,000
紅茶	—	11,110	7,002	3,002	6,592	4,940	9,200
牛肉	13,193	12,560	16,482	21,028	16,961	11,019	15,500
豚肉	3,946	2,211	4,397	6,947	4,818	4,962	4,850
ヤギ肉	3,082	3,994	5,187	5,290	4,175	2,560	4,000
羊肉	5,977	5,202	6,692	7,621	6,267	3,571	6,100
鶏肉	2,389	3,652	7,736	5,763	3,913	2,977	3,900
卵	1,510	3,550	7,531	4,919	3,337	1,884	3,300
ミルク	695	1,000	1,369	1,345	1,001	812	1,000
粉ミルク	3,234	4,648	6,368	6,253	4,654	3,774	4,600
チーズ	3,457	4,963	6,793	6,671	4,969	4,032	4,900
皮革（牛）	14,190	13,513	17,710	22,575	18,222	11,864	16,600

出所：Hoektra and Chapagain (2008), p. 13

ダ，フランス，オーストラリア，中国，ドイツ，ブラジル，オランダ，アルゼンチンであり，大量の「水輸入国」はアメリカ，ドイツ，日本，イタリア，フ

表 9-4 国際的なヴァーチャル・ウォーターの流れと部門別のグローバル・ウォーターの利用（期間は 1997～2001 年）

	ヴァーチャル・ウォーターの総量			
	農業生産物関連	工業製品関連	国内取引関連	全体
国内生産物の輸出に関連したヴァーチャル・ウォーター	957	240	0	1,197
輸入生産物の再輸出に関連したヴァーチャル・ウォーター	306	122	0	428
全体的なヴァーチャル・ウォーター	1,263	362	0	1,625

	部門別水利用			
	農業部門	工業部門	国内部門	全体
グローバルな水利用（$10^9 m^3$／年）	6,391	716	344	7,451
国内ではなく輸出に利用される世界の水利用（％）	15	34	0	16

出所：Hoektra and Chapagain (2008), p. 23

ランス，オランダ，イギリス，中国である。ヴァーチャルな形態での「水輸入」は，実質的に1国の「水供給」に貢献している。たとえば，オランダは毎年の降水量に等しい量のヴァーチャル・ウォーターを輸入し，ヨルダンはヴァーチャルな形態で毎年の再生可能な水資源の5倍もの量の水を輸入しているからである[27]。

アメリカとカナダのヴァーチャル・ウォーターの「輸出」はそれぞれ，穀物と大豆，穀物と家畜製品であるのに対して，アルゼンチンとブラジルからの輸出は，動物の飼料として利用される大豆の輸出である。ブラジルでは，コーヒーと茶の輸出がその全体的なヴァーチャル・ウォーターの輸出にとって重要になっている。ヴァーチャル・ウォーターの輸入の大部分を占める地域は，ヨーロッパ，日本，メキシコ，北アフリカ，アラビア半島である。ヨーロッパのなかでも，フランスは穀物を輸出している例外的なケースである[28]。

このように，ヴァーチャル・ウォーターという概念は，世界の水資源の分布と世界貿易を通じたその配分に関する見取り図を示唆するうえでは有効な概念であり，現代において水不足および食料不足に陥っている地域の問題を考えるうえでも示唆的であるということもできる。すでに言及したように，アランの研究は，MENA地域におけるヴァーチャル・ウォーターによる戦争回避の可能性を探るものであり[29]，ヨルダン川流域諸国の食料輸入がこの地域の紛争の潜在化に大きな役割を果たしているとしている。

他方，ヴァーチャル・ウォーターがグローバルな水節約に貢献しているというHoektraとChapagainの研究が示唆している点は，輸出生産物を生産するための実際的な水利用が年間1兆2,500億トンであるとすれば，かりに輸入国が国内で輸入生産物を生産した場合，全体で年間1兆6,000億m^3の水が必要となり，このことは，農業生産物の貿易によるグローバルな水の節約は3,500億m^3であるということを意味しているということである。したがって，農業生産物における国際貿易に伴う平均的な水の節約は，22%である。農業生産物に利用されるグローバルな水量は，年間6兆4,000億m^3である。貿易がなければ，すべての国は国内的に生産物を生産しなければならず，世界の農業における水利用は，6兆4,000億m^3の代わりに6兆7,500m^3となる。このように国際貿易は，農業におけるグローバルな水利用を5%削減する[30]。

4．世界経済とウォーター・フットプリント

M・ワケナゲルとW・リースは，「エコロジカル・フットプリント」という概念を用いて，ある経済システムに流入して出ていくエネルギーと物質のフローを面積で表現する方法を導入した[31]。いいかえれば，この概念は環境への負荷を計測する方法であり，現在のレベルで資源消費と廃棄物を維持するために必要な土地面積のことである。これに対して，エコロジカル・フットプリントという概念とのアナロジーによって展開されてきたウォーター・フットプリントという概念は，国民によって消費される財とサービスの生産のために利

用される淡水の全体量として定義される[32]。ヴァーチャル・ウォーターが特定の生産物を生産するために必要な水量であるのに対して、ウォーター・フットプリントは国民が財とサービスを消費する際の水量を示す概念である。ウォーター・フットプリントは、この点で国内的なウォーター・フットプリントと国外のウォーター・フットプリントという2つの部分から成る。

国内的なウォーター・フットプリントは、国民によって消費される財とサービスの生産に利用される国内の水資源量として定義され、1国の国内的な水資源から他国へのヴァーチャル・ウォーターの輸出量を差し引いた全水量に等しい。国外のウォーター・フットプリントは、当該国の国民によって消費される財とサービスを生産するために他国で利用される毎年の水資源量として定義される[33]。グローバルなウォーター・フットプリントは、7兆4,500億m³／年であり、それは1人平均では1240m³／年である。世界における人類のグリーン・ウォーター（雨水）のフットプリントは5兆3,300億m³／年であるのに対して、ブルー・ウォーター（淡水）のフットプリントは2兆1,200億m³になる。これらのグリーン・ウォーターのすべては農業生産に利用される。ブルー・ウォーターは、農業生産物（50%）、工業製品（34%）、家庭用水（16%）に利用される[34]。

グローバルなウォーター・フットプリントの規模は、おもに食糧の消費と他の農業部門によって決定される。穀物生産のために世界で利用される全体的な水量は、6兆4,000億m³である。そのなかで大きな割合を占めているのはコメであり、全体の21%となっており、以下、小麦12%、トウモロコシ9%、大豆4%、サトウキビ・綿花・大麦・サトウモロコシの3%となっている（表9-5参照）。

ウォーター・フットプリントの国別の水資源消費量に関しては、上位8カ国にインド（978.38）、中国（883.39）、アメリカ（696.01）、ロシア（270.98）、インドネシア（269.96）、ナイジェリア（248.07）、ブラジル（233.59）、パキスタンが（166.22）入り、グローバルなウォーター・フットプリント全体（7,452）の50%を占めている（表9-6と表9-7参照）[35]。これらのなかでいわゆるBRICs

表 9-5 世界の穀物生産における水利用の割合

穀物の種類	割合（％）
コメ	21
小麦	12
トウモロコシ	9
大豆	4
砂糖キビ	3
綿花	3
大麦	3
サトウモロコシ	3
ココナッツ	2
キビ	2
その他	
コーヒー	2
アブラヤシ	2
殻つきナッツ	2
キャッサバ	2
生ゴム	1
ココア豆	1
ジャガイモ	1
他の穀物	26

穀物生産に利用される全体水量：6兆4,000億 m^3／年
出所：Hoektra and Chapagain(2008), p.59 より筆者作成

諸国の比率が高くなっているが，今後，これらの諸国がさらに経済発展を遂げると水消費の割合も増加することになる。ウォーター・フットプリントの規模とその構成は，国ごとに異なっているが，たとえば中国の1人当たりのウォーター・フットプリント（702）は相対的に少ないのに対して，アメリカの1人当たりのウォーター・フットプリント（2,483）はその対極をなしている。

　水資源という点からみると，たとえばオランダとベルギーは対照的であり，オランダはブルー・ウォーターが豊富で，ベルギーは不足しているが，両国ともにきわめて高いウォーター・フットプリントを有しており，両国の国内と国

表9-6 世界各国の水資源量とウォーター・フットプリント（1997～2001年）

国名 （アルファベット順）	人口 （千人）	GNI （1人当たり /ドル）	ウォーター・フットプリント （家庭，農業，工業の消費量）		
			全体 (10^9m^3/yr)	1人当たり (m^3/cap/yr)	国内／国外 (m^3/cap/yr)
アフガニスタン	26,179	410	17.29	660	642/18
アルバニア	3,131	4,090	3.84	1,228	879/349
アルジェリア	30,169	5,265	36.69	1,216	812/405
アンゴラ	12,953	5,230	13.00	1,004	887/118
アルゼンチン	36,806	11,576	51.66	1,404	1,312/91
アルメニア	3,131	3,360	2.81	898	688/209
オーストラリア	19,072	66,289	26.56	1,393	1,141/252
オーストリア	8,103	32,400	13.02	1,607	594/1013
アゼルバイジャン	8,015	5,290	7.83	977	813/165
バーレーン	647	15,920	0.77	1,184	243/941
バングラデシュ	129,943	770	116.49	896	865/32
バルバドス	267	12,660	0.36	1,355	607/748
ベラルーシ	10,020	5,820	12.74	1,274	900/372
ベルギー／ルクセンブルク	10,659	4,6106/ 7,8130	19.21	1,802	354/1,449
ベリーズ	236	3,690	0.39	1,646	1,492/154
ベナン	6,192	780	10.91	1,761	1,699/62
ブータン	793	2,070	0.83	1,044	920/123
ボリビア	8,233	2,040	9.93	1,206	1,018/87
ボツワナ	1,658	7,480	1.03	623	340/283
ブラジル	69,110	12,340	233.59	1,381	1,276/105
ブルガリア	8,126	6,550	11.33	1,395	1,220/174
ブルキナファソ	11,138	570	17.03	1,529	1,498/30
ブルンジ	6,743	250	7.16	1,062	1,042/20
カンボジア	11,885	830	20.99	1,766	1,720/45
カメルーン	14,718	1,210	16.09	1.093	1,037/56
カナダ	30,650	45,560	62.80	2,049	1,631/418
カボヴェルデ	429	3,540	0.43	995	844/151

中央アフリカ共和国	3,689	470	4.00	1,083	1,069/13
チャド	7,595	690	15.03	1,979	1,967/12
チリ	15,113	12,280	12.13	803	486/317
中国	1,257,521	5,417	883.39	702	656/46
コロンビア	41,919	6,110	34.05	812	687/127
コンゴ民主共和国	50,265	190	36.89	734	724/10
コスタリカ	3,767	7,660	4.33	1,150	914/237
コートジボワール	15,792	1,090	28.09	1,777	1,709/69
キューバ	11,175	5,460	19.13	1,712	1,542/170
キプロス	755	29,450	1.67	2,208	776/1,433
チェコ	10,269	18,520	16.15	1,572	1,114/458
デンマーク	5,330	60,390	7.68	1,440	570/870
ドミニカ	8,305	5,240	8.14	980	925/56
エクアドル	12,528	4,140	15.26	1,218	1,128/89
エジプト	63,376	2,600	69.50	1,097	889/207
エルサルバドル	6,216	3,805	5.41	870	660/210
エチオピア	63,541	400	42.88	675	668/3
フィジー	805	3,680	1.00	1,245	1,186/58
フィンランド	5,170	48,420	8.93	1,727	1,026/701
フランス	58,775	42,420	110.19	1,875	1,176/699
ガボン	1,214	7,980	1.72	1,420	1.034/385
ガンビア	1,283	610	1.75	1,365	998/367
グルジア	5,271	2,860	4.17	792	743/48
ドイツ	82,169	43,980	126.95	1,545	728/817
ガーナ	19,083	1,410	24.67	1,293	1,240/53
ギリシア	10,551	25,030	25.21	2,389	1,555/834
グアテマラ	11,239	2,870	8.56	762	649/113
ガイアナ	759	2,900	1.60	2,113	1,967/147
ハイチ	7,885	700	6.69	848	840/8
ホンジュラス	6,337	1,970	4.93	778	695/83
ハンガリー	10,123	12,730	7.99	789	661/128
アイスランド	278	35,020	0.37	1,327	510/818
インド	1,007,369	1,410	978.38	980	964/16
インドネシア	204,920	2,940	269.96	1,317	1,183/135

イラン	63,202	4,520	102.65	1,624	1,333/291
イラク	23,035	2,640	30.92	1,342	1,182/160
イスラエル	6,166	28,930	8.58	1,391	357/1,033
イタリア	57,718	35,330	134.59	2,332	1,143/1,190
ジャマイカ	2,564	4,980	2.61	1,016	692/323
日本	126,741	45,180	146.09	1,153	409/743
ヨルダン	4,814	4,380	6.27	1,303	352/951
カザフスタン	15,192	8,220	26.96	1,774	1,752/23
ケニア	29,742	820	21.23	714	644/70
韓国	46,814	20,870	55.20	1,179	449/731
北朝鮮	22,213	—	18.78	845	751/93
クウェート	1,955	48,900	2.18	1,115	142/972
キルギスタン	4,883	920	6.64	1,361	1,356/5
ラオス	5,219	1,130	7.64	1,465	1,426/40
ラトビア	2,383	12,350	1.63	684	391/293
レバノン	4,299	9,110	6.44	1,499	499/1,001
リベリア	3,087	240	4.27	1,382	1,310/73
リビア	5,233	12,320	10.76	2,056	1,294/763
リトアニア	3,519	12,280	3.97	1,128	701/427
マダガスカル	15,285	430	19.81	1,296	1,276/20
マラウイ	10,205	340	13.03	1,277	1,261/16
マレーシア	22,991	8,420	53.89	2,344	1,691/653
マリ	10,713	610	21.64	2,020	2,007/12
マルタ	390	18,620	0.75	1,916	257/1,660
モーリタニア	2,621	1,000	3.63	1,386	1,008/379
モーリシャス	1,180	8,240	1.59	1,351	547/804
メキシコ	97,292	9,240	140.16	1,441	1,007/433
モルドバ	4,284	1,980	6.31	1,474	1,437/37
モロッコ	28,472	2,970	43.60	1,531	1,300/231
モザンビーク	15,507	470	19.49	1,113	1,111/3
ミャンマー	47,451	834	75.49	1,591	1,567/24
ナミビア	1,737	4,700	1.19	683	606/78
ネパール	22,773	540	19.33	849	819/30
オランダ	15,865	49,730	19.40	1,223	220/1,003

ニカラグア	5,007	1,170	4.10	819	706/114
ナイジェリア	125,375	1,200	248.07	1,979	1,931/47
ノルウェー	4,474	88,890	6.56	1,467	576/891
オマーン	2,385	19,260	3.83	1,606	382/1,224
パキスタン	136,476	1,120	166.22	1,218	1,152/65
パナマ	2,832	7,910	2.77	979	745/234
パプアニューギニア	5,068	1,480	10.16	2,005	1,005/1,000
パラグアイ	5,212	2,970	6.07	1,165	1,112/54
ペルー	25,753	5,500	20.02	777	600/177
フィリピン	75,750	2,210	116.85	1,543	1,378/164
ポーランド	38,653	12,480	42.62	1,103	785/357
ポルトガル	9,997	21,250	22.63	2,264	1,050/1,214
カタール	573	80,440	0.62	1,087	332/755
ルーマニア	22,451	7,910	38.92	1,734	1,541/193
ロシア	145,879	10,400	270.98	1,858	1,569/288
ルワンダ	7,605	570	8.42	1,107	1,072/36
サウジアラビア	20,504	17,820	25.90	1,263	595/668
セネガル	9,405	1,070	18.16	1,931	1,610/321
シエラレオネ	4,982	340	4.46	896	865/31
ソマリア	8,627	220	5.79	671	587/83
南アフリカ	42,387	6,960	39.47	931	727/202
スペイン	40,418	30,990	93.98	2,325	1,494/832
スリランカ	18,336	2,580	23.69	1,292	1,208/85
スーダン	30,883	1,300	68.25	2,214	2,196/17
スリナム	416	7,640	0.51	1,234	1,166/69
スワジランド	1,031	3,300	1.26	1,225	1,009/217
スウェーデン	8,868	53,230	14.37	1,621	760/861
スイス	7,165	76,380	12.05	1,682	347/1,335
シリア	15,994	2,750	29.22	1,827	1,640/186
タジキスタン	6,181	870	5.80	939	939/0
タンザニア	33,299	540	37.51	1,127	1,097/30
タイ	60.488	4,420	134.46	2,223	2,037/185
トーゴ	4,457	560	5.69	1,277	1,202/75

トリニータトバゴ	1,297	15,040	1.35	1,039	566/473
チュニジア	9,507	4,070	15.18	1,597	1,328/269
トルコ	66,850	10,410	107.95	1,615	1,378/237
トルクメニスタン	5,184	4,110	9.14	1,764	1,716/49
イギリス	58,669	37,780	73.07	1,245	370/876
ウクライナ	49,701	3,120	65.40	1,316	1,256/60
アメリカ	280,343	48,450	696.01	2,483	2,018/464
ウズベキスタン	24.568	1,510	24.04	979	927/52
ベネズエラ	23,938	11,920	21.14	883	651/232
ベトナム	78,021	1,260	103.33	1,324	1,284/40
イエメン	17,278	1,070	10.70	619	397/222
ザンビア	9,980	1.160	7.52	754	729/25
ジンバブエ	12,497	640	11.90	952	943/10
全世界（平均）	5,994,252	―	7,452	1,243	1,043/200

出所：Hoektra and Chapagain(2008), AppendixⅣ より筆者作成（各国の1人当たりのGNI は筆者が追加）
※GNI は 2011 年，外務省ホームページ他参照

外のウォーター・フットプリントの割合は，それぞれ 220／1,003 と 354／1,449 となっている。両国は，水資源を多く利用した食糧とこれらを確保するための経済力のために，ヴァーチャル・ウォーターを海外から移転させることで高いウォーター・フットプリントを保持している。それとは対照的に，フランスの場合（1,176／699）は，農産物輸出国として国内のブルー・ウォーターも利用し，そのウォーター・フットプリントの需要を満たすために国外のヴァーチャル・ウォーターには依存していない[36]。マルタの場合（国内と国外のウォーター・フットプリントの割合は 257／1,660），国外の割合がきわめて高く，依存率は 85％ になっている。また表 9-6 には載っていないシンガポールの場合，水需要の 94％ は国外からのヴァーチャル・ウォーターに依存しており，その点で，国外依存型のウォーター・フットプリントとなっている。

水資源という点からみると，世界の水不足の地域においては，水不足と

表9-7 世界のウォーター・フットプリントにおける主要国の割合

国名	割合（％）
インド	13
中国	12
アメリカ	9
ロシア	4
インドネシア	4
ナイジェリア	3
ブラジル	3
パキスタン	2
日本	2
メキシコ	2
タイ	2
その他	44

出所：Hoektra and Chapagain（2008），p. 59 より筆者作成

ヴァーチャル・ウォーターの移転とのあいだにはポジティブな関係がみられる。

「水不足は，その国の水利用可能性とは区別される1国の全体的なウォーター・フットプリントとして定義されうる。ヴァーチャル・ウォーターの輸入依存は，1国の全体的なウォーター・フットプリントに対する外部的なウォーター・フットプリントの割合として定義されうる。きわめて高い水不足の国々——クウェート，カタール，サウジアラビア，バーレーン，ヨルダン，イスラエル，オマーン，レバノン，マルタなど——は，ヴァーチャル・ウォーターへの高い輸入依存率を示している。これらの国々のウォーター・フットプリントは大いに外部化されてきた。ヨルダンは毎年，自国の毎年の再生可能な水資源の5倍のヴァーチャル・ウォーターの量を輸入している。ヨルダンは国内の水資源を節約しているとはいえ，アメリカといった他国に極度に依存している。水不足をきたし，ヴァーチャル・ウォーターの輸入依存性の高い他の国々は，ギリシア，イ

タリア，ポルトガル，スペイン，アルジェリア，リビア，イエメン，そしてメキシコである。イギリス，ベルギー，オランダドイツ，スイス，デンマークといった水不足というイメージのないヨーロッパ諸国ついても，ヴァーチャル・ウォーターの輸入依存性は高い。」[37]

1国のウォーター・フットプリントを決定する要因はいくつか存在するが，第1に国民所得との関連では消費量，第2に消費パターン，第3に気候，そして最後に農業の慣行あるいは水利用である[38]。国民所得との関連では，先進諸国の豊かな国々は一般に財やサービスを多く消費し，それが直接的にウォーター・フットプリントの数字に表れている。このことはアメリカやスイスなどの数字をみると明らかである。しかし，水需要を決定するのは消費量だけでなく，消費パッケージも重要である。穀物よりも食肉の方がそこに含まれるヴァーチャル・ウォーターの量が多いからである。この点に関して，HoektraとChapagainは以下のように説明している。

「肉とくに牛肉の消費は，大きなウォーター・フットプリントの原因となっている。この要因は，アメリカ，カナダ，フランス，スペイン，ポルトガル，イタリア，ギリシアといった国々の大きなウォーター・フットプリントを説明している。アメリカにおける平均的な肉の消費量は年間120キロであり，世界の平均の3倍となっている。国民のウォーター・フットプリントが大きくなるのは，主要産物がたとえば小麦や大豆よりもコメの場合である。肉とコメに次いで，工業製品の高い消費が豊かな国の全体的なウォーター・フットプリントの原因となっている。」[39]

気候要因も1国のウォーター・フットプリントに与える。蒸発の割合の高い地域では，単位当たりの穀物生産における水の需要は高く，セネガル，マリ，スーダン，チャド，ナイジェリア，シリアといった国々のウォーター・フットプリントを大きくしている。そして最後の要因は農業における水利用の効率性であ

るが，非効率的な水利用は，タイ，カンボジア，トルクメニスタン，スーダン，マリ，ナイジェリアといった国々の生産における水利用を増大させている。たとえばタイでは，コメの生産において1997-2001年に平均してヘクタール当たり2.5トン生産されるが，同時期の世界の平均はヘクタール当たり3.9トンである[40]。

概して，先進諸国では，農業における水利用は効率的に行われているのに対して，開発途上国では，熱帯地方などで温暖化の影響が大きいことに加えて，農業生産における水の非効率的な利用が大きなウォーター・フットプリントをもたらしている。表9-3に示されているように，インドとブラジルの事例については，コメや小麦の生産における単位当たりのヴァーチャル・ウォーターの量は，世界平均をはるかに上回っている。このような劣悪な農業慣行と大きなウォーター・フットプリントの根本的な要因は，適切な水価格の欠如，補助金の存在，非効率的な水利用技術，そして農民間での水節約意識の欠如である[41]。したがって，開発途上国においては，こうした農業慣行の改善が必要であり，先進諸国の資金および技術援助が不可欠であろう。

現代では，食糧生産とヴァーチャル・ウォーターによる配分そのものがグローバル化し，地球社会的な性格を有するようになったことから，この問題自体の地球公共的な性格を先進諸国も認識しなければならないだろう。開発途上国のウォーター・フットプリントを減少させるための方法に関しては，単位当たりの水消費量の少ない生産技術を採用することによって，経済成長と非効率的な水利用のあいだの関係を見直すことであり，たとえば農業における効率的な水利用は雨水の集水技術の開発や補完的な灌漑などによって改善されうる余地がある。また単位当たりの水利用率が高い地域から低い地域へ生産を移転させることも，グローバルな水利用を高めることにつながるだろう[42]。たとえばヨルダンは，アメリカから小麦とコメを輸入することによってウォーター・フットプリントを外部化することに成功したが，それはアメリカがヨルダンよりも高い水の生産性を有し，その食糧価格が安価なためである。

ほとんどの水不足の国々では，エジプトのように，水の自給率を上げるため

に国内の水資源を過剰に開発するか，あるいはヨルダンのように水の国外依存性を高めるという犠牲を払ってヴァーチャル・ウォーターを多く含んだ食料品を輸入するという選択肢しかない。問題は，選択肢がきわめて限定されているイエメンのような国は，きわめて水不足の状況にあり，地下水も過剰に汲み上げられている一方で，ヴァーチャル・ウォーターの輸入も限られている。その理由は，イエメンは1人当たりの国民所得も低く（2011年のGDPは1,070ドル），国内の水資源の過剰開発を避けるために水集約的な商品を輸入するための外貨をもっていないからである。それに対して，中国とインドといった世界の大国は，国内の水自給率が高い反面，両国の1人当たりのウォーター・フットプリントは相対的に低い（表9-6参照）。中国のウォーター・フットプリントは平均して1人当たり年間700 m^3 であり，インドのそれは980 m^3 であるのに対して，世界の平均は1,240 m^3 である。したがって，これらの国々の消費パターンがアメリカやヨーロッパ型へ変化すれば，将来的に深刻な水不足に直面し，水の高い自給率を維持することはできないだろう。重要な問題は，中国とインドが将来的にいかに水資源を自給していくのかである

おわりに

　いうまでもなくヴァーチャル・ウォーターやウォーター・フットプリントという考え方に基づくだけで世界の水問題が解消されるわけではない。究極的には，水を地球公共財としてグローバルなレベルでの衡平な配分を視野に入れなくては究極的な解決へはつながらない。現在，グローバルな水の配分は，世界貿易という市場システムを通じて行われているといってよいが，市場システムを通じての配分には限界がある。というのは，とくに水不足をきたしている途上国にとっては，世界システムとしての世界経済において食料を確保することは困難であるからである。

　水資源が地球社会においてグローバル・イシューとして取り上げられたのは，1992年にアイルランドのダブリンで開催された水と環境に関する国際会

議（ダブリン会議）であろう[43]。この会議の勧告は,「淡水は, 生命, 開発, 環境を支えるために必要な限りある資源である」という認識に立って, 経済的な財として水を管理することは, 水資源の効率的で衡平な利用, その保存と保護を促進するうえで重要な方法であるとしている。この勧告に関する国際協定を求めるための大臣フォーラムは, 定期的な世界水フォーラム（モロッコ 1997年, ハーグ 2000年, 日本 2003年, メキシコ 2006年）において開催されたが, 国際的なルールを作り上げることに至らなかった。

しかし, 地球社会の「人間-自然」生態系におけるオーバーシュートが明らかな今日, 水と大気は地球公共財として優先順位が高いものであるというグローバル・コンセンサスを形成することが重要であろう。そのためには, 水資源に関するグローバル・ガバナンスの枠組を一層強化するとともに, 世界の水資源の持続可能な利用のための一定のレジーム体制の整備も必要であろう。

1) W. Catton, *Overshoot: The Ecological Basis of Revolutionary Change*, University of Illinois Press, 1980.
2) ローマ・クラブ『成長の限界』大来佐武郎監訳, ダイヤモンド社, 1972年, 11頁。
3) 同訳書, 139-140頁。
4) FAO, *Climate Change, Water and Food Security*, Rome, 2011, p. 5.
5) IPCC, *Climate Change and Water*, IPCC Technical Paper VI, 2008, p. 38.
6) IPCC (2008), p. 42.
7) IPCC (2008), p. 44.
8) IPCC (2008), p. 43.
9) M. Palaniappan and P. H. Gleick, "Peak Water", in: P. H. Gleick, *The World's Water 2008-2009*, Island Press, 2009, pp. 1-16.
10) Gleick (2009), p. 9.
11) Gleick (2009), p. 10.
12) F・ピアス『水の未来』古草秀子訳, 日経BP社, 2008年, 102-3頁。
13) 同訳書, 104頁。
14) J. A. Allan, "Policy Response to the Closure of Water Resources: Regional and Global Issues", in: P. Howsam and R. Carter (ed.), *Water Policy: Allocation and Management in Practice*, London, 1996, pp. 3-12. J. A. Allan, "Virtual Water: Strategic Resources, Global Solution to Regional Deficits", in: *Ground Water*, 36 (4), 1998, pp. 545-6.

15) Allan (1998), p. 545.
16) この点に関しては，星野智「ヨルダン川流域のハイドロポリティクス」(『中央大学社会科学研究所年報』第 15 号，2011 年）および星野智「ナイル川流域のハイドロポリティクス」(『法学新報』第 120 巻第 1・2 号，2013 年）を参照されたい。
17) A. Y. Hoektra and A. K. Chapagain, *Globalization of Water*, Blackwell, 2008, p. 2.
18) Allan (1998), p. 546.
19) Allan (1998), p. 546.
20) Allan (1998), p. 546.
21) Hoektra and Chapagain (2008), p. 9.
22) Hoektra and Chapagain (2008), p. 10.
23) Hoektra and Chapagain (2008), p. 13.
24) ヴァーチャル・ウォーターの流れに関しては，以下を参照。A. Y. Hoektra and P. Q. Hung, *Virtual water trade: A quantification of virtual water flows between nations in relation to international crop trade*. Value of Water Research Report Series, No. 11, UNESCO-IHE, Deft, 2002, A. Y. Hoektra (ed.), *Virtual water trade : Proceedings of the International Expert Meeing on Virtual Water Trade*, Value of Water Research Report Series, No. 12, 2003, A. Y. Hoektra and P. Q. Hung, Globalization of water resources: International virtual water flows in relation to crop trade, in: *Global Environmental Change*, 15 (1), 2005, pp. 45–56.
25) Hoektra and Chapagain (2008), p. 19.
26) Hoektra and Chapagain (2008), p. 22.
27) Hoektra and Chapagain (2008), p. 22.
28) Hoektra and Chapagain (2008), pp. 22–23.
29) J. A. Allan, Virtual water eliminates water war? A case study from the Middle East, in: A. Y. Hoektra (2003), pp. 137–145.
30) Hoektra and Chapagain (2008), p. 42.
31) M. Wakenagel and W. Rees, *Our ecological footprint: Reducing human impact on the earch*, New Society Publishers, 1996.（『エコロジカル・フットプリント』和田善彦監訳・解題，池田真里訳，合同出版，2004 年）
32) Hoektra and Chapagain (2008), p. 51.
33) Hoektra and Chapagain (2008), p. 54.
34) Hoektra and Chapagain (2008), p. 55.
35) Hoektra and Chapagain (2008), p. 58. 因みに，日本は 146.09（単位は $10^9 m^3$/yr）という数字になっている。
36) J. E. Warner and C.Johnson, 'Virtual Water' –Real People:Useful Concept or Prescriptive Tool?, in: *Water International*,Vol. 32, Nr. 1, 2007, pp. 63–77.

37) Hoektra and Chapagain (2008), p. 133.
38) Hoektra and Chapagain (2008), p. 61.
39) Hoektra and Chapagain (2008), p. 62.
40) Hoektra and Chapagain (2008), p. 62.
41) Hoektra and Chapagain (2008), p. 62.
42) Hoektra and Chapagain (2008), p. 63.
43) ダブリン会議については，星野智「水をめぐるグローバル・ガバナンス」(『法学新報』第118巻第3・4号，2011年所収) を参照されたい。

第 10 章
国家管轄権外の生物多様性をめぐる制度間の相互作用
―― グローバル化時代の法と政治 ――

都 留 康 子

はじめに

　技術の発展が既存の制度を乗り越えて，制度の改革，あるいは新たな制度構築を促す場合がある．さまざまな海洋技術の発展が，第3次国連海洋法会議を開催させ，さらに深海底の鉱物資源の開発可能性が国連海洋法条約の第XI部，国連海洋法条約第XI部実施協定を作り，そして，1994年の国連海洋法条約（以後，UNCLOS）発効へとの流れができあがったことは周知のことである．そして今，1970年代から飛躍的に発達したバイオテクノロジーにより深海底遺伝資源の開発が目前になる中で，国家管轄権外の生物多様性に関する実施協定の交渉開始への動きが加速している．

　具体的には，「国連環境開発会議」（以後，リオ・サミット）から20年のフォローアップ会合として2012年の6月に開催された「国連持続可能な開発会議」（以後，リオ+20）は，その成果文書である *The Future We Want* の中で，「国際文章（international instrument）を作成することの決定を含め，国家管轄権領域を越えた海洋生物多様性の保全と持続的利用に関する事項を緊急に取り組むことにコミットする」としている[1]．実施協定を作るという決定になるかどうかまだ予断を許さないが，国家管轄権領域を越えた生物多様性に関して，少なくとも1つの方向性が示されたものと位置づけられる．本章の目的は，当該問題が国際会議でどのように議論され実施協定の方向性が導きだされたのかそ

の経緯を，国際政治の理論的関心事項の1つである制度間相互作用という視点から考察することである。

ひるがえって，1990年代に現象として注目され，盛んに論じられるようになったグローバル化は，1国で解決できない問題を顕在化させ，同時に，国際的な調整を可能とするような制度形成をもたらした。国際政治理論では，それまで定義が曖昧で分析対象が漠然としていたレジーム論が，対象を明確にした新制度論へと昇華していった。そして，学問領域として国際法と国際政治の接近が論じられるようになったのもこの時期である。国家管轄圏外の生物多様性への問題を扱うにあたっては，UNCLOS，生物多様性条約の具体の内容を解釈する法的な側面と，条約が成立した後も関連するフォーラムや締約国会議で継続してどのような交渉が行われているのかという政治的な側面の両者を見る必要があるのは言うまでもない。その意味で当該問題は，国際政治と国際法の接近という近年の社会科学の方法論をめぐっても格好の材料を提供してくれている。

そこで，第1節では，異なる学問領域として対話の少なかった国際政治と国際法が相互にいかに接近してきたのか，その理論動向を概観し，本章で扱う国家管轄権外の生物多様性についての事例としての意義を考察する。さらに，問題となる既存の制度についても整理する。第2節では，本来国家管轄内で生物多様性の保全を論じていたのが，どのように国家管轄権外へと広がりを持つに至ったのか，その経緯を生物多様性条約の締約国会議（以後，CBD COP）と国連フォーラムでの交渉の同時並行的な議論を概観し，続いて第3節では，リオ＋20の準備委員会から本会議までの議論とその影響を考察する。そして第4節では，これらの制度の中での各国の論点を整理し，国家管轄権外の生物多様性の保全についての今後の課題を明らかにする。

1．問題の射程

(1) 国際政治と国際法の対話

　第2次世界大戦後の冷戦という時代において，国際政治の理論は対立を前提とするリアリズムを中心に展開されており，国家間の協調の証でもある国際法それ自体に意味を見いだすものは，国際政治の研究では少なかったと言えるであろう。とりわけ，期待をもって創設された国連が大国の対立構造の中で機能不全に陥り，国際法の機能を実体的に認識する機会を喪失していたことも影響している。

　しかし，1970年代，それまでの軍事的問題を中心に分析されてきた時代から相対的ではあるが，通貨，金融，資源，環境といった多様な問題群の重要性があがることに呼応して，レジーム論が1つの流行となった。そこでのレジームの定義は周知の「国際関係の特定の問題領域における，アクターの期待が収斂する，暗黙のあるいは明示的な原則，規範，ルール，政策決定手続きのセット」[2]とされ，単語の羅列の大雑把なくくりの中，当然法規範を含み込むものであり，法という言葉を使わないにしろ，レジームがなぜ形成されるのかという点については，研究の蓄積がなされた。国際法学者からは，国際政治学者が法規範の拘束性以外の部分で十分な研究をしてこなかったとの批判もあるが[3]，レジーム論を契機として，少なくとも国際政治学から国際法学への距離が縮まっていったと言える[4]。

　一方，国際法学でも，1970年代には，ソフトロー研究に着目が集まっていた。その背景としては，1つには，1950年代以降，植民地からの独立国が増えることによって，これまでの欧米中心のハードローとして存在する法秩序を，数の優位で決められる国際機関の決議や勧告で変えて行くという実体としての途上国の行動もあり，実際に新国際経済秩序のように国連総会での多数決によって意味をもつような文章も出現していた。また，世界経済の急速な発展や

国家の相互依存関係の深化が，時機を得た経済法や環境に関連する法を求め，その中で"ソフト"な規則が広く登場したことにもあると指摘される[5]。特に後者の点は，レジーム論の発生した背景と何らかわらないものである。

　その後，ソフトロー研究は 90 年代半ばごろから，再び脚光をあびるようになった。おりしも，採択から 10 年以上の年月をかけて UNCLOS が発効し，生物多様性条約など環境に関する条約が次々成立した時期である。特に UNCLOS の発効にあたっては，条約の批准を遅らせていた深海底資源に関する実施協定が国連総会で成立したことが大きな役割を果たした。また条約発効後はすぐさま，採択からのタイムラグの間に生じた漁業資源の悪化が国際問題となり実施協定の交渉が開始され，1995 年には「国連公海漁業実施協定」が採択された。そのほか，FAO では，「責任ある漁業のための行動規範」が作成されていた。また，環境分野でも，1972 年のストックフォルム宣言に続いて，1992 年のリオ宣言など，それ自体に法的拘束力がなくとも，条約を補強，あるいは一般原則を示すような文章が採択され，指針とされていった[6]。海洋分野に限らず実際に冷戦後に拘束性の有無にかかわらず国際合意がしやすくなったこと，一方で，WTO など裁判制度までそなえた制度が成立していったことへの反動ともとれる現象が理論的にもおき，ソフトローへの関心が再度たかまっていく契機となったのである[7]。

　そして，国際政治学においては，同時期にあらためて法規範を分析枠組みに取り込もうとする 2 つの理論的展開が見られた。1 つは冷戦終結を予想しえなかった既存の理論に対し，主体のもつアイデンティティや価値観，規範の内面化といった主観的要素を取り込んだコンストラクティヴィズムが脚光を浴びるようになったことである[8]。また，第 2 に，これまでの対立構造中心の分析枠組みにかわり，世界政府がない状態での国際的なルールや規範が遵守されている国際秩序を現すものとして，グローバル・ガバナンスが議論されるようになったことである。グローバル・ガバナンスの含意は，①問題の越境性，②国家に限らない主体の多様性，③フォーマル，インフォーマルを問わない方法の重層性，そうした中で④利益を調整し，協力関係を可能にする行動，ととらえ

られよう[9]。特に，グローバル・ガバナンス論の③の視点は，リジッドな制度から宣言や行動規範といった緩やかなレジームまで，これらが幾重にも重なって織りなす秩序象であり，ハードロー，ソフトローの両者を取り込むものである。

さらに，国際法学と国際政治学の理論的接近，結節点となったのが，2000年に発表されたダンカン・スナイダルらによる法化の議論である[10]。彼らの法化の議論は，ハードかソフトかという二分論で分けるのではなく，ハードからソフトへと，義務，明確性，委任の３つの視点からその程度を類型化することにより，線上にあらわしている。このことは，ソフトローの機能，多様性にも十分な意義を見いだし，ハードとソフトローの織りなす秩序への分析視覚である。グローバリゼーション下の秩序を解明しようとする点で，グローバル・ガバナンス論と出発点は同じであり，整合性をもちあわせている。

しかしここで，ガバナンスという言葉の期待とは異なり，ソフト，ハードにかかわらず，制度が多様に構築されてくるということは，すべてがプラスに機能するとは限らない。制度が整然とすべての問題に対応し，棲み分けがなされている秩序などは考えられないからである。まず国際法学での視点は，条約の混雑化（treaty congestion）が指摘され，WTO で実際に問題となった自由貿易と環境保全といった規範同士の衝突，あるいは紛争解決にあたってどの処理機関を選択するか等，いわゆるフォーラムショッピングに典型的に見られるルールの衝突が問題となっていた。とりわけ，国連国際法委員会（以後，ILC）が2000 年〜2006 年にかけて行った研究作業と２つの成果文書は，その後今日まで学界での法の断片化（fragmentation）の議論を触発するものとなった[11]。断片化の議論を詳細に論じることは筆者の能力を超えているが，ILC の最終的な結論は，実質的に規範の衝突は処理できる問題，マイナスの側面ばかりではないとの立場を示した[12]。そしてその内容は，国際法学者からすれば，国際法解釈に関する国際法の基本をわかりやすく再論したにすぎないほぼ常識的な内容で，新たに国際法実践にかかわるようになった非国際法専門家に対する「教育的意味」「啓蒙的機能」をもつものと指摘されている[13]。また，制度的

な調整の問題については，政治的な問題であるとしてあえて触れておらず，結局，政治的な課題があぶり出された形になっている。そして，ILC の分析枠組みと，国際政治学の制度論で見られるレジーム間の関係を整理・分析する類型化の枠組みは，ほぼ対応しているのである[14]。

類型化はあくまでも社会科学の一つのツールに過ぎず，国際政治理論によるレジームのそれも，さまざまな試みの概念定義が一定ではなかったりすることから，百花繚乱との批判もある[15]。しかし，制度間の関係及び作用を取り扱うに際しての課題を明らかにする機会にもなったと言える。つまり，制度の相互作用が①どのようにおきるのか（What is the process of interplay？）②利害関係者の利益や，特定の制度の形成，作用，実行，また，グローバル・ガバナンスにどのような意味を持つのか（What are the politics of interplay？）。そして，こうした制度間相互作用を通して③制度がともに規範や機能の点で強化されるように結びつけられるのか（How can we manage interplay？）の3つの問題に関心が集まっている。とりわけ，制度間の関係が交差関係にある場合に，それらの相互補完的なプラス機能を高め，コンフリクトの状態をいかにして最小化できるかという問題は，多くの事例研究の積み上げが待たれるところである[16]。そして，2節以降では，その事例研究の1つとして，国家管轄権外の生物多様性を対象とする制度の問題を扱う。

(2) 国家管轄権外の生物多様性を扱う既存制度

国家管轄権外の生物多様性に関連して，どのような制度枠組みがあるのであろうか。また，その制度間の関係は相互補完的に機能しうるものなのであろうか。

1972年のストックフォルムで採択された「人間環境宣言」の原則2では，「大気，水，大地，動植物及び自然の生態系の体表的なものを含む地球上の天然資源は，現在及び将来の世代のために，……適切に保護されなければならない」と述べられており，さらに1992年の「環境と開発に関するリオ宣言」の原則7では，地球の生態系の健全性及び完全性を保全，保護，修復するための各国

の協力が義務づけられている。そして，この原則を体現するように同じリオサミットで作成，署名されたのが「生物多様条約」（以下，CBD）である。同条約第1条に記されたその目的は，①生物多様性の保全，②その構成要素の持続的利用，③遺伝資源（genetic resources）からの利益の公正かつ衡平な配分である[17]。

当時，この条約の作成に最も熱心だったアメリカは，遺伝資源が豊富に存在する途上国に保全を迫り，自国での開発のための資源の安定確保を目的としていた。しかし，実際にできあがった条約は，遺伝資源の研究能力・開発技術を持つ先進国の保全の意図①②を超えて，彼らのこれまでの資源と利益の搾取構造に対し，③に示されたように途上国が変革を迫る利益配分条約となった。これがいわゆるABS（アクセスと利益配分）問題である[18]。

ところで，CBDの交渉時点での生物多様性への関心が，当時開発が行われていた陸上植物遺伝資源にあり，海洋，まして，大陸棚以遠の深海底に存在する遺伝資源になかったことは，CBDの適用される範囲についての規定に反映されている。すなわち，同条約第4条では，他国の権利を害さないことを条件として，同条約が適用される区域は，

(a) 生物の多様性の構成要素については自国の管轄権下にある区域
(b) 自国の管轄または管理の下で行われるプロセス及び活動（それらの影響が生じる場所のいかんを問わない）については，自国の管轄権下にある区域及びいずれの国の管轄にも属さない区域

としている。すなわち，(a) よれば，国家管轄権領域を越えての構成要素，アクセスと利用については直接の規定がないことになる。

一方，1982年のUNCLOSでは，前文で「海洋の諸問題が相互に密接に関連を有し及び全体として検討される必要があることを認識し」，第192条では「いずれの国も海洋環境を保護し保全する義務を有する」としているが，生物多様性，生態系という言葉は出てこない[19]。すなわち，UNCLOSは海の憲法とも言われ，さまざまな問題群を複合的に取り扱っているが，遺伝資源としての海洋生物資源は，UNCLOSの交渉時点では想定されていなかった問題であ

る。

　国家管轄権外の遺伝子資源——陸上の無主地がないと言われる今日，大陸棚以遠の海洋生物遺伝資源と同意になる——の取得，利用という点からUNCLOSで対応しようとした場合，1つの可能性は，漁業資源のように公海自由原則に基づくという考え方がありえる。一方，熱水鉱床などに有益な資源が豊富であることから，従来鉱物資源を対象としている深海底規定の第XI部に遺伝資源を加えることも考えられる。公海規定にしろ，深海底レジームにしろ，いずれの場合も，遺伝資源についての明確な規定があるわけではなく，その意味では制度的に欠缺していることになる。UNCLOS交渉時にはすぐさま開発可能と考えられ，目先の利益対立故に交渉を長引かせた深海底のマンガンノジュールがいまだに商業ベースにのる開発の見通しが立たず，一方で深海底の遺伝資源は，サンプル採取だけでも莫大な利益が考えられる状況がすぐそこまできていることは，制度構築と技術の進歩が，同時の整合性を持つとは限らないことの証左と言えよう。

　そして，この欠缺をめぐって，CBDとUNCLOS下での議論が同時並行的に進んでいく。本節(1)の理論的関心に戻れば，UNCLOSが上位レジームとしてあり，公海レジーム，深海底レジームは下位レジームとしていわば入れ子になっている。あるいは，上位レジームを構成する下位レジームというのが適切かもしれない。各国は，前提としての上位レジームを受け入れている中で，どのレジームで当該問題を扱うのが自国の利益に適うかのせめぎ合いを展開していくことになる。しかも，UNCLOSが交渉されていた1970年代から環境問題への関心が高まり，海は環境問題としても扱われるようになっていった。

　以下では，CBDの締約国会議，UNCLOSのフォーラムを通して，どのような議論が重ねられてきたのかを考察する。

2．国家管轄権外の生物多様性を扱う制度は 欠缺しているのか？

　国家管轄権外の生物多様性の保全ついての問題認識が高まっていくきっかけを作ったのが，1995年のCBDの第2回締約国会議（以下，COP）で採択されたジャカルタマンデート（decision 決定）である[20]。CBDの目的である①②の点から，海の生態系の保全の必要性が指摘されるとともに，その後の議論の2つの流れを作っていくことになった。1つは海洋保護区，そして，もう1つが遺伝資源の問題である。

(1) 海洋保護区の議論

　地球の表面の70％を占める海洋が，生物多様性の保全にとって重要な対象であることは言うまでもない。しかし，CBDの採択以前は，それぞれの生物資源の保存・管理がアドホックベースで行われていたに過ぎず，海洋の生物多様性全体の保全に必要な協力関係はほとんどないままであった[21]。そこで，ジャカルタ・マンデートでは，「統合的な海洋と沿岸地域の管理を促進すること」が奨励されるとともに，この決定の附属書Ⅰでは，「海洋生物資源の重要な生息地が，海洋及び沿岸の保護区（protected area）の選定にあたって，重要な基準となるべきである」とした[22]。その後，CBDのCOPを通して継続して議論がなされ，海洋保護区の重要性は繰り返し示されていたが，その設定が公海領域に広がるのか，また何をどのように規制するかなど具体的なことが示されたものではなかった[23]。

　そして，海洋保護区の議論がより具体化してくるのが，国連環境開発会議（リオサミット）から10年，この間の環境と開発問題への取り組みを包括的に検証し，今後の課題を示すために2002年に開催された「持続可能な開発に関する世界首脳会議」（ヨハネスブルグサミット）で採択された「実施計画」においてであった。この計画の中では，沿岸国の管轄権の及ぶ区域の内外を含めて

（波線筆者），重要かつ脆弱な海洋及び沿岸地域の生産性及び生物多様性を維持すること，そして，具体的な方法として，エコシステムアプローチの導入，破壊的漁業実行の廃止，2012年までには代表的ネットワークの設置を含む「海洋保護区」を創設することが目標とされた[24]。なお，ここでの海洋保護区は，あくまでも自国の管轄権海域に設定することが前提であり，"公海"という言葉が直接使われているのではないことに注意が必要であろう。

その後，CBDの下部機関で締約国に科学的見地から勧告などを行う2003年の第8回科学技術補助機関（SBSTTA）では，2012年までに国家管轄権内では国内法に，国家管轄権外では国際法と合致する形で「海洋保護区」が確立されるよう戦略が練られるべきとの勧告が採択された[25]。そして，2004年の第7回以降のCOPでも，海洋保護区は常に議論されており，国家管轄権外の生物多様性を保全するための海洋保護区の必要性という考え方自体は，一般原則として共有認識となっていると考えられる。問題は，具体的な内容に踏込むと議論が依然としてまとまらないことにある。

例えば，2010年の名古屋でのCOP 10で全会一致で採択された，2020年までの生物多様性保全の目標を定めた「愛知ターゲット」では，「沿岸域および海域の10％を保護区（protected areas）やその他の効果的な手段を通じて保全する」と規定された[26]。しかし，その審議過程は非常に混乱したものであった。当初，5月の第14回SBSTTAで議論された「愛知ターゲット」の事務局草案では，陸域と海域がともに15％となっており，「国家管轄権を超えた領域」（areas beyond national jurisdiction）についての議論も行われていた。しかし，すでに世界の10％が保護区になっている陸上域といまだ1％に満たない海洋域とを一律に扱うことに対しての反発が途上国側から強く出され，中国も6％を強硬に主張し，議論が紛糾した。COP 10で途上国側は，数値を高く設定するのであれば，その実施のための追加支援が必要であるとして，人材支援や資金援助を10倍にするという具体的な数字を含めることも主張してきた。議論の膠着状態の中，議長から半ばギャンブルのように提示した[27]海洋域の保護区は10％，陸上は17％で数値的には決着した[28]。そして，ここでは，公

海を含むか否かで議論すると紛糾し合意に至らないとの考えから，あえて海洋の 10% といった場合の分母を海洋の何にするか触れないという暗黙の駆け引きが行われていた[29]。COP 10 全体として，国家管轄権内の遺伝資源へのアクセスと利益配分に関する名古屋議定書との比較では，海洋保護区の問題はある意味瑣末な問題であり，全体の成果文書の果実をとった形である。

(2) 深海底遺伝資源問題の議論

1995 年のジャカルタ・マンデートを契機とした国家管轄権外に広がる生物多様性の問題として，もう 1 つ議論されてきたのが遺伝資源の問題である。

ジャカルタ・マンデートでは，CBD 事務局長に対して深海底遺伝資源の保全と持続的利用に関する CBD と UNCLOS との関係について検討を進めることを求めていたが，実際に事務局から報告書が提出されるのは，2003 年の第 8 回 SBSTTA 以降である[30]。ここに，制度としての CBD が国家管轄権領域を越えた深海底遺伝資源に関与するかどうかという根源的な議論の開始が告げられたとも言えよう。海洋保護区の議論が本格的に始まった 2004 年の COP 7 では，CBD 事務局長に対して深海底遺伝資源の保全と持続的利用に関して，国際海底機構[31]，国連の海洋法局，国連環境計画（UNEP）など関係機関と協力して情報収集を求める決定を行った[32]。さらに 2006 年の COP 8 では，国家管轄権外の深海底遺伝資源の保護（protection）のために利用できるオプションとして，ⅰ) 行動規範，ガイドラインや原則の利用　ⅱ) 環境影響アセスメントや海洋保護区の設定などを通して脅威を低減し管理すること，そして，これらのすべてのオプションを特に国連下のフレームワークで展開していく必要が示された[33]。

そして，実際にこの時点で，国連のフォーラムでは問題として俎上にあがってきていた。すなわち，国連の「海洋と海洋法に関する国連非公式協議」（以後，UNICPOLOS）での議論である。この枠組みでは，毎年国連事務総長により提出される海洋問題及び UNCLOS に関する実行状況報告に対するレビューを行い，その結果は国連が取り上げるべき議題の勧告という形で国連総会に送

付される[34]。2003年の第4回UNICPOLOSで,「脆弱な海洋生態系の保全」が議題の1つとなったのに続いて,2004年第5回では,「国家管轄権を越えた深海底の生物多様性の保全と管理を含む,海洋の新たな持続的利用」について集中的に審議された[35]。

この第5回会合では,公海,とりわけ深海底の生物多様性に関連する行動を規定,管理する枠組みについて何らのコンセンサスがないことが明らかになった。開発を行う技術を持つひとにぎりの先進国が,環境規制や利益配分につながるような議論を行いたくない一方,開発技術や資金のない途上国は,深海底鉱物資源と同じ人類共同財産の適用,利益配分などを主張していた。また,先に述べたCBD COP 7において,海洋保護区の設定と管理についてUNICPOLOSと協力するよう加盟国に求める決定を行っていたが[36],UNICPOLOSでの公海上での海洋保護区の設立に関連する議長案は,コンセンサスを得ることはできずに終わった[37]。そして,UNICPOLOSの報告を受けた2004年末の国連総会は,「国家管轄権外の海洋の生物多様性の保全及び持続可能な利用を研究するアドホックな非公式ワーキンググループ」(以後,BBNJWG)の立ち上げを決定した[38]。

(3) 2つの議論の接合

2006年に開催された第1回BBNJWGは,もとよりWGの位置づけであることから合意文章を作ることを目的としておらず,問題の所在と各国の大まかな立場が示された会合であった[39]。ひとつの大きな問題は遺伝資源の法的な位置づけであり,いわば,公海自由の原則に従うのか,あるいは,人類共同財産としてⅪ部の規定に従うのかという議論である。途上国とその立場で振舞う中国は,深海底遺伝資源からの利益は途上国にも配分されるべきで,人類共同財産であるとの立場を示した。一方,アメリカや日本はUNCLOS第Ⅺ部は鉱物資源にのみに適用されるものとして反対であった。また,生物多様性の保全という意味では,既存の制度やメカニズムと実行との間でのギャップをどうするかということが問題であった。EUは公海上の海洋保護区の設定を全面に出

し新たな実施協定の作成を提案し，これまでも破壊的な漁業慣行などに反対してきた環境 NGO から支持を得ていた。しかし，この提案は，遺伝資源についてはまったく言及がないことから，G77／中国を惹きつけるところとはならなかった。

そして，2007 年の第 8 回の UNICPOLOS の議題はまさしく「深海底遺伝資源」であり，情報を共有し交渉のたたき台をつくるための最初の会議と位置づけられた。「知識共有」という点では意義はあったが，国家管轄権外の深海底遺伝資源の法的枠組みをどのように規定するか，すなわち，深海底レジームなのか，公海レジームなのか，あるいは実施協定という新たなレジームを作成するのかをめぐって議論は紛糾し，UNICPOLOS としてははじめて，事務総長が総会に提出する文章の内容を合意することができなかった[40]。

しかし，この交渉の膠着状態を一転させたのが，2011 年 5 月に開催された第 4 回 BBNJWG[41]であった。途上国，EU，メキシコ等が，遺伝資源，海洋保護区，環境影響評価プロセスの問題に関する法的レジームを個別に扱うのではなく，パッケージとして一括して扱うことを提案していた。特に EU は，深海底遺伝資源について"UNCLOS New Agreement"の必要性を示唆し，途上国は"現状維持が選択肢ではない"との立場を表明している。こうして，2006 年の第 1 回 BBNJWG は勉強会という色彩が強かったのが，この第 4 回 BBNJWG は，今後の議論を方向づけるものとなっていた。具体的には，最終文章として，国家管轄権外の生物多様性の効果的な保全と持続的な利用に必要な既存の制度の規定を実行することや，UNCLOS 下での多国間合意の可能な展開を含め法的なフレームワークのプロセスを開始する，という勧告をコンセンサスで採択している[42]。このことは，途上国がこの時点から言及し始めた，利益配分（benefit sharing）も含めてパッケージとして議論を開始するということを意味していた[43]。

このようにして，国家管轄権外の生物多様性の保全，管理が必要であるという議論にはじまり，海洋保護区と深海底遺伝資源と別々に議論されていたものが，BBNJWG が立ち上げられて以降，同じ俎上にのることになった。当初，

深海底遺伝資源についての利益配分までは念頭に置かれていなかったものが，2011年の時点で，交渉の一角として議論される可能性が出てきたことになる。このような変化は，CBD COP 10の名古屋議定書の採択によるモーメンタムがもたらしたものと考えられる。

COP 10直前の2010年2月の第3回BBNJWGでは，名古屋のCOPのABS議論の決着前に深海底遺伝資源について議論するのは時期尚早という考え方が強かった[44]。名古屋議定書の採択は，あらためて生物多様性条約のABSの基本原則が国家管轄権外には適用されないという制度的な限界を明らかにし，深海底開発の技術は持たないが陸上生物資源同様に遺伝資源からの配分を期待する途上国と，生物多様性の保全という目的で海洋保護区を公海上まで広げたいEUをひとまとまりにし，国家管轄権外の生物多様性に関する実施協定の開始という方向に舵が切られていくことになったのである。

3．リオ+20と国家管轄権外の生物多様性問題

2節で見てきた実施協定交渉開始の道程には，2012年の6月に開催された「国連持続可能な開発会議」（リオ+20）もその準備段階から大きくかかわっている。

リオ+20の目的は，1992年に同じブラジル・リオデジャネイロで開催された「国連環境開発会議」以降，その宣言の中に盛り込まれた持続可能な開発がどの程度実現されてきたのかを評価し，この20年間に出現した新たな問題も含め，今後の課題と取り組みを示すことにあった。経済的，社会的発展，そして環境保全は，持続可能な開発にとっての3つの柱ともいうべき相互に不可分な要素であると考えられており，持続可能な開発及び貧困撲滅の文脈の中でのグリーンエコノミー，持続可能な開発のための制度的フレームワークの検討は，議論されるべき重要なテーマとされていた[45]。

第1回の準備委員会は，2010年5月に開催された[46]。グリーンエコノミーという言葉自体は，欧米の国内政策などでは広く使われており決して新しいも

のではなかったが，持続的な開発戦略の道程に組み込むという意味では新しい試みであった。それだけに，途上国からは貿易やODAの制限につながるのではないかとの懸念が示され，概念自体をめぐって議論は当初から紛糾していた。途上国にとって，グリーンエコノミーは衡平性（equity）とともに語られるべきもので，持続的な開発は資金援助や技術移転などを通して行われることが前提であった。

　そして，海の問題が大きく取り上げられたのが，2011年3月に開催された第2回の準備委員会であった[47]。海洋環境の悪化要因を取り除くためには，保全措置をとる経済的な誘引や途上国の底上げをはかる貿易の促進も必要であることが指摘されるとともに，海洋環境の保全にとって，ガバナンス・ギャップの存在が喫緊の課題であるとされた。すなわち，公海の法的なレジームは複雑であり，断片的（fragmented）で不十分であるとして，漁業資源にとどまらず，生物多様性の保全という海洋の一体性を問うような環境ガバナンスの議論も非公式には交わされていた[48]。この第2回準備委員会は，リオ＋20の合意文書を作る上で，ゼロドラフト（＝原案）を2012年1月に議長が提示することや，その後，本会議まで毎月1週間会期の会合を開催していくことが決定されただけで，いずれの具体の問題も踏み込んだ議論がなされたわけではなかった。しかし，ここでの海洋の議論は，BBNJWGにも強力なメッセージを送ることになった[49]。2節でも見たように，2カ月後のBBNJWGでは，海洋の生物多様性についてパッケージとして扱うという方向性が芽生えていた。

　そして，2012年1月にはゼロドラフトが議長より提出された[50]。この段階でBBNJWGについて言及の上，「国家管轄権外の生物多様性の保全と利用について，UNCLOS下の実施協定に関する交渉をできる限り早く開始することに合意する」との文言が盛り込まれていた[51]。本章の目的は，リオ＋20自体を分析することではないが，成果文書である*The Future We Want*がコンセンサスで採択されるまでには紆余曲折があり，会議自体の決裂の危機もあったと言われる。グリーンエコノミーを全面にだす先進国側と，そうした言葉で今後の経済発展を押さえ込まれたくない途上国とが対立していた。環境問題が国

際関心事項となって以来のこの問題は，1992 年のリオ・サミットでは持続的な開発というシンボライズされた言葉の出現となった。しかし，途上国は，実行が伴ってこなかったことを不満としており，リオ＋20 では，リオ原則 7 にある「共通だが差異ある責任」を全面にうちだしてきた。しかし，アメリカ，EU，日本などの先進国は，この原則に特化することには反対であった[52]。本会議まで 1 カ月を切った時点での交渉会合でも，WG の議長が提出した改正条約案（revised draft text）のブラケットつきの 259 パラグラフのうち合意できたのは 3 分の 1 にも満たなかった[53]。草案の全体を 2 つの WG に分けて確定作業を行っていたが，WG 1 の中で最も論争的だったのは海洋部分，特に国家管轄権外の生物多様性についての問題であった。この会合では，ブラジルをはじめとする中南米諸国，ナウルなど南太平洋諸国，インド，南アフリカ，フィリピンなどの途上国が，当該問題での実施協定交渉を即座に開始すべきであるとの提案を行っており，メキシコや EU は交渉の時限設定を 2016 年までとすること，オーストラリアは国連総会 68 回期に勧告を提出することを主張した。一方，日本は，BBNJWG に留意することには賛成でも，実施協定の文言には反対を示したほか，ロシア，カナダなども反対の立場にあった[54]。そして最も強硬な反対姿勢を示していたのはアメリカであった。当時，上院では UNCLOS 批准のための公聴会などが行われていた時期でもあり，ここでの交渉で妥協することは，国内での批准を再度困難にするという懸念もあった。

　そして，交渉の成果文書を何が何でも出さなければならないというタイムリミットの中，ホスト国であるブラジルが提出した修正案が，最終日にコンセンサスで採択されたのである[55]。論争的だった国家管轄権外の生物多様性については，「現在進行形の BBNJWG に留意した上で，この作業を基にして，第 69 回国連総会終了までに，UNCLOS の下での国際文書を作成する決定を含め，公海の海洋生物多様性の保全と持続的利用に関する事項に緊急に取り組むことにコミットする[56]」と記された。最終的な成果文書 *The Future We Want* 自体は多岐にわたり，海の問題を取り上げているのは一部に過ぎないが[57]，最も難航したと言われる問題の 1 つである国家管轄権外の生物多様性について

は，このような形で決着したのである[58]。すぐ交渉ではなく，交渉開始の決定まで2年間の猶予期間をおいたこと，また文言が，ゼロドラフトの時点では"implementation agreement"だったのが，"international instrument"とし"協定"という言葉を避けたこと，交渉の開始（initiate）ではなく，含意として，交渉を開始するかどうかの決定という内容にしたことが，アメリカをはじめとする反対国の同意をギリギリ取り付ける落としどころだったと思われる。

4．交渉の構図と制度間作用

　以上に見てきたCBD COPからリオ＋20までの国家管轄圏外の生物多様性をめぐる各国の立場を整理していくと，以下のようになるであろう。
　総論として，管轄権の内外を問わず生物多様性の保全が必要であるという点での一致はあり，しかも，1992年のリオ・サミット以来の持続的開発ということも定着した規範となっている。しかし，実際に国家管轄権外の生物多様性に関する実施協定の交渉を開始するかどうかは，積極的なG77／中国とEU，反対の立場を表明するその他の先進国と色分けすることができよう。それでは，実施協定に積極的な途上国，EUが一枚岩であるかというと，リオ＋20ではさほど表面化してはいないが，実施協定に求める内容自体が異なっている。EUが求めているのは，公海上への海洋保護区を広げていくことであり，すでに北東大西洋の公海上での環境保護区を設定しているオスパール条約が存在する。最初に実施協定の言葉に言及したのはEUであり，2006年のUNICPOLOSの下にできたBBNJWGでのことであった。この時，EUの念頭にあったのは生物多様性保全のための環境保護区であって，遺伝資源の問題については言及していない。彼らが遺伝資源の配分までを含めた交渉を考えていたわけではないことは，先に述べた「共通だが差異ある責任」のリオ原則7に言及することには，反対の姿勢を示したことからも見て取れる。
　G77／中国は，UNCLOSの深海底レジームを適用することで，人間の共通

財産として遺伝資源の深海底利益配分を得るという立場をとっていた。途上国は，遺伝資源の配分ということが目的での実施協定交渉を目指しているのであって，環境保護区の設定については，漁業やその他の開発の制限につながるのではないかとの懸念が強い。CBD COP 10 の愛知ターゲットの議論で，海上の保護区の少ないパーセンテージを提案したのは G 77／中国であった。さらに，途上国の中でも，対先進国の立場から「共通だが差異のある責任」，開発重視では一致があるものの，生物多様性の豊かな地域とそれ以外では当該問題への温度差がある。目覚しい経済成長，技術発展を遂げている中国も，自らを途上国として位置づけながらも微妙な立場にある。

　リオ＋20 の成果文書 *The Future We Want* 全体についての一般的な評価は控えめである。持続的な開発目標に合意できたことでの進展を認めつつも，今後の実行，実践が重要であるとの指摘がなされている[59]。実際，国家管轄権外の生物多様性については，新たな交渉を開始するかどうかも含めて，再度 BBNJWG に問題が委ねられている形である。リオ＋20 後の BBNJWG は，2 回の専門家などによる知識共有のためのワークショップを経て[60]，2013 年の 8 月にリオ＋20 後初めての BBNJWG が開催された。リオ＋20 での成果文書を受けて，国連総会第 69 会期までという時限設定は意識されているものの，2014 年に 2 回，2015 年に 1 回の会合を開くなど日程的な確認にとどまり，具体的な内容での進展は見られない[61]。依然として，実施協定が公海の生物多様性の保全にとって必要であり，法的なガバナンスのフレームワークを作ることによって既存の制度の欠損を埋めることができるとする多くの国の主張に対して，実施協定云々を議論する以前に既存の法的枠組みに欠損があるのかどうかの共通理解と法的な側面についての詳細な議論が必要であるとの意見や，実施協定は不要で既存の制度枠組みでの実現が必要であるとして，逆に多くの基準により UNCLOS 自体が断片化し，権威を失うことへの危惧も示された[62]。

　いずれにしても，当初 CBD が採択されたときには，国家管轄権外の生物多様性についての議論が行われていなかったのが，その後 CBD COP での，環

境保護区が公海上も含むものなのかという議論にはじまり，COP 8 では，深海底遺伝資源を議論する可能性のあるフレームワークの整理が行われ，後者の問題の重要度も増していった。一方で UNCLOS に関係した UNICPOLOS でも，生物多様性の保全と環境保護区の問題から深海底遺伝資源問題へと議論は広がっていった。さらに，両者の議論を決定的に結びつけたのが，もともと CBD を生み出したリオ・サミットの 20 年後の評価を行うリオ＋20 であった。これらの会議の時系列的な関係を見ると（本章付表参照），それぞれの動き，結果相互に連関し，別のフォーラムが引き続いて議論するという形も見られ，その意味では，国家管轄圏外の生物多様性についての問題は，制度間作用の中で，実施協定への動きが生れてきたということがいえるだろう。

おわりに

　本章では，国家管轄権外の生物多様性について，CBD COP, UNICPOROS, BBNJWG, リオ＋20 などの枠組みを通して，実施協定交渉開始への道筋が徐々に開かれてきていることを明らかにしてきた。当初，CBD では特に EU を中心にして海洋保護区の問題として議論されていたものが，途上国を取り込む中で，彼らが意図する遺伝資源の問題，その ABS の問題までが議論の対象となってきている。2014 年の国連総会会期で実質的に実施協定の交渉開始が決定されたとしても，そこからはじまる交渉で，本来の目的である生物多様性の保全にどれだけ実行性を伴う内容になるか，現時点での予測は不可能である。

　しかし，これまで UNCLOS 第Ⅺ部，公海漁業実施協定と 2 度行われた実施協定交渉とは確実に違う点がある。それは，皮肉なことでもあるが，グローバル化の中での情報技術の進歩によって，四六時中本国の指示を受けられる状態が，国際交渉での妥協をより難しくすることである。また，制度間作用を利用することによって，数でまさる途上国の交渉力が高まっていることも指摘できよう。途上国と EU の実施協定へと向けた連携は同床異夢ではあるが，EU の

264　第Ⅱ部　グローバル化と地球環境

　環境政策を支えるNGO[63]などのバックアップを得る形で，先進国が中心になって形成してきた海洋秩序に挑む流れができていることだけは確かである。この問題がどのような形で決着するかは，制度間調整の問題に新しい視点をも加えることになるかもしれない。

付表　国家管轄権を越えた生物多様性に関連した国際会議（非公式協議を含む）抜粋

	会議／協議名	期間	決議など資料名・補足説明
* MPA/GR	Convention on Biodiversity（CBD）COP 2	1995.11.6-17	Decision Ⅱ/10: Conservation and Sustainable Use of Marine and Coastal Biological Diversity, UNEP/CBD/COP/2/19（＝ジャカルタマンデート）
MPA	World Summit on Sustainable Development（＝Johannesburg Summit）	2002.8.26-9.4	Plan of Implementation of the World Summit on Sustainable Development in Report of the World Summit on Sustainable Development, A/Conf.199/20, para.32. 海洋保護区に関連する2012年目標。
GR	Eighth Meeting of the Subsidiary Body on Scientific, Technical and Technological Advice（SBSTTA 8）	2003.3.10-14	UNEP/CBD/SBSTTA/8/INF/3 Rev.1　COP 2 DecisionDecision Ⅱ/10, para.12の深海底遺伝資源に関連しCBD事務局長報告書。
MPA	Fourth meeting of the United Nations Open-ended Informal Consultative Process on Oceans and the Law of the Sea（UNICPOLOS 4）	2003.6.2-6	Report on the work of the United Nations Open-ended Informal Consultative Process on Oceans and the Law of the Sea at its forth meeting, A/58/95. 議題の1つに「脆弱な海洋生態系の保護」。
MPA/GR	CBD COP 7	2004.2.9-20	UNEP/CBD/COP/DEC/VII/5: Marine and coastal biological diversity, paras. 54－56, 70.
GR	UNICPOLOS 5	2004.6.7-11	Report on the work of the United Nations Open-ended Informal Consultative Process on Oceans and the Law of the Sea at its fifth meeting, A/59/122. 海洋の新たな持続的利用について。
MPA/GR	First Meeting of the Working Group on	2006.2.13-17	Report of the Ad Hoc Open-ended Informal Working Group

第 10 章　国家管轄権外の生物多様性をめぐる制度間の相互作用　*265*

	Marine Biodiversity beyond Areas of National Jurisdiction (BBNJWG)		to study issues relating to the conservation and sustainable use of marine biological diversity beyond areas of national jurisdiction, A / 61 / 65.
GR	CBD COP 8	2006. 3. 20-31	UNEP/CBD/COP/DEC/VIII/21: Marine and coastal biological diversity: conservation and sustainable use of deep seabed genetic resources beyond the limits of national jurisdiction
GR	UNICPOLOS 8	2007. 6. 25-29	Report on the work of the United Nations Open-ended Informal Consultative Process on Oceans and the Law of the Sea at its eighth meeting, A 62/169. 議題は深海底遺伝資源。
MPA	CBD COP 10	2010. 10. 18-29	Strategic Plan for Biodiversity 2011－2020 and the Aichi Biodiversity Targets in Report of the tenth meeting of the Conference of the Parties to the Convention on Biological Diversity, Annex, UNEP/CBD/COP/10/27
MPA/GR	Fourth Meeting of BBNJWG	2011. 5. 31-6. 3	A/66/119, Annex: Recommendations of the Ad Hoc Open-ended Informal Working Group to study issues relating to the conservation and sustainable use of marine biological diversity beyond areas of national jurisdiction and Co-Chairs' summary of discussion
	Second Intersessional Meeting of UNCSD	2011. 12. 15, 16	UNCSD 成果文書へのプロセス確認。
	2012. 1. 10　成果文書ゼロドラフト *The Future We Want* の配布。実施協定（imprementation agreement）への言及あり。		
MPA/GR	Second round of 'informal-informal' Consultations on the Zero Draft for the UNCSD	2012. 4. 23－5. 4	WG I の検討課題の 1 部分の Oceans and Seas は大論争に。
MPA/GR	Fifth Meeting of BBNJWG	2012. 5. 7-11	A/67/95, Annex:Report of the Ad Hoc Open-ended Informal Working Group to study issues relating to the conservation and sustainable use of marine bio-

			logical diversity beyond areas of national jurisdiction and Co-Chairs' summary of discussions
MPA/GR	UNCSD PrepCom Ⅲ, Pre – Conference Informal Consultations	2012. 6. 13-15 16-19	UNCSD 成果文書の最終交渉。
MPA/GR	UNCSD (= Rio + 20)	2012. 6. 20-22	A/RES/66/288: The Future We Want, paras. 158 – 177. para. 162 は, 実施協定交渉の含み。
MPA/GR	Sixth Meeting of BBNJWG	2013. 8. 19-23	A/AC, 276/8. 2014, 2015 年の会議日程の決定他は特に進展なし。

注：議論の焦点について。MPA は Marine Protected Area, GR は Genetic Resources の略称として使用

（付記）本章は，2012 年 10 月 8 日の国際法学会における報告原稿を大幅に改編したものである。また，科研費の新学術領域研究（課題番号：24121010）ならびに，基礎研究（B）（課題番号：25285016）の成果の一部である。

1) U.N.Doc.A / Res 66 / 288 (2012).
2) S. D. Krasner ed., *International Regimes*, Cornell University Press, 1983, p. 2.
3) この点についての厳しい批判として，大沼保昭「国際社会における法と政治―国際法学の実定法主義と国際政治学の現実主義の呪縛を超えて」国際法学会編『国際社会の法と政治』三省堂，2001 年。
4) A. M. Slaughter, "The Legalization of International Relations Theory: A Dual Agenda," *American Journal of International Law (AJIL)*, Vol. 87, No. 3, 1993, p. 220; 両学問の接近について国際法学の方から分析したものとしては，A. M.Slaughter, A. S. Tulumello and S. Wood, "International Law and International Relations Theory: A New Generation of Interdisciplinary Scholarship," *AJIL*, Vol. 92. No. 3, pp. 367-397.
5) Pierrue-Marie Dupuy, " Soft Law and the International Law of the Environment," *Michigan Journal of International Law*, Vol. 12 (1990), p. 420, p. 421; K. Rasutiala and A. M. Slaughter, "International Law, International Relations and Compliance", in W. Carsnaes, T. Risse and B. Simmons eds., *Handbook of International Relations*, Sage Publications, 2002.
6) 小寺彰「現代国際法学と「ソフトロー」―特色と課題」中山信弘編『国際社会とソフトロー』有斐閣，2008 年，13-14 頁。その他，日本におけるソフトロー研

究として，斎藤民徒「国際法と国際規範—「ソフト・ロー」をめぐる学際研究の現状と課題」『社会科学研究』54巻5号，2003年．
7）Slauter はこの点を "blacklash" という言葉で表現している．*American Society of International Law Proceedings*, Vol. 96, 2002, p. 294. Goldstein & Martin は，2000年に *International Organization*（*IO*）に論文を発表した時点で，法化の "downside" の側面を国内制度との関連で分析している．J. Goldstein and L. L. Martn, "Legalization, Trade Legalization and Domestic Politics", *IO*, Vol. 54, No. 3, 2000, p. 605.
8）コンストラクティヴィズムは本来社会学で発展したアプローチで，国際政治学への本格的な影響は，1980年代後半以降である．なお，コンストラクティヴィズムの教科書的なものとして，大矢根聡『コンストラクティヴィズムと国際関係論』ミネルバ書房，2013年．
9）山本吉宣『国際レジーム』有斐閣，2008年，第6章．
10）K. W. Abbott, R. Keohane, A. Moravcsk, A. M. Slaughter and D. Snidal, "The Concept of Legalizaton", *IO*, Vol. 54, No. 3, 2000, pp. 405-408.
11）日本語文献でも断片化についての論稿は多い．国際法委員の報告書以後のものとして特に，小森光夫「国際法秩序の断片化問題と統合への理論的課題」『世界法年報』第28号，2008年；藤田久一「国際法から『世界法』への架橋？—フラグメンテーションと統合の問題性」『世界法年報』第28号，2009年．国際法委員会の結論報告書についての詳細な分析として，宮野洋一「国際法の断片化」『変革期の国際法委員会』信山社，2011年，432-452頁．その後，今日までの研究動向を分析したものとして佐俣紀仁「国際法におえる「断片化」概念の多様性に関する一考察—「断片化」概念の現状とその問題点—」植木俊哉編『グローバル化時代の国際法』信山社，2012年，99-158頁．
12）Fragmentation of International Law: Difficulties Arising from the Diversification and Expansion of International Law, Report of the Study Group of the International law Commission, finalized by M. Koskenniemi, U. N. doc. A / CN. 4 / L. 682 (2006).
13）宮野「前掲論文」449頁．
14）山本吉宣「国際社会の制度化—レジーム論と国際立憲論の交差から—」『国際法外交雑誌』第109巻第3号，2010年，98頁．
15）Oran Young, Institutional Linkage in International Society: Polar Perspectives," *Global Governance*, Vol. 2, No. 1, 1996, pp. 1-23 において，入れ子型など4類型をはじめて紹介している．その後，彼は IDGEC (Institutional Dimensions of Global Environmental Changes) を立ち上げ，一貫して国際政治学における制度化の議論をけん引してきた．また，山本吉宣『前掲書』，特に第5章が制度間相互作用について詳細な分析を行っている．その他，Kristen G. Rosendal, "Impacts of Overlapping International Regimes: The Case of Biodiversity," *Global Governance*, Vol. 7, No. 1, 2001; Sebastian Oberthur and Thomas

Gehring eds., *Institutional Interaction in Global environmental Governance: Synergy and Conflict among International and EU Policies*, MIT Press, 2006, Chap. 2. Olav Scharam Stokke, "The Interplay of International regimes: Putting Effective Theory to Work," The Fridtjof Nansen Institute, *FNY Report*, No. 14, 2001, p. 7; Olav Scharam Stokke, "Managing straddling Stocks: The Interplay of Global and Regional Regimes," *Ocean and Coastal Management*, Vol. 43, 2000. ストッケは、地域漁業機関を事例としてレジーム研究を行ってきた。相互作用が生じる次元により、1つのレジームのルールが他のレジームの規定する行動の選択肢のコストあるいは、ベネフィットを変更する功利主義的なもの、他のレジームの規範を確認したり、あるいは矛盾することで影響を及ぼす規範的な次元のもの、学習プロセスを含み、観念・アイディアに関するイディエーショナルなものの3つを峻別しようとした。

　ドイツのセバスチャン・オーバーチャーとトーマス・ゲリングは、制度間の相互作用の原因となるメカニズムの解明を目的とし、そのためには複雑な関係を2つの制度関係に分解した分析の必要性を主張した。Sebastian Obertbur and Olav Schram Stokke, *Managing Institutional Complexity*, The MIT Press, 2011, p. 1. 国際的な制度とEUあるいは、EU間の事例163件を集積し、整理している。

16) Sebastian Obertbur and Olav Schram Stokke, *Managing Institutional Complexity*, The MIT Press, 2011, p. 1; Margaret A. Young ed., *Regme Interaction in Internatonal Law: Facing Fragmentation*, Cambridge Univ Press, 2012.
17) "生物多様性"とは、すべての生物の間の変異性をいうものとし、種内の多様性、主間の多様性および生態系の多様性を含む（生物多様性条約第2条）。また、遺伝子の機能的な単位を有する動植物、微生物その他に由来する素材を「遺伝素材」として、現実のまたは潜在的な価値を有する遺伝素材を「遺伝資源」とする。すなわち、すべての生物資源は遺伝資源ということになるが、遺伝資源といった場合には資源としての量の取得ではなく、微量でも遺伝子情報の取得こそが重要になる。本章では生物資源と遺伝資源を互換的に使う。
18) 2013年10月現在の批准国数は192カ国とEUで極めて普遍的な条約であるが、アメリカは、自国の企業の開発意欲の阻害要因になるとして、一貫して反対の姿勢を示している。
19) UNCLOSが交渉されていた時代、海洋環境についての問題意識は汚染が中心であり、漁業資源状況の悪化が環境問題の一端として広く認識されたのは、1989年の公海流し網漁禁止決議以降である。拙稿「「海洋の自由」から「海洋の管理」の時代へ——環境問題との連関による国際海洋漁業資源の規範変化の過程」『国際政治』第143号、2005年。
20) CBD COP 2, Decision II / 10 Conservation and Sustainable Use of Marine and Coastal Biological Diversity. なお、CBDに関連する公式文書は、すべてCBDのホームページ（http://www.cbd.int/）よりダウンロード。

21) P. Birnie & A. Boyle, *International Law and the Environment*, 2nd, ed., Oxford Univ. Press, 2002, p. 646.
22) UNEP / CBD / COP / DEC Ⅱ / 10, Annex Ⅰ, para.（iv）.
23) 拙稿「海洋漁業資源問題におけるエコシステムアプローチの受容と意義―言説を超えて」『中央大学社会科学研究所年報』第11号，2007年，133-135頁．なお，海洋保護区は多様な定義がある。CBDでは，「法律または慣習を含む効果的な手段を用いてある海域の水質，動植物，歴史的文化的特徴を保存している場所で，生物多様性が周辺より高く保護を享受できる効果が存在している海洋環境の場」（CBD COP Ⅶ, Decision Ⅶ / 5）としている。
24) "Plan of Implementation of the World Summit on Sustainable Development," in Report of the World Summit on Sustainable Development (Johannesburg , South Africa, 26 August-4 September 2002), A / Conf. 199 / 20, pp. 6-73. 海洋関係につては, para. 29-34.
25) SBSTTA, Recommendation Ⅷ / 3: Marine and Coastal Biodiversity, Section A, para. 19. ここでは，保護区に公海（open sea）という文言が使われている。なお，SBSTTAは科学的技術的機関という位置づけではあるが，実質的には，締約国会議の前哨戦という性格に近いという。八木信行「生物多様性と海洋保護区」『ジュリスト』No. 1417, 2011年3月, 39頁。
26) UNEP / CBD / COP / DEC.X / 2. Strategic Plan for Biodiversity 2011-2020 and Aichi Biodiversity Targets, Target 11. 愛知ターゲットは，2002年の第6回COPで決定がなされた「2010年までに生物多様性の損失を顕著に原則させる」という目標が達成されなかったことを受けて，2020年までの目標として策定されたものである。
27) 八木「前掲論文」, 40頁。
28) 途上国への資金は"明らかに増加させる"という文言となっている。Aichi Biodiversity Targets, Target 20, Note. 26.
29) 八木「前掲論文」, 41頁。愛知ターゲットの交渉過程については，そのほか，*Earth Negotiation Bulletin*（以後，*ENB*), Vol. 9, No. 54, 2010 も参照。
30) UNEP / CBD / COP / DEC. Ⅱ / 10, para. 12. 1996年時点での事務局アセスメントでは，深海底遺伝資源の利用可能性をめぐる情報や知識が十分でないとして，どのようなタイプの管理が望ましく現実的であるかは決定できないとしており，その後，事務局長の報告が公表されるのは，2003年の第8回SBSTTAであった。UNEP / CBD / SBSTTA / 8 / INF / 3 / Rev. 1.
31) 国連海洋法条約の第Ⅺ部の規定に基づき，人類共同財産とされた深海底鉱物資源の管理を目的として1994年にジャマイカに設立された。
32) UNEP / CBD / COP / DEC / VII / 5, paras. 54, 55.
33) UNEP / CBD / COP / DEC / VIII / 21, para. 5.
34) 1999年の国連総会決議A / Res 54 / 33 に基づいて設置されたもので，2000年5月に第1回会合が開催されている。UNICPOLOSでの議論はそのまま海洋の重

要課題の変遷ということにもなる。第 6 回（2005）「漁業および持続可能な発展に対する漁業の貢献」，第 7 回（2006）「生態系アプローチ」第 8 回（2007）海洋遺伝資源，第 9 回（2008）海洋安全保障と安全，第 10 回（2009）これまでの UNICPOLOS 総括，第 11 回（2010）信頼醸成・技術移転・海洋科学・制度間の協力と調整，第 12 回（2011）持続的開発関連サミットの海洋についての結果を実現する上でのこれまでの進捗状況とギャップ・Rio プラス 20 への道他，第 13 回（2012）海洋の再生可能エネルギー・制度間協力と調整他，第 14 回（2013）海洋の酸性化・制度間協力と調整他。ただし，第 11 回以降は，政治的論争にならない技術的な問題に特化するようになっている。

35) U. N. Doc. A / 59 / 122, Report on the work of the UNICPOLOS at its fifth meeting (7 - 11 June 2004), paras. 90-94.
36) UNEP / CBD / COP / DEC / VII / 28, p. 10, para. 1.3.2.
37) UNICPOLOS 5 のサマリーについては，Summary of the Fifth Meeting of the Open-ended Informal Consultative Process on Oceans and Law of the Sea, 7 - 11 June 2004, *ENB*, Vol. 25, No. 12.
38) UN. Doc. A. 59 / 24, para. 73-78. WG の英語の正式名称は，Ad-Hoc Open-ended Informal Working Group to study issues relating to the conservation and sustainable use of marine biological diversity beyond areas of national jurisdiction. 国家管轄権外の生物多様性の保全および持続的利用に関するこれまでの国家実行を調べること，問題の解決へむけた協調関係を促進するための可能な選択肢やアプローチを示すことなどを目的とする。
39) Summary of the Working Group on Marne Biodiversity beyond Areas of National Jurisdiction, 13 - 17 February 2006, *ENB*, Vol. 25, No. 25, pp. 4-8. 政府代表や NGO など 250 名が参加している。会議の結果は，国連総会に毎年提出されている事務総長の海洋と国連海洋法条約に関する報告の補遺として記録された。U. N. Doc. A / 61 / 65, p. 18.
40) 結果は，議論のサマリーと今後の議論に資すると思われる各国から出された意見の両部分からなるレポートとして，議長から総会議長へと提出された。U. N. Doc. A / 62 / 169: Report on the Work of the UNICPOLOS at its Eighth Meeting as Letter dated 30 July 2007 from the Co-Chairpersons of the Consultative Process addressed to the President of the General Assembly; Summary of the Eighth Meeting of the UN Open-ended Informal Consultative Process on Oceans and The Law of the Sea, 25 - 29 June, 2007, *ENB*, Vol. 25, No. 43. Note. 34 も参照。
41) U. N. Doc. A / Res / 59 / 24, para. 73-78.
42) Recommendation of the Ad Hoc Open-ended Informal Working Group to study issues relating to the conservation and sustainable use of marine biological diversity beyond areas of national jurisdiction and Co-Chairs' summary of discussions; U. N. Doc., A / 66 / 119, Annex.I Recommendations (a).

交渉のサマリーとしてはその他に，Summary of the Fourth Meeting of the Working Group on Marine Biodiversity beyond Areas of National Jurisdiction, 31 May－3 June 2011, *ENB*, Vol. 25, No. 70, pp. 5-7.

43) 2012年5月に開催された第5回のBBNJWGでは，法的枠組みを作る新たなプロセスに実際にはいることに目標があったが，最終文書は，会議のマンデートを実現すべく協議を続けるとするにとどまった。利益配分に関連して，新たに知的所有権の問題や，過剰漁獲につながるとして漁業補助金の問題なども取り上げられたことで議論が紛糾したためであるが，議論の場は，リオ＋20の本会議に移されることになった。

44) Summary of the Forth Meeting of the Working Group on Marine Biodiversity beyond Areas of National Jurisdiction, 31 May－3 July 2011, *ENB*, Vol. 25, No. 70, p. 3.

45) U. N. Doc. A / RES / 64 / 236, para. 20.

46) リオ＋20までの間に3回の準備員会の他，非公式準備委員会間会合（Intersessiional meeting）非公式非公式協議（Informal Informal Consultation）などリオ＋20直前の委員会の会合も含め，合計10回の会議が開催されている。

47) U. N. doc. A / Conf. 216 / PC / 9: Report of the Preparatory Committee for the UNCSD, 2nd sesson,7－8 March 2011.

48) Summary of the Second session of the PC for the UNCSD, *ENB*, Vol. 27, No. 3, p. 7.

49) *Ibid*.

50) The Future We Want - Zero draft of the outcome document, submitted by the co-Chairs on behalf of the Bureau in accordance with the decision in Prepcom 2.

http://www.uncsd 2012. org/content/documents/370 The%20 Future%20 We%20 Want%2010 Jan%20 clean%20_no%20 brackets.pdf （リオ＋20の公式ホームページより2012年8月ダウンロード）

51) *Ibid.,* para. 80. 2011年12月の第2回準備委員会間会合では,各国の要求をまとめたものが6000ページに及んでいたものが，ゼロドラフトでは19ページになっていた。1月のゼロドラフト検討会合において，ゼロドラフトをたたき台とすることが決定されている。*ENB*, Vol. 27, No. 16, p. 8.

52) リオ原則7では，その後半で「先進諸国は，彼らの社会が地球環境にかけている圧力および彼らの支配している技術および財源の観点から，持続可能な開発を国際的に追求する上で有している責任を認識する」と記載されており，資金・技術援助といった義務を伴うことが危惧されたためである。

53) Summary of the Third Round of UNCSD Informal Consultatons, 29 May－2 June, 2012, *ENB*, Vol. 27, No. 40.

54) *Ibid.,* p. 11.

55) U. N. Doc. A / Conf. 216 / L. 1.

56) *The Future We Want,* para. 162.
57) 全部で53ページ，283パラグラフから成り立っており，総論も含め6つのセクションに分かれている。その中の1つ「行動枠組みとフォローアップ」の中で食料，水，エネルギーなど，26の分野別の取り組みについての1つとして海洋がある。*Ibid.,* paras. 158-177.
58) Summary of the UNCSD, 13-22 June 2012, *ENB*, Vol. 27, No. 51.
59) *ENB*, Vol. 27, No. 51, p. 16.
60) U.N.Doc. A / AC. 276. 6. A / Res 67 / 78 Oceans and the Law of the Sea, para 182により開催が決まった。2013年の5月2-3日，6-7の2回行われており，68カ国が参加している。実質的には，BBNJWGの前に知識を共有するためパネルに分かれての勉強会といった内容であった。
61) U.N.Doc.A / AC. 276 / 8.
62) *Ibid.,* paras. 40-42.
63) 筆者が参加した2013年の10月にフランスマルセイユで開催された第3回国際海洋保護区会議（IMPAC 3）は1200名が参加した大規模なものであったが，ヨーロッパの環境NGOは公海上での保護区のネットーワーク化，そのための実施協定作りの方向で活気づいていた。

第Ⅲ部　グローバル化と安全保障

第 11 章
人間の安全保障と民族紛争後の社会

鈴木洋一

はじめに

　冷戦終了後，国内で自己の安全を確保・保障しようとする諸々のアイデンティティ集団（国家および国家未満）が安全保障共同体として対峙・抗争し，国家による統御がかつてのようには円滑に機能しないことに対して国際社会が介入して改善・解決を探るケースが増加してきた。そこでは，従来の国家主権の尊重・内政不干渉という国際規範に代わり，民主主義・人権の尊重・法の支配という新たな国際規範が適用され，国家統治のあり方が国際社会のイニシャチブで方向づけられていく趨勢が見られる。
　本章は，1980年代に入り次第に顕在化してきた国家の位置づけ・役割の変化とそれを契機として注目を集めるようになった人間の安全保障という考え方を手掛かりにして，国内における安全の確保のあり方を考察するものである。
　先ず，国家による安全保障の歴史的変容を国内・国際の2面で概括し，次に国家のポジション変化をもたらしたと考えられる1980-90年代からの主な要因を挙げ，これに伴い注目を集めるようになった人間の安全保障という概念を俯瞰する。その際，安全保障共同体間での利害折衷という解決のあり方に着目し，その効力を概念面と実際の紛争後社会であり2層国家体制を敷くボスニア・ヘルツェゴビナにおける国際社会の介入と3つの安全保障共同体（中央政府および2つの民族国家）の相互関係の実態で考察する。最後に，平和構築を標

榜して実施された人間の安全保障関連プロジェクトの観察を通して，人間開発―人間の安全保障―平和構築という連続性の可能性と課題を展望する。

1．安全・安全保障の生成・変遷

(1) 安全保障の2つの領域

安全保障（security）という考え方を歴史的に辿ると，そこには国内的安全保障と国際的安全保障の2領域が存在し，国内的安全保障は社会福祉の充実・経済の安定化・治安の維持をその柱としていた（表11-1）。これらは専ら国家を主体として推進され，基本的特性・変遷の概略は概ね以下のようである。

1）ナショナリズムの高揚を通して国民国家観が浸透・普遍化したという背景をもつ。

2）国家は，他の主体に対し制度面で圧倒的優位に立つ。

3）国家による国内的安全保障は，国民の後ろ盾となる形から介入型へと役割変化した。

・後ろ盾とは，民主化の進展の中，立憲主義的国制の下で政府に期待された役割（小さな政府）であり，自由放任主義として資本主義の発展を下支えした。他方，介入は，資本主義が世界恐慌に直面して，国家機能を前面化する必要に迫られたことに起因する，大きな政府としての役割である。この役割は，第2次世界大戦後の欧州における福祉国家政策，米国における失業・福祉対策などの社会・経済政策，その後，東アジアの飛躍的経済発展における政府の選択的介入，近年のアジア経済危機での積極的介入へとバリエーションを伴いながら連なっている。

4）対外的安全保障（国家安全保障―主権国家による領土保全と国民の保護：勢力均衡～制度化～流動化）

・1648年に成立したウェストファリア条約以降の17世紀は，圧倒的な制度としての軍事力を保有する諸国家から構成される国際社会が，紛争よ

表 11-1　国家による安全保障の生成・変遷

背景	・ナショナリズムの高揚→19世紀以降の国民国家原則の普遍化（国家の擬人化）
特性	・他の主体に対して圧倒的に優越する諸制度を整備している

国内	後ろ盾 ⇩	・いわゆる夜警国家的安全保障：政府が国民の安全保障の後盾としての役割をもつ ・19世紀以降の民主化の進展の流れに中で，立憲主義的国制の下，政府に期待された役割 ・政府権力が，他の全ての集団を圧倒する立法・司法・行政能力を保持（警察力・軍事力も） ・自由放任主義の名の下に，資本主義を後押しする形となった ・世界恐慌に突入し，勢いを喪失
	介入	・世界恐慌に対応する大きな政府の役割（ケインズを契機）が主要国のドクトリン化 →（米）ニューディール政策／（ナチス・ドイツ＆ソ連）全体主義的経済政策の採用 ・WW2後に（ヨーロッパ）福祉国家化が定着し，1980年代の英国サッチャー政権まで継続 ・（米）社会介入政策（失業対策などの経済的・社会的権利の保障）が国の主要任務の1つに ・経済的・社会的資源の確保は歴史上，常に国家安全保障の重要な要素であり，この時代に特にクローズアップ ・アジア経済の軌跡における選択的介入／近年の経済危機への積極的介入

国際	勢力均衡 ⇩ 制度化・構造化・流動化・多様化	〈17世紀：安全保障の出発点〉 －ウェストファリア条約：制度としての軍事力を独占する国家とそれらが構成する国際社会が軍事力を平和的状況の創出に向けることを志した 〈18～19世紀〉　伝統的国家安全保障（1） －超越的な権力不在のまま大国が国益を求め合う －秩序維持の観点はあるが，相互の安全保障に向けた制度構築の観点は希薄 ・国際社会の政治原理＝大国間の勢力均衡（バランス・オブ・パワー：BoP）：自国の安全の確保＝軍事力の整備＋他国との同盟の随時の変更（組み換え） 　→　Bopが是正できない程に歪曲した場合，諸国は戦争に訴えた ・経済権益（販路や資源など）の拡大を求めて，国境を越える形で帝国主義化・植民地化

〈19世紀初頭〉伝統的国家安全保障（2）
－制度的試みの出現＝国益追及とともに，秩序維持・諸国の安全保障への責任性を自覚
（ナポレオン戦争後の混乱したヨーロッパに形成された戦後処理としてのウィーン体制下の）
神聖同盟（不調）／その後のヨーロッパ協調体制（限定的に成功）

〈20世紀〉　新しい安全保障システム
－制度化〜米ソ双極体制〜多様な安全保障システム
1）国際連盟の成立（初の国際的に広範な集団的安全保障制度）（1921〜45）
・WW1の新興ヨーロッパ諸国を含めたベルサイユ体制を集団安全保障で維持する方向
2）国際連合の成立（1945〜）：集団的安全保障
国際社会全体として安全保障に取り組む（国連憲章第7条：国際の平和と安全の表現）
・米ソの双極体系（冷戦構造）下に超大国（米国とソ連）が世界中の国々の安全保障に重大に関与（介入）／（共通の安全保障：冷戦下のヨーロッパ）：冷戦下には，集団安全保障体制は想定通りに機能せず（大国の拒否権行使，国連軍の不形成など）
3）米ソ双極体系の消滅（1990年代初頭）→　湾岸戦争後は集団安全保障機能が改善（多国籍軍・平和維持軍などの形でオペレート）
4）国家機能の変容を迫る諸要因の顕在化→人間の安全保障概念への注目（1990年代初頭〜）

出所：筆者作成

りも平和状況を創出するための軍事力の使用を基本的に志向していた。
・18世紀から19世紀に至る時期は，超越する国家が存在しない中で各国が国益を直截的に追求し合った点を特徴とする。勢力均衡が支配原則であり，軍事力の整備と他国との同盟関係の随時の組み換えを通して自国の安全保障を確保するとともに，軍事力を背景に経済権益の拡大・帝国主義・植民地化を追求した。
・19世紀は，初頭のウィーン体制下での神聖同盟を経て，ヨーロッパ協調体制などに見られたように，諸国家が，単なる秩序維持以上に体制の形成を意識・志向した。
・20世紀に入ると，集団的安全保障が制度として追及され，国際連盟お

よび国際連合の創出として結実した。しかし，第2次世界大戦後半世紀ほどの世界は，米ソを盟主とする体系（双極体系）下の冷戦構造が，世界の安全保障を規定していた。然るに，こうした主権国家をベースとした安全保障体制が，1900年前後から次節で見る諸要因の顕在化によって地殻変動を起こし相対化されていき，国家という枠組みから概念的にはひと先ず解放された人間の安全保障という「実存的概念」の台頭を導いた。
・つまり，ウィエストファリア条約以降「国家」と一対で捉えられてきた「安全保障」の枠組みから解き放たれた「新たな認識空間」として，人間の安全保障が地歩を得て，専ら安全保障の客体であった人間にも主体としての場が与えられたといえる。

2．国家安全保障と人間の安全保障の相対化

(1) 国家機能を変質させた要因

　国内的・国際的に安全保障を確保してきた国家のポジションを変貌させる地殻変動が1980－90年代のネオリベラルグローバル化の文脈の中で生起した。
　1）国際政治
　米ソを盟主とする双極体系すなわち冷戦がソ連の解体によって終焉し，国家にとって圧倒的な制度的価値であった軍事力で国内の諸集団を統率し，その共存を可能にしてきた枠組みが弛緩するに伴い，国家未満の諸集団が自己の安全保障を追及するようになり，国内紛争が多発し，国外難民・国内避難民などが大規模に発生するようになった。
　2）国内経済社会
　主として途上国で大きく累積した債務の返済を促進するために導入された構造調整政策は，マクロ経済立て直しに向けた国家の歳出削減と自由化・市場メカニズムの整備による民間セクターの活性化，すなわち，小さな政府志向をも

たらした。これにより，社会福祉・経済安定化面での政府機能が低下し，蔓延した失業者・社会的弱者層への対応が政府の国内的安全保障の役割の新たな地平として強く認識されるようになってきた。

3）国際経済

ヒト・モノ・カネ・情報・技術・意思決定などが国境を越えて動きまわる時代が訪れ，IT技術の飛躍的向上がこれらに拍車を掛けた。多国籍企業活動を含むこうした国境を越えるグローバリゼーションの進展で，政府の経済統御機能が低下し，加えて，政府の統制力が追いつかない程に，途上国から労働者が先進工業国の民間セクターに大量に流入するようになったり，マネー経済の肥大化に起因するアジア通貨危機の地域経済への波及や米国発リーマンショックの世界経済全体への波及なども経験するようになった。

4）国際環境

1980年代後半以降，1国では対処できない深刻な地球規模の環境問題が次々に露呈し始め，国際社会の一体的な取り組みが要請されるようになった（原子力発電所の事故，オゾンホールの発見，酸性雨，二酸化炭素の排出，廃棄物の国外投棄など）。他方，医療面でも，1国家の対処能力を超える感染症などが増大する人々の移動などを通して，拡大・蔓延している（HIV／AIDS，新型インフルエンザなど）。

5）開発援助

援助の効果への疑問いわゆる援助疲れが諸ドナー間に広がり，国家間援助の比重が相対的に低下する一方，国家未満のアクター（地方自治体，NGO／NPO，個人）が積極的に国際協力への参入を強め，国家もそれらとの連携を図るようになった。

これらが，人間の安全保障という考え方に注目を集めさせる主な要因であると考えられる。1），3），4）および5）の要因は歴史上，新しい要因である一方，2）は表11-2における国家による後ろ盾型の国内的安全保障・小さな政府志向との類似性をもつ。また，1980−90年代を機に，2）は3）との連動性を高めるようになっている。

表 11-2 途上国における国家のポジションの変質をもたらした主な要因

〈領域〉	〈現象〉	〈インパクト・帰結〉
1) 国際政治	冷戦構造の崩壊 (1990年代初頭)	・軍事価値に基づく国内統率力の低下 ・国家以外の主体による自己保全・安全保障活動の活発化 ・テロ活動の活発化
2) 国内経済	構造調整政策による小さな政府 (1980年代中盤〜)	・民間経済主体の前面化（＝経済競争） ・社会セクターの弱体化 　（貧困・社会的弱者の蔓延） 　→新たな国家の役割領域化
3) 国際経済	経済的グローバリゼーション (1980年代後半〜)	・ボーダレス化（ヒト・モノ・カネ・情報・意思決定など） ・経済攪乱（原油価格の高騰など） ・国家による国民経済統制力の低下
4) 地球環境	地球規模の環境問題の発生	・健康や生活への大きな脅威
5) 開発援助	ドナー側の援助疲れ (1980年代中盤〜)	・国家間援助の比重低下 ・国家以外の主体による開発過程への参入（地方自治体，NGO・NPO，個人） ・人間の安全保障アプローチで援助機運が回復

出所：筆者作成

(2) 人間の安全保障への注目（1990年代〜）

　国家による安全保障機能の相対的低下の結果，国家の他に，国家未満の集団を単位とする人間の安全保障という考え方を取り入れる必要性が高まってきた。

　これは，国家や国民という"マス"から，"よりミクロ"な集団へと連なるスペクトラムの中に安全保障の主体や対象を捉え直すことを要請し，人々をとりまく多様な日常的状況が安全保障に強く絡まってくるようになった。これは，伝統的国家安全保障の下では見えにくかった事象を可視化する視座への転換を意味し，具体的・実存的な人間集団や個人を主体・対象にする点で，安全保障の内容・意味は，地域の個別状況（政治・経済・文化・社会），時間の経過などに応じて変化するものとして捉えられることになった。（武者小路 2009）

(3) 人間の安全保障の包括性

人間の安全保障は，恐怖からの自由（解放）と欠乏からの自由（解放）という2つの構成要素を含んでいるが，これらは，実際は，国連設置を決議した当時から既に認識されていたものである。しかるに，冷戦下では，国家安全保障や集団的安全保障体制による恐怖からの自由がハイライトされ，欠乏からの自由は相対的に後方に位置づけられてきた。しかし，表11-2に掲げた諸要因を

表11-3　国家安全保障と人間の安全保障の特性比較

〈国家安全保障〉	〈人間の安全保障〉
・外敵からの脅威（戦争）	・外部から＆内部での両方における脅威と欠乏
・抑止が可能	・抑止が可能＆不可能（自然災害など）
・主体＝国家	・主体＝国際組織，国家以外の主体（諸集団・個人）
・目的＝領土保全と国民の保護	・目的＝脅威と欠乏からの自由
・手段＝軍事力	・手段＝保護とエンパワーメント
・ガバナンス（司令塔＝国家）	・個別国家の司令機能の弛緩からグローバルガバナンス論も勃興
・アプローチ＝特定的・限定的	・アプローチ＝包括的
・平和構築（政治・軍事・予防外交）	・平和構築＝緊急人道援助・復興・開発（予防外交＝NGOによる早期通報など）
・大きな課題への対応力あり（国内の他の主体に対する圧倒的な制度的優位性をもつ）	・課題＝国家と国家以外のアクターとの関係は輻輳的：国家の介入なしで，大きな脅威・欠乏を解決できるか，また継続性を保てるか。（飢餓，ジェノサイド，差別……）／国際社会も介入には国家の合意を要する／市民社会・その他の組織・個人が，制度・システムをどう形成できるか。（とりわけ，以下の③の国家群において）
・諸国家に共通の意味をもつ	・国家群により，意味が異なる（①近代的国家／②発展途上の国家／③発展の契機をつかめない国家）

出所：筆者作成

契機とする地殻変動を通して，欠乏からの自由が大きなテーマとして浮かび上がってきた。

人間の安全保障は，国連開発計画（UNDP）の 1994 年版『人間開発報告書』で体系的に取り上げられた。同報告書は，「領土偏重の安全保障から，人間を重視した安全保障へ」，「軍縮による安全保障から，持続可能な人間開発による安全保障へ」と発想の転換を促している。国家安全保障とは対照的に，その包括性は，政治，経済そして社会および自然にもまたがる広範な対象領域に現れている。

人間の安全保障は，国連（すなわち主権国家によって構成される国際機関）が提唱し，主権国家が積極的に援用してきたという意味において，優れて今日的状況における国際社会および主権国家の政策的かつオペレーショナルな概念である。例えば，日本は欠乏からの自由に重点をおき，カナダは恐怖からの自由に

表 11-4　1994 年『人間開発報告書』が示す 7 つの人間安全保障／6 つの地球規模の脅威

①	経済的安全保障	安定的な収入をもたらす仕事の確保
②	食糧の安全保障	万人が常時，物理的にも経済的にも基本的な食糧を入手できる。そのためには，自分で食糧を生産したり，購入したり，公的な食糧配給制度を利用して食糧を得る権利を持つことが必要
③	健康の安全保障	伝染病や寄生虫などの病気に対して，県境や医療サービスを整備
④	環境の安全保障	水質汚染，砂漠化，塩害，大気汚染，人口増加による被害，自然災害の拡大への対策
⑤	個人の安全保障	国家や他の集団の人々からのあらゆる種類の暴力から身を守ること，労災，交通事故，女性に対する脅威，児童虐待など
⑥	地域社会の安全保障	伝統的慣習の中にひそむ圧政，民族対立による被害，先住民に対する暴力など
⑦	政治の安全保障	人権保護，民主化
・	地球規模の脅威	爆発的な人口増加，経済機会の不均等，国家間の過度な人口移動，環境の悪化，麻薬生産と取引，国際テロ

出所：筆者作成

重点をおいて援用してきた（表11-3）。

表11-4に示されるように，1）よりミクロな人間集団の日常的な不安全・不安定状況に関心の焦点がおかれている。人間の安全保障が対応する脅威は，国内外の様々な要因により引き起こされ，その影響は国家内部にもたらされる。2）不可測的・突発的脅威も含む。つまり，交渉を通してその程度を軽減する形を取れないタイプの脅威も範疇に取り込まれている点で，早期予防を必要とする。3）脅威への対処は，国家のみならず国際社会や国家未満の諸アクターによっても行われるため，国家の役割は相対化される。

脅威への対処方法については，"HUMAN SECURITY NOW: COMMISSION ON HUMAN SECURUTY"（New York 2003：アマルティア・センと緒方貞子が共同議長として編纂し，当時のガリ国連事務総長に提出）が，国家と人々・集団との相互補完的関係を促進する保護（protection）と能力強化（empowerment）を提唱している。

1）保護＝民主的枠組みの形成（法の支配，法の成立，政治のあり方など）

表11-5　保護とエンパワーメントが特に必要とされる分野（人間の安全保障委員会）

①	暴力を伴う紛争下にある人々を保護する
②	武器の拡散から人々を保護する
③	移動する人々の安全を確保する
④	紛争後の状況下で人間の安全保障意向基金を設立する
⑤	極度の貧困下の人々が恩恵を受けられる公正な貿易と市場を支援する
⑥	普遍的な最低生活水準を実現するために努力する
⑦	基礎保健医療を完全普及に，より高い優先度を与える
⑧	特許権に関する効率的かつ公平な国際システムを構築する
⑨	基礎教育の完全普及を通して全ての人々の能力を強化する
⑩	個人が多様なアイデンティティを有し，多様な集団に属する自由を尊重すると同時に，この地球に生きる人間としてのアイデンティティの必要性を明確にする

出所：筆者作成

2）能力強化＝教育・保健・サービスシステム・情報への人々のアクセス強化

　同報告書は，保護とエンパワーメントがとりわけ必要な 10 の分野を掲げている。1994 年の『人間開発報告書』と比較してみると，紛争・武器・難民・教育・国際経済システム・個人のアイデンティなど，1994 年以降 2003 年時点までに更に鮮明化した保護とエンパワーメントの必要性が高い分野に焦点が当てられている。

⑷　人間開発―人間の安全保障―平和構築の連続性

　1993 年の『人間開発報告書』は，アマルティア・センの capability 概念（S. Amartya）をベースにした人間開発の視点から人間の安全保障という考え方に既に言及し，これら 2 つの概念を連続するものとして認識していた。敷衍すれば，論理的帰結として，この連続性の行く手に平和構築が見据えられると考えられる。

1）人間開発と人間の安全保障は補完関係にある。前者は，生きるための選択肢を拡大し，将来の選択肢は現在のそれを下回らないという自信を持たせ，後者は，欠乏からの自由と恐怖からの自由すなわちダウンサイド・リスクを抑制する。

2）人間の安全保障の脅威は，ゼロ・サム的状況において，欠乏と恐怖の悪循環をもたらす。欠乏は恐怖（奪い合い）を引き起こし，当事者の一方に欠乏をもたらす。

3）アイデンティティ集団（次節で述べる安全保障共同体）の間における欠乏と恐怖の悪循環のリスクを抑制する必要があることから，人間の安全保障の確保は，平和的状況の確保・形成である平和構築の必要条件と位置づけられる。

　これを，後掲の図 11-2 人間開発―人間の安全保障―予防開発―平和構築の連続性として捉えた。5 節で，この連続性を，紛争後社会であるボスニア・ヘルツェゴビナを例として，国家と民族集団としての安全保障共同体間の相互関

係の中で考察する。

3．安全保障共同体としての多元的アイデンティティ集団

(1) 利害対立の構図

1）安全保障共同体（security community）とは，国際政治学者 Karl W. Deutsch が提唱した考え方で，NATO の域内諸国家間の紛争が平和裏に解決される国家間共同体を指したものであったが［山岡］，近年は，国家も含め，他の多様なアイデンティティ集団（民族集団，宗教集団，少数者集団，先住民族など）を包摂する包括的な概念として研究者によって援用されている。不安全の集合的な認知が，人間の安全保障の単位としての諸アイデンティティ集団を安全保障共同体として想定させる要素であるとの指摘がある（武者小路2009）。すなわち，安全保障共同体をスペクトラムで捉える必要性が示唆されている。

David Easton は，政治は希少価値の権威的配分プロセスであると定義した（D. Easton）。とりわけゼロ・サム的関係においては，多くの事象が政治化もしくは軍事化しやすい。自らが所属するアイデンティティ集団は安全保障共同体化し，国家機能が相対化した分，アイデンティティ集団は自らの安全を保障する措置・行動をとらないと他のアイデンティティ集団によってその安全を脅かされると認識し，攻撃的行動をとりやすくなる。換言すれば，安全保障共同体間には安全保障のジレンマが存在する。安全保障のジレンマとは，John Herman Herz が定式化した概念で，ひとつのアクターが自らの安全を高めるべく講じる措置が他のアクターによる対抗的措置を引き起こし，システム全体としての不安定性が累積的に高まる現象をさす（P. Roe, R. Jervis）。更には，社会全体として見て相対的に優位な安全共同体が他の劣位の安全共同体の二次的リスク化する現象も処々に看取される。

実際，新たな脅威としての国内紛争がとりわけ発展途上国で多発している。多くの場合，安全保障共同体としてのアイデンティティ集団間の紛争である

が，見方を変えれば，天然・経済・政治・社会における希少価値の配分を巡る紛争である。諸安全共同体のある程度の共存を可能にしてきた近代国家の権威の弛緩がその背景にある。

⑵　利害の対立と折衷

　安全保障共同体（国家もその１つ）間の利害関係は多様であるが，そこにはある種のパターンが見出される。経済的価値の配分面で見ても，権威的に行われれば政治化し，政治で解決できないケースでは軍事化し易い。（これは，歴史上，勢力の配分プロセスであったバランス・オブ・パワーが均衡を喪失した場合，その是正が戦争によって行われていたことに類似している：表11-1 参照）

　１）先進国間や先進国の国内

　貿易や企業間の取引関係や幅広いネットワークなどをベースとする相互依存関係の存在から，概してプラス・サム的関係が展開し，これら主体の間の関係は軍事対立化することなく，経済的競争や交渉の形をとるのが通常である。

　２）先進国―途上国

　経済のグルーバル化と自由貿易体制の下で，対等な相互依存関係が成立しにくく，概してゼロ・サム的関係になるが，世界規模の交渉・制度が展開し，軍事対立は回避される。

　３）途上国間および途上国の国内

　経済的な相互依存関係が概して希薄なため，ゼロ・サム的関係になりやすく，希少価値の奪い合いが起こるリスクが比較的高いことから，時には軍事的行動を伴う。地域国際機関への参加は，こうしたリスクの抑制につながる。

　４）地域ブロック間

　他の地域に対する差別化（関税障壁・非関税障壁など）が存在する点で，プラス・サム的関係の度合いは相対的に低い。一方，地域ブロック内部では，関税障壁・非関税障壁の撤廃を目指す意味で，プラス・サム的関係にあるが，メンバー間の異質性が強い場合には，劣位のメンバーにとってはプラス・サムの度合いは低い。

5）これらの関係の下に，国家と国家未満のアクター間，および国家未満のアクター間の関係が展開するが，経済成長が停滞もしくは後退している国の間および国内では，ゼロ・サム的関係が強く，利害対立が鮮明化し易い。

安全保障共同体と安全保障のジレンマが示唆する脅威への対処方法は，希少価値の増大（プラス・サム的状況の形成）もしくは現存の希少価値の折衷による互恵化であり，情報共有や対話による相互間での猜疑の抑制・安心感の醸成がこれを下支えする。

次節以下で，ボスニアの安全保障共同体（国家および民族集団）間の対立の要因・構図と利害の折衷を考察する。

4．ボスニア・ヘルツェゴビナの民族的対立的構図と今後の道程

紛争後国家であるボスニア・ヘルツェゴビナ（Bosna i Hercegovina: BiH）を取り上げた理由は，1）国際社会の介入による制度化からボスニア・ヘルツェゴビナ国民自身による国家再編・統一的国家形成への組み換えを前提とするEU加盟およびNATO加盟という方向性が，利害対立の折衷である2層国家体系との間に更なる利害対立の折衷を必要化すると考えられる一方，2）国際社会の協力の下に，安全保障共同体としての民族集団（セルビア系とクロアチア系・ムスリム系）の間で稀少価値の拡大・利害対立の緩和に資するエンパワーメントが実践され，人間開発―人間の安全保障―平和構築という連続性の萌芽を示しつつも，その限界・課題にも逢着していると見られることから，人間の安全保障の実相を考えるに適した例であると考えたからである。3）他方，利害折衷の効果が，民族的亀裂の深い紛争後の多元的国家・社会では，どのような領域あるいはレベルで発現し易いのかを示しているとも見られるからである。

本節で，BiHの紛争・対立の歴史的要因を含む1）を，次節で2）および3）を検討する。

(and は現地語で i と表記するため,国名の略称としては,BiH が広く使用されている。)

(1) ボスニア地方の複雑な歴史的性格(紛争・対立の要因―1)

ボスニア地域はセルビアとクロアチアの接点であり,その歴史,人種構成,宗教などの面で,旧ユーゴの中でもとりわけ複雑な性格を見せている。

こうした民族間の異相が,希少価値の配分を巡る歴史的対立関係の背景となってきた。

表11-6 ボスニア・セルビア・クロアチア地域の複雑性

地 域	人 種	外部からの支配・影響	宗 教
ボスニア(セルビアとクロアチアの接点)	ムスリム・ボシュニャク人	東西のローマ帝国から異端視されていたボスニア教会が次第に勢力を伸張 → その信者がオスマン・トルコ帝国支配時代にイスラム教に改宗し,ムスリムないしボシュニャク人に分離	イスラム教
セルビア	(多数派)セルビア人 ・コソヴォ自治州以南:アルバニア系住民 ・ヴォイヴォディナ自治州以北:ハンガリー系	オスマン・トルコ帝国	ローマ(ロシア)正教
クロアチア	(少数派)セルビア人	ハプス・ブルグ帝国	カトリック

出所:筆者作成

表11-7 対立の歴史

第1次世界大戦前夜	・ボスニアでの覇権を巡って，汎ゲルマン主義と汎スラブ主義が対立
第1次大戦後	・誕生したユーゴ・スラヴィア共和国において，セルビア主導の中央集権体制を巡り，セルビア人とクロアチア人が対立
第2次大戦期	・セルビア人とクロアチア人の対立が深化／ナチス・ドイツに抵抗する救国的なパルチザン活動をセルビア人が主導
第2次大戦後	・レジスタンス活動を通して救国の英雄となったチトー（クロアチア人）が，国家連合に近い連邦制を導入―（1974：連邦憲法を制定：警察権・裁判権などの権限を自治州に付与。（セルビア共和国に属するコゾヴォ自治州やヴォイヴォディナ自治州も同様に）この革新的な憲法によって民族問題を封印 ・コソボ問題への対応を任されたミロシェビッチが，コソボにおけるセルビア人による覇権（大セルビア主義）を唱え，コソヴォの自治を抑圧。封印されてきた民族問題が再燃し，コソヴォの抵抗運動が始まる。／（1989：共和国憲法を修正し，コソヴォから自治州としての権限を剥奪／1990：（旧）ユーゴ共和国で政変：共産主義者同盟分裂，各地で自由選挙（東欧大変革の波）スロヴェニアがコソヴォに連帯：連邦制から各独立共和国による国家連合への改組を求め，セルビアに反旗／1991：スロヴェニアの独立（旧ユーゴが統一国家として存続する可能性が消失し，クロアチア，マケドニア，ボスニアでも独立運動が展開／1992：ボスニア政府は，セルビア人がボイコットする中で国民投票を強行，独立を決定。3月に独立宣言してユーゴスラビアから独立。これに反応して，クロアチア人によるヘルツェグ＝ボスナ・クロアチア人共同体や，セルビア人によるボスニア・ヘルツェゴビナ・セルビア人共同体は，それぞれ独自の議会を持ち，武装を進め，2つの民族ごとの分離主義国家，および事実上ボシュニャク人主導となったボスニア・ヘルツェゴビナ中央政府の3者による内戦へ突入 ・1994：米国の主導により，ボスニア中央政府とクロアチア人勢力の間で停戦成立し，両勢力はセルビア人勢力に対する攻勢に転じる。NATOも空爆 ・1995.10：デイトン和平合意に向けた交渉（セルビア共和国，クロアチア共和国，ボスニア政府，米国代表らがオハイオ州のデイトン空軍基地で直接交渉開始し，11月のパリ講和会議で正式調印し，デイトン和平合意成立し，3年以上にわたる紛争が終結 ・1997；ボスニア・ヘルツェゴビナ分割　→　2層国家体系の形成で利害を折衷

出所：筆者作成

(2) ボスニア・ヘルツェゴビナにおける現状（紛争・対立構図の要因—2)

1) 国際社会の介入（外部からの制度化）

デイトン和平合意（1995：表11-7参照）を通して，ボスニア（BiH）は，ボスニア・ヘルツェゴビナ連邦（Bosniac-Croat Federation: FBiH）（ボシュニャク人・クロアチア人・ムスリム系）とスルプスカ共和国（Repblika Srpska:RS—セルビア人中心）の2つの構成体（エンティティ：Entitet）に分割され，この上に，ボスニア中央政府（閣僚評議会：Council of Ministers of BiH）を置き，2層国家とする形で，三つ巴の内戦を繰り広げた安全保障共同体（両民族と国家）間に現実政治的利害折衷を図った。

しかし，一方で，1国の領土を民族勢力バランスに沿って2分割し，他方で，内戦中に行われたボスニア・クロアチア系に対するセルビア系による民族浄化は是認せず，両民族がモザイク的に共生していた元の社会を（国内難民の郷土への帰還を通して）復元するという国際社会の理想を盛り込んだために，相反する2つのベクトルを合意の中に抱え込む結果になった。

（BiH全体としての人口構成比は，ボシュニャク人48%，セルビア人37%，クロアチア人14%，ロマ人その他1%であるが，セルビア系49%，ムスレム・クロアチア系51%の割合で領土（希少価値）を2分割した。）

この結果，民族浄化を通して出現したRSに法的権限が付与され，BiHが一元的国家として機能しないことから，国際社会による介入体制が敷かれたのである。従って，課題は，図11-1に示すように，国際社会の主導から，段階的に，ボスニア国民自身で民族融和の道程を辿ることである。

最終的に国家として目指すEUやNATOへの加盟は，2層国内体系ではなく，1国としての統治体系の形成が要請されることから，国際社会は，上級代表事務所を中心に，2000年以降，中央政府の強化を図ってきたが，その展望は未だ明確ではない。これは，1) 国防改革の一環として，2006年1月から軍事に関する権限・機関は全て国レベルに統一されることなり，これにより，

図11-1 ボスニアの統治体系・今後の方向性と人間の安全保障

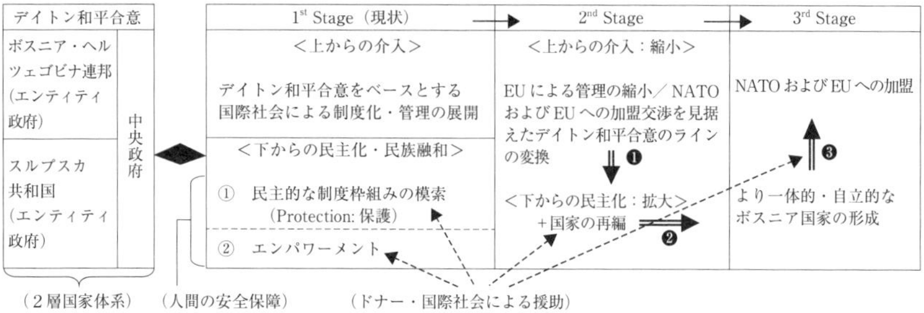

デイトン和平合意		1st Stage（現状）	→	2nd Stage	→	3rd Stage
ボスニア・ヘルツェゴビナ連邦（エンティティ政府）	中央政府	＜上からの介入＞ デイトン和平合意をベースとする国際社会による制度化・管理の展開		＜上からの介入：縮小＞ EUによる管理の縮小／NATOおよびEUへの加盟交渉を見据えたデイトン和平合意のラインの変換 ⇓❶ ＜下からの民主化：拡大＞ ＋国家の再編 ⇄❷		NATOおよびEUへの加盟 ↑❸ より一体的・自立的なボスニア国家の形成
スルプスカ共和国（エンティティ政府）		＜下からの民主化・民族融和＞ ① 民主的な制度枠組みの模索 （Protection: 保護） ② エンパワーメント				

（２層国家体系）　（人間の安全保障）　（ドナー・国際社会による援助）

出所：筆者作成

各エンティティ国防省は廃止され，各エンティティ軍は中央レベルのBiH軍に入隊することとなったものの，連隊以下のレベルでは民族別構成が維持されていることや，2) 2008年6月，EU加盟の前段階である安定化・連合協定（SAA）がEUとの間で署名されたが，情勢の不安定化から，後述のようにSAAの履行にさしたる進展を見せていないことなどにも現れている（広瀬・小笠原・上杉）。

　（デイトン合意を実践する国際社会の戦略書 "A Strategy of Bosnia and Herzegovina for the Implementation of Annex VII（GFAP）" が作成され，一時，約220万人に上るともいわれたBiHへの難民帰還およびBiH内の避難民帰還／帰還に必要な住宅の再建／（不動産）所有権・使用権の確定／永続的帰還と再定住の条件の確保（就業機会，社会福祉，健康，教育，年金その他）等の目的を示し，それに向けたBiHの行政統治機構の整理および法整備を規定している。）

　（上級代表事務所（OHR）は文民部門の統括を任務とするが，BiH支援国からなる平和履行委員会が，デイトン和平合意の精神に反する立法の無効化／望ましい法律の立法化の命令／政治家の公職からの追放などを含む強力な権限（ボン・パワー：Bonn Power）を付与している。）

　（軍事部門は，北大西洋条約機構（NATO）を中軸にロシアなどが参加した平和履行部隊（IFOR）➡和平安定化部隊（SFOR）➡EUを中心とした多国籍軍である欧州連合部隊（EUFOR Althea：順次縮小し，2004年の配置当初の7,000人から，2008

年には約2,000人）へと変遷している。また，組織犯罪に対する警察力の整備の任務（治安）は，国連国際警察タスク・フォース（IPTF）→EU警察ミッション（EUPM：2003年1月～）→NATO安定化部隊（SFOR：2004～）と引き継がれ，国際UE社会のプレゼンスはEU中忍へと変容した。現在の治安体制は，エンティティを跨ぐ犯罪のみ連邦警察，それ以外はエンティティ警察が掌握。）

・SAAに基づく地域的取り組みを通して治安の回復は進んだが今後の国家再編・EU加盟に関しては，なお，1）経済回復の遅れ。旧ユーゴからの分離独立による生産分業体制の分断など社会主義からの移行経済としての厳しい現状や紛争よるハード・ソフト両面への影響が大きい。2）人権基準条項の整備の遅れもあって，国家としての主権の実質が充分には確保されていない。といった課題が残されている。ちなみに，隣国セルビアは，2009年12月にEU加盟申請を行っており，BiHの進捗は相対的に遅れを見せている。

・2005.11から交渉を開始していた安定化・連合協定（SAA）は2008.6に正式調印され，翌7月にSAAの一環である貿易暫定協定（ITA）が発効。その一方，EU委員会は，2009年上半期にEU加盟申請しようとしたBiHに対してデイトン合意で定められたOHRが閉鎖されない限り，審査対象にならないとの立場を示した。かくして，今後の加盟交渉の鍵は，デイトン合意に沿った改革（一体化）の推進にある。

・査証の自由化に関するEU委員会からの勧告（2009.7）では，移民管理，汚職や組織犯罪撲滅などの点でEU基準に達していないとして，査証廃止対象から外されたが，BiHは，2010年中に同承認を受けることを目指すと表明した。

・進捗報告2009は，政治面で，中央主権国家の形成の停滞が基本改革の足かせになっているとして，行政・司法改革を可能とする憲法の枠組み改正の早期実施を強く要請。

2）行政的枠組みが抱える矛盾
① 行政単位の不均等性

行政体系は，両エンティティで不均等になっている。旧ユーゴの県（District）と末端行政単位であったMZ（ローカル・コミュニティ）を存続させたまま，FBiHでは，地方分権化を強調して10のCanton（郡政府）と156のMunicipality（地方政府，内84は新設），RSでは，63のMunicipalityの設置に限定され，相対的に中央集権的色合いが濃い。これは，和平合意プロセスにおける民族勢力間での実態的利害折衷の結果である。

しかるに，国際社会による介入は，GFAPも指摘した新旧の行政単位が並存する政府構造の複雑性・非効率性から，UNHCRやEUなどが支援しているBiH政府に設置された人権難民省（Ministry of Human Rights and Refugees: MHRR），4つのRegional Center（バニャ・ルカ，トゥズラ，モスタルそしてサラエボ），Municipalityという形に分散，すなわちエンティティ政府の行政区分には則しない形で介入を展開している。市町村には難民代表からなる帰還委員会（Returnee Commission: RC）も設置され，上記センターのカウンターパート機関として位置づけられている。

② エンティティ区分と選挙にから矛盾

高い失業率やインフラの未整備などから難民・国内避難民の帰還が遅れている状況（2006年時点での人口回復は，27%―UNHCR）の中，デイトン合意／GFAPに即して，選挙は，基本的に，内戦前1991年時点の居所（出身市町村：municipality）で実施されてきた。その後の帰還促進で，出身地選挙制の弊害は徐々に是正されつつあるものの，基本的に，ムスリム系は出身市町村での投票（民族浄化の結果を受容しない）一方，セルビア系は，現在の居所での投票（民族浄化の結果を是認）するという民族間の志向における異相を示してきた。

・2000年4月の地方選挙：ムスリム人社会ではイスラム穏健派が勢力を伸張。他方，セルビア系地域やクロアチア系地域では民族主義強硬派が大勢を占め，地域間の整合性は乏しい。紛争終結後，民主的な選挙制度は形式上，整備されつつあるが，政党が民族別に色分けされているため，政党間での反目・対立から，政権運営に齟齬をきたしやすく。エンティティと連邦の両レベルでの機能不全に対して上級代表による強権発

動につながってきた。
・国家レベルでは，2010.10の総選挙以来，主要6政党間の閣僚ポスト配分を巡る対立により連立政権交渉が難航していたが，IMF等が閣僚評議会発足まで財政援助を差し止めるなど，国外からの財政支援が滞ったことから，6党の政治指導者らは，2011.12.28に新閣僚評議会（内閣に相当）の立ち上げに合意し，2012.1.12にビェコスラブ・ベバンダ前連邦財務相が，BiH代議院（下院に相当）の承認を受け新閣僚会議長に就任し，2,10にその他の大臣・副大臣が代議院の承認を受け，総選挙から16カ月を経て連立政権の樹立を見たものの，民族的利害を代弁する政党利害の折衷には長い時間を要した。

③ Canton/Municipalityにおける官民間の民族的緊張関係と住民組織化の必要性

人間の安全保障の柱の1つである保護が，地方政府レベルでマイノリティ帰還民に対して充分提供されていない。FBiHでは，マイノリティ帰還民（セルビア人）に対するボスニア系政府，RSでは，マイノリティ帰還民（ボスニア系）に対するセルビア系政府という対峙構図が，両民族住民間の融和を進みにくくしている。同様に，住民サイドからのボトムアップの力が弱いこととあいまって，弱い保護➡住民組織化の遅れ➡empowermentの遅れ➡弱い保護という悪循環を招いている。

住民の自立化には内外からの支援に対する受け皿としてのコミュニティレベルでの住民組織形成が必要であるとしばしば指摘されるが，市民社会の象徴と見なされることも多いNGOが住民組織化の機能をこれまで充分内部化することなく援助を受けてきたことにもempowermentの遅れの一端が見出され，BiHにおける人間の安全保障の脆弱性を窺わせるものがある。保護が弱い中にあって比較的に活発な動きを示してきたのがNGOということもあり，ドナーも即効性を求めてNGOと連携して援助を実施してきた面が強い。しかし，援助が高まりを見せた初期段階以降は，減退する援助資金（希少資源）を巡るNGO間の競合を生む状況となっている。NGO向けMunicipality予算の

配分に際しての選考基準・過程が不透明性に欠け，応募NGO団体間に反目をもたらすこともある。（プラトナッツMunicipalityにおけるセルビア系NGOとボスニア系NGOの例など）こうしたゼロ・サム的状況では，次節に記したような希少価値の増殖活動による互恵関係の醸成が有益となる。

5．ボスニア・ヘルツェゴビナにおける人間開発―人間の安全保障―平和構築の連続性

(1) 信頼醸成のための農業・農村開発プロジェクト

スルプスカ共和国のスレブレニッツアにおいて，崩壊した両民族間の信頼を地域の農業の再生事業を通じて取り戻すための技術協力支援が日本によって提供されてきた。本事業に着目した理由は，住民組織化を通して両民族の協働事業によるempowermentを促進することで，内戦中に半ば崩壊したコミュニティを再生し，当地にとっての人間の安全保障の目的である民族融和を促進するとして，明示的に平和構築を掲げているからである。

前節でみた人間の安全保障の悪循環からの脱出の試みともいえる。

(2) 人間の安全保障と社会開発との相似

(1)に記したプロジェクトは，開発社会学の主な構成要素1）人間開発，2）コミュニティ開発，3）生活基盤整備を包摂もしくは隣接している。

1）人間開発

住民が自己のコミュニティの中における自分の役割・存在性を認識して自信をもつこと（意識化：帰還直後は，荒れ果てた家・コミュニティを見て呆然としていたが，「自分」が動かなければ何も改善しない，できることから手をつけようとする意識をもつようになる）と能力・スキルを身につける（empowerment：以前やっていた農業を再開して忘れかけていた栽培技術を回復していく）が内容になっている。スキルにたけた人材がアドバイスを与える。

2）コミュニティ開発

そうした意識をもった参加住民（社会的弱者，すなわち母子家庭，帰還家族，紛争傷痍家族の中から民族的バランスを考慮して選定）を束ねる旗振り役を中核としたNGOが結成され，お互いに相談しながら複数の事業のアイデア出しを行い公平な選定基準を設定して実施する事業を選ぶなどのルール・制度作りを進める。対象とするプロジェクトは，地域特性が生きる労働集約的農業活動し，半壊・全壊状況のコミュニティの再生を促し，社会的弱者の日々の収入源となること。外部からの支援は，参加する住民の能力を超える部分に限定する。受け手のempowermentを伴わない支援は，依存を深化させ，人間の安全保障に逆行する。

3）生活基盤作り

本プロジェクトが直接関与したものではないが，GFAPが難民帰還支援の重点とした事項でもあり，諸ドナーが道路・水供給施設・住宅・学校・文化センターなどの建設や補修を行い，日本も幼稚園建設などに参加。（道路・水等は経済・産業インフラとしても機能する。）

(3) 協力の成果と課題

1）両民族による農作業を通して，民族軋轢の表出は事業地域内では見られなくなっている。これは，両民族が，1）協働で農作業，2）コーヒーを飲み談笑，3）技術研修を受ける，4）いくつかのNGOによる共同組合の結成と販売・輸出への両民族の参加，5）小規模灌漑，ラズベリー用灌漑工事への両民族の自発的参加などに現れている。また，事業活動が，協力延長後には，全19 MZへと地域的にも広がり，両民族間の潜在的な相互不信レベル軽減・解消につながる期待を抱かせる。しかし，援助の公平さを巡る思惑など相互不信感の完全な払拭と民族融和には更なる時間を必要とされることから，既存事業への住民の広範・公平・継続的な参入が不可欠となっている。

2）このため，今後，内発的コミュニティ再生・開発事業へのNGO（狭義の市民社会）の積極的な関与の引き出しが模索されているが，NGO間の反目

表 11-8　協力事業の枠組み

協力期間	先行の技術協力は 2006.3〜2008.2 の 2 年間。 ＋延長 (2008.9 - 2013.11)
協力機関	(1) BiH 人権難民省（カウンターパート）　(2) スレブレニツァ市役所（カウンターパート）　(3) スケラニ地域の NGO（地域における協力） （注）スレブレニッツアは，内戦時に国連の安全地域に指定されたものの，セルビア人とムスレムが激闘し，セルビア人による民族浄化作戦が展開された地域である。
事業目的	対象地域住民の協同で農業・農村開発を行う能力を強化→住民間の信頼の醸成
将来目標	対象地域の住民の経済力の向上→民族間の融和の促進・住民共存社会の再構築
事業期間内での成果	(1)　住民による農業・農村開発のための活動が継続的に実施される (2)　農業・農村開発のための活動に関する情報の普及
ターゲット地域・層	・最も脆弱な人間の安全保障状態にあるマイノリティ帰還民（FBiH のセルビア帰還民／RS のボシュニャク帰還民） （注）DPs/IDPS のような people on move は，法律上，国際協力機構の援助対象に含まれない。 ・19 ある MZ の内，当初は，12 MZ-Skelani MZ・Crvica MZ・Krnjici MZ・Kostolomci MZ,・Toplica MZ・Luka MZ・Podravanje MZ・Skenderovici MZ・Brezani MZ・Osat MZ・Ratkovici MZ・Radosevici MZ.（延長で，全 19 MZ が対象化）・総世帯—1137 世帯（2008 年 12 月現在） ・プロジェクト開始以来の，延べ受益者数：2,386 家族（セルビア家 52％，ボスニア系 48％）（2008 年 12 月現在）
アプローチ	マルチ・セクター・アプローチ（現在，計 19 事業）
住民組織化（NGO 形成）	**Community-organization** ・援助の受け入れ組織として，また empowerment の活動母体としての住民の自助能力をベースとする組織の編成が不可欠である。 ・当地に特徴的であった自助能力の弱さにはいくつかの要因が絡んでいた。 先ず，紛争によって共同体の主力メンバーを喪失し，共同体自体が破壊あるいは半壊状態になったこと。次いで，再生すべき時点で住民組織化が行われなかったことなどである。

出所：国際協力機構の HP 情報その他をベースに構成

を軽減・回避するためにも，行政の事業審査体制（NGO 申請事業の承認・配分基準）の明確化が必要である。（人間の安全保障の柱の 1 つである民主的制度の構築

に対応)

3) 本協力事業の展開にも示されるように，紛争後社会における人間の安全保障領域での復興・開発活動では，上（行政）からの保護は，事業開始の必要条件ではないが，拡大・普及過程で必要条件化する。土地利用・マーケティング・広域販売などに絡む法律面に関して，住民と行政との連携・協力が不可欠となる。各地で帰還民の組織化を促し，彼らの代表者を集めた難民帰還委員会（RC）が有効に機能するためには，1）旧政府から引き継いでおり，また政党の影響下にあるといわれるものの，住民に一番近い末端の行政単位であるMZ（ローカル・コミュニティ）と住民の間の信頼関係の醸成（MZには，帰還難民の代表参加がないものもあり，そこでは難民が抱える基本的ニーズが円滑に伝わり難い。），2）中央政府の地方支援の実施単位として期待されるMunicipalityの開発事業への積極的関与が不可欠である。従って，住民―MZ-RC（帰還委員会）―Municipalityのオープンな関係の醸成，すなわち人間の安全保障の保護（治安の確保とともに）に含まれる民主的制度作りを進めることが肝要である。

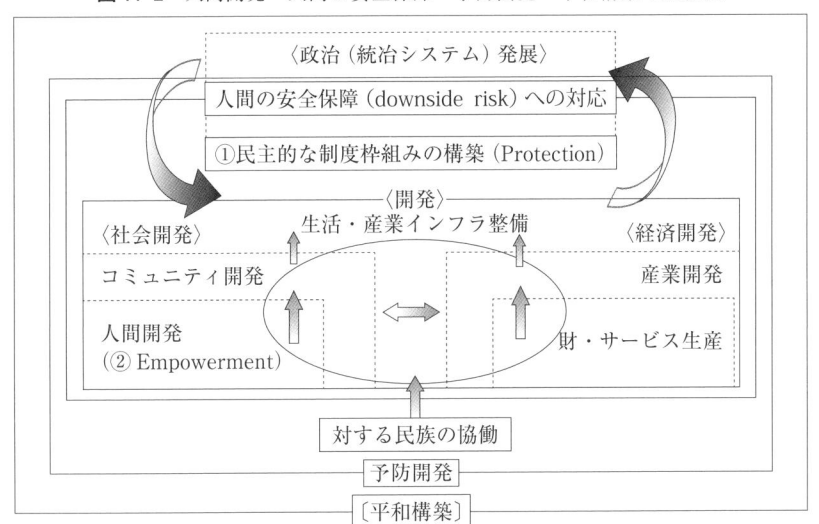

図11-2　人間開発―人間の安全保障―予防開発―平和構築の連続性

〈政治（統治システム）発展〉
人間の安全保障（downside risk）への対応
①民主的な制度枠組みの構築（Protection）

〈開発〉
生活・産業インフラ整備

〈社会開発〉
コミュニティ開発
人間開発
（② Empowerment）

〈経済開発〉
産業開発
財・サービス生産

対する民族の協働
予防開発
〔平和構築〕

出所：筆者作成

4）上からの（国際社会による）介入・制度化と，下からの積み上げ方式としての保護とempowermentを構成要素とする人間の安全保障の併走が，将来時点での再発生の可能性を否定できない民族の間の軋轢の抑止要因となることが期待される（予防開発）。

5）こうした両面アプローチを通して，2層国家状況の漸次的変更（統一国家への組換え）の道程を辿ることが望まれる。

おわりに

1）人間の安全保障は，内外におけ政治と経済の地殻変動および両者の相関の延長線上に注目を集めるようになった概念であるが，それまで国家という枠組みの背後に隠れがちであった人間や社会のミクロの現実的諸相を可視化する効果をもたらし，包括的対応を要請する点で，オペレーショナルなメリットを内包している。

ただし，現実の諸相を取り扱うことで，時間的にも空間的にも極めて多様な内容となり，一義的たりえないがゆえに，すぐれて現場的・実践的な分析視点が要請される。

2）対峙するアイデンティティ集団を安全保障共同体と捉える観点からは，人間の安全保障という領域で見ても，希少価値を巡る利害折衷が，現実的な処方箋となる。

3）しかし，ボスニア・ヘルツェゴビナのように民族間に歴史的に長く深い亀裂がある多元的社会・国家においては，安全共同体間の対立・摩擦の処方箋であるはずの利害折衷が更なる対立・摩擦の火種となるリスクを抱え込むことにつながる（民族政党間での意思決定における離齟・混乱，中央政府レベルでの連立政権樹立までに要した非常に長い期間など）。これは，一定の希少価値を奪い合うゼロ・サム的関係が強い局面（領土分割や選挙など）が先行してきたためである。かくして，政治力学からひとまず離れた経済論理が展開する領域で，民族間にプラス・サム的関係を創出し，互恵化を図る営み（希少価値の増大をもたら

す農業生産での協働による両民族の収入向上促進など）の相対的重要性がハイライトされる。

　こうした現象は，ラブシュカの論説とも符合する。（参考文献［A. Rabushuka］を参照）とりわけ，コミュニティが半壊・崩壊し，住民の生活基盤・生計の回復が急務である紛争後地域・国家においては，人間の安全保障の焦眉の課題は，対峙する民族間での住民の組織化・協働を通した能力向上（empowerment）と，それによって増殖した希少価値の互恵化である。

　4）ただし，その拡大には，行政との連携・協力が不可欠となり，この次元で，人間の安全保障が提唱する2本柱（保護：法による支配と能力強化）は車の両輪的位置づけになる。

　5）人間開発―コミュニティ開発―制度構築―社会経済開発―人間の安全保障―平和構築という連続性を展望する統合的視点と，各次元での成果を測定し，上位の次元への経路を模索するための手がかりとなる系統的なアセスメント手法が要請される。

参 考 文 献

安藤安信『紛争と開発』国際協力事業団　国際協力総合研修所，2001年
恩田守雄『開発社会学　理論と実践』ミネルヴァ書房，2006年
吉川元編『国際関係論を超えて』山川出版，2003年
久保慶一『引き裂かれた国家：旧ユーゴ地域の民主化と民族問題』有信堂，2003年
佐藤寛編『援助と住民組織』アジア経済研究所，2004年
中村健史（研究論文）「ボスニア・ヘルツェゴビナの平和構築における警察改革
　　治安部門の視点から：Police Reform in Bosnia and Herzegovina From Security Reform Perspective」『KEIO SFC JOURNAL』 Vol. 8, No. 2, 2008
広瀬佳一・小笠原高雪・上杉勇司編著『ユーラシアの紛争と平和』明石書店，2008年
『貧困削減と人間の安全保障　Discussion Paper』独立行政法人国際協力機構　国際協力総合研修所，2005年
藤重博美「治安部門改革（SSR）における諸アクターの活動」『平和構築における諸アクター間の調整』日本国際問題研究所，2007年3月
『ボスニア・ヘルツィエゴビナ国　スレブレニツァ地域における帰還民を含めた住民自立支援（人間の安全保障プロジェクト）運営指導調査（中間評価）報告書』独立行政法人国際協力機構　農村開発部，2007年

武者小路公秀「ネオリベラリズムとウェストファリア国家の変質」『アソシア』No. 15, 2005, 117-130 頁

武者小路公秀編著『人間安全保障―国家中心主義を超えて』ミネルヴァ書房　2009年

山内麻貴子「ドイッチュの多元型安全保障共同体に関する一考察―アドラーおよびバーネットによる継承研究の比較の視点から―」(『ワールド・ワイド・ビジネス・レビュー』第 3 巻第 2 号, 2002 年)

カピー, デービッド・ポール　エバンズ著, 福島亜紀子著訳『レキシコンアジア太平洋安全保障対話』日本経済評論社, 2002 年

ボールディング, エリーゼ「エスニシティと新しい構造的秩序」臼井久和・内田孟男編『地球社会の危機と再生』有信堂高文社, 1990 年

Alvin Rabushka, *A Theory of Racial Harmony* (Columbia, SC.: University of South Carolina Press, 1974) (ラブシュカは「政治権力による恣意的な資源配分は紛争を生むが, 経済の論理が貫徹する場合には人種の差異の重要性は低下する。国家の介入のない自由な経済の領域こそ人種間の調和・協調を実現することができる」と述べている。)

David Easton, *The Political System: An Inquiry into the State of Political Science* (Knopf, 1953) (山川雄巳訳『政治体系―政治学の状態への探求』ぺりかん社, 1976 年)

Dennis Gallagher & Anna Schowengerdt, "Refugees in Postconflict Elections," in Krishna Kumar, ed., *Post Conflict Elections, Democritization and International Assistance* (Boulder, Co,: Lunne Reinner)Publishers, 1998)

Glasius, Marlies and Mary Kaldor, *A Human Security Doctrine for Europe: Project, Principles, Practicalities,* Routledge 2006

Kamal Pasha, Mustapha, "A Human Security and Exeptonalism: Securitization, Neo-Liberalism, Roghts and Islam", Selgio Shami, Makoto Sato, Mustapha Kamel Pasha, eds., *Protecting Human Security in a Post 9 / 11 World,* Palgrave, 2007, pp. 177-192

Paul Roe, "The Intrastate Security Dilemma: Ethnic Conflict as a 'Tragedy'?" *Journal of Peace Research*, Vol. 36, No. 2, 1999, pp. 183-202

Robert Jervis, "Cooperation under the Security Dilemma," *World Politics*, Vol. 30, No. 2, 1978, pp. 167-174

Robert Jervis, *Perception and Misperception in International Politics,* Princeton University Press, 1978, pp. 58-113

Sen, Amartya "Development, Rights and Human Security", *Human Security Now,* New York: Commission on Human Secutiry (「開発, 権利と『人間の安全保障』」人間の安全保障委員会『安全保障の今日的課題』朝日新聞社, 2003 年)

"A Strategy of Bosnia and Herzegovina for the Implementation of Annex VII (GFAP)"

"HUMAN SECURITY NOW: COMMISSION ON HUMAN SECURUTY", New York 2003

第 12 章
グローバル経済と国家安全保障
―― 米国の対内直接投資の受け入れにおける安全保障要因の検証 ――

髙 木 　 綾

はじめに

　本章の目的は，金融のグローバル化の一側面である対内直接投資の増大を取り上げ，国家が安全保障上の理由によってその受け入れを拒否する際，投資元の国家ごとに投資受け入れ政策が異なるのか否かを特定することにある。すなわちこれは，金融のグローバル化が，国家の安全保障概念を変化させ，国際政治的考慮を希薄にしたのかという問いでもある。

　グローバル化の進展が，国内における投資受け入れ政策にもたらす帰結には2通りの可能性が挙げられる。第1は，経済の合理性を重視し，投資家にとって魅力ある投資環境を整えざるを得なくなるため，国家の政策選択はグローバル化された構造に拘束されるというものである。第2は，経済的相互依存の深化が国家間の勢力分布にもたらす影響を考慮し，投資の受け入れを規制するというものである。

　事例として取り上げる直接投資の受け入れは，旧西側先進諸国同士で投資を行っていた1970-80年代（第1期），旧東側諸国及び途上国まで含めた世界全体に投資対象が拡大した1990年代（第2期），米国における9.11同時多発テロ後の2000年代（第3期）という3段階を経て進展してきている。第1期に金融のグローバル化が開始された際，各国は一様に「輸送」「エネルギー」「メディア」の分野において，投資の受け入れを規制する制度を制定した。この第

1期は，西側先進諸国同士という，いわば「仲間内」のみで投資を行っていた時期であり，相手国が自国にとって「同盟国」「非同盟国」「敵性国」のいずれにあたるのかを考慮する必要がなかった。そのため，この3分野は，相手国との関係性に左右されない，国益上保護すべき産業であることが明らかとなった。このことが意味するのは，リベラルが想定するように，金融のグローバル化によって国家は投資を無条件・無制限に受け入れることを余儀なくされている訳ではないということであり，国益の観点から受け入れを拒否する行動を選択しうるということである（髙木，2010a）。

本章は，その後，「同盟国」以外の国家からの投資受け入れが行われるようになった第2期及び第3期において，国家がどのように行動したのかを検証するものである。分析の対象として取り上げるのは，最も多額の直接投資を受け入れている米国である。米国では，安全保障上の理由から投資受け入れを規制する権限を大統領に与える「エクソン・フロリオ条項」や，その審査を行う権限を与えられた「対米外国投資委員会（CFIUS）」によって，この問題を管理している。そのため，本章では，この委員会がこれまでに審査対象とした案件を分析することによって，安全保障上の理由による直接投資受け入れの拒否が，投資元の国家によって異なるのか否かについての結論を得たい。

1．グローバル化の国内的帰結

グローバル化とは，論者によって多様な定義がなされる概念であるが，本章では「技術的変化（通信及び輸送の発達）及び政治的変化（経済活動を促進するにあたり，国家よりも市場の力に依存）に導かれた，市場を通じて統合される経済活動」（Putzel 2005）とし，経済的側面に着目する。このグローバルな規模で行われる経済活動が，国家の安全保障概念に何らかの影響を及ぼしたのかどうか，というのが本章の問いである。

グローバル化なる現象を肯定的に捉える議論においては，緊縮財政，民営化，市場自由化を促進するものとして，ワシントン・コンセンサスと称される

経済自由化を擁護する。この経済自由化をグローバルな規模に拡大させた最大の要因は，新自由主義思想を体現する政策にあった（納家2009）。この新自由主義の特徴の1つである小さな政府は，国家の弱体化を想起させるとともに，ローカル・アイデンティティの再生，政府による地方及びNGOとの協働，多国籍企業がもたらすガバナンスなどを導くと考える個人主義の擁護者にも歓迎されることとなった。他方で，この現象を否定的に捉える論者は，グローバル化が富める国には有効に機能するものの，貧しい国には機能しておらず，国家を破綻させるほどの影響力をもっていると論じる。また，19世紀の同様の現象において，その帰結は植民地化であったと指摘する。このように，グローバル化がもたらす諸国家内における帰結は，単に経済面での再編成のみならず，国内秩序にまで及ぶのである。

　以上のようなグローバル化に関する議論は，国家がその影響を受け入れるか否かを選択する余地もないままに，国内に浸透することを前提としている。あるいは，否応なくその影響に適応せざるを得なくなることを想起させる。このように，国家というものの存在自体が意味をなさなくなる状況へと向かうことが時代の趨勢であるのだとすれば，特にグローバル化の影響を肯定的に捉える場合，その影響が国内に及ぶことは望ましく，国家安全保障という概念は，国家概念と共に，衰退の一途を辿ると論じられることとなろう。このことが意味するのは，グローバル化という現象が国家間の壁を取り除き，国際政治という概念も後退させ，伝統的な国家安全保障的考慮の必要がなくなるということである。

2．米国における対内直接投資（IFDI）

(1) 米国のIFDIの増加と国内制度の改変

ところが，米国において，グローバル化（ここでは資本移動の自由化）が国内政治にもたらした帰結の1つとして，国家安全保障上の理由から対内直接投資

(Inward Foreign Direct Investment，以下 IFDI）の受け入れを規制するための法制化の動きが見られた。ここでは，そのうち代表的な3つの動きを概観する。それらは，対米外国投資委員会（CFIUS），エクソン・フロリオ条項，外国投資及び国家安全保障法（FINSA）である。

　1）対米外国投資委員会（CFIUS）

　投資の自由化を率先してきた米国は，多くの OECD 諸国がそれに続いて自由化の方向へ動き始めた頃，それまでとは逆に IFDI を規制する動きに向かった。1975 年にフォード大統領は，「対米外国投資委員会（The Committee on Foreign Investment in the United States: CFIUS）」を設置し，IFDI の審査を行うことを可能にした。この委員会が設置された背景には，当時石油輸出国機構（OPEC）からの投資に対する政治的な憂慮があった。それゆえ，経済的な動機による審査ではなく，安全保障上の観点からの審査が行われることがその目的とされている。2001 年の同時多発テロ事件以降は，CFIUS の審査が特に厳しいものとなっている。また，2003 年 2 月にブッシュ大統領は国土安全保障省を CFIUS のメンバーに加え，参加している省庁の構成を経済よりも安全保障の方に比重を移すように変更した（Graham 2005, 58）[1]。

　本章の仮説検証に用いられる事例は，この CFIUS に申請された案件である。この CFIUS の審査プロセスは大まかに分類すると，①申請，②30 日間の審査（review），③45 日間の調査（investigation），④大統領による決定，となっている。ほとんどの申請は③の過程に至る前に許可されるかあるいは撤退するため，③の調査や④の大統領による決定に至るのは年に数件程度である。

　2）エクソン・フロリオ条項

　CFIUS のほかには，1988 年包括的通商法に設けられた「エクソン・フロリオ条項」も投資の管理に関わっている。この条項はもともと国防生産法の第 721 条として設けられ，その後 1988 年に包括通商・競争力法の第 5021 条として制定されたものである。これによって大統領は，提出され承認待ちの状態にある外国からの買収を，国家安全保障上の理由から阻止する権限を与えられることとなった。そしてこの条項は，CFIUS を根本的に改変するものであった。

この条項が法案として提出された背景には，1987年に日本の富士通がフランスのShlumberger社から米国のFairchild Semiconductor社を買収しようとした際に米国議会側の強い反対が表明されたという経緯があった。米連邦議会や国防総省は，国防産業が外国企業に依存することへの反対を表明していた。また，国際経済における米国の地位が低下していた時期だったことも，議論に拍車をかけた。結局，レーガン大統領は商務長官や国防長官の説得に反してこれを禁止することはなかったが，富士通とShlumberger社の側が自主的に申請を取り下げた。この動きを受けて，議会側で「エクソン・フロリオ条項」法案を作成することになったのである。

3）外国投資及び国家安全保障法（FINSA）

「外国投資及び国家安全保障法」[2]は，後述するドバイ・ポーツ・ワールド社による買収が政治化したことを受け，その後2007年に成立したものである。開放的な経済政策と国家安全保障とのバランスを取ることを目標としている（Weimer 2009）。この法律では，①CFIUSに対し，審査及び調査対象となる案件について，連邦議会への報告を増加することを義務付ける，②エクソン・フロリオ条項で定めた国家安全保障の定義に，重要なインフラ及び国土安全保障の項目を追加する，③国家情報局長に対し，国家安全保障上の脅威となるような投資を調査する，④外国政府の管理下にある企業からの投資をすべて調査対象とすることを要求している（Jackson 2013）。

以上のとおり，経済のグローバル化の進展に伴って，米国内では国家安全保障的理由から投資の受け入れを審査・規制する制度化が進められてきたことが分かる。無条件・無制限に投資を受け入れているのではなく，いわゆる「関所」が設けられたと言えるのである。

3．対内直接投資をめぐる議論

では，IFDI受け入れに関して，先行研究ではどのような議論が行われてきたのであろうか。このIFDIの受け入れあるいは拒否をめぐる議論は，自由主

義的論理に基づくもの（受け入れ肯定）と，保護主義的論理に基づくもの（受け入れ拒否）とがある。後者はさらに，経済的要因による保護主義と，国家安全保障的要因による保護主義とに分類される。まず，これらの既存研究を概観したのち，仮説を導出する。

(1) 自 由 主 義

1980年代以降，急速にIFDIが急増した米国では，IFDIが米国経済にもたらす影響に関する議論が活発化した。その中でもウランは，IFDIを積極的に評価する（Ulan 1991）。IFDIとは，国内経済の生産能力を高め，利率を下げ，新たな技術や経営慣行を導入するため，その受け入れは望ましいものであるからである。もしIFDIを規制すれば，マイナスの影響ばかりがもたらされる。例えば，経済活動における投資の総計が減少し，国内の生産・消費も減少する。また規制があるために生産コストが上昇し，消費者の満足度の低い製品を流通させることになる。すなわち，自由な資本移動は，コストを削減し，消費者に便益をもたらすと主張する。それゆえ，IFDIの規制を主張する立場に対しては——この立場は，IFDIそのもの（net IFDI）の規制を論ずるものと，IFDIを取り巻く周辺事情も含んだ包括的な議論（gross IFDI）をするものがあるが——特に後者の，周辺事情への対策として安全保障的考慮による規制を求める議論に対しては，すべて誤解に基づいているとして，次のように反論する。まず，IFDIを行う企業は，そのビジネス戦略のためでなく，投資元の国家の地政学的利益のために行動するという議論があるとし，これに対しては，企業というものは民間の経済利益のためにのみ行動するものであるとして，これを否定した。次に，ある投資元が米国に投資したのちに，急速にその資本を引き揚げることなどによって，故意に米国経済を破たんさせようとする恐れがあるとの議論に対しては，投資を行う個人や企業は，利潤の追求をその目的としており，投資先の国内政治・経済的安定と繁栄にこそ利益を見出しているのであるから，これも誤りであるとした。また，防衛関連企業への投資は，外国への技術流出を加速させるため，禁止した方が良いという議論に対しては，も

し米国内の外資系企業でそのような技術が開発された場合，米国は恩恵にあずかることが出来ること，さらに米国内の資産は緊急時には米政府により押収することが出来ることを理由に，むしろ投資元の方がリスクを負っていると反論した。

　特に，最後の反論から本章への仮説を導き出すことが可能である。すなわち，たとえ防衛関連企業のような国家安全保障に死活的な産業であっても，IFDIの受け入れを拒否するのは経済的要因からも安全保障的要因からも妥当ではないということになる。

(2) 保 護 主 義

1) 経済的要因による保護

　IFDIに対する受け入れ拒否，すなわち保護主義的政策をもたらす要因は，産業ごとに，また，産業内の企業ごとに異なるとされている（Goodman et al. 1996）。これまでの議論では，輸入競合企業は貿易障壁により利益を得ているが，輸出依存企業及び多国籍企業は自由貿易に依存しているとされてきた。なぜなら，保護主義的政策は，国際志向の企業にとって高いコストを課すため，このような企業は必然的に自由貿易を求めることになるからである。それゆえ，同一産業内においても，IFDIを受け入れる企業と，保護主義的政策を望む企業の双方が存在することになるのである。では，保護主義的政策を望むのはどのような企業なのであろうか。Goodmanらは，IFDIが米国企業及び米国内の外資系企業のインセンティヴに及ぼす影響は，そのIFDIが既存の輸入レベルを補完するものであるか，あるいは代替するものであるかによって決まると論じている。前者の場合には，産業内でも企業ごとにその反応が分かれるとする。つまり米国企業は保護主義的政策を支持し続けるが，他方で外資系企業は自由貿易を求めることになる。後者の場合には，米国企業と外資系企業の利害は収斂する。そして，その後さらなる新規参入者が市場に登場した場合，既存の外資系企業は米国企業と協力して保護主義的政策を求めることになるとする。その反対に，新規参入者がその後現れなかった場合は，保護主義的政策

への要求自体が，次第に消滅すると予測する。以上の様な因果関係を提示した上で，彼らは①タイプライター，カラーテレビ，②自動車，鉄鋼，③半導体の各産業において，IFDIに対する保護主義的政策が採用されているか否かを検証した。

以上から本章への仮説を導くとすれば，③の半導体産業のような，国家安全保障的理由から保護の対象となりうる産業に対しても，産業内におけるIFDIの占める割合が著しく低いという理由から，IFDIはほとんど影響を及ぼさない（ゆえに保護主義が起こらない）という彼らの結論を援用できるかもしれない。すなわち，産業や投資元が何であるかにかかわらず，そのIFDIが輸入補完的であるか否か，また輸入代替的であるか否かが決定要因となるということである。

　2）国家安全保障上の考慮による産業保護

国家安全保障上の懸念から，つまり国際政治的考慮によって，IFDIを拒否することも想定される。たとえ投資元の企業が本拠地を置く国家の政府に投資に対する特別な意図がなく，それが純粋な経済的利益のための投資であったとしても，受け入れ国にはそれぞれ，国家安全保障の観点から保護するべきとみなされている産業があるためである（髙木2010a）。米国では，歴史的に，戦時動員に死活的とみなされる，「エネルギー」「通信」「輸送」分野が，保護対象とされてきた（Kang 1997, Graham 2006）。それゆえ，こうした産業に対しては，IFDIを受け入れることが困難となる状況が起こりうるのである。

　3）投資元の国家との安全保障関係

他方で，冷戦期の特徴でもある，同盟国か否かによって国家間の経済関係が変化することを扱う研究，すなわち，「旗幟に従う（follow the flag）」論に関する一連の議論も，積み重ねられてきた。これまでの研究は，同盟国間においての方が，それ以外の国家間においてより，貿易関係がより発展するという結果が得られている（Pollins 1989, Gowa 1994, Keshk et al. 2004）。これと関連して，輸出規制や最恵国待遇の供与などにも，相手国が自国にとって同盟国か否かという要因が大きく影響を与えてきた（髙木2001, Takagi 2012）。また，同

盟関係のような関係性を固定化する制度がなくとも，ある2国間の政治的関係の変化が，2国間のポートフォリオや直接投資（特にIFDI）の流入量に影響を及ぼすとの研究もある（Gupta 2007）。この研究の分析によれば，2003年のイラク戦争の際に米国との関係が悪化した国からの資本流入は明らかに減少した。このように，経済関係に先んじて政治関係があるとの議論は，さまざまな問題領域で実証されている。しかしながら，これらの議論が説得力を増す一方で，通貨については未だそのような結果は得られていない（Drezner 2009, 2010）。

(3) 分析枠組み

ここでは，IFDIの受け入れに際し，投資元の国家によってその政策が変化するのか否かを検証する。それには上述のとおり，IFDI受け入れに関するいくつかの仮説を考慮する必要がある。

仮説1：国家安全保障上，重要な産業であっても，IFDI受け入れが拒否される妥当性はない。

仮説2：IFDIがその産業において輸入補完的であるとき，米国企業は保護主義的政策を求め，外資系企業は自由主義的政策を支持する。他方で，IFDIが輸入代替的であるとき，米国企業と外資系企業の利益は収斂し，新規参入企業がない限りは保護主義的要求は低下する。

仮説3：国家安全保障にとって脅威となるような，重要な産業に対するIFDIは，拒否される。

仮説4：IFDIの投資元の国家が，自国の同盟国か否かにより，受け入れ政策が決定される。

以下，上記の仮説を検証するため，重要産業に対するIFDI受け入れに関して，相手国と自国との関係によってその政策が変化するのかどうかを事例分析する。この重要産業とは，上述のとおり「エネルギー」「通信」「輸送」分野とする。また，同盟国以外の国家については，友好国，競争国，敵性国に分類する。その理由は，非同盟国がすべて自国にとって敵対的であるとは限らないた

めである。このように分類した上で，その政策に違いが生じると仮定すれば，仮説4はさらに，①同盟国であれば，重要産業に対するIFDIを受け入れる，②友好国であれば，何らかの制約あるいは条件付きでIFDIを受け入れる，③競争国であれば，IFDIを受け入れる可能性はかなり低い，④敵性国であれば，重要産業へのIFDIは受け入れられない，と細分化される。

4．国家安全保障上の懸念によるIFDIの政治化 ——事例検証

それでは，CFIUSによる審査を通るために必要な条件はいかなるものであろうか。換言すれば，投資受け入れに対する保護主義的政策をもたらす要因はどのようなものであろうか。ここでは，国家にとって極めて重要な産業に対する投資に事例を絞り，その交渉過程で政治化した案件を最終的に買収成立あるいは不成立に導いた要因として，仮説4が推論するように，同盟国か否かという要因が影響を及ぼしていたかどうかを検証する。また同時に，仮説1—3についても検証したい[3]。

(1) 事例1．同盟国（条件付きの買収成立）——オランダASML社による米SVG社の買収

米国にとってオランダとは，互いに軍事同盟の北大西洋条約機構（NATO）加盟国同士であり，また積極的に米国のテロとの闘いを支持する同盟国である。そのオランダを拠点とするASMLホールディング社は，半導体業界向けに主に複雑な集積回路を製造するための，リソグラフィー装置を製造・販売する企業である。2000年にASMLは，半導体処理装置を扱う米企業，Silicon Valley Group（SVG）社に対し，同社を買収する意向を通知した。この買収が成立すれば，世界最大のリソグラフィー装置製造業者となることが明らかであった。しかしながら米国内では，SVGの子会社であるTinsley Laboratories社が，偵察衛星に用いられる光学装置の主導的企業であり，国防総省と最後に

取引をした企業でもあったため,国防総省も,この買収には反対を表明していた。SVG 社は,CFIUS との非公式な協議の後,2000 年 12 月 13 日に CFIUS に正式に申請を提出したが,ASML 社は一旦それを取り下げ,翌 2001 年 2 月 5 日に再申請した[4]。この 2 月の申請により,30 日間の審査が開始され,まもなく終了するという間際に,議会の有力議員 3 名が,ブッシュ政権の閣僚宛に書簡を送り,精密光学製品や半導体技術は国家安全保障を持続させるシステムの開発に極めて重要であると説き,さらなる 45 日間の調査を要求した[5]。これに従い,CFIUS ではさらなる調査が行われた。最終的には,ブッシュ大統領が許可を下し,5 月 3 日には CFIUS と両当事者との合意の下に買収が成立したが,ASML 社に対して,Tinsley Laboratories 社を 6 カ月以内に米国の所有者に売却するために誠実な努力をすることをその条件とした。ASML 社は同年 12 月に,その条件に従って,Tinsley Laboratories 社を米企業である SSG 精密光学に売却した。

(2) 事例 2．友好国（条件付きの買収成立）——インド VSNL 社による米 TGN 社の買収

米国にとって,インドは同盟国ではないが,友好国としての位置を占めている。それは,インドが民主主義国であることに加え,地政学的理由から,中国に対するカウンター・バランスを取る上でも重要であるとの暗黙の了解も読み取れるためである[6]。そのインド政府が一部出資している,半官半民の通信業者である Videsh Sanchar Nigam Ltd.（VSNL）社が,米企業の Tyco Global Network（以下 TGN）社を買収しようとしたのは,2005 年のことである。この TGN 社は,欧州諸国や日本と米国との海底ケーブルによるネットワーク通信に従事しており,米国内の通信事業はその事業内容に含まれていなかった。VSNL 社による入札の後,5 カ月にわたる協議・交渉を経て,VSNL 社と各省庁（司法省,国防総省,国土安全保障省,FBI）は「ネットワーク安全合意文書」に署名した。この文書では,TGN 社の業務を米国外に限定することが規定されており,米国内での営業には反対するものであった[7]。その後,米企業の

Crest Communications 社が，この買収に対して，米国の安全保障を脅かす取引であるとの訴えを連邦通信委員会（FCC）に提出し，議会やメディアの関心を引いたが，各省庁はこれを Crest 社の商業目的による行いであるとして斥け，買収は成立した。

(3) 事例 3．競争国（激しい政治化の末，買収断念）――中国 CNOOC 社による米 Unocal 社の買収

米国にとって中国とは，戦後，冷戦期，冷戦後の各時期において，とりわけ関係性が変化した国である（高木 2010 b）。特に冷戦後は，米国は，大国として台頭する中国を，その経済の急成長や軍事力の増強により，競争相手として認識し，ときに警戒心を抱く対象とみなし始めた。その中国の国営企業である中国海洋石油総公司（CNOOC）が，2005 年 6 月 23 日に，米石油・ガス企業 Unocal 社を友好的買収するとの発表を行った。Unocal 社は，米国のエネルギー市場においてわずか 0.8％ のシェアを占める程度の企業であった。この Unocal 社に対しては，その 1 年ほど前に，同じく米石油企業の Chevron 社が買収の意向を示していたが，CNOOC 社はこの Chevron 社よりも良い条件で買収を行おうとした。この買収の動きに対し，米連邦議会では非常に強い反発が引き起こされた。結論から述べれば，CNOOC 社及び Unocal 社の双方から CFIUS に対して審査の申請を行ったにもかかわらず，CFIUS は議会においてこれを阻止しようとする動きを無視することが出来ず，公に審査を開始することはなく，CNOOC 社はこの事態からその後の見通しを判断した結果，自主的に買収の申請を撤回したのであった。この間に米連邦議員から大統領及び閣僚宛に送られた書簡や，議会に提出された法案，決議案，また議会で開かれた公聴会の数は膨大なものであり，その内容は，この取引がいかに国家安全保障的観点から憂慮すべき問題であるかを主張するものばかりであった。米連邦議会では，その第 18 章第 1837 条において，中華人民共和国のエネルギー需要の増大及びその増大が米国の政治，戦略，経済あるいは国家安全保障上の利益に及ぼす影響を研究することを求める「2005 年エネルギー政策法」[8]が，7 月 28

日に下院を，翌日に上院を通過し，8月8日に大統領の署名を経て成立した。CNOOC 社はその立法過程の途中で，8月2日に買収を取り下げた。この法律は，Unocal 社買収についても詳細に審査することを求めるものであった。

(4) 事例4．みなし敵性国（許可されるも，政治化の後，権利移譲）——アラブ首長国連邦 DPW 社による英 P&O 社（含・米子会社）の買収

米国にとって長年にわたる友好国であり，中東における米国最大の輸出市場となっているアラブ首長国連邦（UAE）は，本来ならば敵性国に分類されることがないはずの国家である。にもかかわらず，9.11 同時多発テロ事件後の，米国における中東諸国を一様に警戒する潮流に圧され，その買収が激しく忌避されるという展開を招いた。国家安全保障上の理由による投資受け入れ拒否の中でも，最も政治化の激しかった事例の1つに挙げられる。2005 年 10 月に，英国の港湾管理会社である P&O（Peninsular and Oriental Steam Navigation Company）社は，UAE のドバイを拠点とする，UAE 政府系企業で港湾管理会社の Dubai Ports World（DPW）社から買収の打診を受けた。なぜこの買収が米国と関係するのかと言えば，P&O 社は米国に子会社（P&O Ports North America）を所有しており，米国内の6つの港湾を管理していたからである。そのため，11 月 29 日に P&O 社が DPW 社の買収を受け入れる旨を発表した際，この案件は，CFIUS の審査に付されることとなった。12 月 6 日に DPW 社と P&O 社の米国子会社それぞれの代表者は，CFIUS のメンバー全員と会談し，12 月 15 日には，DPW 社から CFIUS への正式な申請が提出され，30 日間の審査が開始された。その間，国土安全保障省は，DPW 社に対し，米国の安全保障上の懸念に対応することを約束する保証状（letter of assurance）を準備するよう求めたため，DPW 社は翌 2006 年 1 月 6 日にこれを CFIUS に提出した。この保障状の提出に安心したため，2006 年 1 月 17 日，CFIUS はさらなる 45 日間の審査への延長を要求することなく，買収を許可した。その後，1カ月間は特に問題も起こらずに過ぎたにもかかわらず，2月上旬にこの

買収成立をニューヨーク・タイムズ紙が報じたことにより，この問題が急遽政治化した。米連邦議会では，既に許可された取引であるにもかかわらず，追加のより厳しい審査を要求する法案や決議案が提出され，10を超える公聴会が開かれ，アラブ諸国からの投資受け入れを許可したという理由により，CFIUSの高官は激しく非難された。これに対してホワイトハウスでは，UAE及びDPW社がアメリカの主導するテロとの闘いに非常に協力的であること，及びそのような信頼のおける企業からの投資を拒否することが，他の友好国及び同盟国に対しても問題のあるシグナルを送ることになることを説明する資料を公表した[9]。また，ブッシュ大統領は，買収を妨害する議会の動きに対し，拒否権を発動する意思を表明した[10]。しかしながら，議会側の憤怒はおさまらず，3月にはこの取引を妨害する法案の審議が進んでいた。ホワイトハウスは，UAE政府と連絡を取り，DPWは3月15日に米国における事業の権利すべてを，4～6カ月以内に米企業に売却すると発表した[11]。

5．グローバル化による安全保障化

　グローバル化の進展に伴い，外国からのIFDIを受け入れる動きが活発化してきた。その帰結は，法制化の進展と，受け入れ政策の多様化（受け入れ／拒否）であった。グローバル化に適応するため，あるいは国内経済の繁栄のため，積極的に受け入れるべきところであるはずのIFDIは，本章の事例分析の結果，投資元の国家によっては受け入れられなかったことが明らかとなった。すなわち，仮説4が想定するとおり，同盟国であれば，重要産業であっても投資受け入れがなされたが，同盟国以外の国家の場合は，友好国であれば同盟国より厳しい条件付きでその買収が承認される一方，競争国やみなし敵性国によるIFDIは拒絶された。このことは，「資本には顔がある」ということを意味していることになる。

　他方，仮説2が想定するように，投資受け入れが拒否された事例を説明するのは，経済的理由による保護主義ではなかったかとの見方も，完全には否定で

きない。上述のとおり，同様に入札を行っていながら，その入札額が相手より低かったために買収を断念せざるを得なかった企業による議会へのロビー活動が，これらの政治化を引き起こす契機となっていたことは明らかである。これらのロビー活動を行った企業はいずれも米国内企業であったことから，仮説2を支持できるか否かを検討する必要がある。インドの事例では，VSNL社に対抗する米企業のCrest Communications社が，買収を不成立に導こうと，国家安全保障上の恐れを喧伝するビデオなどを配布することによって連邦議員にこの問題に対する注意を喚起した。また，中国の事例では，取引を中止させようとする法案の提出者が，CNOOC社より1年前に入札を行っていたChevron社の所在地であるカリフォルニア州から選出された2人の大物議員であったことも指摘されている。そのため，保護主義を望む米国内企業が，連邦議員にロビー活動を行った結果，政治化が引き起こされたという可能性がある。しかし，インドの事例では，Crest社の思惑通りには運ばず，国家安全保障上の懸念を払拭する要件を満たしたVSNL社が買収を成立させた。中国の事例では，CNOOC社が買収の断念を発表したまさにその時も，議会では国家安全保障上の理由から投資を禁止する法案の審議が継続中であった。そのため，政治化の契機としては仮説2の想定するような国内企業の保護主義的行動を認めることが出来るが，その後の審議過程では国家安全保障に関する議論の方が優勢であり，経済的保護主義の議論は聞かれたとしても，相対的に少なかったと言えるのである。

　また，国家安全保障上の脅威となるような産業への外国投資の受け入れが拒否されるとする仮説3については，事例2，3，4を説明する際に十分であるとは言えない。すなわち，インドのVSNL社が買収対象としたTGN社は，米国内の通信事業には従事しておらず，もっぱら海外との通信が主たる業務内容であった。買収の交渉過程においても，米国外の業務に限定することが規定された。しかしながら，米国と外国との通信も，国家安全保障上重要であることは，先ごろ露呈した米国の諜報活動からも推察される。他方で，中国の事例においては，石油産業が買収対象となっており，国家安全保障の観点からも重

要な産業であるといえるが，そのシェアは米国のエネルギー市場において 0.8%に過ぎず，Unocal 社買収によって，脅威がもたらされると判断することは難しい。しかしながら，同じ中国の食肉大手企業である双匯国際控股による，米豚肉生産大手スミスフィールド・フーズ社の買収計画が，2013 年 9 月に CFIUS によって承認され，成立した。この案件は，中国企業による米国企業の買収としては過去最大規模であり，米連邦議会でも反対意見が聞かれるものであった。それにもかかわらず，買収が成立したということは，Unocal 社の事例との比較において，産業特性の存在を裏付けるものと言えそうである。

また，UAE の事例では，ホワイトハウスの文書でも述べられていたとおり，港湾の安全保障を管理するのは米国土安全保障省であり，DPW 社は，管理及び所有を求めているのではなく，単に運営に携わる企業を買収しようとしていただけであった。港湾の安全管理及び所有であれば，国家安全保障上の脅威となるため，仮説 3 が妥当となるが，この事例には適用できない。以上の仮説検証の結果をまとめると，表 12-1 のようになる。

以上の仮説の他にも，事例分析を通して，影響を及ぼしている可能性のある，新たな要因が浮上している。例えば UAE の事例では，政治化のタイミングとして，メディアの報道が大きな影響を及ぼしていたことが分かった。既に成立した案件を白紙に戻すほどの熱狂ぶりは，極めて感情的な反応でもあっ

表 12-1 IFDI 受け入れ政策に対する仮説の妥当性

事例	①	②	③	④
仮説 1： 重要な産業への投資可能性	×	×	×	×
仮説 2： 輸入補完・代替可能性	○	×	×	×
仮説 3： 国家安全保障上の重要産業	○	△	△	×
仮説 4： 安全保障関係	○	○	○	△

出所：筆者作成

た。UAEが米国にとって友好国であることは忘れられ，中東に位置するアラブ国家であるというイメージが議会を覆っていた。他方英国では，P&O社が買収されたことによる何らの反応も起こらなかった。この反応を比較すれば，これほどまでの議会の騒ぎに至らしめた要因の特定も必要となる。

　また，事例3，4はいずれも，投資母国の政府が出資する企業であった。前述の2007年に成立した「外国投資及び国家安全保障法」では，政府出資企業（SWF）による投資に関してはすべて調査対象とすることが規定されたが，この要因も今後検討する必要がある。

　今回分析した事例では，いずれも議会が強く反発したものの，政府側は冷静に対処していた。CFIUSが主体的にこれらの買収を拒否したわけではなかった。このことから，資本に顔を見出すのは，もっぱら議会の専権事項であるとの仮説も導かれる。様々な観察から，今後，より精緻な因果関係を特定する必要があることが明らかとなった。

おわりに

　国境を取り除き，地球全体が1つの共同体としてまとまっていく原動力であると思われたグローバリゼーションは，現時点では，国際政治的考慮を希薄にすることはなかった。それは却って，これまで必要のなかった安全保障意識を呼び起こすことにつながったのである。特に金融のグローバル化の第3期において，同盟国ではない投資元に拠点を持つ企業による投資によって，この問題が政治化したことは，その後の安全保障化（Securitization）（Buzan et al. 1998）に至る途を開いたといえる。米国では投資受け入れの政治化を受けて，法制化が進んできたことがその証である。

　このような現実を前にすると，経済的相互依存が深化すれば平和がもたらされるとの楽観的な観測は，この国際政治的考慮が存在する限り，成立しえないのかもしれない。経済関係に先んじて，政治関係が結果を規定していたからである。今後も，経済のグローバル化の進展が予想されるが，グローバル経済に

統合しえない分野が残される可能性もありそうである。今回の分析からは限定的なことしか述べられないが，平和的な国家間関係においてのみ，経済的相互依存が進展するということを示す1例であったと言えるのではないであろうか。引き続き，安全保障が優先される事例と，経済が優先される事例の双方の分析を進めていきたい。

（付記）　本章は，日本国際政治学会2010年度研究大会・国際政治経済分科会における拙稿「金融のグローバル化と国家安全保障の優先順位」報告用ペーパーに加筆修正したものである。当日及びその前後において，草稿にコメントを下さった方々に御礼申し上げます。

1) CFIUSを構成するのは，財務省（議長），国務省，国防省，商務省，国土安全保障省，司法長官，行政管理予算局長，米通商代表部，大統領経済諮問委員長，科学技術政策室長，大統領国家安全保障問題顧問，大統領経済政策顧問である。
2) Foreign Investment and National Security Act of 2007 (P. L. 110-49).
3) 事例データはすべて，Graham et al., 2005.
4) 取り下げの理由は，政権交代期にあたる時期を避けようとの思惑からであった。
5) この政治化の契機となったのは，競合していた米企業Ultratech Stepper社のロビー活動であり，この行為がなければ，30日の審査で買収が成立していたと言われる (Graham et al. 2005, 127)。
6) "Background notes: India," State Department of the United States, July 14, 2010. 〈http://www.state.gov/r/pa/ei/bgn/3454.htm#relations〉
7) 1997年のWTOにおける通信基本合意の署名により，米国内における外資企業の活動は非常に活発化したが，2001年のテロ事件以降は，情報漏洩の観点から，特に通信分野における審査が厳重なものとなった。
8) Energy Policy Act of 2005 (P. L. 109-58).
9) "The CFIUS Process And The DP World Transaction," Fact Sheet, White House Office of the Press Secretary, Washington, DC, February 23, 2006; "The United States–UAE Bilateral Relationship," Fact Sheet, White House Office of the Press Secretary, Washington, DC, February 23, 2006.
10) "Bush Would Veto Any Bill Halting Dubai Port Deal," *New York Times*, February 22, 2006.
11) "Under Pressure, Dubai Company Drops Port Deal," *New York Times*, March 10, 2006. この記事では，DPW社の決定が，UAE首相であるムハンマド・ビン・ラーシド・アール・マクトゥーム殿下によって下されたものであったこと

が報じられている。

参考文献

Buzan, Barri et al., *Security: A New Framework for Analysis*, Boulder: Lynne Rienner Publishers, Inc., 1998.

Dorn, James A., "U.S.–China Relations in the Wake of CNOOC," *Policy Analysis*, 553, 2005, pp. 1–13.

Dorn, James A., "U.S.–China Relations after CNOOC," *The Freeman: Ideas on Liberty*, 2005, pp. 30–33.

Drezner, W. Daniel, "Bad debts: assessing china's financial influence in great power politics," *International Security*, 34, 2009, pp. 7–45.

Drezner, W. Daniel, "Will currency follow the flag?" *International Relations of the Asia–Pacific*, 10, 2010, pp. 389–414.

藤原帰一・李鍾元・古城佳子・石田淳（編著）『国際政治講座（3）経済のグローバル化と国際政治』東京大学出版会, 2004 年。

Goodman, John B. et al., "Foreign direct investment and the demand for protection in the United States," *International Organization*, 50, 4, 1996, pp. 565–591.

Gowa, Joann, *Allies, Adversaries, and International Trade*, Princeton: Princeton University Press, 1994.

Graham, Edward M. et al., *U.S. National Security and Foreign Direct Investment*, Washington, DC: Institute for International Economics, 2006.

Guputa, Nandin, et al., "Does Money follow the Flag?" *SSRN,* 2007.

アルバート・ハーシュマン（飯田敬輔監訳）『国力と外国貿易の構造』勁草書房, 2011 年。

Holsti, Kal J., "Politics in command: foreign trade as national security policy," *International Organization*, 40, 3, 1986, pp. 643–671.

Jackson, James K., "The Exon–Florio National Security Test for Foreign Investment," *CRS Report for Congress*, February 4, 2010.

Jackson, James K., "The Committee on Foreign Investment in the United States (CFIUS)," *CRS Report for Congress,* February 4, 2010.

Jackson, James K., "Foreign Direct Investment: Current Issues," *CRS Report for Congress,* February 11, 2010.

Jackson, James K., "Foreign Investment and National Security: Economic Consideration," *CRS Report for Congress*, April 4, 2013.

Kang, C. S. Eliot., "U.S. politics and greater regulation of inward foreign direct investment," *International Organization*, 51, 2, 1997, pp. 301–333.

Keshk, O., et al., "Trade Still Follows the Flag: The Primacy of Politics in a Simultaneous Model of Interdependence and Armed Conflict," *Journal of Poli-*

tics, 66, 2004, pp. 1155-1179.
Lehmann, Timothy C., "Keeping Friends Close and Enemies Closer: Classical Realist Statecraft and Economic Exchange in U.S. Interwar Strategy," *Security Studies*, 18, 2009, pp. 115-147.
Moran, Theodore H., *Three threats: An analytical framework for the CFIUS process*, Peterson Institute for International Economics, (Washington, DC : 2009).
納家政嗣「『『ポスト冷戦』の終わり」『アステイオン70』2009年, 8-26頁。
Pollins, B., "Conflict, Cooperation, and Commerce: The Effect of International Political Interactions on Bilateral Trade Flows," *American Journal of Political Science*, 33, 1989, pp. 737-761.
Pottinger, Matt, et al., "Oil Politics: Cnooc Drops Offer for Unocal, Exposing U.S.-Chinese Tensions," *Wall Street Journal,* August 03, 2005.
Putzel, James, "Globalization, Liberalization, and Prospects for the State," *International Political Science Review*, Vol. 26, No. 1, 2005, pp. 5-16.
Sanger, David E., "Bush Would Veto Any Bill Halting Dubai Port Deal," *New York Times*, February 22, 2006.
Sanger, David E., "Under Pressure, Dubai Company Drops Port Deal," *New York Times*, March 10, 2006.
髙木綾「1990年対中最恵国（MFN）待遇延長問題─冷戦後米国の対中政策形成過程」『国際学論集』(46), 2000年, 51-75頁。
髙木綾「金融のグローバル化と国家安全保障：対内直接投資がもたらした国家の新たな役割」内田孟男（編著）『地球社会の変容とガバナンス』中央大学出版部, 2010年 a, 31-56頁。
髙木綾「米国における両用技術としての商用人工衛星の輸出規制と中国─安全保障と経済のはざまで─」『二松学舎大学国際政経論集』第16号, 2010年 b, 201-219頁。
Takagi, Aya, "Can Enemy Become Friend? : the Impact of Security on Bilateral Economic Relations," *Encounters* (3), 2012, pp. 41-51.
Ulan, Michael, "Should the U.S. Restrict Foreign Investment?" *The Annals of the American Academy*, 516, 1991, pp. 117-125.
Weimer, Christopher M., "Foreign Direct Investment and National Security Post-FINSA 2007," *Texas Law Review*, 87, 3, 2009, pp. 663-684.
山田敦『ネオ・テクノ・ナショナリズム─グローカル時代の技術と国際関係』有斐閣, 2001年。

第 13 章
非合法的グローバル化と
米墨国境における麻薬戦争

川久保文紀

はじめに

　情報通信・運輸手段の革新に伴うグローバル化の進展は，ボーダーレスな経済活動の活性化をもたらし，主権国家は多様なインパクトを受けることになったが，そのことは同時に，グローバル化の「負の側面」ともいうべき非合法的グローバル化（Illicit Globalization）の拡大をももたらした[1]。M・ナイム（M. Naím）によれば，グローバ化する犯罪と主権国家との間の対立関係は，「グローバル化の新しい戦争」として捉えられると主張している[2]。この「グローバル化の戦争」とは，非合法的貿易ネットワークにおける麻薬，武器取引，知的財産権の侵害，人身売買，マネーロンダリング（資金洗浄）との「5つの戦争」であるとされる。そして，こうしたグローバル化に伴うインフォーマルな諸領域が途上国を中心として，世界中に浸透している現実も透けてみえてくる[3]。まさにグローバル化の進展は，非合法的グローバル化の素地を作り出しているのである。

　非合法的グローバル化に関する一般的理解は，国境を越えて行き来する麻薬組織や武器密輸組織などが機敏かつ巧妙になることによって，主権国家の対応能力に疑問符が付されるようになり，非合法的グローバル化の進展が「国家の退場」（S・ストレンジ）を招いているということであった。しかしながら，こうした一般的理解は一見正しい側面を有しているが，実際のところ，主権国家

は非合法的グローバル化と対立関係にあるわけではなく，むしろ共存関係にあり，非合法的グローバル化の生み出す果実を搾取する仕組みが主権国家には内在化されているともいえるだろう。

　本章では，第1に，グローバル化の非合法的次元に関して，トランスナショナルな組織犯罪の拡大という側面から検討する。第2に，非合法的グローバル化と国家との共存関係について，歴史的経緯も踏まえながら考察する。そして，近年，凄惨化の様相を呈している米墨国境における麻薬戦争を事例に取り上げながら，新自由主義にもとづくグローバル化と非合法的グローバル化の表裏一体的な進行が暴力的現象の昂進化をもたらしている現実を明らかにする。そのなかで，「国境の軍事化」の進む米墨国境を舞台として演じられている「国境ゲーム」[4]が，いかに破綻した政策的帰結をもたらしているのかについての若干の言及を試みたい。

1．非合法的グローバル化とトランスナショナルな組織犯罪

(1) グローバル化と犯罪――トランスナショナルな組織犯罪とは

　2013年版の国連薬物犯罪事務所（UNODC）の「犯罪のグローバル化―トランスナショナルな組織犯罪の脅威評価」と題された報告書は，「組織犯罪がグローバル化し，安全保障上の脅威へと変容した」とする見解を公表し，グローバル化に伴うトランスナショナルな組織犯罪が世界中に拡散している現状について警鐘を鳴らし，各国が行動する共同責任を負っているとした[5]。

　非合法的グローバル化は，「トランスナショナルな組織犯罪（transnational organized crime）」と密接に絡んでいる。国境を越える利潤追求型の非合法活動は，古くから存在する組織犯罪に冠された新しい名称ということもできるだろう。非合法貿易としては，ヘロインやコカインなどの禁輸品貿易，税を逃れるために行うタバコなどの合法的商品の密輸，知的財産の侵害，人身売買，絶滅危惧種や象牙などの密輸，産業廃棄物の不法取引，安全保障に関わる武器密

輸などが含まれる[6]。こうしたグローバル化の非合法的次元の多様性から抽出される基本的な特徴は，送出国からも受入国からもオーソライズされることのない，捕捉の回避を企図した何らかのメカニズムを通じて取引活動が行われることであり，国境を跨ぐ対立や緊張の元凶となってきたということである[7]。

2003年に発効した国連国際組織犯罪防止条約には，「トランスナショナルな組織犯罪」に関する明確な定義もなく，どの項目が犯罪にあたるのかに関するリストもない[8]。これは，この条約にとって特有の問題ではなく，トランスナショナルな組織犯罪に関していえば，専門家や実務家の間でも統一された定義があるわけではないのである。様々な犯罪活動が国境を越えて行われ，新しいタイプの犯罪は，グローバルあるいはローカルな条件が常に変化するなかで出現しているという複雑さに適応するために，明確な定義があえてなされていないとみたほうがよいだろう[9]。

冒頭にも紹介したナイムは，『非合法性（Illicit）』[10]と題された著作のなかで，「犯罪とは，商業を組織し，市民を保護し，歳入を増やし，道徳的コードを執行するために，個々の国家によって作られたルールを破る活動を伴うことである」としたうえで，「グローバル化は，われわれの時代を定義づける世界経済，世界政治，世界文化の急速な統合を描き出すのに役立つ」と述べている。こうしたグローバル化と犯罪の定義が交錯する状況からみえてくるものは，犯罪がグローバル化したばかりではなく，グローバル化した犯罪は「国際システムを変容させ，ルールを覆し，新しいプレーヤーを生み出し，国際政治・経済における権力を再配置している」[11]という現実なのである。

また，注意しなければならないのは，非合法的グローバル化に伴う麻薬などの密輸の取引量などに関するデータ上の数字は，それに関与するアクターが捕捉されないようにアンダーグランドへと潜り込むために，常に検証可能なデータにもとづいて公表されているわけではないということである[12]。非合法的グローバル化に関する政府や国際組織の公表データは，その根拠が曖昧であるにもかかわらず，何の問題もなく受け流されることが多い。確かに，非合法的グローバル化に伴う犯罪活動の規模・範囲は広がり，それに絡むアクターも多

様化し，トランスナショナルな組織犯罪がアンダーグラウンドに潜り込む可能性が高くなっているという全体的傾向を把握するためには，こうしたデータ類はその全体像を浮き上がらせるために重要である。しかしながら，政府や国際組織などが公表するデータを無批判的に解釈することには，リスクを伴う。なぜならば，組織運営のための予算獲得やロビー活動などによって，真の数字が歪められ，誇張した数字に基づいてデータが集計されている場合も多いからである。また，国連から公表される『世界薬物レポート（World Drug Report）』，アメリカ国務省の『国際麻薬コントロール戦略レポート（International Narcotics Control Strategy Report）』，および全米麻薬撲滅対策室による『大統領国家麻薬コントロール戦略（President's National Drug Control Strategy）』におけるデータ間の矛盾は，顕著であるとされる[13]。

(2) グローバル化と「国家の退場」？──非合法的グローバル化からの視角

グローバル化の進展のなかで，国家はコントロール能力を失い，国家権威が衰退してきているという見方が存在する[14]。こうした状況下においては，国家主権の発動作用による国境管理や国境警備が，「人目につかないトランスナショナルなアクター」によって，翻弄されているという「国境をめぐる物語」が支配的となる。これは，法を犯して国境を越えようとする，あるいは，法執行活動から逃れようとする非国家的アクターが台頭してくるという非合法的グローバル化の文脈で前景化されることであるが，グローバル化とその「負の側面」としての国家権威の衰退を強調しすぎれば，以下のような観点を過小評価することにもつながることに留意すべきであろう。すなわち，原則的には，国家それ自体が，どの経済活動が合法的で，どれが非合法的であるのかについて決定する権限を有しているという事実である[15]。そして，国家が法を作り，それを執行することを通じて，市場のルールを決めるのであり，領域的アクセスを許可する権力を独占しているのである。

国家のコントロール能力は，密輸品の種類，その生産，隠蔽や運搬の容易

さ，密輸品に対する消費サイドの需要などによって左右され，取締りや法執行のあり方が密輸の形態や場所，密輸組織の規模や構造，密輸からもたらされる利潤に大きな影響を与えることはいうまでもない[16]。J・ミッテルマン（J. Mittelman）によれば，「グローバルな企業と同様に，トランスナショナルな組織犯罪グループは，国家の水面下のみならず国家を超えるレベルでも活動」し，「このグループは，国家を超えるレベルでは，国境の壁が低くなり，規制緩和が進むというグローバル化につけこんで，自らのサービスに対する需要を生み出している」[17]のである。

このようにみると，国家の存在，とりわけ国境管理や国境警備の在り方が，密輸組織の法を迂回するための精緻な方法・手段を生み出そうとする誘因となっているとみることもできるのであり，非合法的グローバル化のもたらす麻薬取引などは，国家がそれらを取締まり，コントロールしようとするダイナミズムが作用するからこそ，利潤を生みだすという「逆説的な構造」に支えられているのである[18]。こうした点について，S・ストレンジ（S. Strange）は，以下のように述べている。

　「国際連盟が麻薬委員会を設置し，イランから東を目指してヨーロッパ，アメリカへと向かう麻薬――主にアヘン――の流れを止める方策を講じていたころに比べて，その需要ははるかに大きくなっている。記録が示すように，その当時アジア人たちには，彼らにはアルコール貿易よりもむしろ害が小さく見える麻薬貿易を西洋人たちが心配することができなかった。またそれは，ヴォルステッド［禁酒］法がアメリカにおけるアルコールの製造，販売を禁止した結果，組織犯罪ギャングがヤミ市場で違法な酒の供給，販売から大きな収益をあげる新たな機会を得た時期でもあった。」[19]

麻薬に関する「グローバルな禁止レジーム（Global Prohibition Regimes）」の拡大は，1960年代後半におけるヘロイン，1970年代におけるアンフェタミ

ン，1980年代におけるコカイン，1990年代にはこれらすべてに対する禁止・規制を促す流れと重なっている[20]。これは，麻薬が世界の至る所で刑事罰と治安部門による取締りの「対象」となり，それを調整する国際的なルールが形成されるときに出現する。しかしながら，グローバル化の急速な進展が同時に非合法的グローバル化をも促進することによって，トランスナショナルな犯罪組織のグローバル化の非合法的次元に関与する能力が，国家やレジームのもつ法執行能力あるいは国際的な調整能力をはるかに凌駕することにつながっていくのである。

皮肉なことに，トランスナショナルな犯罪組織は，国境を日常的に「侵犯」しているが，国境というステージをうまく活用しているとみることもできるだろう[21]。第1に，国境を越えることによって，「商品」の価格や価値が大きく変動し，経済的利益の格差がもたらされるという事実である。例えば，コカインがメキシコからアメリカへ渡ると1キロあたりで6倍の開きがでるのである。第2に，トランスナショナルな犯罪組織は，国境を「自分の身を守るために」利用するということである。コロンビアのメデリン・カルテル（Medellin Cartel）の中心的リーダーたちは，アメリカへ身柄を送還される際に，コロンビアのナショナリズムのシンボルになり，トランスナショナルな犯罪組織は，その組織の性格上，「私的権威」であるにもかかわらず，伝統的な「国家的権威」に訴える術をも有しているのである[22]。

また，トランスナショナルな犯罪組織が，非合法的市場において経済的利益を獲得できるのは，国家による「商品」や「サービス」の禁止・規制という直接的な帰結なのである。これは裏を返せば，そうした犯罪組織の存在自体が国家の存在理由を強化し，国境管理や国境警備への投資に正当性を与える根拠となっているとみることも可能であろう[23]。こうした犯罪組織と国家との相関関係についても，ストレンジは，以下のように論じている。

　　「組織犯罪グループの成長にとって鍵となった要素は，各国政府の弾圧的な政策である。組織犯罪の収益というコインの表側には市場の消費者需

要があり，裏側には国家の役割があった。……商品やサービスの貿易が違法であると宣言されると，その収益性はつねに増大する。これは，ギャンブル，売春，アルコール，銃，ポルノグラフィ，そしてもちろん麻薬にもあてはまる。リスクが増大し，だれもがリスクを処理，抑制する手段を手に入れることができないために，市場への参入障壁が高くなっているのである。独占的レントは供給側にもたらされる。組織犯罪ギャングが，他の超国家企業のように活動の多角化に新たな収益機会を見出してきたことは，ほとんど驚くにはあたらない。」[24]

次に主張したい点は，トランスナショナルな犯罪組織は，権力の独占的保持・行使の権限を有する国家に対しても，暴力的手段やテロリズム的な戦術を用いることによって，大いなる脅威となっているということである。以下で詳しくみていくことになるが，メキシコの麻薬組織の実態は，潤沢な資金力で治安当局を買収し，アメリカから密輸される高性能の武器によって正規軍並みに重武装化してきており，こうした事例からは，こうした組織が国家システムや法の支配に真っ向から対決する傾向を強めていることが読み取れるのである。T・シェリング（T. Schelling）の主張によれば，こうした場面において，犯罪組織がみずからを弱体化させる国家システムを中立化させるために行使する「傷つける権力」[25]が生まれるのである。

2．非合法的グローバル化と暴力——米墨国境における麻薬戦争

(1) 非合法的グローバル化と暴力

P・アンドレアス（P. Andreas）は，非合法的グローバル化には，本来，「傷つける権力」としての暴力的な属性が備わっていると主張し，①非合法的な市場取引の本質的属性としての暴力，②「新しい戦争」と呼ばれる現代における

新しいタイプの戦争を遂行可能にしている経済的な牽引要因としての非合法的なビジネスという2つの形態を提示している[26]。

非合法的グローバル化における経済活動においては，法などの合法的な手段に訴えるのではなく，暴力という手段に依存する傾向がある。法による保護が欠如した非合法的市場のアクターは，「コントロールのインフォーマルな形態」に依存するのであり，暴力は「自助のための伝統的な手段」となる[27]。そして，非合法的グローバル化と暴力が密接に結びつくイメージが一般的であるのは，現実よりも暴力がより可視化され，選択的に取り上げられるバイアスがかかっているからであるとされる[28]。

例えば，国際的な麻薬取引には，非合法的グローバル化の大規模で暴力的な密輸組織が関与することに加えて，麻薬貿易における商品それ自体の性質にも「選択的なバイアス」がみられるのである。マリファナやMDMAなどの「ソフトな麻薬」よりも，コカインやヘロインなどの「ハードな麻薬」により関心が向けられ，ハードな麻薬に関する取引活動には，より多くの組織化された暴力的現象がみられるということもあろう[29]。また，コカイン取引に関して，ボリビアとコロンビアは同じ問題の延長線上で捉えられるが，コカインの取引活動に伴う暴力のレベルなどを考慮すると，はるかにコロンビアのほうに関心が集中する傾向がある[30]。

そして，麻薬取引に伴う暴力のターゲットは，とりわけ司法・治安部門における国家のアクターや一般市民に向けられるというよりも，市場における対立相手に向けられる「暴力の選択的性質」とでも呼ぶべき傾向があった[31]。政治家や官僚などの国家のアクターや一般市民に犠牲が及べば，当然のことながら，世論やメディアによって取り上げられ，非合法的な取引活動の暴力的性質が浮き彫りにされ，過度な暴力行為に伴って獲得利潤も減少することが予想されるからである。そしてまた，治安当局による取締まりによって，ある組織や個人が市場から駆逐されたとしても，その穴を埋めるかのように，新たな組織や個人が暴力的競合によって登場するというリスクも高いといえよう[32]。しかしながら，最近の動向では，米墨国境の周辺地域では，一般市民を巻き込ん

だ凶悪な麻薬抗争事件も多発しており，ターゲットの無差別化現象が急速に進行する現状を，アメリカ議会調査局（CRS）は「波及的暴力（Spillover Violence）」と名付けた[33]。以下では，非合法的グローバル化に備わっている暴力的属性を踏まえながら，米墨麻薬戦争に至る歴史的経緯と現在の動向をみていくことにする。

(2) 米墨麻薬戦争前史

　国際的なレベルでの麻薬取引の禁止は，1909年の「上海協定（Shanghai Convention）」および1911年から翌年にかけての「ハーグ・アヘン協定（Hague Opium Act）」において制度化され，第2次世界大戦後は，国連を通じた麻薬生産・取引に関する「グローバルな禁止レジーム」が徐々に形成されていった[34]。米墨関係においては，1909年の「アヘン取締法（Opium Exclusion Act）」や1914年の「ハリソン麻薬法（Harrison Narcotics Law）」などによって，皮肉にもメキシコにおける麻薬組織が成長を開始した。

　19世紀以降，メキシコにおけるマリファナ産業が成長し，20世紀初めにかけて，中国からの移民によって，アヘンがメキシコのシナロアやソノラに持ち込まれたのであった[35]。その後のアメリカにおける麻薬規制の強化は，アメリカの麻薬取締官の米墨国境における活動の活発化をもたらし，メキシコにとっては，国家主権に関わる政治的に敏感な問題を突きつけることになった。そして，メキシコ政府のコントロールが比較的緩やかであった北部諸州に麻薬組織をはびこる素地を作ることになったのである。メキシコは，1916年にアヘンの輸入を禁止し，1923年にはすべての麻薬の輸入を禁止した[36]。1927年には，メキシコはヘロインとマリファナの輸出を禁止することを決定したが，これは，アメリカとの良好な関係を維持し，そうした「グローバルな禁止レジーム」の流れに沿う動きであった[37]。

　1950年代から60年代にかけて，マリファナに関していえば，メキシコはアメリカへの主要な供給国であったが，ヘロインに関してはさほどの供給量ではなかった。しかしながら，1970年代初めにかけて，アメリカにおけるヘロイ

ン市場は隆盛した。なぜならば，アメリカにおけるヘロインの消費が急激に上昇するとともに，ニクソン政権における圧力によって，アメリカへの主要取引先であったトルコが1972年にアヘンの生産を禁止したからであった[38]。

　初めて「麻薬戦争」という用語が用いられたのはニクソン政権のときであり，1969年に「オペレーション・インターセプト（Operation Intercept）」と呼ばれる麻薬取締作戦が開始された。これは，米墨国境を通過する車両検査を徹底するイニシアティブであったが，メキシコ経済に大きな影響を与えた。このイニシアティブの背景には，麻薬取締りに積極的な政策をとってこなかったメキシコ政府への不満があったとされる。メキシコ政府は，1975年に「オペレーション・コンドル（Operation Condor）」[39]と呼ばれる史上稀にみる麻薬撲滅作戦に着手した結果，マリファナに関しては，アメリカ市場への供給先としてのメキシコの割合は，1976年から1981年にかけて75％から4％へ，ヘロインに関しては，ほぼ同時期にかけて67％から25％へと減少したのである[40]。

　1980年代は，麻薬取引とその取締りが同時に活発化した時期であり，レーガン政権になってからの国内外での反麻薬キャンペーンの展開は，「新しい麻薬戦争」[41]と呼べるものであった。これは，米墨国境ばかりではなく，南フロリダを通じたコロンビアからのコカインとマリファナの流入への対応に迫られた側面もあった。当時のブッシュ副大統領の主導で1982年に開始された「南フロリダ・タスクフォース（The South Florida Task Force）」は，南東部国境における空と海からの麻薬密輸ルートの摘発・監視の強化を目指したのである[42]。「マジノ戦線」にも似たこの麻薬取締戦略は，メキシコからアメリカへの麻薬流入を防ぐ解決策にはならなかったが，麻薬取引の「場所」，「方法」，および「組織」に影響を与えることになった。もっとも顕著な影響は，麻薬の流入先が単にアメリカの南東部国境から南西部国境へ移動したということである[43]。

　　「（アメリカ）南西部国境は，アメリカ各地の麻薬市場へと向かう麻薬密輸に関するもっとも重要な国家レベルでの貯蔵，運搬，積み替えの場所で

図13-1 アメリカ南西部の主要麻薬ルート

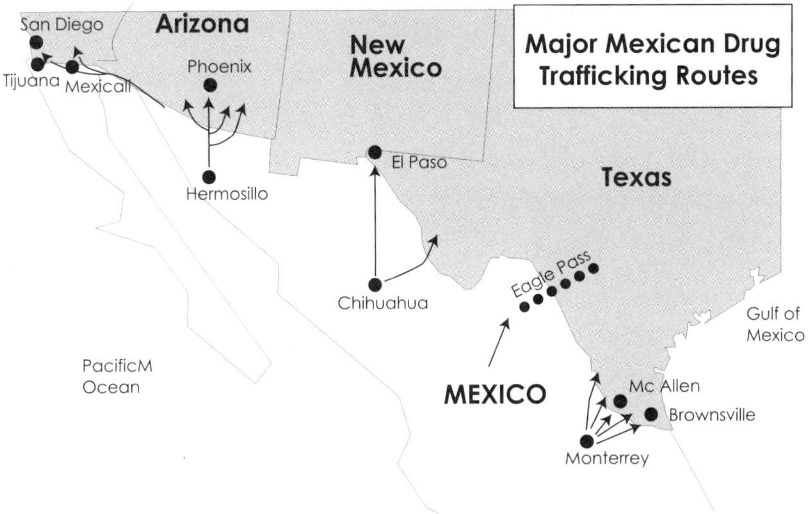

出所：U. S. Drug Enforcement Administration, DEA Programs: Southwest Border Initiative, 〈http://www.justice.gov/dea/ops/sbi.shtml〉

ある。この地域は，アメリカへと密輸される大半の麻薬の主要な到着ゾーンである。すなわち，多くの麻薬は，他のどの到着ゾーンよりも，南西部国境沿いで多く摘発される。メキシコの麻薬組織は，南西部国境からアメリカ全土へと広がる，精緻で拡大する麻薬運搬ネットワークを発展させたのである。」

それゆえに，南フロリダなどの南東部からの密輸ルートを断たれたコロンビアの麻薬組織は，メキシコの麻薬組織と密接に結びつくことになり，メキシコの麻薬組織の発展を後押しするという皮肉な結果をもたらしたのである。そして，コカインの流入先が変更された結果，南西部国境における国境管理や国境警備が強化されることになり，米墨国境の周辺地域における合法的な経済活動に与える負の影響であった。1987年には，税関・国境警備局（CBP）が政策的調和を目指した「南西部国境戦略（Southwest Border Strategy）」を策定し，

「ライン・リリース（Line Release）」と呼ばれる事前に検査を受けた車両や日常的に往来する船舶に対しては，国境を迅速に通過できるシステムを構築したのである[44]。

1985年にメキシコのグアダラハラで発生した麻薬取締局のキキ・キャマリーナ（KiKi Camarena）の暗殺事件は，メキシコにおける麻薬取引における暴力性を顕在化させ，米墨関係を悪化させる契機となった[45]。1985年2月にアメリカ政府によって開始された「オペレーション・インターセプトⅡ（Operation InterceptⅡ）」は，メキシコからアメリカへの国境の一部閉鎖を含む，厳格な国境管理政策であったが，これは，麻薬の流入を国境で食い止めることよりも，麻薬組織との汚職に絡み，反麻薬キャンペーンを積極的に推進していなかったメキシコ政府に対する「不満」と「怒り」を強く伝えるための「メッセージ」であった[46]。

このように，キャマリーナ殺害事件に端を発する形で，米墨関係は新しい展開をみせた。1986年に制定された「麻薬乱用防止法（Anti-Drug Abuse Act）」は，アメリカからの様々な援助を受ける際には，反麻薬キャンペーンへの全面的な協力を求めることを条件とした。一方で，メキシコでは，この事件によって，政府と麻薬組織との腐敗の構造が明らかになり，腐敗にまみれた政府組織である連邦安全委員会は廃止された。メキシコ政府は，アメリカからの圧力を意識して，司法省の麻薬取締関係の予算を1985年から1988年にかけてほぼ倍増させ，ウルタード大統領は，「麻薬取引は国家安全保障上の脅威である」と公式に表明した[47]。

1988年12月に就任したサリナス大統領は，反麻薬キャンペーンの強化を政権の重点課題として位置づけ，キャマリーナ殺害事件によって悪化したアメリカとの良好な経済関係の再構築を，同時期に就任したブッシュ大統領と推し進めた[48]。しかしながら，メキシコのマリファナとヘロインをめぐる取引市場は大規模になり，アメリカ国務省の統計によれば，アメリカへのコカイン輸出割合の約3分の1はメキシコからであり，1992年には約半分以上，その後には約75-80％へと上昇したのである[49]。当時の状況を考慮するならば，サリ

ナス大統領は，アメリカの南東部国境での麻薬取締戦略の「成功」の結果，メキシコと国境を接する南西部へ移動してきた麻薬組織への取締りと，政府全体で反麻薬キャンペーンに本腰を入れて取り組むという重い「二重の課題」を背負って登場したといえる。彼は，麻薬取締りに関して，政府支出の緊縮が求められるなかで，司法システム改革を軸にしながら，政府組織を大幅に改編・拡大した。1992年には，麻薬取引に関する政府間組織の調整を行う「麻薬コントロール計画センター」や，アメリカの麻薬取締局をモデルにした「麻薬対策研究所」を設置した。そして，「安全保障上の脅威」として位置づけられた麻薬取締りにおける軍の役割も増大させ，1980年代終わりまでには，軍の予算の約3分の1が麻薬取締り関連を占めた[50]。

1990年代に入り，アメリカ側においても，麻薬取締りに関する独自の取り組みが推進・強化された。1990年には，米墨国境の周辺地域を「高強度の麻薬取引エリア（High Intensity drug Trafficking Area）」として指定し，国境における麻薬取引への一般的な関心を高めたうえで，アメリカは，1994年に「南西部国境イニシアティブ（Southwest Border Initiative）」を策定し，メキシコからの麻薬組織の摘発・崩壊を目指した。さらには，南西部国境の「軍事化」も一層進展した。国防総省は，テキサス州のフォートブリスに本拠地を置く「ジョイント・タスク・フォース6（Joint Task Force Six）」を結成した[51]。メキシコでも，反麻薬キャンペーンにおける軍の役割が，サリナス政権のときに強化されたことはすでに述べたが，次のセディージョ政権のもとでもさらなる軍の役割が強調され，1998年初めには，メキシコの約3分の2の州の法執行ポストに，軍人が就いた[52]。

1994年の北米自由貿易協定（NAFTA）の締結は，米墨間における経済活動の急速な発展を促したが，このことは，合法的なフローと非合法的なそれとをふるい分けるという国境管理における深刻な課題を突きつけた。問題は，NAFTAの締結交渉のプロセスのなかで，麻薬組織がNAFTA締結による経済的恩恵を被るという観点について，熟議が重ねられなかったということである[53]。NAFTA締結後，1993年から2000年にかけて米墨間の貿易量は，3倍

に増加したが，その大半は，商業用貨物によって国境を越えた。1997年には，メキシコからアメリカを渡った100万のトラックと貨物列車を国境検査官がチェックしたが，わずか6個のコカインしか発見することができなかったとされる[54]。貿易量の増加に伴う交通量の増大は，国境管理政策における限界を示すことになる。

(3) 米墨麻薬戦争の勃発――国境の軍事化

2000年代に入り，メキシコでの麻薬組織と治安組織との間の交戦状態の悪化，および麻薬組織間での抗争が激化し，「麻薬戦争」と呼ばれる事態が出現した。治安状態にも深刻な影響を及ぼしてきたために，対岸の火事ではなくなったアメリカも，様々な対策を一層真剣に講じる必要がでてきたのもこの時期からである。

実際のところ，メキシコは，他のラテンアメリカ諸国に比べて，殺人率の観点からみても，軒並み高いというわけではない（図13-2参照）。ホンジュラス

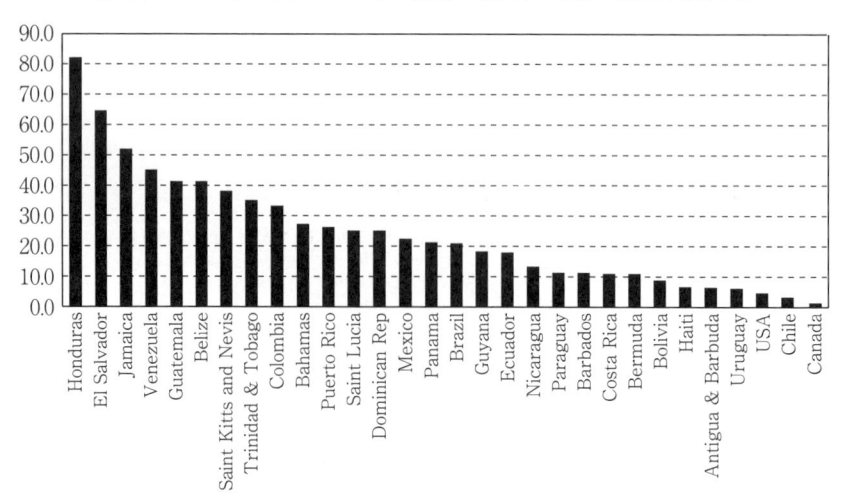

図13-2 2010年のラテンアメリカ諸国の殺人率の推移（10万人あたり）

出所：Special Report, Drug Violence in Mexico: Data and Analysis Through *2012*, Trans-Border Institute, University of San Diego, February 2013, p. 4

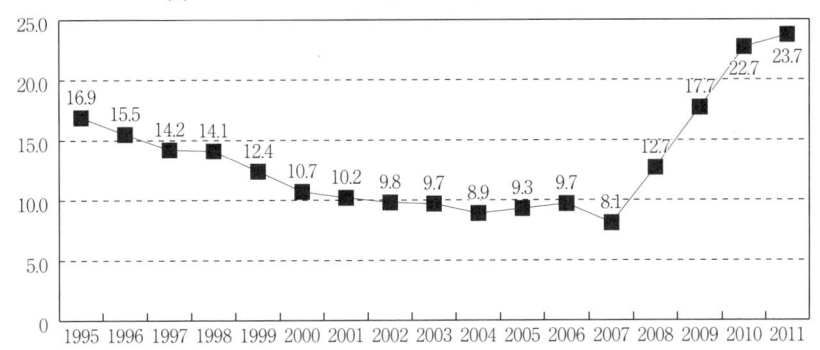

図 13-3　メキシコにおける殺人率（1995 年-2011 年）

出所：Special Report, Drug Violence in Mexico: Data and Analysis Through *2012*, Trans-Border Institute, University of San Diego, February 2013, p. 5

の殺人率はメキシコの約 4 倍，グアテマラは約 2 倍，コロンビアは約 1.5 倍の割合である。メキシコの治安状態は，他のラテンアメリカ諸国に比べて，相対的に安定しておりながらも，危険なイメージがついてまわる理由の一部は，相互依存が進む隣国アメリカとの関係があるからであろう。しかしながら，図 13-3 をみれば分かるように，メキシコにおける近年の殺人率の推移をみてみると，1990 年代半ばから下降傾向にあったものが，2007 年頃を境にして，急速に上昇しているのが分かる。2007 年と 2010 年を比較すると，約 3 倍の伸び率である。

また，2001 年 9 月 11 日の同時多発テロの発生は，発生地点から遠く離れた米墨国境にも甚大な影響を与えた。多くの検問所が閉鎖され，とりわけ，NAFTA 締結以降進められてきた国境周辺地域における経済統合のプロセスにも深刻なダメージを与えたのである。テキサス州のラレドでは，9・11 テロ発生以前は，国境の行き来にかかる時間は，渋滞を極める時間帯でさえ，わずか 5 分であったが，発生直後は 5 時間にもなった[55]。こうした直接的な影響はやがて回復したとはいえ，9・11 テロの余波は，米墨国境をめぐる風景を根本的に変えることになったといえる。

9・11 テロ以後，アメリカの国境戦略は，従来の麻薬取締対策と不法移民対

策を，反テロリズム政策へと適合させることを目指し，国境での検問や国境警備にあたる人間たちは，「反テロリズム密輸取締執行チーム（Anti-terrorism contraband enforcement team）」と称されるようになった。まさに反テロリズム対策が，国境管理政策上の最優先の課題となり，「国境コントロール」ではなく，「国境セキュリティ」という安全保障上の用語が好まれて用いられるようになった[56]。まさに，麻薬と暴力に絡む対立の激化は，ポスト冷戦後に「新しい戦争」と呼ばれる現代の戦争の一側面を表していると同時に，米墨国境における麻薬戦争は，麻薬組織とテロリズムが結びついた「麻薬テロリズム」[57]の一形態とみることもできるだろう。

2006年12月に就任したメキシコのカルデロン大統領は，就任後間もなく，麻薬組織の徹底摘発・撲滅を目指して，「全面戦争」を宣言した。いわゆる「麻薬戦争」の勃発である。約4万5,000人の兵士，約5,000人の連邦警察官を米墨国境の都市に送り込み，検問強化や組織幹部の摘発を行った。しかし，麻薬組織は，弱体化するどころか，アメリカからの豊富な売り上げ資金をもとにして，正規軍並に重武装化し，徹底抗戦を続けてきた。2008年5月には，連邦警察庁長官を殺害し，同年12月にはゲレロ州で麻薬組織の掃討作戦にあたっていた兵士12人の首のない死体もみつかった[58]。一方で，一般市民の犠牲も増えている。タマウリパス州の農場では，2011年4月に，穴に埋められた183人の遺体が発見され，ドゥランゴ州でも同様の事件があった。麻薬組織が，一般市民を拉致して，麻薬の「運び屋」になるように要求したが，拒否した場合に殺害されるというケースが多いのである[59]。

こうしたカルデロン政権による「全面戦争」は，7つの主要な麻薬組織のリーダーを排除することには「成功」を収めたが，こうしたリーダーの排除によって，組織内の統制がとれなくなり，組織間の勢力均衡を崩した結果，権力や利益の配分をめぐる抗争・対立がさらに激化していったのである。以下，具体的にみていくことにする。

アメリカ麻薬取締局によれば，2010年1月から2011年6月にかけて，35人以上もの麻薬組織の中心的リーダーが逮捕されるか殺害された。それにもかか

わらず，カルデロン政権の軍を積極的に活用した麻薬組織の撲滅戦略は，暴力を減らすどころか，国内治安の確保のために訓練がなされていない軍によって，一般住民への人権侵害がさらに悪化したという報告もある[60]。こうしたいわゆる組織の中心的リーダーを標的にした「キングピン戦略（kingpin strategy)」は，かつて1990年代のコロンビアでの麻薬掃討作戦にも用いられたときは一定の効果をあげたが，メキシコではうまく機能していないというのが実状であろう[61]。結果的に，メキシコにおける暴力は深刻さの度を増しており，それはメキシコ国内のみならず，トランスナショナルな暴力的現象としてアメリカにも波及してきているのである。アメリカが，メキシコの麻薬組織を，最大の組織化された犯罪的脅威であるとしているのも，こうした状況を踏まえてのことである[62]。

　表13-1にあるように，メキシコの主要麻薬組織は7つあり，アメリカへの麻薬密輸ルートを支配している[63]。とりわけ，メキシコ北東部に本拠地を置く湾岸カルテル（Gulf Cartel）は，カルデロンが政権を取るまで，支配領域や利益額の点からも最大の麻薬カルテルであった。そして，かつては湾岸カルテルの支配下にあり，メキシコ軍の脱走兵から構成されたロス・セタス（Los Zetas）は，袂を分かち，湾岸カルテルに対抗する組織へと変貌した[64]。ロス・セタスの湾岸カルテルからの独立は，かつて湾岸カルテルが支配していたタマウリパス州などの北東部諸州の支配をめぐって激しく対立した。また，2009年12月にメキシコ軍出身の中心的リーダーが殺害されることによって，ベルトラン・レイバ・カルテル（BLO）でも内部分裂が起こった。それによって，BLOからも南太平洋カルテル（South Pacific Cartel）およびアカプルコ独立カルテル（Independent Cartel of Acapulco）が出現したのである[65]。主要麻薬カルテルは7つあるとされるが，現在でもなお，分断化を強める傾向にある。

　さらには，近年の動向をみてみると，麻薬組織の多角化も進んでいることが分かる。麻薬に加えて，誘拐，自動車窃盗，売春，ソフトウェアの著作権侵害など多様な犯罪活動に触手を伸ばすようになってきているのである。例えば，メキシコにおける誘拐は，2007年比で188%，窃盗が47%，恐喝が101%も

表 13-1　メキシコの主要麻薬組織

麻薬組織	取引麻薬	主要地域
シナロア・カルテル（Sinaloa Cartel）	コカイン ヘロイン マリファナ MDMA メタンフェタミン	フロリダ／カリブ海 五大湖周辺地域 中部大西洋沿岸地域 ニューイングランド ニューヨーク／ ニュージャージー 太平洋沿岸地域 南東部 南西部 中西部
ロス・セタス（Los Zetas）	コカイン マリファナ	フロリダ／カリブ海 五大湖周辺地域 南東部 南西部
湾岸カルテル（Gulf Cartel）	コカイン マリファナ	フロリダ／カリブ海 中部大西洋沿岸地域 ニューイングランド ニューヨーク／ ニュージャージー 南東部 南西部
フアレス・カルテル（Juarez Cartel）	コカイン マリファナ	五大湖周辺地域 ニューヨーク／ ニュージャージー 太平洋沿岸地域 南東部 南西部 中西部
ベルトラン・レイバ・カルテル（BLO）	コカイン ヘロイン マリファナ	南東部 南西部
ラ・ファミリア・カルテル（LFM）	コカイン ヘロイン マリファナ メタンフェタミン	南東部 南西部
ティファナ・カルテル（Tijuana Cartel）	コカイン ヘロイン マリファナ メタンフェタミン	五大湖周辺地域 太平洋沿岸地域 南西部

出所：U.S. Department of Justice, National Drug Intelligence Center, *National Drug Threat Assessment,* August 2011, p. 7

増加している[66]。こうした麻薬組織の多角化の背景には，アメリカとメキシコが共同で行う麻薬撲滅戦略によって，麻薬取引から得る利益が減少している現実を踏まえてのことであろう。

　カルデロン政権は，麻薬撲滅戦略の遂行プロセスにおいて，歴史的に先例をみないアメリカとの共同歩調路線をとるようになった。代表的なものが，「メリダ・イニシアティヴ（Merida Initiative）」と呼ばれるものであり，アメリカが，2008年から2010年の間に，麻薬撲滅戦略に15億ドルを資金拠出するというプログラムであった[67]。これは，2007年にブッシュ大統領とカルデロン大統領との間で結ばれたものであるが，メキシコ軍の近代化や，司法・治安システム改革への財政的援助が主たる内容であった。2011年にはオバマ政権のもとで，「メリダを越えて（Beyond Merida）」が発表された[68]。それは，①組織犯罪集団の壊滅，②法の支配の制度化，③21世紀型国境の建設，④強力でしなやかなコミュニティの構築という4つの柱からなり，メキシコ国内における制度改革プログラムへの重点的援助を行うというものであった。

　こうした一環として，2011年6月にグアテマラで開催された中米治安会議において，クリントン国務長官は，麻薬の主要な供給先はアメリカであり，麻薬取引に関して「共同責任」があるとして，判事，検察官，警察官の育成・訓練や特殊部隊の任務に対して，前年比より約1割増の3億ドルの資金拠出を行うことを表明した[69]。2011年初めには，国防総省は，無人偵察機「グローバルホーク」を，麻薬取引の監視任務のため米墨国境に配備した[70]。まさに，米墨国境は「国境の軍事化」が進む麻薬戦争の最前線へと変貌していった。さらには，こうした「国境の軍事化」に加えて，2国間でのインテリジェンス共有のために，「インテリジェンス共有センター」がメキシコ北部に建設され，ここには，麻薬取締局，中央情報局，国防総省の職員が常駐することになった。これは，アフガニスタンやイラクにおける「インテリジェンス融合センター」をモデルとしたのである。

　しかしながら，麻薬戦争のこれまでの経緯をみれば，麻薬組織間の抗争から派生する様々な暴力的現象とそれを制圧しようとする力の論理では，終息がみ

えてこないということである。非合法的グローバル化が及ぼす米墨麻薬戦争に対する政策的帰結は、以下のように表せるだろう。

> 「非合法的な経済のグローバル化に関するスタンダードな説明は、誇張されて誤解に満ちているばかりではなく、非生産的な政策の処方箋へともつながる。グローバル化の非合法的側面に関して、『何かをしなければ』という緊急の要求は、費用の高くつく高次元での取締りを正当化する政治家や官僚に対して攻めの材料を提供する。その取締りは、政治的には支持がとりつけやすいが、失敗する可能性がある。法執行活動に軍事的資源を活用する効果にかかわらず、取締りの試みをさらに安全保障化し、軍事化する要求の増大へともつながるのである。」[71]

2012年、最大野党であった制度的革命党（IRP）のペニャニエトが新大統領に就任した。2000年まで71年間政権の座にあった制度的革命党が政権を奪還するのは、12年ぶりのことであったが、麻薬撲滅戦略に関しては、カルデロン前政権の強硬路線を修正し、犯罪の防止や暴力事件の減少などの社会の治安と秩序の安定に全力を尽くす旨を表明した。とりわけ、主要な政党の党首と交わした「メキシコのための協定（Pact for Mexico）」には、司法・警察に関する改革を最優先の課題として盛り込んだ。しかしながら、かつて制度的革命党が政権を担っていた際には、麻薬組織の活動を黙認し続けていたことが仇となり、制度的革命党には汚職イメージがつきまとう現実も見過ごしてはならない[72]。

おわりに

メキシコの詩人J・シシリア（J. Sicillia）は、「グローバル化の裏側」と題する『朝日新聞』（2013年10月4日付朝刊）とのインタビュー記事のなかで、凄惨化を極めるメキシコの麻薬戦争の根源には経済のグローバル化があると主

張している[73]。息子を麻薬組織に殺害された彼は、麻薬組織の撲滅に向けて武力的制圧を主導してきたメキシコ政府への方針転換と、司法・治安部門の腐敗一掃を要求して、全国にデモとして広がった「正義と尊厳ある平和のための運動」を起こした。新自由主義的なグローバル化とその「裏側」としての非合法的グローバル化は、メキシコの伝統的な共生社会を破壊し、荒廃させる結果を導いたとしたうえで、彼は、NAFTA締結以降の新自由主義的なグローバル化の進展と麻薬戦争の関係について以下のように答えている。

「もともとメキシコは貧しくて権威主義的ではあれ、もっと健康的な国でした。農耕にいそしみ、自給自足の食糧があって深刻な飢えはなかった。悲惨になったのは、1980年代に新自由主義経済にかじを切ってからです。たとえばメキシコに投資して鉱山開発したカナダの会社にとって、関心の的は利益であって住民の幸せではありませんから、人々からすべてを奪った。土地も生きる術もすべて失った人々が、犯罪組織からリクルートされました。」

そして、非合法的グローバル化が単に国家を衰退させているのではなく、むしろ、非合法的グローバル化のなかで暗躍する麻薬組織などの非国家的アクターを取り締まろうとするインセンティブが国家に与えられ、国家の存在理由が強化されているという側面も見過ごすべきではないだろう。こうした論理の全面化によって、メキシコにおける分断化と多角化の傾向を強める麻薬組織がトランスナショナルな犯罪組織へと変貌する磁場を醸成しているとみることもできるのではないだろうか。

アンドレアスによれば、麻薬戦争の最前線にあり軍事化の様相を呈している米墨国境においては、「法を執行する者」と「法から逃れようとする者」との間で「国境ゲーム」が行われているということである[74]。米墨国境の現状をみれば、国家の側があらゆる手段を使って国境管理や国境警備を強化しようとしても、麻薬の大量消費先と武器の供給先としてのアメリカの責任に加えて、

非合法に国境を越えるモノやヒトが必ず存在してきたということが歴史的に明らかになる。「ゲーム」というメタファーを用いることによって，国境管理や国境警備の実践，およびその帰結を軽視しているということではなく，「ゲーム」を観戦する「聴衆」を常に意識したイメージ・マネジメントというシンボリックな次元を重視しているのである。そしてまた彼は，「国境警備のエスカレーションは，究極的には，麻薬や移民のフローを阻止するというよりも，国境のイメージを作り直し，国家の領域的権威をシンボル的に再確認することに重きが置かれていた」[75]と述べ，国境警備の効率性や非効率性などに目を奪われた議論では，国境をめぐる政治がもつ「儀式的行為」としての側面を見逃してしまうことを指摘している。このような文脈から理解すれば，国境警備の強化によって，密輸組織が摘発・逮捕されるという可視化されたパフォーマンスが，国境をめぐるカオス・イメージを政治的に払拭し，秩序立った国境というイメージを「聴衆」に植え付けることになるのである。「麻薬化された」米墨関係においては，破綻した政策であっても，政治的に成功しているかのようにみせつけるレトリック操作が重要であるいうことなのかもしれない。

1) こうした点については，本章はP・アンドレアス（P. Andreas）の先行研究に依拠している。彼によれば，政治学や国際政治学からの「非合法的グローバル化」に関する研究は体系的に行われてこなかった。アンドレアスの代表的業績として，以下が挙げられる。P. Andreas, Smuggling Wars: Law Enforcement and Law Evasion in a Changing World, *Transnational Organized Crime*, Vol. 4, No. 2, 1998; idem, *Border Games: Policing the U. S. –Mexico Border*, 2 nd edition, Cornell University Press, 2009; idem, "Illicit Globalization: Myths, Misconceptions, and Historical Lessons," *Political Science Quarterly*, Vol. 126, No. 3, 2011; idem, *Smuggler Nation: How Illicit Trade Made America*, Oxford University Press, 2013.
2) M. Naím, "The Five Wars of Globalization," *Foreign Policy*, 2003, pp. 29-37.
3) 「インフォーマル化」については，以下を参照されたい。拙稿「インフォーマル化をめぐる一考察――国家・グローバル都市・移民コミュニティ」『中央大学社会科学研究所研究報告』，第23号，2006年。
4) Cf. P. Andreas, *Border Games*, この著作については，筆者による拙評がある。P・アンドレアス「国境ゲーム：分断化された米墨国境における国境警備（第2

版）」『境界研究』No. 2，2011 年。
5) United Nations Office on Drugs and Crime (UNODC), *The Globalization of Crime: A Transnational Organized Crime Threat Assessment*, United Nations Publications, 2013.
6) P. Andreas, "Illicit Globalization," op. cit., p. 406.
7) Ibid., p. 406.
8) 英語名：Convention against Transnational Organized Crime，日本語による正式名称は，「国際的な組織犯罪の防止に関する国際連合条約」である。
9) UNODC, op. cit., p. 25.
10) M. Naím, *Illicit: How Smugglers, Traffickers, and Copycats Are Hijacking the Global Economy*, Anchor Books, 2005.
11) Ibid., p. 5.
12) こうした非合法的グローバル化と「数の政治」に関しては，以下が詳しい。P. Andreas and K. M. Greenhill, *Sex, Drugs, and Body Counts: The Politics of Numbers in Global Crime and Conflict*, Cornell University Press, 2010.
13) H. R. Friman, "Crime and Globalization," in H. R. Friman, ed., *Crime and the Global Political Economy*, Lynne Rienner Publishers, 2009, pp. 2-3. また，麻薬産業に関するデータ上の数字を取り扱う際の困難性については，以下が詳しい。F. E. Thoumi, "The Numbers Game: Let's All Guess the Size of the Illegal Drug Industry!" *Journal of Drug Issues*, 2005.
14) 代表的なものに，S. Strange, *The Retreat of the State: The Diffusion of Power in the World Economy*, Cambridge: Cambridge University Press. 1996.（S・ストレンジ，櫻井公人訳『国家の退場―グローバル経済の新しい主役たち』岩波書店，1998 年）
15) P. Andreas, "Illicit Globalization," op. cit., p. 409.
16) Ibid., p. 410.
17) J・ミッテルマン（田口富久治ほか訳）『グローバル化シンドローム―変容と抵抗―』法政大学出版局，2002 年，273 頁。
18) P. Andreas, "Illicit Globalization," op. cit., p. 410.
19) ストレンジ，前掲訳書，184 頁。
20)「グローバルな禁止レジーム」に関しては，以下を参照されたい。P. Andreas and E. Nadelman, *Policing the Globe*, Oxford University Press, 2006; H. R. Friman, "Externalizing the Costs of Prohibition," in H. R. Friman, ed., *Crime and Global Political Economy*, Lynne Rienner Publishers, 2007.
21) P. Williams, "Transnational organized crime and the state," in R. B. Hall and T. J. Biersteker, eds., *The Emergence of Private Authority in Global Governance*, Cambridge University Press, 2002, pp. 166-167.
22) Ibid., p. 166.
23) Ibid., p. 167.

24) ストレンジ，前掲訳書，185-186 頁。
25) Cf. T. C. Schelling, *Arms and Influence*, Yale University Press, 1967.
26) P. Andreas, "Illicit Globalization," op. cit., p. 419.
27) Ibid., p. 419.
28) P. Reuter, "Systemic Violence in Drug Markets," *Crime, Law, and Social Change*, September 2009.
29) P. Andreas, "Illicit Globalization," op. cit., p. 419.
30) Ibid., p. 419.
31) P. Andreas and J. Wallman, "Illicit markets and violence: What is the relationship?" *Crime, Law, and Social Change*, 52, 2009, pp. 227-228.
32) M. Serrano, "Drug Trafficking and the State in Mexico," in Friman, ed., *Crime and the Global Political Economy*; P. Reuter, "Systemic Violence in Drug Markets," *Crime, Law, and Social Change*, September 2009.
33) K. M. Finklea, "Southwest Border Violence: Issues in Identifying and Measuring Spillover Violence," *CRS Report for Congress*, Congressional Research Service, February 28, 2013.
34) P. Andreas, *Border Games*, op. cit., pp. 39-40.
35) Ibid., p. 40.
36) Ibid., p. 40.
37) しかしながら，こうしたメキシコにおける「麻薬の犯罪化」には，国境管理・国境警備能力の強化やアメリカによるメキシコ側への領土的侵食を食い止める政治的背景もあったと考えられる。Malia Celia Toro, *Mexico's "War" on Drugs: Causes and Consequences*, Boulder, Colo.: Lynne Rienner, 1995, p. 67.
38) P. Andreas, *Border Games*, op. cit., pp. 40-41.
39) Ibid., p. 41.
40) Ibid., p. 41.
41) Ibid., pp. 42-43.
42) この時期から，当時の沿岸警備隊や関税局の役割を補完する上で，麻薬取締りにおける軍の役割の向上が期待され始めた。1878 年に制定された国内法の執行における軍の活動を禁止した Posse Comitatus Act の緩和がみられた。国防総省の麻薬取締関係の予算は，1982 年度は 490 万ドルであったのに対して，1987 年度には，3 億 8700 万ドルに急激に増加した。Ibid., p. 43; J. Moore, "No Quick Fix," *National Journal*, 19, November 21, 1987, p. 2955.
43) P. Andreas, *Smuggler Nation*, op. cit., p. 309.
44) P. Andreas, *Border Games*, op. cit., p. 47.
45) Ibid., p. 47.
46) Ibid., pp. 47-48.
47) Ibid., p. 49.
48) P. Andreas, *Smuggler Nation*, op. cit., p. 312.

49) Ibid., p. 312. なお，この統計の引用は，以下による。P. H. Smith, "Semiorganized International Crime: Drug Trafficking in Mexico," in T. Farer, ed., *Transnational Crime in the America*, New York: Routledge, 1999, p. 195.
50) Ibid., p. 313.
51) Ibid., p. 314.
52) Ibid., pp. 316-317. 例えば，アメリカと国境を接するチワワ州の連邦検察局には100人以上の軍人が送り込まれ，ヌエボ・レオン州などの連邦司法警察の要員は，軍隊に完全に取って代われた。
53) Ibid., p. 318.
54) Ibid., p. 318.
55) Ibid., p. 320.
56) Ibid., p. 320.
57) F. G. Madsen, *Transnational Organized Crime*, Routledge Global Institutions, 2009.
58) 『朝日新聞』2009年4月18日付　朝刊。
59) 『読売新聞』2011年5月18日付　朝刊。
60) J. S. Beittel, "Mexico's Drug Trafficking Organizations: Source and Scope of the Rising Violence," *CRS Report for Congress*, Congressional Research Service, September 7, 2011, p. 3.
61) 麻薬撲滅戦略におけるコロンビアとメキシコとの結果的な相違については，以下を参照されたい。Shannon K. O'Neil, "*Drug Cartel Fragmentation and Violence*," Latin America's Moment, Council on Foreign Relations Blogs, August 9, 2011. <http://blogs.cfr.org/oneil/2011/08/09/drug-cartel-fragmentation-and-violence/> （2013年10月10日閲覧）
62) Cf. U.S. Department of State, *International Narcotics Control Strategy Report*, March 2010.
63) 『読売新聞』2009年8月10日付　朝刊。近年では，覚せい剤への切り替えが顕著になってきており，2009年にはメキシコ国内の覚せい剤製造工場が多く摘発された。
64) June S. Beittel, "Mexico's Drug Trafficking Organizations," op. cit., p. 7.
65) Ibid., p. 14.
66) Ibid., p. 16.
67) Ibid., p. 24.
68) Ibid., p. 24.
69) 『朝日新聞』2011年6月24日付　朝刊。
70) P. Andreas, *Smuggler Nation*, op. cit., p. 327.
71) P. Andreas, "Illicit Globalization," op. cit., pp. 423-424.
72) C. Molzahn, O. R. Ferreira, and D. A. Shirk, "Drug Violence in Mexico: Data and Analysis Through 2012," Trans-Border Institute, University of San

Diego, February 2013, pp. 38-40.
73) 『朝日新聞』2013年10月4日付　朝刊。また，松下冽は，民主化の不安定な移行期にあるメキシコの組織犯罪と暴力の広がりの相関性について分析したうえで，NAFTA締結以降の新自由主義的な政策展開が，麻薬規制のエスカレーション，国境の安全保障化の急速な進展などをもたらしているメキシコの市民社会の脆弱性について考察している。そのうえで，ここでも触れたメキシコの詩人J・シシリアが主導する「正義と尊厳ある平和のための運動」などに触れながら，市民社会とリージョナルな対話，越境型暴力への対抗戦略構築の必要性について言及している。詳しくは，以下を参照されたい。松下冽「市民社会と民主主義を蝕む越境型暴力—岐路に立つメキシコのガヴァナンス構築の視点から」『立命館国際関係研究』25巻3号，2013年。
74) 以下の記述は，前掲の拙評による。P・アンドレアス「国境ゲーム：分断化された米墨国境における国境警備（第2版）」『境界研究』No. 2, 2011年, 200頁。
75) P. Andreas, *Border Games*, op. cit., xiv.

第 14 章
グローバル化とロシアの犯罪
—— ソ連崩壊から 21 年 ——

村 井　淳

はじめに

　ソ連時代，社会主義国家では犯罪はないという立場もあり，犯罪統計が公表されてこなかった。ソ連時代末期ペレストロイカ期の 1989 年になり，初めてソ連の犯罪統計が，ほぼ全面的に公開されるようになった。現在では，『数字で見るロシア』(Россия в цифрах) やロシア内務省のホームページなどで，毎年データが公開されている。

　ソ連崩壊から約 20 年が経過した。ソ連時代には，その社会は，外へほぼ閉鎖されてきた。もちろん，ソ連時代は，現在よりずっと犯罪は少なかった。ソ連崩壊後にロシア社会は，グローバルな世界とつながるようになった。

　本章では，この約 20 年のロシア社会の変化とグローバル世界へのつながりを踏まえて，ロシアの犯罪状況について分析する。なお，各表は，末尾に示された参考文献のデータやそれを元に計算したデータを整理し作成したものである。

1．ロシアにおける犯罪状況概観

　ソ連崩壊後，資本主義国家として再出発したロシアでは，刑法などの改正もあり，犯罪統計の項目も若干改正された。例えば，「コルホーズ員」は，「農業

労働者」に変更されたり,「長期間収入のない者」や「私企業の労働者」などの項目が新設された。また,「市民の個人財産の窃盗」と「国家・社会財産の窃盗」は,1994年以降「窃盗」に一本化された。その他,「国家・社会財産の不法両得」は,単なる「横領・着服」に変更された。こられのことは,私企業や民間の経済活動が活発化したことへの対応である。

ロシアにおける一般的な犯罪統計書は,『犯罪と法律違反』(преступность и правонарушения) や『数字で見るロシア』(Россия в цифрах) などであるが,後年度版で過年度の記載データの修正や追加が若干ある。そのことは,意図的な隠蔽などではなく,おそらくデータの集積不足と考えられ,データ分析にはとんど影響はないと思われる。

さて,ソ連時代,ロシア共和国の認知犯罪件数は,データ(表14-1)からブレジネフ時代は,おおむね微増だったが,ブレジネフ書記長が死去した翌年の1983年には,前年比23.9%と急増した。その後多少落ち着くが,ソ連崩壊前後には,また急増している。さらにその後2012年までに,1999年(前年比16.3%)と2005年(前年比22.8%)と急増するときが2回あった。1998年には金融危機があり,翌年もその影響を受けていた。2004年に北オセチアで学校が武装集団の攻撃を受け,2006年頃まではテロなどの社会不安が増大した。それらのことが,犯罪を増大させた要因と考えられる。それに対して政府も治安対策を強化し,認知犯罪件数は2006年の3,855,373件をピークに全体として犯罪は減少しつつある。

新生ロシア共和国において,全体の数字から見れば,ソ連時代とは比べようもなく犯罪が多いのは事実であるが,2012年までの5年間は,減少傾向と言えよう。他の主要国の犯罪発生率[1] (2010年) は,日本—1,239,フランス—5,491,ドイツ—7,253,イギリス—7,513,アメリカ—3,346 であり,ロシアの同年の発生率1,852.5より,日本を除き,はるかに高い。しかし,問題は全体の数字より,犯罪の中身である。主要な犯罪については,後の別の項目で考察する。

表14-1 ロシアにおける認知犯罪

年	件数	前年比	発生率	犯罪者数	前年比
1976	834,998	(%)	619.9	770,473	(%)
1977	824,243	-1.3	607.6	746,354	-3.1
1978	889,599	7.9	651.3	782,099	4.8
1979	970,514	9.1	705.6	818,746	4.7
1980	1,028,284	6.0	743.2	881,908	7.6
1981	1,087,908	5.8	781.7	919,001	4.3
1982	1,128,558	3.7	806.0	988,946	7.6
1983	1,398,239	23.9	991.6	1,077,802	9.0
1984	1,402,694	0.3	987.0	1,123,351	4.2
1985	1,416,935	1.0	990.2	1,154,496	2.8
1986	1,338,424	-5.5	928.9	1,128,439	-2.3
1987	1,185,914	-11.4	861.9	969,388	-14.1
1988	1,220,361	2.9	833.9	834,673	-13.9
1989	1,619,181	32.7	1,098.5	847,577	1.5
1990	1,839,451	13.6	1,242.5	897,299	5.9
1991	2,167,964	17.9	1,463.2	956,258	6.6
1992	2,760,652	27.9	1,856.5	1,148,962	20.2
1993	2,799,614	1.4	1,887.8	1,262,737	9.9
1994	2,632,708	-0.6	1,778.9	1,441,568	14.2
1995	2,855,669	4.7	1,862.7	1,595,501	10.7
1996	2,625,081	-4.7	1,778.4	1,618,394	1.4
1997	2,397,311	-8.7	1,629.3	1,372,161	-15.2
1998	2,581,940	7.7	1,759.5	1,481,503	8.0
1999	3,001,748	16.3	2,051.4	1,716,679	15.9
2000	2,952,367	-1.6	2,028.3	1,741,439	1.4
2001	2,968,255	0.5	2,039.2	1,644,242	-5.6
2002	2,526,305	-14.9	1,754.9	1,257,700	-23.5
2003	2,756,398	9.1	1,926.2	1,236,733	-1.7
2004	2,893,810	5.0	2,007.2	1,222,504	-1.2
2005	3,554,738	22.8	2,477.6	1,297,123	6.1
2006	3,855,373	8.5	2,699.8	1,360,860	4.9
2007	3,582,541	-7.1	2,519.4	1,817,582	33.6
2008	3,209,862	-10.4	2,260.5	1,256,199	-30.9
2009	2,994,820	-6.7	1,852.6	1,219,789	-2.9
2010	2,628,799	-12.2	1,852.6	1,111,145	-8.9
2011	2,404,807	-8.5	1,682.9	1,041,340	-6.3
2012	2,302,168	-4.3	1,609.9	1,010,938	-2.9

※発生率：人口10万人あたりの数字
出典：参考文献①〜⑫, ⑲

2. ロシアにおける認知犯罪者の特徴

犯罪者のほぼ5分の4は男である。また，ソ連崩壊後，徐々に18～29歳犯罪者の全体に占める割合が増加していった。とくに18～24歳の占める割合が，2～3割となっている。これは，年齢別失業率ともほぼ一致する。20～24歳の失業者の失業者全体に占める割合は，1993年16.8％であり，このころは30～40歳代の失業者が比較的多かった。この世代には，おそらくソ連崩壊後，新しい労働環境に適応できなかった者が多かったのであろう（表14-2）。しかし，2000年頃から，20～24歳の失業者がトップとなり，若干の増減があるものの，2012年には22.3％となった。高卒後，大学へ進学もせず職もない若者が，増えているのであろう。

職業別では，認知犯罪者の半分以上が，無職の者である。次いで労働者である。しかし，2003年頃から労働者の割合が徐々に減少し，無職の割合がさらに増加しつつある。全体の失業率は，ソ連崩壊直後1992年の5.2％から上昇し，金融危機の1998年に13.2％とピークとなった。その後若干減少したが，高止まりが続き，2012年に5.5％とソ連崩壊直後の水準に戻った（表14-3）。

表14-2 ロシアにおける認知犯罪者の特徴（％）

年		1987	1988	1989	1990	1991	1992	1993	1994	1995
性別	男性	78.8	83.3	85.6	86.3	87.2	88.6	88.8	87.0	85.1
	女性	21.3	16.7	14.4	13.7	12.8	11.4	11.2	13.0	14.9
年齢別										
	14-17歳	12.1	15.6	17.7	17.1	16.7	16.4	16.1	13.9	13.0
	18-29歳	38.5	40.3	40.2	39.2	38.3	38.1	38.8	37.9	37.3
	30歳以上	49.4	44.1	42.1	43.7	45.0	45.5	45.0	48.2	49.7
社会的所属別										
	労働者	53.5	55.1	54.1	53.7	52.3	47.5	31.6	30.1	31.5
	事務員	12.9	10.5	8.4	7.5	6.5	5.3	4.2	4.1	3.7
	コルホーズ員	5.2	4.9	4.8	4.8	5.0	4.8	4.1	2.8	1.5

学生・生徒	10.0	11.2	11.4	10.4	9.7	9.0	6.9	5.8	5.7
無職	11.8	13.8	16.5	17.8	20.2	27.0	35.9	42.1	52.0
年	1996	1997	1998	1999	2000	2001	2002	2003	2004
性別　男性	84.1	86.4	85.3	84.8	83.7	83.0	82.2	83.4	86.6
女性	15.9	13.6	14.7	15.2	16.3	17.0	17.8	16.6	13.4
年齢別									
14-17歳	11.9	11.8	11.1	10.7	10.2	10.5	11.2	11.8	12.4
18-29歳	37.8	41.1	42.1	43.3	43.3	43.4	43.5	45.2	44.9
30歳以上	50.3	47.1	46.8	46.0	46.4	46.1	45.3	43.0	42.6
社会的所属別									
労働者	29.8	26.7	25.8	25.1	25.9	25.9	26.6	26.0	21.1
事務員	3.5	3.4	3.8	3.4	3.7	3.7	5.2	4.6	4.4
農業労働者	1.3	2.7	2.2	1.9	1.8	1.5	1.1	1.0	0.9
学生・生徒	5.6	6.0	6.0	6.1	5.8	5.7	6.2	6.6	7.0
無職	54.9	60.1	61.3	61.8	60.1	60.5	57.4	53.7	58.8
年	2005	2006	2007	2008	2009	2010	2011	2012	
性別　男性	86.2	84.9	84.7	84.0	84.1	84.5	84.7	84.8	
女性	13.8	15.1	15.3	16.0	15.9	15.5	15.3	15.3	
年齢別									
14-15歳	3.4	3.2	2.9	2.4	1.9	1.9	2.0	1.8	
16-17歳	8.1	7.6	7.1	6.2	5.1	4.6	4.4	4.1	
18-24歳	28.1	27.8	27.5	26.6	25.6	25.0	24.4	23.1	
25—29歳	17.3	17.8	18.1	18.3	18.7	18.8	18.6	19.0	
30-49歳	35.0	35.1	35.7	37.4	39.3	40.3	41.6	42.7	
50歳以上	8.2	8.4	8.7	9.1	9.4	9.3	9.1	9.3	
社会的所属別									
労働者	20.2	20.4	20.9	20.9	18.7	18.0	18.3	18.8	
事務員	4.4	4.7	4.6	3.8	4.3	4.1	3.6	3.3	
農業労働者	0.7	0.6	0.5	0.5	0.4	0.4	0.3	0.3	
学生・生徒	6.7	6.6	6.4	7.2	6.4	6.5	6.2	5.8	
無職	60.3	59.6	59.6	60.8	64.4	65.7	66.4	66.8	

※各年の認知犯罪者総数をそれぞれ100.0％とする
※1995年以降，「コルホーズ員」は「農業労働者」という名称に変更される
※1995年以降は，無職に長期収入のない者も含まれる
出典：参考文献①〜⑫，⑲

表14-3 ロシアにおける失業率の推移

年	1992	1993	1994	1995	1996	1997	1998	1999	2000
総失業率（％）	5.2	5.5	7.4	9.5	9.7	11.8	13.2	12.6	10.6
男性失業率	5.2	5.6	7.3	9.7	10.0	12.2	13.5	12.8	10.8
女性失業率	5.2	5.5	7.3	9.2	9.3	11.5	12.9	12.4	10.4
年	2001	2002	2003	2004	2005	2006	2007	2008	2009
総失業率（％）	8.9	8.6	7.8	7.9	7.1	6.7	6.0	6.2	8.3
男性失業率	9.3	9.0	8.1	7.8	7.3	7.0	6.4	6.5	8.9
女性失業率	8.5	8.1	7.5	8.0	6.9	6.5	5.6	5.9	7.7
年	2010	2011	2012						
総失業率（％）	7.3	6.5	5.5						
男性失業率	7.9	6.9	5.8						
女性失業率	6.8	6.0	5.1						

※人口は，1,000人単位
出典：参考文献⑭～⑰

3．ロシアにおける主な犯罪の特徴

(1) 殺人・殺人未遂

　ソ連崩壊後，殺人・殺人未遂も急激に増加し，増減は若干あるものの2001年33,583件をピークに2006年頃までは高止まりである。その後，急減し，2012年に13,265件とソ連崩壊後最低を記録した。これは，ソ連崩壊直前（1989年）の水準である（表14-4）。

　ロシアでの殺人・殺人未遂の発生率は，最高記録の2001年で23.2，2012年で9.3である。1991～2010年で見ると，日本が0.9～1.0，フランスが3.0～4.9，ドイツが2.7～5.3，イギリスが2.1～3.6，アメリカが4.8～9.8であり，2010年の最低値でようやくロシアはアメリカの最高水準と同じ程度である。認知犯罪件数全体では，日本は欧米より少ないが，殺人・殺人未遂が多いのがロシアの犯罪の特徴の1つである。

表14-4 ロシアにおける殺人・殺人未遂の認知件数

年	認知件数	前年比	発生率	年	認知件数	前年比	発生率
1987	9,199	-2.5	6.3	2000	31,829	2.2	21.9
1988	10,572	14.9	7.2	2001	33,583	5.5	23.2
1989	13,543	28.1	9.2	2002	32,285	-3.9	22.4
1990	15,566	14.9	10.5	2003	31,630	-2.0	22.1
1991	16,122	3.6	10.9	2004	31,553	-0.2	21.9
1992	23,006	42.7	15.5	2005	30,849	-2.2	21.5
1993	29,213	27.0	19.6	2006	27,462	-11.0	19.2
1994	32,286	10.5	21.8	2007	22,227	-19.1	15.6
1995	31,703	-1.8	21.4	2008	20,056	-9.8	14.1
1996	29,406	-7.2	19.9	2009	17,681	-11.8	12.5
1997	29,285	-0.4	19.9	2010	15,563	-12.0	11.0
1998	29,551	0.9	20.1	2011	14,305	-8.1	10.0
1999	31,140	5.4	21.3	2012	13,265	-7.3	9.3

※発生率は，人口10万人あたりの数字。前年比％
出典：参考文献①～⑫，⑲

(2) 強姦・強姦未遂

　強姦・強姦未遂は，ソ連崩壊後の1993年に14,440件をピークに減少し，若干の増減はあるものの，2012年4,486件と最低を記録した。犯行の5～6割は，18～29歳の青少年による。

(3) 強盗・公然窃取・窃盗

　横領と着服以外の不法両得のカテゴリーは，ロシアの犯罪統計では3つに分類される。重罪な順から強盗（разбой），公然窃取（грабёж），窃盗（кража）である（表14-5）。
　強盗は，ソ連崩壊直後から増加し，2005年63,671件でピークとなり，2012年18,622件で最低となり，ソ連崩壊直後の水準に戻った。
　公然窃盗も，ソ連崩壊後急増し，1993年の184,410件で1つの山を迎え

表14-5 ロシアにおける強盗・公然窃盗・窃盗の認知件数

年	強盗 認知件数	強盗 前年比	強盗 発生率	公然窃盗 認知件数	公然窃盗 前年比	公然窃盗 発生率	窃盗 認知件数	窃盗 前年比	窃盗 発生率
1987	5,356	−0.6	3.9	30,441	−3.2	21.0	364,551	−4.2	251.2
1988	8,118	43.5	5.5	13,822	44.0	29.0	478,913	31.4	327.3
1989	14,551	79.2	9.9	75,220	71.6	51.0	754,824	57.6	512.2
1990	16,514	13.5	11.2	83,306	10.7	56.3	913,076	21.0	616.8
1991	18,311	10.9	12.4	101,956	22.4	68.8	1,240,636	35.9	873.3
1992	30,407	66.1	20.4	164,895	61.7	110.9	1,650,852	33.1	1,110.2
1993	40,180	32.1	27.0	184,410	11.8	124.3	1,579,600	−4.3	1,065.2
1994	37,904	−5.7	25.6	148,546	−19.4	100.4	1,314,788	−16.8	888.4
1995	37,651	−0.7	25.5	140,597	−5.4	95.0	1,367,866	4.0	888.4
1996	35,584	−8.1	23.4	121,356	−13.7	82.2	1,207,478	−11.7	924.6
1997	34,318	−0.8	23.3	112,051	−7.7	76.2	1,053,972	−12.7	818.0
1998	38,513	12.2	26.2	122,366	9.2	83.4	1,143,364	8.5	716.3
1999	41,138	6.8	28.1	138,973	13.6	95.0	1,413,810	23.7	966.2
2000	39,437	−4.1	27.1	132,393	−4.7	91.0	1,310,079	−7.3	900.0
2001	44,806	13.6	30.9	148,814	12.4	102.8	1,273,198	−2.8	879.2
2002	47,052	5.0	32.7	167,267	12.4	116.2	926,815	−27.2	643.8
2003	48,673	3.4	34.0	198,036	18.4	138.4	1,150,772	24.2	804.2
2004	55,448	13.9	38.5	251,433	27.0	174.4	1,276,880	11.0	885.7
2005	63,671	14.8	44.4	344,440	37.0	240.1	1,572,996	23.2	1,096.4
2006	59,763	−6.1	41.9	357,302	3.7	250.2	1,676,983	6.6	1,174.4
2007	45,318	−24.2	31.9	295,071	−17.4	207.5	1,566,970	−6.6	1,101.9
2008	35,366	−22.0	24.9	243,957	−17.3	171.8	1,326,342	−15.4	934.0
2009	30,085	−14.9	21.2	205,379	−15.8	144.7	1,188,574	−10.4	837.6
2010	24,537	−18.4	17.3	164,547	−19.9	116.0	1,108,369	−6.7	781.1
2011	20,080	−18.2	14.1	127,772	−22.3	89.4	1,038,566	−6.3	726.8
2012	18,622	−7.3	13.0	110,063	−13.9	77.0	992,238	−4.5	693.9

※発生率は，人口10万にあたりの数字。前年比%
出典：参考文献①〜⑫，⑲

た。その後，多少減少するが，21世紀に入ると急増し，2006年（357,302件）に最高を記録した。その後，急減し2012年に110,063件となり，ソ連崩壊直

後の水準に戻った。

　窃盗についても，ソ連崩壊直後急増し，1992年（1,650,852件）に山を迎え，さらに多少減少するも2006年に1,676,983件で最高を記録した。ロシアにおける窃盗の発生率は，1992年1,110.2，2005年1,096.4，2012年693.9である。日本では，1992年1,225，2005年1,350，2010年948，フランスでは，1992年4,389，2005年3,945，2010年2,814，ドイツでは，1992年4,860，2005年3,305，2010年2,814，イギリスでは，1992年8,171，2005年4,964，2010年3,696，アメリカでは，1992年4,904，2005年3,432，2010年2,942である。窃盗については，ロシアの方が欧米より発生率が断然低い。日本と比べてもやや低い。

(4) 麻薬などに関する犯罪

　殺人，強姦，強盗，窃盗などの犯罪は，社会の安定や当局の取り締まりの強弱に，ある程度連動して，その犯罪件数が増減する。しかし，麻薬などに関連する犯罪は，社会の不安定や当局の取り締まりの弛緩などが拡大要因にはなるが，いったん拡大すると，取り締まりを強化しても容易に減少させることが難しい犯罪である。それは，麻薬などの薬物犯罪の内容が多岐にわたるからである。単に，末端の売人や麻薬常用者だけの犯罪でなく，組織犯罪につながりやすいのである。つまり，マフィアなどの反社会的団体の資金源になることである。麻薬などの生産，輸送，保管，販売は，個人や数人のグループでは全体を仕切ることが難しく，逆に大規模な組織が存在してこそ成り立つ面がある。

　麻薬などの犯罪とは，麻薬（ヘロイン，モルヒネ，コカイン，ハシッシ，マリファナなど）や向精神薬，劇薬などを不法に保持，消費，輸送，製造，売買，譲渡することである。麻薬などの犯罪は，やはりソ連崩壊後急増し，さらに1997年にも急増し，2000年に243,572件の最高値を記録した。その後，当局も取り締まりを強化したので，緩やかに減少し，2007年に129,331件とほぼ半減した。しかし，その後また増加に転じ，2009年に238,523件となる。その後は，高止まりのままである（表14-6）。

　当局によって押収された麻薬で最も多いのは，マリファナである（54.8％：

表14-6　ロシアにおける麻薬・向精神薬・劇薬に関係する犯罪

年	1987	1988	1989	1990	1991	1992	1993	1994
認知件数	18,534	12,553	13,446	16,255	19,321	29,805	53,152	74,798
発生率	12.8	8.6	9.1	11.0	13.0	20.0	35.7	50.4
認知犯罪者数	15,523	9,386	9,036	11,558	13,609	18,895	24,065	39,581
性別（％）								
男性	88.6	84.2	84.6	88.2	90.5	93.5	91.2	91.2
女性	11.4	15.8	15.4	11.8	9.5	6.5	8.8	8.8
年齢別（％）								
14-17歳	9.6	8.8	9.8	9.9	9.3	8.7	8.0	7.1
18-29歳	64.2	59.9	59.1	58.1	58.8	62.5	61.3	61.4
社会的所属（％）								
労働者	49.9	45.7	43.5	39.3	35.6	35.1	23.0	24.3
事務職	6.9	8.6	7.8	4.9	3.8	4.4	0.3	2.3
学生・生徒	9.2	7.1	6.6	6.6	5.9	6.7	4.8	4.2
無職	23.4	26.8	30.7	32.4	37.0	53.9	48.3	58.7

年	1995	1996	1997	1998	1999	2000	2001	2002
認知件数	79,819	96,645	185,832	190,127	216,364	243,572	241,598	189,576
発生率	54.0	65.6	126.3	129.6	147.9	167.3	166.0	125.0
認知犯罪者数	52,668	62,162	102,172	116,471	129,440	134,816	134,741	95,145
性別（％）						＊		
男性	89.4	86.7	88.3	86.9	85.8	85.3	82.3	83.8
女性	10.5	13.3	11.7	13.1	14.2	14.7	17.7	16.2
年齢別（％）								
14-17歳	7.3	7.6	8.6	7.2	5.7	5.0	4.2	4.4
18-29歳	59.8	60.7	63.7	65.7	65.8	65.4	63.9	60.5
社会的所属（％）								
労働者	22.2	20.2	20.3	19.3	17.8	16.8	17.2	19.3
事務職	2.0	2.1	2.0	1.6	1.3	1.3	1.2	1.4
学生・生徒	4.1	4.7	7.5	7.0	6.4	5.3	4.3	5.4
無職	63.1	65.3	68.2	70.3	73.7	76.9	78.1	74.3
無市民権者（％）	11.5	7.9	3.3	3.3	3.5	3.6	3.8	4.1

年	2003	2004	2005	2006	2007	2008	2009	2010
認知件数	181,688	150,096	175,241	212,019	129,331	232,613	238,523	222,564
発生率	127.0	104.1	122.1	1,484.7	909.5	1,638.1	1,680.9	1,568.5
認知犯罪者数	89,494	68,852	70,373	91,813	104,794	110,598	116,295	112,109
性別（％）								
男性	85.9	83.6	82.6					
女性	14.1	16.4	17.4					
年齢別（％）								
14-17歳	4.6	4.4	3.8					

18-29歳	61.3	54.1	50.1					
社会的所属(%)								
労働者	21.8	18.9	16.8					
事務職	1.6	1.9	2.1					
学生・生徒	6.0	5.5	4.6					
無職	66.2	67.8	71.1					
無市民権者	4.4	4.9	4.5					

年	2011	2012
認知件数	215,214	218,974
発生率	1,506.0	1,531.3
認知犯罪者数	109,152	115,214

※発生率：人口10万人あたりの数字，無市民権者とは，ロシア国籍のない者
＊2000年の男女の数字は，元の人数に問題がある。男女の合算値が認知犯罪者数を上回る
出典：参考文献①～⑫, ⑲

1998年)。その次は，アヘン，モルヒネ，ヘロインの原料であるケシの実である（37.8%：同年)。その他，製品であるヘロイン，そしてコカイン，アンフェタミン，ハシッシなどが若干である[2]。摘発された麻薬製造所は，1986～89年に64%とコカインの製造所が最も多かったが，1991～95年に23%となり，アンフェタミンの34%に抜かれた[3]。

　2003年モスクワ市郊外の製造所で420kgのヘロインが押収されたと，『論拠と事実』紙（2003年№33）が報じた。同紙によると，当局に押収された麻薬量（トン）は，1996年44.5，1997年51.5，1998年47.3，1999年70.8，2000年62.6，2001年82.5，2002年117.2であり，年々増加している。もちろん，これは当局による押収量であるから，麻薬全体については氷山の一角に過ぎない。ところで，日本では，覚醒剤と乾燥大麻の押収量が多い。その他，MDMAなども結構多い。例えば，日本における2012年の麻薬押収量（kg）は，覚醒剤350.9，乾燥大麻141.1，大麻樹脂28.4，コカイン28.8，ヘロイン3.6，アヘン7.6，MDMA等27,187（錠）である。全部合わせても300kgと少しである。ロシアでは，トンで表示しなければならないほど，麻薬が氾濫しているのである。

　日本において，2011年における覚醒剤取締法違反での検挙人数は19,681

人，大麻取締法違反では，2,603人，麻薬取締法違反では，796人で，その合計は 23,080人である。ロシアにおける 2011 年における麻薬などの犯罪での認知犯罪者数は 109,152人であり，日本の4～5倍である。

　ロシアにおける麻薬などの犯罪者は，80％ 以上が男である。また，18～29 歳の若年層が多い。職業別では無職の者が多い。つまり，高校卒業後，大学に進学もしない（あるいは，できない）し職もない若者が，それも男性が，麻薬に関する組織の末端（売人など）に取り込まれたり，自ら消費者となったりしている社会像が考えられる。

　さて，麻薬のロシアにおける大消費地は，モスクワやペテルブルクなどの大都市である。そこへ，どこからどのようにして麻薬が入ってくるのであろうか。ロシアの研究者によると，「ほぼすべてが，ロシアにアフガニスタンやタジキスタンからウズベキスタンやカザフスタン，キルギス，トルクメニスタンを経て，流入してくるヘロインの密輸である。ロシアを経由して，ウクライナ，フィンランドへヘロインが流れていることも特筆すべき事実である。」[4]と述べている。そして「とくに影響のある要所は，モスクワ，サンクト・ペテルブルク，カリーニングラード，アストラハン，クラスノダール地方，北カフカス，極東である。」[5]つまり，アフガニスタンから中央アジアを通ってロシアに，麻薬が流れ込んでくるのである。その入り口は，アストラハン，クラスノダール地方，極東である。ロシアでは，高速道路網が大都市近郊以外ではあまり整備されていないので，輸送手段は主に鉄道と見られる。当局に没収されたヘロインの 59.1％ が鉄道輸送であったと言う。

　犯罪統計によると，麻薬などに関する犯罪多発地域（2005年の発生率）は，高い順に，ユダヤ自治州（311.5），マガダン州（307.4），チュメン州（276.3），アムール州（238.5），トゥヴァ共和国（224.9），ノヴォシビルスク州（215.6），北オセチア共和国（190.5）クラスノヤルスク地方（188.1），カラチャイ・チェルケス共和国（185.5），ハバロフスク地方（179.3），ブリヤート共和国（178.3），アストラハン州（173.7），クルガン州（172.3），沿海地方（170.9）などである。ユダヤ自治州や沿海地方，アムール州は，ハバロフスク地方に隣接

し，極東を構成する州である。クルガン州やチュメン州は互いに隣接し，カザフスタンに国境を接する。これらのロシアへの麻薬流入口と思われる州全体で，発生率が高い。これは，当局が水際作戦で，まず麻薬のロシアへの流入取り締まりをしている結果である。都市で言えば，アストラハン，チュメン，ノヴォシビルスク，クラスノヤルスク，ハバロフスクなどが麻薬流入の拠点となっているのであろう。ここから，モスクワやペテルブルクを含む他の都市に，麻薬が流れていき，ときにはケシの実がヘロインに精製されて流通していく。さらに，ペテルブルクからフィンランドなどの北欧にも流れていく。また，戦前，東プロイセンであったカリーニングラード州は，ソ連崩壊によりロシアの飛び地となった。現在，EUの中に浮かぶ陸の孤島である。ここでは，本国の目が届きにくくなったこともあり，麻薬犯罪を含めた多様な犯罪の温床になっていると言う[6]。2001年のEU報告書では，「カリーニングラードに膨大な密輸品や麻薬が流れていると指摘」[7]された。しかし，最近では，減少傾向にあると言う。

　この麻薬に関する犯罪は，社会の安定と当局の取り組みが如実に反映される。統計上数字の増加に一時歯止めがかかっても，「モスクワ，サンクト・ペテルブルクやその他ロシア連邦の大都市の蔓延に関連して後集積された麻薬の地方への拡散の全条件がそろった」[8]と考え，さらなる取り締まりの努力が必要であろう。もちろん，犯罪組織と取り締まり当局の癒着の問題も深刻である。

　また，麻薬中毒者数も増大し，1996年は145.0（人口10万人あたり）だったのが，2004年には463.4（同）となった[9]。それ以後，若干の増減はあるが高止まっている。

(5) 交通事故

　交通事故は，一般の犯罪とは言えないが，その国の社会を映す鏡の一つである。ソ連時代は，自動車を持つことが1つのステータスであった。しかし，現在は，お金さえあれば，誰でも自動車を買える。さらに，企業も多くの社用車

を保有している。もともとモスクワなどの大都市は，片側4車線もある広い道路がある。しかし，それも朝夕の通勤時間帯には渋滞する。また，ロシアでは，大都市周辺ならいざ知らず，都市間を結ぶ高速道路が整備されていない。モスクワ市から郊外へ向かうと，片道4車線ぐらいの道路が環状道路の外まで続くが，ある程度行くと車線はどんどん狭くなり，ついには片道1車線となる。さらに田舎に行くと，中央分離線もなくなってしまう。ロシアは，国土も大きいが，インフラ整備が，モスクワ市を除いて非常に遅れているのが現状である。それなのに，自動車の台数は急激に増加した。したがって，交通事故も増加する。

ロシアにおける交通事故は，ソ連時代の1984年には14.3万件であったが，ソ連崩壊の1991年には19.8万件と増加する。その後多少減少するが2002年頃から増加し，2012年には20.4万件を記録した。同年の負傷者は25.9万人，死者は2.8万人である。日本における交通事故の件数は，2011年にはおおよそ69.2万件，負傷者は85.4万人，死者は0.5万人である。ロシアの人口が日本より2割ほど多いことを考慮に入れると，交通事故の件数そのものは，日本の方が3～4倍多いが，ロシアでは，交通事故の件数の割には死者がかなり多い。日本では，負傷者が多いのが特徴である。

ロシアは国土が広い。自動車で都市を出ると，延々と森林地帯や平原が続き，村さえも長時間見ないことさえある。もちろん，ガソリン・スタンドさえない。そのためロシアで長距離ドライブをする場合，燃料不足を考え，携帯用の燃料タンクを持って行くようだ。そのような都市間の無人地帯で交通事故が起こった場合，すぐに救急車が来てくれるか，携帯電話が通じるのかどうか，さらには病院の救急システムが機能しているか，いくつもの問題がある。日本で交通事故直後すぐに救急車が駆けつけ，短時間の間にしかるべき救急病院で処置を行えば助かる命も，ロシアでは間に合わないことが多いだろう。日本で，救急患者をたらい回しにする以上に，ロシアでは救命に時間がかかるだろう。そのことが，負傷者を死者にしている，つまり交通事故で死者が多い主な原因だと考えられる。その他の原因としては，スピードの出し過ぎなどが，考

えられる。

(6) 贈 収 賄

　ロシアにおいて贈収賄の統計数字ほど信用できないものはない。数字が改竄されていると言うことではなく，認知されていない犯罪が多数あると言うことである。2010年2月「メドヴェージェフ大統領は18日，汚職や犯罪・不祥事などで悪評の高い警察組織の大改革に着手した。警察を管轄する内務省の次官2人や地方の警察トップら計18人を一斉に更迭し」[10]た，とメディアが報じた。警察を初め役人の汚職が蔓延しているのは，ロシアでは周知の事実である。政府は市民の批判に応え，ときどき尻尾切りのごとく，中下級役人を処罰するのみである。根本的な改革が出来ないほど，公機関が腐敗しきっているのである。

　ソ連崩壊後，新生ロシアへの「一連の変動の起動因は，ソ連エリートであった共産党ノメンクラツーラによる国有財産を民営化する試みであった」[11]と言えよう。エリツィン時代に、民営化バウチャーを旧共産党ノメンクラツーラ（権力エリート）らがかき集めて財閥化した。そして，彼ら新興財閥（オリガルヒ）が，エリツィン政権を支えたのだ。経済力をバックに政治に口出しをするようになった彼らを，次のプーチン政権は排除しようとした。汚職や贈収賄は，プーチン政権やその基盤であるシロビキに刃向かったオリガルヒを陥れて有罪とする手段としても使われた。2003年7月のユコス事件におけるポドルコフスキーの逮捕などが，その最たるものである。ロシアにおいても，アメリカのパワー・エリートのような軍・産・政の複合体が国家を牛耳る権力エリートとして存在する。それは，旧ソ連時代のノメンクラツーラが基礎となって形成されたが，ソ連崩壊後内容も徐々に変化してきているだろう。例えば，エリツィン政権を支えたのはオリガルヒであったが，プーチン政権を支えているのはシロビキである。

(7) その他の犯罪

　横領・着服の認知件数は，ソ連時代の 1988 年から減少傾向となり，1995 年 (56,518 件) から再び増加傾向となる。2007 年に 73,489 件で最高を記録し，2012 年には 30,651 件となった。

　贈収賄は，ソ連時代の 1987 年から減少し，その後 1990 年からソ連崩壊を挟んで増加に転じた。ソ連末期ペレストロイカ期にゴルバチョフによる汚職没滅運動で，一時的に減少したのだろう。その後 2001 年の 7,909 件をピークに減少傾向となった。

　また，脅迫や強要は増加し，脅迫は 2006 年に 109,554 件，強要は 2005 年に 14,692 件とピークを記録した。その後，減少し 2012 年に脅迫 81,733 件，強要 5,989 件となった。

　詐欺も 21 世紀に入る頃から急増し，2006 年 225,326 件を記録し，その後減少し 2012 年に 161,969 件となるが，高止まりのままである。日本でも，被害が出ている振り込め詐欺や投資詐欺と言った手法がロシアでも悪用されているようだ。詐欺犯罪は，グローバル化の負の特徴をよくあらわしている分野と言えよう。

　さらに，武器の違法流通や武器による犯罪の認知件数は 2009 年に 34,249 件を記録した。その後ある程度減少し，2012 年に 26,477 件となる。ソ連崩壊後は，個人や少数のグループによる犯罪が多かったが，21 世に入ると犯罪の組織化が進み，マフィアなどの大規模な反社会組織が，麻薬流通や武器流通などに手を染めていると考えられる。このような，犯罪組織は，麻薬や武器などの非合法流通に関して国外と関係のあることが多い。ここでも，ロシアにおける犯罪のグローバル化が見て取れる。

4．ロシアの地域別・主要都市別の犯罪の特徴

(1) モスクワ市・ペテルブルク市の犯罪発生

両都市ともソ連崩壊後犯罪が急増する。しかし，首都であるモスクワ市では，犯罪対策が強化されているので，全国発生率より犯罪発生率が低い。それに比べ，ペテルブルク市では，全国発生率より比較的高い。例えば，1993年の発生率は，全ロシア1,887.8，モスクワ市939.2，ペテルブルク市2,542.5である。2005年には，全ロシア2,477.6，モスクワ市2,094.9，ペテルブルク市2,181.6である。

都市では，強盗や窃盗などが多いが，とくにペテルブルクは，強盗や窃盗が多い。強盗の発生率は，2005年モスクワ市では54.9であるが，ペテルブルク市では98.8である。公然窃取の発生率（同年）は，モスクワ市232.2，ペテルブルク市402.1，窃盗の発生率（同年）は，モスクワ市871.3，ペテルブルク市999.4である。地下鉄の駅などでたむろしているジプシーが，乗車直前にバックなどから財布などを窃取し，自分は乗車しないという手口や，新聞や雑誌を売るふりをして，それらの見せかけの商品で手元を隠してバックなどから財布を窃取するような手口，またはエレベータの降り際に窃取して逃げるなどの手口が見られる。強盗，公然窃取，窃盗の中で，もともと窃盗は多かったが，ソ連崩壊後20年間では，約2倍の増加であるが，強盗も2～3倍である。公然窃盗が3～5倍と激増した。

殺人・殺人未遂の発生率（2005年）は，モスクワ市12.8，ペテルブルク市19.6で，若干後者が多い。ソ連崩直前の3倍ぐらいの水準である。しかし，全ロシアの発生率21.5より低い。

(2) 地域別の犯罪発生率概観

犯罪発生率（2005年）が高い地域を，順に挙げていくと，ペルミ州（4,474.1），

クルガン州（3,853.6），チュメン州（3,707.0），ハバロフスク地方（3,674.2），スヴェルドロフスク州（3,493.0），ウドムル共和国（3,487.7），ヤロスラーブリ州（3,375.6），イルクーツク州（3,363.6）などである。どの州も比較的大きな都市がある州か，それらの州に隣接する地域である。

　殺人・殺人未遂の発生率（2005年）が高い地域は，順にトゥヴァ共和国（90.7），エヴェンキ自治管区（86.1），チタ州（51.2），コリヤーク自治管区（46.1），マガダン州（40.6），沿海地方（37.9），イルクーツク州（45.4），ブリヤート共和国（41.8），タイムィル自治管区（40.6），チェチェン共和国（36.1）などである。どの地方も中央から距離がある場所だ。

　強盗の発生率（2005年）は，順にペルミ州（106.9），ヤロスラーブリ州（88.5），トゥヴァ共和国（85.2），スヴェルドロフスク州（68.5），ニジン・ノヴゴロド州（67.5），イルクーツク州（65.8），ノヴォシビルスク州（62.8），チェリャビンスク州（61.7），アストラハン州（61.5），レニングラード州（59.4），チュメン州（57.7），モスクワ州（54.8）などである。

　公然窃取の発生率（同年）は，順にペルミ州（560.1），ヤロスラーブリ州（541.9），イルクーツク州（471.8），スヴェルドロフスク州（451.3），ノヴォシビルスク州（369.6），ハバロフスク地方（363.5），ニジン・ノヴゴロド州（361.1），チュメン州（330.1），ヴォログダ州（311.4），アストラハン州（307.5），チェリャビンスク州（305.5）などである。

　窃盗の発生率（同年）は，順にペルミ州（2,109.3），クルガン州（1,880.0），ハカシ共和国（1,850.3），ウドムルチア共和国（1,727.6），チュメン州（1,648.1），ヤロスラーブリ州（1,642.8）などである。ちなみに，レニングラード州は1,109.1，モスクワ州は714.3である。

　これらの犯罪は，地方の中堅都市を含む州などで発生率が高い。首都を含むモスクワ州，ペテルブルクを含むレニングラード州では，全体的に見れば，それほど発生率は高い方ではない。

　麻薬などに関する犯罪の発生率（同年）は，前述の通り，順にユダヤ自治州（311.5），マガダン州（307.4），チュメン州（276.3），アムール州（238.5），ト

ゥヴァ共和国 (224.9), ノヴォシビルスク州 (215.6), 北オセチア共和国 (190.5), クラスノヤルスク地方 (188.1), カラチャイ・チェルケス共和国 (185.5), ハバロフスク地方 (179.3), ブリヤート共和国 (178.3), アストラハン州 (174.7), クルガン州 (172.3), 沿海地方 (170.9) などである。チュメン州, ハバロフスク地方, アストラハン州, クルガン州, ノヴォシビルスク州など他の犯罪率が高い地域と重なるところもあるが, マガダン州, ユダヤ自治州など必ずしも重ならない場所もある。

ロシアで犯罪が最も多いのは, ペルミ州である。アジアに接するペルミ州の州都はペルミ市であり, 鉄道や河川輸送の要衝である。とくに, 殺人や傷害, 強盗, 窃盗などの犯罪が多い。重傷害の発生率 (同年) も 74.9 と高い部類に入る。ロシア全体では, 40.3 である。

おわりに

ソ連崩壊後のロシアにおける犯罪多発のピークは, ソ連崩壊直後も含めて, 2012 年までに 3 回ある。ソ連崩壊直後, 1998 年前後, 2005〜2006 年前後である。ソ連崩壊直後は, その混乱が原因である。1998 年にはデフォルトによる金融危機が発生した。そして, 2004 年には, 北オセチア, イングーシ, チェチェンなどでテロや自爆攻撃が起こり, プーチン政権は, 取り締まりや治安対策を強化した。2005 年 10 月にはカバルジノ・バルカル共和国で治安部隊と武装集団の銃撃戦があった。2006 年 7 月には, チェチェン独立は司令官が暗殺された。このように, 2004〜2006 年は, 北コーカサスに起因する政情不安があり, 当局が治安対策を強化した時期である。

ロシアにおける犯罪の特徴は, 西欧や米国, 日本などと比較すると, 犯罪全体の発生率は, 比較的低い。しかし, 殺人・殺人未遂や重傷害などの重大犯罪, 麻薬に関係する犯罪が多いのが特徴である。交通事故については, 死者が多いのが特徴である。また, 年齢別に見ると, ソ連崩壊直後は, 比較的高い年齢の犯罪者が多かったが, 徐々に低年齢化し, 21 世紀になると, 20 歳代前半

の犯罪者が多くなった。その犯罪は，麻薬に関する犯罪や窃盗などの犯罪が中心である。それは，この年代の失業率が多くなったこととも関係しているだろう。

ソ連時代には，外国へは比較的閉じた社会であり，権力の重みで犯罪が少なかったが，ソ連崩壊後，徐々にロシアにおける犯罪もグローバル世界の犯罪と，悪い意味で似たような水準となっていった。単に水準だけでなく。とくに麻薬に関係する犯罪や武器流通に関係する犯罪は，世界と具体的なつながりがあり，グローバル化している。

これらの犯罪防止には，1国だけでなくグローバルな取り組みが必要であるが，そう簡単にはいかない。例えば．麻薬であるが，その多くはアフガニスタンからロシアに流れ込んでくる。アフガニスタンにおけるケシの実栽培を根絶するのが，望ましいが，アフガニスタンにロシアの影響は及ばない。それどころか，かつてのソ連軍侵攻により，反発さえある。アフガニスタン政府や米軍を中心とする ISAF（アイザフ）（国際治安支援部隊）も，タリバンやテロ対策で，ケシの実どころではないのが現状である。

1）発生率とは，人口10万人あたりの件数である。
2）Гыскэ, А. В., *Современная российская преступность и проблемы безопасности общества политический анализ*, Москва, Прогрессивные Био-Медицинские Технологии, 2000, стр. 202.
3）Там же, стр. 201-202.
4）Там же, стр. 205.
5）Там же, стр. 169.
6）『朝日新聞』2001年1月31日（朝刊）。
7）『朝日新聞』2000年6月20日（朝刊）。
8）Гыскэ, там же, стр. 201-202.
9）Кочетов, В.В., *Наркотизация в приграничном регионе Россмм: вызовы, риски, угрозы, Монография*, Барнаул Издательство Алтайского государственного университета, 2009, стр. 146.
10）『朝日新聞』2010年2月20日（朝刊）。
11）下斗米伸夫編『ロシア変動の構図—エリツィンからプーチンへ—』法政大学出版局，2001年．20頁。

参 考 文 献

① Министерство внутренних дел СССР, *Преступность и правонарушения в СССР статистический сборник 1989*, Москва, Юридическая литература, 1990.
② Министерство внутренних дел Российской федерации, *Преступность и правонарушения 1991 статистический сборник*, Москва, Финансы и статистика, 1992.
③ Министерство внутренних дел Российской федерации, *Преступность и правонарушения 1993 статистический сборник*, Москва, Главный информационныи центр МВД Российской федерации, 1994.
④ Министерство внутренних дел Российской федерации, *Преступность и правонарушения 1994 статистический сборник*, Москва, Главный информационныи центр МВД Российской федерации, 1995.
⑤ Министерство внутренних дел Российской федерации, *Преступность и правонарушения 1999 статистический сборник*, Москва, Главный информационныи центр МВД Российской федерации, 2000.
⑥ Министерство внутренних дел Российской федерации, *Преступность и правонарушения 2001 статистический сборник*, Москва, Главный информационныи центр МВД Российской федерации, 2002.
⑦ Министерство внутренних дел Российской федерации, *Преступность и правонарушения 1998–2002 статистический сборник*, Москва, Главный информационныи центр МВД Российской федерации, 2003.
⑧ Министерство внутренних дел России, *Состояние преступности в России за 2001 год*, Москва Главный информационныи центр МВД России.
⑨ Госкомстат России, *Преступность и правопорядок в России статистический аспект 2003*, Москва, Статистика России.
⑩ Министерство внутренних дел Российской федерации, *Преступность и правонарушения 1999–2003 статистический сборник*, Москва, Главный информационныи центр МВД Российской федерации, 2004.
⑪ Министерство внутренних дел Российской федерации, *Преступность и правонарушения 2000–2004 статистический сборник*, Москва, Главный информационныи центр МВД Российской федерации, 2005.
⑫ Министерство внутренних дел Российской федерации, *Преступность и правонарушения 2001–2005 статистический сборник*, Москва, Главный информационныи центр МВД Российской федерации, 2006.
⑬ Госкомстат СССР, *СССР в цифрах в 1990 году*, Москва, Финаны и статистика, 1991.
⑭ Госкомстат России, *Россия в цифрах 1997 краткий статистический сборник*, Госкомстат России, 1997.
⑮ Госкомстат России, *Россия в цифрах 2002 краткий статистический сборник*, Статистика России, 2002.
⑯ Госкомстат России, *Россия в цифрах 2003 краткий статистический сборник*,

Статистика России, 2003.
⑰ Росстат, *Россия в цифрах 2013 краткий статистический сборник,* Федеральная служба государственной статистики, Москва, 2003.
⑱ 『平成24年版　犯罪白書―刑務所出所者等の社会復帰支援―』法務省法務総合研究所，2012年。
⑲ ロシア内務省（МВД）ホームページ，犯罪統計（http://mvd.ru/presscenter/statistics/reports/）から，2005年～2012年。

第 15 章
グローバル化と資本・国家・国民
──アメリカのハイパー・グローバル化のなかで──

土 橋 貴

はじめに──問題の所在

　21世紀初頭の現在日本の「資本（capital）」（貨幣と商品の交換）は，アメリカがつくりつつある「世界体制（world regime）」としての「ハイパー・グローバリゼーション（Hyper Globalization）」の下で，自国の〈市場やセーフティネットシステム〉をやすやすとアメリカに譲り渡し，「国家（state）」（徴税と保護の交換）はアメリカの命令を執行する団体になり下がり（「非政治的な同質性（nonpolitical similarity）」[1]の意識をもつ者とされる）「国民（nation）」は資本と国家の双方によって置き去りにされつつある。1868年の明治維新以降つくられてきた資本と国家と国民の〈三位一体的に固く結ばれたシステム〉が崩れる感がする。このような現状認識を踏まえながらこれから本章で解くべき課題として次のような4点を提示し，順次説明することにする。

　先ず最初に「1. 資本主義の変容──後期資本主義からポスト後期資本主義へ」では，16世紀から出現したといわれる資本主義は21世紀初頭の今日に至るまで変容を遂げてきたが，そのなかで最新の〈ネオリベ型資本主義〉といわれるポスト後期資本主義はなぜ生まれ，そしてそれはどのような特徴をもっているかをかんたんに説明する。

　次に「2. 国家の変容──福祉国家から監視国家へ」では，そのような資本主義をサポートする役割を果す「市場国家（market state）」とも揶揄されるネ

オリベ国家とはどのような国家か，また市場社会を攪乱する者に掣肘を加えようとする「監視国家（surveillance state）」ともいわれるネオリベ国家はどのような監視システムを敷いているのかを示す。

さらに「3．国民とナショナリズム」でいいたいことは以下の2つである。1つ目は，マルクスは〈すべてのイデオロギーは支配階級のイデオロギーである〉といったが，「国民」という観念もまた支配階級によって創設されたイデオロギーに他ならないという点つまりネーションは国家による創作物である点，2つ目は，「福祉国家（welfare state）」を続けることができなくなった国家は危機を煽ることで危機を管理するために「ナショナリズム（nationalism）」を打ち出す点である。

最後の「おわりに——民主主義の使命」では，アメリカの超グローバル化の下で，我々を見捨てあるいは切り捨てつつある資本と国家に対し，我々は〈どのような民主主義〉を構築すればよいのかを説明する。

1．資本主義の変容——後期資本主義からポスト後期資本主義へ

現在その形成から500年を経たといわれる資本主義は，次のような幾多の変容を遂げながら現在の「リバタリアン型資本主義」に到達した。17〜18世紀の（i）「商人資本主義」から19世紀の「自由主義的資本主義」ともいわれる（ii）「前期産業資本主義」（世界商品は大英帝国の「綿製品」）と「組織資本主義」ともいわれる（iii）「後期産業資本主義」（世界商品はアメリカの「自動車やテレビ・洗濯機・冷蔵庫等の家電製品」）を経由して21世紀の「ポスト後期資本主義」ともいわれる（iv）「ポスト産業資本主義」としての「金融資本主義」への変容がそれである[2]。資本主義が変容した理由は〈価値の無限の増殖体〉をさす資本の蓄積の方法の違いに求められるのはいうまでもない。

特に（iii）の「後期産業資本主義」から（iv）の「ポスト後期資本主義」としての金融資本主義へ転型した背景をかんたんに述べれば次のようになるであ

ろう。経済の超長期波動論に従えば 19 世紀の時代は〈デフレの時代〉であったのに対し，20 世紀がモノをつくれば売れる総じて〈インフレの時代〉に変わり，21 世紀がモノをつくっても一向に売れない〈デフレの時代〉にもどってしまったがゆえに資本はこれまでの蓄積方法を変えるしかなかった。これは「フォーデイズム的蓄積体制」（大量生産—高賃金—大量消費の循環経済システム）つまり「拡大再生産による資本蓄積」を廃止したことに見られるであろう[3]。資本主義は，特に 1980 年代から劇的な形態変化を遂げたが，21 世紀のリバタリアン型資本主義は 19 世紀の自由主義的資本主義を反復再生しているといえよう。

周知のように経済学に「帝国循環」[4]という言葉があるが，それによれば後進国は①先進国から高品質の製品を輸入し分解し研究した上で模倣しつくりそれを〈輸出し〉②やがて「世界商品」（今し方触れたように 19 世紀のイギリスの場合は綿製品 20 世紀のアメリカの場合は自動車やテレビ・冷蔵庫・エアコンのような家電製品）[5]をつくり出し輸出大国になった時ヘゲモニー国家となるが，③他の後進国からキャッチアップされ最終的には，④輸出大国の座から引きずり降ろされやがて衰退していく。イマヌエル・ウォーラーステインによれば大国は③の状況から④のそれへ衰退するなかで，詐欺同様の「ジャンク・ボンド（クズ債）」等の金融商品をつくり出し売り儲けることで大国の座に留まろうとするが，しかしそれも限界に達しその座から滑り落ちる[6]。かつての大英帝国そして 21 世紀初頭のアメリカもまたその立場に置かれているのは周知の事実であり，その意味でアメリカの凋落は最早免れ得ないとウォーラーステインはいったが，しかし一朝一夕にしてそうはならない。それはこれから述べるが，国家を利用し掠奪的な資本蓄積方法を実践することで覇権を握り続けようとするアメリカを見れば分かるはずだ。

ところでエレン・メイクシンズ・ウッドは，アメリカは「資本主義の経済的メカニズムを操作することで世界を支配する権力」[7]をもったといったが，ではそのような「経済的メカニズム」とはどのようなものか。それは「掠奪的資本蓄積」を可能とする「世界体制」つまりアメリカ発の超グローバル経済に

よってである。アメリカは，第2次世界大戦直後の1947年，世界経済をリードするために（「公平」という立場から自由貿易と各国の経済的自主権の均衡を認める）「GATT」を創設したが，それに見切りをつけ，自由貿易帝国主義国家アメリカの支配権を固めるために「WTO」（150カ国以上参加し加盟国全体に国内経済の様々な改編を要求する）を創設し，さらに当事国のみに様々なルールを強制する点でWTOの支配圏外にある「FTA」（「NAFTA」と「TPP」はFTAの1種類である）を創設したが，アメリカが支配するこの〈FTA体制〉こそがアメリカ発の超グローバリズム[8]であり，アメリカは，日本にFTA体制のルールに従わせること（それが毎年10月麻布のアメリカ大使館で日本の各界のトップエリートに手渡される「年次改革要望書」である）で日本の国内市場を掠奪し乗っ取ろうとしているが，それによって日本の国内労働市場は荒らされ，これからますます日本の労働者が失業し貧困化するのは目に見えている。

　もし日本が今後TPPに参加したら，たとえば次のようなことが起こるであろうことを覚悟すべきである。日本の企業が「ISD条項」（投資家対国家の紛争処理条項）に反することをしたと訴えられた場合，アメリカが支配する「世界銀行」傘下の「投資紛争解決国際センター」で審理を受けることになることを。因みに2013年現在までアメリカ以外の国が訴訟で勝った例はない。そうなればアメリカは，日本の国家を素通りして日本のビジネスを直接支配できる。今後アメリカのビックビジネスによって日本の〈農業・金融・保険・医療・環境・政府調達（公共事業）〉等の部門が支配される事態が発生するであろうことはまちがいがない。このようなアメリカ大統領オバマ主導の超グローバリズムとは「近隣窮乏化政策」を極端に推し進めたものに他ならない。

　先に触れた後期産業資本主義からポスト後期産業資本主義への移行をジグムント・バウマンは，『新しい貧困〜労働，消費主義，ニュープアー』で，前者を「近代社会」（＝「生産者社会」）あるいは〈ソリッド・モダニテイ〉，後者を「後期近代」（＝消費社会）あるいは〈リキッド・モダニテイ〉と呼び，前者から後者へ推移するなかで「貧困」の意味とその扱い方が変化した点を次のように述べている。

資本が近代社会といわれる「生産者社会」で拡大再生産的資本蓄積に邁進する時，失業者は「労働力の再商品化」のために「教育」を施されやがて「労働市場」に入っていく「労働予備軍」になるという点で「同化や取り込み」の対象となるが，それが「消費者社会」に変化するやいなや失業者は「余剰人口」（=「人間廃棄物」）として「分断や排除」の対象となり処理されてしまう。廃棄された失業者はアンダークラスに落下するが，そのような人間は「虜犯性のある者」（=犯罪予備軍）とレッテルを貼られ，〈法と警察の管轄〉に取り込まれることになる。バウマンによれば裕福な者は貧困階級に対し些かの〈道徳的負い目〉をもつ必要もないことになる[9]。ジョック・ヤングの『排除型社会』の言葉を使えば今や「包摂型社会」は終焉し「排除型社会」が出現したのだ[10]。

2．国家の変容——福祉国家から監視国家へ

　拡大再生産的資本蓄積をめざす後期産業資本主義の時代にあっては，バウマンがいうように資本は労働者の「労働力の再商品化」（=再雇用）に関心を払わざるをえない。というのもソリッド・ソサイアティの時代は，バウマンによれば労働者の「雇用」は利潤を生み出す「資産」（労働力商品）とみなされたからであった。資本はそのためには自分たちに売れる労働力をつくりだす「労働力の再生産過程」に関心を払わざるをえないが，そこへの資本の投下は蓄積資本の減少になるので避けたい。そこで資本はその資金提供を「租税国家」（J・A・シュンペーター）に委ねる。
　〈ブルジョワの放恣〉のみを守る前期資本主義国家としての19世紀型〈自由主義国家（liberal state）〉は，20世紀になると労働者の平等を此の世に実現しようとする社会主義に対抗する必要上，どうしても〈労働者の「福利・厚生（public　welfare）」〉を顧慮する後期資本主義国家としての〈社会民主主義国家（socal- democratic state）〉に変身し，〈社会あるいは福祉国家（social or welfare state）〉をめざすようになった。そのうえ後期資本主義国家は，「学歴支配（de-

gree-o-cracy）」の下で，生徒や学生に「紀律訓練（discipline）」を施し，厳しい「労働倫理」を身につけた有能な労働者に育て上げるために力を注ぐようになった。労働者は，この国家のなかで資本にとって〈役に立つ（available）人材である〉ことを証明しなければならないが，たとえそれができず貧民に落下した場合でも，〈貧民の今日は明日の我々〉という気持ちを大部分の人が共有するかぎり，貧民に対し国家は「安全保障国家」（J・ヒルシュ）つまり福祉国家の顔を見せた。

しかし20世紀末から21世紀初頭の今日にかけて蓄積資本の激減に見舞われたアメリカの資本主義は，後期資本主義からポスト後期資本主義つまり〈金融権力〉を主導とする略奪型の資本蓄積に邁進する〈リバタリアン型資本主義〉にその型を変えたが，それに即応する国家は反福祉国家的な「国民的競争国家」となってしまった。

ところでウォーラーステインによれば「ヘゲモニー国家」の証しは〈工業・商業・金融〉の面で圧倒的強さを誇示することにあるが，21世紀初頭の現在アメリカは工業と商業の実体経済の面で凋落し，僅か金融でヘゲモニーを維持するしかないのが現状である。それゆえにアメリカは2008年の「証券資本主義」（サブプライムローン等）という名の金融資本主義の失敗にもかかわらず，依然として金融で資本を蓄積する路線を突っ走っているといえよう。だがこの蓄積方法がいかに脆弱な基盤の上に立っているかを，M・ラッツァラートの『借金人間製造工場』を参考にしながら説明しよう。

ラッツァラートは，「ネオリベラリズムの危機の原因」はどこにあるのかと問い，それは「主観性の生産の危機」[11]にあるといったが，それでは主観性とは何か，さらにその生産の危機とは何であろうか。我々は，たとえば「消費者金融」を介し「クレジット」（＝支払いの約束）契約つまり「信用販売契約」を金融資本と結んだその瞬間から，金融資本から「借金人間（l'homme endétté）」にさせられるが，じつはそれによって双方の間に政治的な〈支配―服従関係〉ができたことを意味する。金融資本は，この支配―服従関係を〈債務者は債権者から借りたおカネを利息付きで返済日までに誠実に返さなければな

らないという〉主観的な道徳感に裏打ちされた関係に変えなければならない。アイロニカルにして悲惨なことだが，こうして「社会のセイフティネット」は「福祉制度（welfare system）」から借金によって生活を維持する「負債制度（debt system）」によって代替されることになってしまった。何といっても他人に負債を負う者は卑屈になる。いずれにせよこの道徳感の生産が〈主観性の生産〉あるいは「個人的主体性の生産」を意味するが，ラッツァラートはいう。この生産に失敗したときネオリベラリズムは終わる，と。これがネオリベラリズムは脆弱な基盤に立っているという意味である。それに金融資本は，おカネを貸してから返してもらうまで何もしていない。だからアリストテレスさらに中世キリスト教も非難したように彼らは〈時間泥棒〉なのだ。そのような事実を誰よりも知っているからこそ金融資本は，借金人間の主観性を信用し債権回収の日を楽しみにして待つ訳にはいかない。

　そこで資本は債務者を徹底的に監視するシステム（それを最終的に保障するのは国家だが）をつくり出すが，その有様をジーグムント・バウマントとディヴィット・ライアンの電子メールを介し交わされた対談『私たちが，すすんで監視し，監視される，この世界』を参考にして語る必要がある[12]。

　この問題に立ち向かう前に是非とも検討しなければならない問題がある。それは，「前期近代（early modern）から（近代の後という意味をもつ「ポストモダン」ではなく）「後期近代（late modern）」（＝近代の最終段階）に移行した時，人間はどのような状況に置かれるかである。人間は，前期近代の時代にあっては，個人主義的な自由な主体形成をめざしたのだが，じっさいは何らかの所与の共同体に「埋め込まれた自由（embeded liberty）」の主体にすぎなかったのに対し，近代の最終段階である後期時代になると，共同体は雲散霧消し，それこそ真の意味の自由つまり「孤独な群衆（lonely crowd）」の自由を獲得したのである。これが「再帰的近代化（reflective modernity）」の真意である。このようなバラバラになった剥き出しの個人がさ迷う〈リキッド・ソサイアティ〉をそのままにして置けば体制の不安定を招くのは必定である。そこでそれに相応しい監視システムが要請されるのである。それが〈リキッド・サーベイランス（liquid surveillance)）〉であって，その監視の目的は，今やフーコーのような「主体＝隷属者（sujet）」あるいは主観性を保つ人間，たとえば〈従順な労働者〉あるいは〈従順な債務者〉をつくり出すことではなく，「社会的振り分け（social sorting）」にあり，振り落とされた被排除者（「人間の屑」というレッテルを貼られてしまう）には，依然として監視者と被監視者が対面する（身体の資格はく奪だけを行う）「パノプティコン（panopticon）」が有効だが，双方が対面しない被排除者には「シノプティコン（synopticon）」（銀行のATM装置や商店街の監視カメラ）とまたさらには移動を監視し歓迎されざるマイノリティを浮上させる「バノプティコン（banopticon）」が用いられる。バウマンによれば21世紀のこれらの監視システムは，20世紀のナチズムや共産主義が行った「破壊」（余分で不純な者を一掃する）と「創造」（クリーンな社会構造を創る）という「明快で透明な夢」を，最新テクノロジーの力を使うことで再現しようとしている。

今や「監視者」は現場（監視塔）から遠い所にいて監視している。様々な断片化された「情報」は収集され組み合わされ「データ・ダブル」がつくられ，生身の人間に接触せず，監視者はデータに働きかけるのである。ここに「脱道徳化（adiphorization）」現象が現れる。〈道具的合理性〉だけが唯一の行動基準となり，監視者は，対象から「距離をとり（distancing）」「遠隔操作（remoteness）」し「自動化（automation）」できるようになった。要するに後は小型無人飛行機「ドローン（drone）」や攻撃機「プレデター」が勝手に判断してくれる[13]。

リキッド・サーベイランスの下では，事態はさらに進み被監視者は，「DIY（do it yourself）」つまりヘーゲル的な〈承認への欲求〉により，まるで〈誘蛾灯に飛び込む蛾〉のように，むざむざ監視の網の目のなかに入っていき，自己を素っ裸にする。「強制から誘惑へ，規範による規制からPRへ，警備から欲望へ」向って突進するのである。

したがって，とライアンはいう。「消費社会」の市場ではプライバシーは自己の守るべき価値に値いしないし，そこでは自らも「消費財」となることによってしか自己を守れない，と。ネットワーク社会における「消費者」は，た

とえばアマゾンの「お薦め」図書のような「協調フィルタリング」技術によって欲望を一定の方向に誘導され，そこに嵌まることによって自らの世界に自閉してしまう。インターネット活用を通じた〈消費者の監視〉は，期待に添う消費者を厳選し，彼らにさらなる利益や特典を与え，期待に添わない者を切り捨てていく。これが〈リキッド・ソサイアティ〉における〈リキッド・サーベイランス〉といわれるものであるが，この監視技術によってアメリカのビックビジネスと国家のジョイントパワーは，国内はもちろん被監視国日本の「データー」を収集し「データーダブル」をつくりそれに基づき，どのようにしたら日本の政治的経済的自主権を攻略し解体できるかを考えているといえよう。

3．国民とナショナリズム

　J-F・リオタールは，1988年『ハイデガーと『ユダヤ人』』の「日本語版の序文　もともと地上には道はない」で，1942年『中央公論』に掲載された対談「世界史的立場と日本」での高山岩男と高坂正顕の発言を紹介しながら，次のように批判している。リオタールは，高山は「モラリッシュ・エネルギーの主体」は「国民」でなければならないといい，これに対し高坂はヘーゲル的言い回しでその主体が真の主体と規定されるためには「国家的民族」に自己を限定しなければならぬ，そうならない場合，結局アイヌやユダヤ民族そして中国に見られるように，国家民族に吸収されやがては消え去るだけだといったことをとらえ，特に高坂のこのような考えは「「大東亜共栄圏」にたいする日本の事実上の支配を正当化している」[14]と批判した。

　もちろんリオタールがいうように，アジア侵略のイデオロギーとしての高山の主張は〈道義性〉の面からは到底肯定されるものではないが，〈事実〉の面から見ると，一考を要するものがあると思われる。そこで是非とも問いたいのはそもそも「国民（nation）」とは何かである。「国民国家（nation state）」とは〈国民が創った国家〉といわれるが，むしろ事実は逆で，ルソーが『社会契約論』の「第1編第3章　最強者の権利」でいった「最も強い者」が「暴力」

により「国家建設（state building）」し，しかる後に「国民建設（nation building）」を図るのである[15]。率直にいうと国民をつくったのは国家である。だから存在するのは「国家民族（state nation）」でしかない。国家が出現する前に国民なる者は存在しない。〈私は私である〉は成立しない。〈私は〉（主語）〈～大学の教員である〉（述語）。この場合の主語は述語によって規定された主語であり，これを「述語的主語」（西田幾太郎）という。私を規定するのは〈他者〉でしかない。〈私を日本人と規定するのは他者としての国家である〉。しかも国家という他者によりつくられる国民（我々日本人）は何ら実体として存在せず我々の「意識」のなかにのみ存在するが，それはじつに脆いものである。

このことを，パルチザンの英雄でクロアチア人のチトーにより創られた「民族のモザイク国家」ともいわれた「ユーゴスラヴィア社会主義連邦共和国」（1945～1992年）を例にして見ていくことにする。ユーゴは①1つの国家（ユーゴスラヴィア連邦共和国），②2つの文字（ラテン文字・キリル文字），③3つの宗教（カトリック・ギリシャ正教・イスラム教），④4つの言語（スロヴェニア語・クロアチア語・セルヴィア語・マケドニア語），⑤6つの民族（セルヴィア人・クロアチア人・ムスリム人・スロヴェニア人・マケドニア人・モンテネグロ人），⑥6つの共和国（セルヴィア・クロアチア・ボスニアヘルツェゴビナ・スロヴェニア・モンテネグロ・マケドニア），最期に⑦7つの国境から構成されていた。チトーは，分裂と抗争を内に含んだユーゴを「ユーゴスラヴィアニズム（国民化）」することで統合しようとしたが，その方法が異なった民族に属する男女が結婚し子供が生まれたとき，彼らが，生まれてくる子供に新しい「ユーゴスラヴィア国民」の「戸籍（family register）」をつくるよう促した（国家解体直前に人口の約10パーセントのユーゴスラヴィア国民がいた）。このことからも，いかに国民なる者が国家により創られたかが分かるだろう。

「はじめに――問題の所在」で述べたように，1868年の明治維新から2013年までの145年の間つくられてきた日本の〈資本と国家と国民の三位一体の固い結びつき〉はついに綻び始めたが，資本と国家はこの綻びを隠蔽するために国民なるものに「ナショナリズム」（『美しい国日本』）を吹き込む。そもそもナ

ショナリズムの成立基盤は「近代化」にある。上山春平は，『日本のナショナリズム』で，ナショナリズムは，ナショナリズムの第1の起点としての絶対王政国家の「君主のナショナリズム」から第2の起点としてのブルジョワ革命を起点とする「ブルジョワのナショナリズム」を経てロシア革命と中国革命を第3の起点とする「大衆のナショナリズム」に変化を遂げてきたが，日本の明治維新は「第2の起点をなしながら第3の起点の性格をも孕んでいる」といい，さらに彼はブルジョワのナショナリズムは「ネーションの民主化」（ブルジョワ（中産階級）の「政治的要求」）の要求を，「大衆のナショナリズム」は「ネーションの社会化」（大衆の「経済的要求」）を掲げる，といった[16]。しかし現在の日本の国家は，大衆の経済的要求に反する暴挙をあえてやりながらナショナリズムを煽っているとしか思えない。

　問題は資本と国家により切り捨てられた国民にとってナショナリズムなどどんな役に立つというのかにある。西川長夫は，『日本回帰・再論』で次のようにいった。日本は，明治維新から今日まで〈欧化と日本回帰（ナショナリズム・国粋主義）〉のサイクルという「転向」を，1度目は維新直後から鹿鳴館時代への反動としての日清日露戦争・大逆事件，2度目は大正時代の欧化への反動としての15年戦争時代への回帰，3度目は1945〜60年代の戦後デモクラシー時代の欧化から1960年の安保闘争以後までの回帰と，3度繰り返してきたが，これは，「欧化主義が日本回帰を準備しナショナリズムにつながっていくという矛盾」[17]の現れであった，と。〈欧化主義の反動としての日本回帰〉。今さらどの時代の日本に帰るというのか。どこにもない。2013年現在，経済不況下にあって超格差社会が現れ中産階級が没落しつつある時，4度目の日本回帰としてのナショナリズムが〈ヨミガエル〉かが憂慮されるところだが，いわばナショナリズムの〈発情期〉を迎えている北東アジアとは異なり，ナショナリズムの〈老衰期〉に達した日本が，〈イデオロギー的バイアグラ〉として〈使い古したそれを使い回し〉すれば自滅が待っているだけであろう。

おわりに——民主主義の使命

　周知のように2008年の世界同時恐慌はアメリカ発「住宅（サブプライムローン）バブル」の破裂から始まった。バブルの最絶頂期サブプライムローンの債権を「モーゲージカンパニー」から買ったアメリカの「投資銀行」は，それを「証券化（seculitarization）」し「金融商品」に変え，債権市場をとおし世界の投資家に売り飛ばしたが，その商品が「不良債権（bad loan）」と化し巨額の損失を出しバブルは崩壊した[18]。バブルの最中ローンを組み住宅（さらには家具調度品・家電製品・マイカー等）を購入したアメリカの貧しい人々向けの市場は一挙に冷え込んでしまった。それにより中国あるいは韓国のようなもっぱら外需に依存する国家の経済成長は急落してしまった[19]。

　先にも触れたようにアメリカは略奪型の資本蓄積に路線を変更したが，それはあらゆる「非関税障壁撤廃」を旗印にして，日本の民主主義的な主権を無視し，「国内法」を改正させることによって経済的自治権を奪おうとするFTAの1種であるTPPのような超グローバリズムに現れている。

　かつてウォーラーステインは，〈政治は支配服従関係だがそれを守る限り経済は水平的関係を保証するシステム〉を「世界帝国」といい，逆に〈政治は水平関係だが経済は垂直関係下にあるシステム〉を「世界システム」といったが，アメリカは，超グローバリズムにより政治と経済の2つをアメリカの支配の下に置こうとする点で，それは見果てぬ夢でしかないが，世界帝国と世界システムの双方を超出する世界的レジームを構築しようと目論んでいるのだろう。我々は，どのようにしてこのようなレジームと戦うかを考える必要があるが，その時民主主義なるものに思いを馳せざるをえない。

　民主主義とは，カール・シュミットがいうとおり「単に組織の1形態」あるいは「単なる形式」[20]つまり「多数決」あるいは「満場一致」の採決原理によって営まれる「国家運営の方法」でしかない。譬えていうならば民主主義とはその中に何も入っていない空っぽの「壺」であり，だからそれ自体は善くも悪く

もない，それが民主主義である．民主主義はその中に何を入れるかによって善くも悪くもなるといえよう．

　世界は19世紀には「似非民主主義」でしかなかったブルジョワ民主主義という名の〈自由主義〉から20世紀になると〈大衆民主主義〉に変化を遂げたという意味で「基本的民主化（foundamental democratization）」に成功したが，じつはそのことによって新たな問題が生じた．それが，マンハイム（Karl Mannheim）が『変革期における人間と社会』で「否定的民主化（negative democratization）」と呼んだものである．マンハイムによれば「あらゆる階級がこの政治に能動的な役割を演ずる」時代になると，「感情によって支配される大衆の情緒を急激に爆発させる」ような「心情民主主義（Stimmungdemokratie）」（マックス・シェラー）が頭をもたげる．民主主義の大衆化は否定的民主化をもたらしてしまった[21]．

　シュミットは，『現代議会主義の精神史的地位』で，民主主義の「本質」が〈同質性〉と〈異質性〉を峻別することにあり，しかもその「政治的力」とは「国外的異質者と国内的異質者，すなわち同質性を脅かすものを排除ないし隔離する点に示される」と断言した．同質なる者を受容し異質な者を排除する〈政治的儀式〉，それが民主主義である[22]．しかもシュミットは，戦間期ドイツの歴史的コンテクストから，このような同質性がルソーの「一般意志」にあると強引に読み込んでしまった．もちろん左右全体主義の悲惨な時代を経験した我々にとってこのような民主主義論は到底受容できるものではない．

　2011年イアン・ブレマーは『自由市場の終焉』で「政府が主として政治上の利益を得るために市場で主導的な役割を果す資本主義」[23]を「国家資本主義」[24]と規定し，そのモデルは「重商主義」にあり，その本質は輸出を軸とした「富国強兵をめざす経済ナショナリズム」であるといった．「国家資本主義者」は「市場を支配者の利益を増進させるための手段とみなしている」が，それは政治と経済の癒着であり現在の中国の「権銭交易」[25]に典型的な形で見られる．アメリカン・グローバリストの力を利用しながら〈政官財プラスマスコミ・ジャーナリズム〉の四位一体的な癒着構造を固めつつある現在の日本もま

た国家資本主義の道を歩んでいるのではなかろうか。

　ではそのような状況下で我々は民主主義の使命を何に求めればよいのだろうか。その使命とは何かを問う前に我々は1つのことを確認しておきたい。それは，「決定作成手続き（decision making procedure）」としての民主主義を，〈自由主義化する〉という意味で「自由民主主義（liberal democracy）」なる言葉を使い続けるべきだ，と。ハイデガー的にいえばあくまでも「理性」に基づき〈隠されているが存在する現実〉を熟慮を重ねた自由な討論を通して暴露していく，それが「熟慮民主主義（deliberative democracy）」であり，これのみが「心情民主主義」を克服する唯一の方法である。

　それでは民主主義の使命とはいったい何か。超グローバリズムによりもたらされた日本の「超格差社会（superwedning society）」に歯止めをかけ「中産階級社会」を再建（もちろん最底辺に落ちていく人々には〈セーフティネット〉をかけることは必要である）すること，それが民主主義に課せられた使命である。それは我々が〈安心安全な生活〉を営めることができる〈正規雇用社会〉を創設することによってのみ可能であろう。だがその前に我々の雇用あるいは労働の場を食い荒らしに来るアメリカングローバリストに断固抵抗するのが必要であるのは論を待たない。そのためにはポスト後期資本主義国家を否定し後期資本主義国家としての社会・福祉国家を呼び戻さなければならないであろう。

1) Anne M. Cohler, Rousseau and Nationalism, New York, Basic Books, 1970, p. 4.
2) 資本主義の変容については拙著『概論　ルソーの政治思想』の特に「資本主義の変容と国家の役割—危機管理の視点から—」の第11章を参照。
3) 抑圧的なテーラー主義的労働者管理による「フォーディズム的蓄積体制」の失敗については拙著『国家・権力・イデオロギー』（明石書店，1988年）の「第3節　世界システムの中心部」を参照。
4) 吉川元忠,『マネー敗戦』, 文芸春秋社, 1998年。また吉川の「ドルの世界支配を許すな」（文芸春秋社，1998年，5月号）も参照。
5) 19世紀になるとなぜかつての世界商品の「毛織物」が「綿製品」に変わったかについては，玉木俊明の『近代ヨーロッパの形成—商人と国家の近代世界システム—』（創元社，2013年）を参照。玉木は，ウォーラーステインの世界システム

論を継承しながらも，近代世界資本主義経済システムをつくったのは「アントウェルペン（現在のベルギーのアントワープ）商人）のコスモポリタンな「商人ネットワーク」であったと述べた。

6) I・ウォーラーステイン，「カルテ」（大国の合従連衡進む時代に），『朝日新聞』1998年11月28日（土曜日）号。この点に関する詳しい説明については拙著『国家と市民社会と公共性の変容』の60頁を参照。ダロン・アセモグルとジェムズA・ロビンソンの『国家はなぜ衰退するのか―権力・繁栄・貧困の起源―（上）』（鬼沢忍訳，早川書房）に寄せたゲイリーS・ベッカーの賛辞，11頁を参照。ベッカーは国家の繁栄の原因は「地理や文化」ではなく「社会がみずからを統治するルールを選ぶプロセス」にあり，それが「政治」であると2人がいったことに賛同した。2人は，包括的な（＝多元的にして自由な）政治体制がつくられた時のみ国家は繁栄するといい，繁栄する政治の内容に①公務に就くための競争原理，②幅広い有権者層，③政治的リーダーのリクルートの問題（反世襲制）を入れる（同書（上），第3章，繁栄と貧困の形成過程）。この3つが欠けた国家（たとえば中国等）は繁栄できないことになる。グローバリズムについてはダニー・ロドリックの次の文献を参照。Dani Rodrik, *The Globalization Paradox—Democracy and the Future of the World Economy*—, WWNorton & Company, New York・London.

7) エレン・メイクシンズ・ウッド（中山元訳）『資本の帝国』，紀伊国屋書店，4頁。

8) 中野剛志，『反・自由貿易論』，新潮社，83-88頁。

9) ジーグムント・バウマン（伊藤茂訳）『新しい貧困―労働，消費主義，ニュープア』，青土社.，「第4章　労働倫理とニュープア」の「道徳的な義務の免除」を参照。

10) ジョック・ヤング（青木秀男他訳）『排除社会』，洛北出版，15頁。

11) マウリツィオ・ラッツァラート（杉村昌昭訳）『借金人間製造工場―負債の政治経済学―』，作品社，13頁。

12) ジグムント・バウマン＋デイヴィット・ライアン（伊藤茂訳）『私たちが，すすんで監視し，監視される，この世界について』，青土社，80-87頁。

13) 同書，20頁。さらに同書の106頁も参照。部屋を監視するために小さなコックローチ型のドローンが置かれたらどうなるか。やがては「対抗ドローン」がつくられそれを監視し，破壊することになるだろう。

14) J-F・リオタール（本間邦雄訳）『ハイデガーと「ユダヤ人」』，藤原書店，i-iii頁。近代においては「ネーション」は社会契約により創られた国家の作為の産物と看做される。それを「民族」と訳した場合〈分裂・不和・抗争〉を内に秘めたethnosをイメージさせかねないので，民族ではなく「国民」と訳すべきだとする説については次の文献を参照。樋口陽一『憲法　近代知の復権へ』，「13　ネーションなき国家？」，東京大学出版会，178-185頁。

15) 坂本義和，「Ⅰ　世界秩序の構造変動」，『世界政治の構造変動』（Ⅰ　世界秩序）

に所収，岩波書店，9頁。
16) 上山春平，『日本のナショナリズム』，至誠堂新書，昭和40年，「II　世界史におけるナショナリズム」を参照。
17) 西川長夫，『日本回帰・再論』，人文書院。
18) サブプライムローンバブルがなぜ起きなぜ崩壊したかについては拙著『概論ルソーの政治思想』の「第11章　資本主義の変容と国家の役割」とりわけ「第1節　問題の所在―21世紀型金融資本主義恐慌のなかで考える」を参照。
19) 2008年のサブプライムローン崩壊をきっかけにアメリカは大不況に見舞われているが，この状況が一向によい方向に進んでいない時，アメリカへの「外需」に依存する経済政策は，〈費用対効果〉あるいは〈費用対無駄〉の面から見ると〈費用をかけた割には効果のないあるいは無駄なことしている〉といわれてもしかたがない。中野剛志は，『毎日新聞』2012年8月（朝刊）の「経済への視点」で，各国は外需で儲けることなど最早できないと断言する。GDP全体に占める〈外需依存〉はわずか12％である（中国や韓国は40～48パーセント）日本は，よりいっそう内需を掘り起こすことで，ある程度の経済成長を達成できるかも知れない。
20) 長尾龍一編『カール・シュミット著作集（I）』（慈学社）の（樋口陽一訳）「現代議会主義の精神史的状況―第1章　民主主義と議会主義」，59-60頁。
21) カール・マンハイム（福武尚訳）『変革期における人間と社会』，みすず書房，53頁。
22) カール・シュミット（稲葉素之訳）『現代議会主義の精神史的地位』の「まえがき　議会主義と民主主義の対立について」，みすず書房，15頁。戦間期ドイツのほとんどの思想家は民主主義には好意を抱いていたが，シュミットに見られるように，自由主義には嫌悪感を抱いていた。そのなかで例外的人間はハンス・ケルゼンであった。ケルゼンは，シュミット同様，民主主義を〈支配と被支配の自同性〉と捉えたが，民主主義の本質を〈一般意志＝同質性〉ではなく，「自由」（＝多元性・多様性）と押さえた点で，シュミットとは異なる。ただしケルゼンは，自由が大事だといいながら「民主主義の宿命」といって「多数決原理」を認めてしまった。「多数決主義」により「無法者（out law）」の一団が〈多数の専制〉を行ったらどうすればよいのだろうか。なす術がないのだろうか。
23) イアン・ブレマー（有賀裕子訳）『自由市場の終焉―国家資本主義とどう戦うか―』，日本経済新聞出版社，59頁。原題は次のとおり。Ian bremmer, *The End of Free Market, —Who Wins the War Between State and Coroportions?—*. ブレマーは，「ハイパー・グローバリゼーション」と「民主主義」そして「国民的自決」の3つを同時に実現するのは難しい，できるのは3つのうちせいぜい2つだけだといった。私には超グローバリズムをとれば民主主義あるいは民族自決は実現できないと思われるが。問題は〈民主主義＋国民的自決対超グローバリズム〉の2項対立のパラダイムではなく，〈超グローバリズムを通した民主主義＋国民的自決の実現〉などあるのだろうかだろう。あるとすればどうすればそれが可能

か，現在のところ分からない。
24) 佐和隆光は，『日本経済の憂鬱―デフレ不況の政治経済学―』の「終章　国家資本へと歩む静かな歩み』（ダイヤモンド社）で，2013年現在日本の保守党政権の経済政策は「国家資本主義」に向かっているといった。だが佐和は「政府の市場介入を是とするケインズ主義」を国家資本主義といっただけであり，ブレマーのそれとは異なる。
25) 何清漣（坂井臣之助・中川友訳）『現代化の落とし穴』，草思社，14頁。

第 16 章
国内裁判所を通じた規範のグローバル化の様態
——米国での議論を中心に——

竹 内 雅 俊

はじめに——Lawrence v. Texas 事件（2003 年米最高裁）の意義

2003 年 6 月 26 日，Lawrence v. Texas 合衆国最高裁判所判決は，テキサス州法において定められた，一定の性行為に刑事罰を与える法律（ソドミー法）に対し違憲判決を下したことで，ジェンダー法の分野においてリーディングケースの 1 つとなっている[1]。この判決は，以下の 3 点を審査の対象と，裁量的上訴を受理した。

・当該の州法は，平等保護条項に反するか。
・当該の州法は，デュープロセス（適正手続）条項が保障する「自由」および裁判所がその一環として認めてきたプライバシーの利益を侵害するか。
・この事例で先例拘束性をもつとされる Bowers v. Hardwick 事件判決[2]は，変更されるべきか[3]。

ジェンダー法学の立場の研究者にとって，当該事件の重要性を改めて論じるまでもないが，先例とされたバワーズ事件の検討および批判において裁判所（ケネディ判事による法廷意見）は，米国国際法学者および比較法学者にとって

も注目すべきことを行った。すなわち憲法解釈を行うにあたって，欧州人権裁判所（European Court of Human Rights，以降ECHR）の判例を主文において言及したのである[4]。これまでECHR判決などが脚注などにおいて言及されることはあったものの，直接的に議論を援用することはかつてないことであった。

連邦最高裁のこの行為は，直ちに激しい議論を社会，学界，議会，そして裁判官同士に引き起こした。このなかから外国判例の引用に関するものを抜き出してみる。まずは，同事件の反対意見のなかでスカリア判事は，以下のように法廷意見において言及されたパワーズ判決の扱いを批判している。

> いずれの場合であっても，（パワーズ判決が言及している）「生成途上の意識 emerging awareness」とは，定義により，我々が「基本的権利」に求める「我が国の歴史と伝統に深く根差したものではない」。憲法上の権利は，いくつかの州が特定の行動に対する刑事制裁を軽減もしくは廃止することを選んだからということで実現するものではない。ましてや，（裁判所は，このように考えているようだが）諸外国が当該行動を非犯罪化したからといって実現するものでもない。パワーズ事件の多数意見が，「より広範な文明が共有している価値」に依拠したことは決してない。……むしろ，「我が国の歴史と伝統に深く根ざしていない」という理由においてソドミーを行う権利を拒絶したのである。……パワーズ事件の合理的根拠は，同様に「より広範な文明」という点に依拠しているわけではない。ゆえに裁判所が諸外国の見解（当然のことながら，このなかでソドミーへの刑事制裁を保持している諸国のことは無視しているのだが）を検討することは，無意味な付言（dicta）である。しかしながら，それは危険な付言でもある。なぜならば，「この裁判所は……外国の雰囲気，流行またはファッションを米国人に強いるべきではない」からである[5]。

このような外国判例に対する取り扱いは，後の Roper v. Simmons 事件[6]に

おいて再びケネディ判事とスカリア判事との間で議論されることになる。

　裁判所の外では，さらに劇的な反応が待っていた。議会では，保守派のトム・フィーニ下院議員（共和党，フロリダ州選出）は裁判所に「アメリカ合衆国の法の内容を司法判断するうえで，全部もしくは一部において外国機関の判決，法，もしくは見解に基づくべきでな……」[7]いことを「指導」する旨の議会決議案を提出したのである。同様に，2004年，2005年には，憲法解釈を行ううえで国際法および外国を参照することを禁じる，いわゆる憲法保持法案（Constitution Restoration Act）が提出され，双方ともに否決されたものの，上院において5名，下院において34名もの共同提案者を得るに至った[8]。州レベルにおいても，アイオワ州，ユタ州，ニュー・ジャージー州，アラスカ州，アーカンソー州，フロリダ州，インディアナ州，ルイジアナ州などにおいて同趣旨の法案が提出された[9]。

　こうした一方で，国際法学者や比較法学者は，この判決を米国最高裁ないし米国法学界に対し，外国・国際判例に目を向けるうえでの偉大な勝利とみなした[10]。アメリカの外を広く見るならば，外国判例，国際裁判例を国内法廷において参照する国家実行は，別段珍しいことではなくなりつつある。インド，カナダ，ジンバブウェ，香港，韓国，ボツワナなどは国外に法源を求めてきた。とりわけ南アフリカは，法解釈を行うにあたって国際法と矛盾しないことを憲法上求めている。また歴史を紐解いていくと必ずしも米国が外国判例，国際裁判例を国内法廷において援用してこなかったわけでもない。有名なドレッド・スコット事件まで遡れば，米国法廷が自らの議論の根拠を海外に幅広く求めてきたことは明らかである[11]。また，メアリー・アン・グレンドン，アンソニー・レスター，ルイス・ヘンキンなどは，研究のなかでは米国連邦最高裁判所の思想が各国への伝播していったことを記述している[12]。

　本章は，こうした各国の国内裁判所における外国法・国際法判例の参照・言及が，これまで国際／国内という2元論的な理論枠組で語られがちであった国際法学や国際関係論に新たな可能性を示唆するのではないかと論じる。理論的枠組みとしては，アン・マリー・スローターなどが提唱しているトポロジーを

採用し，考察の対象としては，米国での議論を中心として見ていくことにする。

次節では，まず分析対象である米国における司法のグローバル化言説を描写する。

1．外国判例および国際裁判所判決の参照という現象と法的意義

本章が取り上げる企図は，米国最高裁のなかでは，ブライヤー判事，ギンズバーグ判事[13]，オコナー元判事[14]が中心的な推進者である。彼らは，こうした現象を司法のグローバル化（transjudicial communication, legal globalization, judicial dialogue）と呼び，外国や国際裁判所での他国の経験が場合によっては米国においても有益な知見をもたらすと考える。これまで権力分立[15]，連邦主義[16]，個人の基本的権利[17]など多くの憲法訴訟において争点となってきた。また，これに対して，激しい抵抗が国内で沸き起こったことは前述のとおりである。

こうした国内の現象に対して，国際関係論におけるリベラル国際主義，またはトランスガバメンタリズムの立場は理論的な枠組みを示し，分析の視座を提供している[18]。

こうした冷戦終焉以降のリベラリズム国際主義の立場に立つならば，グローバル・ガバナンスにおいて「知識共同体」「解釈共同体」「裁判所のグローバルな共同体」[19]など緩やかな国家および非国家主体のネットワークが重要であると主張されるようになっていた[20]。

スローターは1997年の論文においてブッシュ政権の「新世界秩序構想」を再構築し，次のように新たな意味内容をリベラル国際主義と新中世主義の世界観と対立させて論じている。スローターの考えでは：

　　　新世界秩序が生成しつつある。リベラル国際主義や新中世主義の構想に

比べ，歓声は聞かれないものの，これらのものが提供する構想よりも実質的な内容が備わっている。国家は，消滅しているのではない。国家は分解され，独立した，機能的に別々の組織となっているのである。これらの組織，すなわち裁判所，規制機関，行政府，そして立法機関までもが諸国のカウンターパートたちとネットワークを構築し，新たなトランスガバメンタルな秩序を成り立たせる密度の濃い人脈網を築き上げている[21]。

こうした「分解された主権モデル（disaggregated sovereignty model）」のなかでは，司法機関にも諸外国と「外交」あるいは「対話」をすることになる。スローターは，こうした司法のトランスナショナルなネットワークの性格を次のように述べている。

　　グローバル・ガバナンスに特徴的な様態であり，それは垂直というよりは水平的であり，国際的な官僚というよりは各国政府代表によって構成され，組織化され厳密なルールに則っているというよりも脱集権化され，非公式な性格である[22]。

非公式なネットワークは，単に個人の資格において裁判官が直接交流（face-to-face）する機会ばかりでなく，いわゆる国内・国際判例の相互参照（cross-fertilization）や，司法礼譲（judicial comity）などを通じた間接的な交流も含まれる。

日本も採用している国際法の原則の例をとるならば，次のようなものがある。張振海事件において，政治犯不引渡原則のなかで，相対犯罪を認定する基準としていわゆる優越の原則が採用されたが，これは元来，1892年スイス犯罪人引渡法に由来するものであり，これが各国の裁判所の実行を通じて広まったものである。また国家免除に対する立場を日本は，パキスタン賃金請求事件において従来の絶対免除主義から制限免除主義へと移行したが，制限免除主義も英米法系においては，米国のテート書簡（1952年）より広まったものである。

EUに目を向けるならば，ジェイコブスは，こうした形の裁判所交流の例として英国の事例を挙げている。英国は行政行為に対する見直しを検討するうえで，伝統的にWednesburyの不合理テスト（Wednesbury test of unreasonableness）とよばれる審査基準を使用してきたが，現在では他の欧州諸国で採用されている均衡性の原則（principle of proportionality）を活用することが増えてきている。また，英国が採用することによってEU以外の国であっても，コモンウェルス諸国へと同原則が広まることも考えられる。例えば同原則は，オーストラリア高裁の判決にも影響を与えているとジェイコブスは指摘する[23]。

　上のようなケースでは，他省庁や政府との調整があるとはいえ，裁判所が他国との紛争において大きな裁量を発揮してことが注目される。例えば，犯罪者の引渡の検討においては，行政府と司法府の役割分担が前提とされ，「裁判所が引渡条約や引渡法に規定された引渡可能性の制限要因に該当するか否かの判断を行い，行政府は裁判所による引渡許容の判断があった場合に，外交上あるいは人道上の政策的配慮から改めて引渡の当否を判断するという手続が一般的である。」[24]ゆえに，被引渡個人の人道上の考慮は行政の権限内にあるとされるが，人権規定の審査・適用は，裁判所が権限を持つと解され，他国の内政干渉になりかねない人権保証の評価という「外交」を裁判所は行うことになる。

　次項では，伝統的な国際法学のモデルのなかで国際法と国内法の関係，国際法の国内実施のモデルを取り上げ，これらの前提と問題点を指摘する。

(1) 伝統的な国際法学のモデル

　伝統的な国際法学のなかで国際法と国内法の関係は，一元論，二元論，等位論（調整論，新二元論）の学説が唱えられ，法体系の抵触ないし「義務の抵触」が想定されるなかで両者が同じ（また異なる）法秩序に属するかを軸に問題関心が論じられた。また，国内法秩序における国際法の地位については，各国の国家実行に基づいて変形理論および一般受容理論が形成され，後者については各国の法秩序のなかの位置づけと自動執行性の有無が論点となる。これらの理

論の共通点は，国際法と国内法の関係における二元論的発想であると考える。すなわち条約であれ，慣習国際法であれ，国際法と国内法を別個の法体系として認識し，「国際法と国内法のどちらが当該紛争に優先されて適用されるべきか」あるいは「どのような場合において国際法を直接援用することが出来るか」という国際法の遵守あるいは受容といった問題関心に対して，一定の法則性を求める傾向が強いといわざるをえない。そのなかで各国の裁判所の裁量はあまり考慮されていない。

また，こうしたなかで，国際法学・国際関係論の多くの関心は，どのように国際規範を国内に受容・実現させるかという国際平面から国内平面への一方向の流れにしか興味を持っていなかったように思われる。しかし，このような問題関心の立て方や姿勢によって司法のグローバル化や対話を理解するには限界があるように思われる。

カナダの国際法学者カレン・クノップの言葉によれば，

　……これは国際法が国内においてどのように適用されるかという機械的な観点に基盤を起き，補強するものである。このような観点では，国際法が単に国内法システムのなかに挿入され，そのなかで（訳者註：国際的な義務が）実施されるとする。国際法の道具としての国内裁判所――その実施，遵守，強制――を強調する語法は，国際法から国内法への移行が関わる判決にあまり重きを置かないことになる。大げさにいえば，国内裁判官は，官吏へと零落され，論者の学術的立場にもよるが，単に訓練，動機付や最新の情報を与えられる必要性があるにすぎないのである[25]。

換言するならば，認識論の問題としての「国際平面」および「国内平面」という分け方の他に，国際法学が国内法廷に求める姿勢こそが問題であると考えられるのである。こうした姿勢の問題は例えば「国内法廷における国際法（Le Droit international devant les jurisdictions nationales)」と題された国際法協会決議18／98（1998年）などの文言にも見出せる[26]。また，日本においても国際

法に言及する判例が少ないことが，単純に語学の問題に還元されてしまう場合もこうした姿勢の問題に含まれるであろう。

2．トランスガバメンタリズムのモデル

スローターは，トランスガバメンタリズムの立場に立った1994年の論考[27]のなかで，各国裁判所間のコミュニケーションの類型化を試みている。同論考で示された3つの軸のうち，本章では，他の論者より最も言及されることの多い形態に基づく類型（forms of transjudicial communication）を取り上げることにする[28]。

(1) 司法の水平なコミュニケーション

司法の水平なコミュニケーション（Horizontal Communication）とは，同等の位階にある（水平な関係にある）裁判所間で行われる判決・意見などの相互参照に代表されるコミュニケーションの形態である。この形態のコミュニケーションが最も見られるのは，定期的に裁判官同士の直接交流がある，EU各国の憲法裁判所であると思われる[29]。また英連邦諸国のおいても同主旨の会議があり，法曹を交流させ，各国が抱える法的問題について話し合う[30]。こうした現象は，英連邦諸国や欧州諸国など法文化および地理的な近接性のみならず，裁判官・法曹同士の直接的交流が頻繁であればあるほどに発生しやすいと考えられる。各国の国内ばかりでなく国際的な学術団体で「国際法の執行者としての国内裁判所」に注目し，研究プロジェクトを立ち上げているものは少なくない。このなかには，国際法協会（ILA）や万国国際法学会（Institut de Droit International），ハーグ法国際化機構（HiiL）のような団体も含まれる[31]。

しかしながら，ここで留意すべき点は，形式的には参照する義務がないにもかかわらず共通して直面している問題に対して外国判例を（多くの場合，黙示的・間接的な形で）参照していることである（cross-fertilization）。このほかに，こうした形態の対話が成立する状況としては，外国の法令や宣言の国内効力を

判断しなければならない場合や紛争解決の法廷地国の判断を裁判所が行わなければならない場合が挙げられる。

(2) 司法の垂直なコミュニケーション

司法の垂直なコミュニケーション（Vertical Communication）とは，国内裁判所と国際裁判所の間に行われるもので，多くの事例が EU 域内のなかで見出される。欧州連合基本条約（リスボン条約）は，EU 諸国ならびに EU 委員会および他の構成国間の特定の紛争に関して優先的に管轄権を与えている。また「構成国裁判所の要請により，聯合報の解釈又は機関により採択された行為の有効性について先行判決を与える」（第 19 条 3 項 (b)）ことができる。他に欧州人権裁判所，米州人権委員会，国連人権委員会も国内救済手続完了を条件として国内裁判所が扱った事件を扱うことができる。こうした条約制度が存在する環境においては，国内裁判所が国際裁判所の判断を意識せざるをえず，これらを調整する必要性も出てくる。とりわけ各国の憲法との関係においては，深刻な問題を提示することもありうる。EC 法（現在の EU 法）の優位性，ECJ の先決性が各国国内法秩序にもたらしうる問題は，コスタ対エネル事件（1964）[32]，シンメンタール事件（1978 年）[33]の頃から論じられてきた。

こうした問題に対して 1 つの視点があてられたのが，ドイツ連邦憲法裁判所（BvG）のマーストリヒト判決である[34]。本件（憲法異議）では，欧州連合を設立するマーストリヒト条約の（ドイツ連邦憲法上）合憲性が争われた。ドイツ連邦憲法裁判所は，同条約を合憲としたが，ドイツ憲法が国民に保障する基本権（とりわけ民主的正当性）を侵さない範囲においてという制限をつけた。両裁判所の調整を行うために，ドイツ連邦憲法裁判所は，ECJ との司法礼譲の一種であり，「協働的な関係 relationship of co-operation」に入ることを求めた。差異のあるもの重複する管轄権を有する 2 つの裁判所が同一の条約に関して互いの解釈をチェックする「協働アプローチ」あるいは「対話アプローチ」は，国内裁判所と国際裁判所を対等に位置づけた意味で意義深く，他の EU 構成国もこれを検討している。

垂直なコミュニケーションの他の例として，スローターは，欧州域外でありながら，欧州人権裁判所や国際司法裁判所などの判決を引用する国内裁判所を挙げている。冒頭で挙げた Lawrence v. Texas 事件も，このカテゴリーに入ると考えられる。日本でも，国際裁判所の判決そのものに言及することは少ないものの[35]，解釈基準として用いる例は受刑者接見妨害国家賠償請求事件[36]のように増えてくると考えられる。

(3) 垂直および水平な形態が混合したコミュニケーション

以上，2つの形態のほかにスローターは，これらが混合したコミュニケーションのモデルの可能性を示唆し，2つの状況を例として挙げている[37]。

1つ目は，国際裁判所が水平なコミュニケーションの導管（conduit）として機能する場合である。欧州人権条約の締約国同士の国内法上のルールや原則が ECHR を通じて各国に伝播する場合がこれにあたる。

2つ目は，国際裁判所が純化し，各国に拡散できるような共通の法原則が各国の国内法に存在することを前提とする。例としては，人権条約に見られる個人通報制度を通じて1国の経験や国際制度を経て導き出された規範が各国に広がっていくような状況である。このような状況において国際裁判所は各国国内法が交錯する導管というよりは，事例から純化された規範を導き出し，再び各国に伝えるという機能を期待されることになる。例えば，人権の分野で著名なソーリング事件，キンドラー事件，ジャッジ事件などでは，米国における死刑制度に関して自由規約委員会を通じて英国，カナダなどの政府，裁判所が対話をした事案として考えられる。

以上の類型は，伝統的な国際法学のモデルが「国際法の支配 international rule of law」「国際法の国内実施」を問題意識の中核に据えているのに対し，「より多様で乱雑な司法の交流」を相手にしていることを念頭においていると考えられる[38]。その意味で，これらは，あくまで整理のための理念型として理解すべきであろう。

おわりに

これまでグローバル・ガバナンスのスローガンであった「政府なき統治 governance without government」を発展させ，スローターたちは，「国際法の未来は国内にある The Future of International Law is Domestic」[39]や「国際紛争解決からトランスナショナルな訴訟へ From International Dispute Resolution to Transnational Litigation」[40]等のテーゼを提示してきた。

「国際紛争解決からトランスナショナルな訴訟へ」というテーゼは，裁判モデルの様態の変化に着目している。国家間紛争を扱う裁判所モデルとは，国際司法裁判所のような普遍的・一般的裁判所から ECJ，米州人権委員会のような地域的な裁判所，あるいは国際海洋法裁判所，WTO 紛争解決小委員会，ICSID，国際刑事裁判所のような特定分野に特化した裁判所などへと広がりを見せている様態を表している。トランスナショナルな訴訟とは，主として国内法廷において，私人間ないし（国家免除や米国外国人不法行為請求権法のような場合においては）国家対個人が法的問題の解決を行う管轄権や当事者適格の広がりを指していると考えられる[41]。これら裁判モデルが同じ規範のグローバル化を示す様態である一方で，トランスナショナルな訴訟は，国際／国内という2元論的な理論枠組を克服しようとするものであると考えられる。国際・国内法廷を問わず，裁判官たちが直接的に交流をし，国家の代表というよりも問題意識を共有する共同体の一員としての意識を有することで，垂直・水平・混合型のコミュニケーションが発生し，結果として規範のグローバル化が達成されると考えるのである。その意味で，国内裁判所を通じた規範のグローバル化は，リベラル国際主義やグローバル・ガバナンス論にとって大きな可能性を有していると考えられる。

しかし，このグローバル化のモデルの妥当性には，いくつか問題点が存在する。第1の問題点は，この裁判所の相互参照や対話がコモンロー諸国と欧州諸国に限定され，実行に地域偏差が存在することである。EU のように条約体制

によって国際裁判所と国内裁判所の対話の枠組が規律されている場合を除き，国際判例または外国判例を国内裁判所するのはあくまで各裁判官の裁量であり，その裁量にも国内法の制限がかかる場合が多い。

例えば，米国において司法のグローバル化の推進者であると目されるオコナー判事やブライヤー判事は，1998年にECJ裁判官と積極的に交流をしたのちに，「将来的な事件において使ったり，言及したりすることが可能かもしれない」と述べている[42]。逆に考えるならば，こうした「下準備」がなかったら冒頭のLawrence v. Texasにおける参照はなかったかもしれない。地域偏差の問題を考えるならば，実証的に，どの地域の裁判官が，どの程度の頻度・密度で交流しているかを見なければならないであろう。ハーグ法国際化（HiiL）が主催した2008年「法の将来の検討会議 The Future of Law Conference」[43]は「国際化する世界のなかにおける最高裁の役割の変容」と題し，本章が扱ってきた裁判所の役割を扱った。その成果物であるコンセプト・ペーパーや分科会の概要の付録として裁判所の直接交流の記録一覧表がある[44]。このなかの交流会議の大勢を見るならば，コモンロー諸国間と欧州諸国間において交流は盛んであるが，日本を含むアジア諸国や米国との交流は少ないことがうかがえる。言語や法文化を軸に，こうした意見交流の偏差がそのまま司法のグローバル化の地域的偏差に結び付いていると考えられる。

いま1つの課題は，英米法圏でありながら，一般的にこうした潮流に属さず，マイケル・イグナティフのいう法的な孤立主義（legal isolationism）にある米国国内に見出せる[45]。それは，伝統的な米国憲法の権力分立の立場に鑑みて，立法・行政府（議会と場合においては大統領）が外国法・国際法を国内法（law of the land）として認める権利を有するという理解に端を発し，裁判所が個別に外国法・国際法を米国法として認知することを違憲とする。

例えば，Printz v. United States事件においてにおいてスカリア判事は次のようにこの懸念を表している。

　　米国連邦主義の原則を解釈するにあたって，比較法的な分析は不適格で

ある。なぜならば起草者たちが確立したのは，（他とは）区別された米国の連邦システムだからである[46]。

　こうした米国例外主義，孤立主義の背景には，：国：際：法：に：拘：束：さ：れ：る：の：で：は：な：く，米国外の裁判所（国際・国内裁判所を問わず）に拘束される可能性を否定する傾向がある。仮に，米国裁判所が独自の対話・外交を通じて国内外の裁判所の意見を無条件に受入れることになれば，それは行政府をも拘束してしまう懸念が生じるのである[47]。こうした各国独自の法制度内の課題は，語学の問題以上に日本でも検討されなければならないのではないだろうか[48]。

　以上の課題を含みつつも，規範のグローバル化は，国際・国内裁判所の双方を中心に展開されると考えられる。

1) Lawrence v. Texas, 539 U. S. 558 (2003). 事件の経緯および評釈については，志田陽子「ソドミー法の合衆国憲法適合性―ローレンス対テキサス」『性的マイノリティ判例解説』信山社，2011年，6-12頁（ジェンダー法の立場から）；根本猛「実体的適正手続の新たな射程―いわゆるソドミー法をめぐって」『法政研究』9巻4号，2005年（適正手続条項を検討する立場から）などがさしあたって詳しい。
2) Bowers v. Hardwick, 478 U. S. 186, 106 S. Ct. 2841, 92 L. Ed. 2d 140 (1986).
3) Lawrence v. Texas, op.cit., at 564.
4) Ibid., at 576, para. 3. Lawrence v. Texas が言及した事件は，次の通り：Dudgeon v., United Kingdom. 他に P. G. & J. H. v. United Kingdom, App. No. 00044787 / 98, & ¶56 (Eur. Ct. H. R., Sept. 25, 2001); Modinos v. Cyprus, 259 Eur. Ct. H. R. (1993); Norris v. Ireland, 142 Eur. Ct. H. R. (1988)も要参照としている。バワーズ事件判決の根拠が，広範な文明が共有する価値観に基づいているとする点について，これが上述 ECHR 判例で否定され，他の国でも，同性愛の成人の性行為の権利の保護と矛盾しない行動がとられていることを裁判所は指摘している。
5) Dissenting Opinion of Judge Scalia, Lawrence v. Texas, op. cit., at 598. このほかに，スカリア判事とブライヤー判事の以下の議論も参照。Transcript of Discussion between U. S. Supreme Court Justices Antonin Scalia and Stephen Breyer, American University Washington College of Law & U. S. Association of Constitutional Law, Constitutional Relevance of Foreign Court Decisions (Jan. 13, 2005) http://www.wcl.american.edu/secle/founders/2005/

050113.cfm 2013年1月29日アクセス。

6) Roper v. Simmons, 125 S. Ct. 1183 (Mar. 1, 2005).
7) H. R. Res. 568, 108th Cong., 2d Sess. (2004)
8) H. R.3799, 108th Cong., tit. II§201, tit. III§§301-302 (2004); S.520, 109 th Cong., tit. I§101, tit. II§§301-302(2005).
9) Fellmeth, Aaron, "Current Developments: U. S. State Legislation to Limit Use of International and Foreign Law", *American Journal of International Law*. 106 (2012): 107-117. ここでいう「外国法」というなかにはイスラム法（シャリーア）が意識されている。すなわち、国際法・外国法との対立ばかりでなく、9.11以降の文脈においてイスラム文明・法への偏見・反感という対立軸も含まれていることに留意しなければならない。このような背景があるものとして次のテネシー州法を参照：S. B. 1028 (Tenn. 2011) & H. B. 1353 (Tenn. 2011), codified at Tenn. Pub. L. ch. 497 (effective July 1, 2011).
10) Waters, Melissa, "Mediating Norms and Identity: The Role of Transnational Judicial Dialogue in Creating and Enforcing International Law", *Georgetown Law Journal*. 93 (2005): 487- at 491; Slaughter, Anne-Marie, "Courting the World", *Foreign Policy*. 141(2004): 78-79 at 78.
11) Cleveland, Sarah "Foreign Authority, American Exceptionalism, and the Dred Scott Case", *Chicago-Kent Law Review*. 82 (2007): 393-455.
12) Glendon, Mary A. *Rights Talk: The Impoverishment of Political Discourse*. 158 (1991); Anthony Lester, "The Overseas Trade in the American Bill of Rights", 88 *Columbia Law Review*. 537, 541 (1988).; Louis Henkin,"Constitutionalism and Human Rights", in *Constitutionalism and Rights*. 383, 392-95.
13) ギンズバーグ判事は、インドにおけるアファーマティブアクションにおいて米国の先例が参照された事例を紹介し、米国裁判所にも同様の姿勢が必要であると論じている。Ginsburg, Ruth Bader, "Affirmative Action as an International Human Rights Dialogue", *Brookings Review*, Winter 2000.
14) オコナー判事の意見については O' Connor, Sandra Day, *Broadening Our Horizons: Why American Lawyers Must Learn About Foreign Law*, 45-Sep. Fed. Law. 20 (1998) 参照。
15) Steel Seizure 事件において、ジャクソン判事は、行政の効果的なチェック機能には、国家の非常事態を議会に与えることが必要であると結論付けるうえで英国、仏国、ワイマール共和国ドイツの実行を検討した。Youngstown Sheet & Tube Co. v. Sawyer (Steel Seizure), 343 U. S. 579, 651-52 (1952).
16) Printz v. United States, 521 U.S. 898, 977 (1997) （反対意見においてブライヤー判事は、検討材料の1つとして海外のアプローチを検討することが、連邦主義に関する憲法解釈のなかで「経験的な光をあてる」ことができるのではないかと見ている。）
17) 修正8条および残酷あるいは異常な刑罰について Roper v. Simmons, 543 U. S.

406　第Ⅲ部　グローバル化と安全保障

28) スローターは，こうした国境を越えた司法部のコミュニケーションを類型化する軸として 1．形態（forms of transjudicial communication） 2．交流の程度（degree of reciprocal engagement） 3．機能（function）の 3 つを挙げている。Ibid.
29) ヨーロッパ憲法裁判所会議（Conference of European Constitutional Courts）は，3 年毎に開催され，その議事録も出版されている。（規程第 3 条）http://www.confcoconsteu.org/en/common/home.html 参照（アクセス日　2013 年 8 月 21 日）。
30) http://www.commonwealthlawyers.com/conferences.aspx 参照（アクセス日 2013 年 8 月 21 日）。
31) 例えば，ILA 国内裁判所における国際法委員会（ILA Committee on International Law in National Courts），ILA 英国支部の人権部会，万国国際法学会（Institut de Droit International），ハーグ法国際化機構の各種研究を指す。
32) Case 6 / 64, Costa v. Enel (1964) ECR 585.
33) Case 106 / 77, Amministrazione delle Finanze dello Stato v. Simmental (1978) ECR 629.
34) Brunner v. The European Union Treaty, Bundesverfassungsgericht (2. Senat), 1994, 1 C.M.L.R. 57.
35) 例えば，日本においても，外国判決の効力が争点となった事件がないわけでもない。中国籍の被告人に対する，戦後占領下における軍事裁判所の判決を，最高裁は外国判決に準ずるものとし，我が国の裁判所が審判することを同一事件に対する二重処罰の禁止原則に反するとの主張を退けた。刑法 5 条によれば，「外国において確定裁判を受けた者であっても，同一の行為について更に処罰することを妨げない。ただし，犯人が既に外国において言い渡された刑の全部又は一部の執行を受けたときは，刑の執行を減軽し，又は免除する。」としている。
36) 本件においては B 規約第 14 条 1 項を解釈するうえでモラエル対フランス事件での人権規約委員会の見解を解釈の参考としている。平成 8 年（ネ）第 144 号・第 204 号：受刑者接見妨害国家賠償請求事件，判時　1653 号 117 頁，判タ 977 号 65 頁。
37) Slaughter, "A Typology of Transjudicial Communication", pp.111-112.
38) Slaughter, Anne-Marie, "Judicial Globalization" *Virginia Journal of International Law*, 40 (2000) 1103, at p. 1104.
39) Slaughter, Anne-Marie and William Burke-White, "The Future of International Law is Domestic (or , The European Way of Law)", in *New Perspectives on the Divide Between National and International Law*, Oxford: Oxford Univ. Press, 2007.
40) Slaughter, "A Global Community of Courts", ibid.
41) トランスナショナルな訴訟概念については，さしあたって Kreindler, Richard, *Transnational Litigation: A Basic Primer*: Oceana Publications, 1998 参照。

551, 574-78 (2005) 参照; ソドミー法について Lawrence v. Texas, 539 U. S. 558, 572-77 (2003) 参照。

18) 例えば, Knop, Karen, "Here and There: International Law in Domestic Courts," *N. Y. U. Journal of International Law and Politics,* 32 (2000): 501-535 参照。本章が依拠するスローターのリベラル国際主義の国際法学と国内裁判所の役割については, Mills, Alex and Tim Stephens, "Challenging the Role of Judges in Slaughter's Liberal Theory of International Law", *Leiden Journal of International Law.* 18 (2005): 1-30 参照。

19) Slaughter, Anne-Marie, "A Global Community of Courts", *Harvard International Law Journal.* 44.1 (2003): 191-219 参照。 同論考のなかでスローターは, この共同体内において裁判官が国際法, 国内法, あるいはその双方を活用することとイメージを挙げている。

20) 知識共同体の概念については, さしあたって Adler, Emanuel. "The Emergence of Cooperation: National Epistemic Communities and the International Evolution of the Idea of Nuclear Arms Control", *International Organization,* 46.1 (1992): 101-145; Haas, Peter "Epistemic Communities and International Policy Coordination", *International Organization,* 46.1 (1992): 1-35 参照。

21) Slaughter, Anne-Marie "The Real New World Order", *Foreign Affairs,* 76 (1997): 183-197. at 184.

22) Slaughter, Anne-Marie, "Governing the Global Economy Through Government Networks", in *The Role of Law in International Politics* (Michael Byers ed., 2000) at 205-6.

23) Jacobs, Francis, "Judicial Dialogue and the Cross-Fertilization of Legal Systems: The European Court of Justice", *Texas International Law Journal,* 38(2003): 547- at 550.

24) 古谷修一「犯罪人引渡と請求国の人権保障状況の対する評価 (一)」『香川法学』15.4 (1996) 33-80, 36 頁。

25) Knop, Karen "Here and There: International Law in Domestic Courts", *NYU Journal of International Law and Politics,* 32 (2000): 501-, 516-7.

26) 国内法廷に積極的に国際法の援用を求める同決議には, 次のような文言がある。《La meilleure assistance qui peutê apportée aux tribunaux nationaux dans leur tâche d'identification et d'application correctes des principes et des régles pertinentes du droit international est celle qui résultera d'une formation permanente des juges et des praticiens qui apparaissent devant eux. (訳:適確な国際法の原則を特定し, 適用することを助力することは, 出廷する裁判官や法律家を永続的に訓練することからもたらされるであろう。)》 ILA Resolution No. 18 / 98, para. 2 (c), in *Report of the 68 th Conference,* 1998.

27) Slaughter, "A Typology of Transjudicial Communication", 29 *University of Richmond. Law Review,* 99 (1994): 99-137.

42) "Justices See Joint Issues with the EU", *Washington Post*, July 9, 1998, at A 24.
43) http://www.lawofthefuture.org/（アクセス日：2013年10月29日）
44) http://www.hiil.org/data/sitemanagement/media/LOTF_2008_inventory(2).pdf （アクセス日：2013年10月29日）
45) イグナティエフは，法的孤立主義を「米国の法を生成するうえで，外国の実行や国際法を検討することを国内裁判所が拒否すること」と定義している。Michael Ignatieff, "Introduction: American Exceptionalism and Human Rights", in *American Exceptionalism and Human Rights*, Princeton: Princeton Univ. Press, 2005. at 8.
46) Printz v. United States, 521 U. S. 898, 921 n.11 (1997).
47) Posner, Eric, *The Perils of Global Legalism,* Chicago: Univ. of Chicago Press, 2009, 102.
48) 例えば，日本の最高裁判所は，訴訟手続き上の問題から，正面から国際法上の人権を取り扱うのではなく，人権条約上の人権を憲法上の人権に包含させるという，いわゆる人権カタログ論の立場を一般的に採用している。しかし，こうした人権の国内制度への読み換えには，憲法12条，13条にある「公共の福祉」など，国際法上では存在しない制限が伴う可能性がある。二風谷事件において札幌地裁は，こうした論点を指摘している。芦田健太郎，薬師寺公夫，坂元茂樹『ブリッジブック国際人権法』信山社，2008年，219-220頁。

第 17 章
グローバル化時代における公共的理性
―― ジョン・ロールズとアマルティア・セン ――

齋 藤 俊 明

はじめに

　世界人権宣言は，1948年12月10日に，国際連合の第3回総会において採択された。世界人権宣言は，人権および自由を尊重し確保するために，すべての人民とすべての国とが達成すべき共通の基準を宣言したものである。1966年には，世界人権宣言を基礎として，社会権規約と自由権規約を内容とする国際人権規約が採択された。国際人権規約は，人権および自由の擁護と促進のための国際的努力の基本的な拠り所となっている。

　しかし，半世紀におよぶ努力にもかかわらず，人権および自由の擁護と促進をめぐる状況は，地球的相互依存の深化もあいまって，多くの国において，錯綜と混迷の極みにある。特に，豊かさと貧しさという点からするならば，発展途上国においてのみならず，先進国においても，富裕層はますます豊かになり，貧困層はますます貧しくなっている。貧しさは，いまや，人権および自由の擁護と促進どころか，生命を毀損するような危機的状況に達している。

　こうした状況は，端的には，ふたつの闘争によって生みだされた。ひとつは，より大きな分け前をめぐって競争する多様な利益集団間の闘いである。この闘争においては，正義や共通善に訴えることはもはや何の効力もない。もうひとつは，哲学的諸問題について，道徳的，宗教的教義をめぐって分裂した集団間の闘いである。この闘争においては，市民と支持集団は，正当な根拠とし

て包括的教説の真理に訴える[1]。

　世界人権宣言，国際人権規約の実現もさることながら，正義と安定性を確保するためには，ふたつの闘争は公共的・政治的活動を支配する何らかの道徳的規範によって抑制されなければならない。ロールズの『正義論』は多くの批判にさらされたが，この点における貢献のひとつは，『政治的自由主義』，「公共的理性の再検討」を通して，政治と道徳の議論において「公共的理性」の意義と重要性を復権させたことである[2]。

　ロールズの公共的理性については多くの論考において精緻な分析がなされてきた。ここでは，「公共的理性としての民主主義」という視点から独自の構想を展開したアマルティア・センの議論を取り上げる。センこそは，豊かさと貧しさの相克のなかで，世界人権宣言と国際人権規約の理念を真正面から受け止め，公共的理性を軸として，経済的・社会的権利の制度化と民主主義の条件を解明しようとしたからである。

　第1節では，ロールズの公共的理性に関する議論を取り上げる。ロールズによれば，民主主義は，宗教的なものであれ，哲学的なものであれ，互いに相容れない包括的教説の多元性を前提としている。現に，民主的社会とは両立しない，政治的に道理に反する数多くの教説が存在している。それゆえ，市民は，和解不可能な包括的教説に依拠する場合には，合意に到達できないばかりか，相互理解にすら近づくことができないという問題に逢着する。

　これに対して，ロールズは，公共的理性を媒介として，真理や正しさについての和解不可能な包括的教説を政治的に道理に適うものに取って代えることを提案している。第1節においては，この点について，主として，「公共的理性の再検討」（The Idea of Public Reason Revisited, 1999）において展開されている公共的理性をめぐる議論を再構成することによって，公共的理性の論理，内容を明らかにする。

　第2節では，『正義の構想』（The Idea of Justice, 2009）によりながら，アマルティア・センの正義をめぐる議論を取り上げる。議論の基調をなしているのは，ロールズに代表される先験的制度尊重主義に対する批判である。センは，

トマス・ネーゲルの主張を引き合いにだしながら，世界中の人々が正義を求め，訴えているときに，人々は「最小限の人道主義」のようなものを求めているのではない，と批判している。

センは，人々は完全に公正な世界社会を求めているのではなく，正義を促進するために，非道で不公正な取り決めのいくつかを取りのぞくことを求めているにすぎず，公共的討議を通して合意に到達することは可能である，と反論している。第2節においては，この点について，主として，『正義の構想』における議論を再構成しながら，非道で不公正な取り決めのいくつかを取りのぞくための正義の構想について明らかにする。

第3節においては，『正義の構想』の第Ⅳ部において展開されている公共的推論と民主主義に関する議論を取り上げ，本章の主題である「公共的理性としての民主主義」について検討する。センは，民主主義の諸局面のなかでも，公共的理性に関心を寄せている。公共的理性に注目することによって，民主主義を，多数決や投票といった視点からではなく，相互行為的参加と公共的討議の機会の観点からとらえることが可能となる。

センは，民主主義は，西洋にかぎらず，アジアにも広く見られること，民主主義は経済発展を阻害するものではなく，発展の重要な要素であることを指摘するとともに，人間の安全保障を追求するうえでの手段的価値をもっていることを明らかにすることによって，世界における正義の促進の可能性を探究している。第3節においては，以上の点についての検討をふまえ，正義，民主主義，人権をふくめ，社会科学において探究されるべき構想について明らかにする。

1．ジョン・ロールズ

公共的理性という概念は，『啓蒙とは何か』におけるカントの議論によって知られているが，今日，道徳哲学，政治哲学において議論されることになったのは，ジョン・ロールズの著作においてである。公共的理性は，ロールズの道徳哲学，政治哲学の中心に位置する。公共的理性については，主として，『政

治的自由主義』（*Political Liberalism*, 1996）と「公共的理性の再検討」（The Idea of Public Reason Revisited）において論じられている[3]。

　民主主義は，宗教的なものであれ，哲学的なものであれ，互いに相容れない包括的教説の多元性を前提としている。したがって，市民は，和解不可能な包括的教説に依拠する場合には，合意に到達できないばかりか，相互理解に近づくことができないという問題に逢着する。これに対して，ロールズは，公共的理性を媒介として，真理や正しさについての和解不可能な包括的教説を政治的に道理に適うものに取って代えることを提案している。

　ロールズによれば，公共的理性の中心をなすのは，包括的教説が公共的理性と民主的政治形態の本質的部分と和解不可能な場合をのぞけば，公共的理性は，宗教的なものであれ，非宗教的なものであれ，包括的教説を批判することも，攻撃することもない。公共的理性の基本的要件は，包括的教説が，立憲民主制とそれにともなう正当な法という観念を受け入れる道理に適ったものであるということである[4]。

　要するに，公共的理性は，立憲民主制と市民との関係および市民相互の関係を決定する基本的な道徳的・政治的諸価値が何か，言い換えるならば，政治的関係がどのように理解されるべきかということにかかわっている。立憲民主制を拒否するということは，公共的理性そのものを拒否するということである。それゆえ，政治において全体の真理を実現するという熱狂は，民主的市民であることにともなう公共的理性とは和解不可能である。

　公共的理性は，以上の特徴からも明らかなように，正義の政治的構想において，政治権力をいかにして公的に正当化するかということと深くかかわっている。言い換えるならば，公共的理性は，政治的関係がどのように理解されるべきかにかかわっている。しかも，公共的理性は，友か敵かに収斂しがちな政治的関係の放棄を求める。政治的諸問題は，正義の政治的構想に訴えることによって決定されなければならない。

　公共的理性には，5つの側面がある[5]。(1) 公共的理性が適用されるのは基本的な政治的諸問題である。(2) 公共的理性が適用されるのは政府高官や国会

議員などである。(3) 公共的理性の内容は正義の構想によって与えられる。(4) 正義の構想は，民主主義を信奉する民衆のための正当な法という形で制定される強制的規範についての議論に適用される。(5) 正義の構想に由来する諸原理が互恵性の規準を満たしていることを市民が点検する。

公共的理性は，3つの意味において公共的である。(1) 自由かつ平等な市民の理性であるという意味において，公衆の理性である。(2) 公共的理性が主題とするのは，根本的な政治的正義の問題にかかわる公共的善である。政治的正義の問題というのは，憲法の基本的事項と基本的正義の問題である。(3) 公共的理性の性質と内容は，互恵性の基準を満たしていると考えられる，道理に適った政治的正義の構想にもとづく公共的推論において表明される。

公共的理性の観念は，公共的・政治的討論の場において行われる根本的諸問題をめぐる討論にのみ適用される。公共的・政治的討論の場は，裁判官の言説，政府高官や国会議員の言説，議員選挙の立候補者他の言説にかぎられる。彼らが，公共的理性の観念にしたがって行動するとともに，最も道理に適っていると見なす正義の政治的構想に照らして，根本的な政治的立場を支持する理由を説明するときに，公共的理性の理想は実現される[6]。

市民は，どのようにして，公共的理性の理想を実現するのか。代議政治においては，市民は，国会議員などの代表を選ぶにとどまり，法律の制定のような根本的諸問題にかかわることはほとんどない。市民は，むしろ，自らをあたかも理想の立法者であるかのように見なし，互恵性の規準を満たすのはどのような理由なのか，どのような法律を制定するのが最も道理に適っているのかを自らに問いかけることを求められる。

この問いかけが確固たるものとなり，広範に行きわたれば，市民は，国会議員等が公共的理性の観念から離れてしまうことのないように，自分たちにできることを行うことを通じて，市民であることにともなう義務を果たすとともに，公共的理性の観念を支えることができるようになる。市民が，自らを理想の立法者と見なし，道理に適った正義の政治的構想に忠誠を尽くすとき，公共的理性の理想に対する市民の忠誠はさらに強固なものとなる[7]。

公共的理性の観念は，市民であることの構想に由来する。市民であることにともなう政治的関係において問題となるのは，集合体として政治権力を行使する自由かつ平等な市民間の関係である。しかし，市民が信奉する包括的教説から生じる市民間の差異が相容れないものである場合，政治的決定をすべての人々に対して道理に適った仕方で正当化するためには，政治権力はどのような理想と原理にしたがって行使されなければならないのか[8]。

　市民が道理をわきまえた市民であるためには，次の条件が満たされなければならない。第1に，道理をわきまえた市民は，お互いを，世代をこえた社会的協働のシステムのなかで生きる自由かつ平等な存在と見なすとともに，政治的正義に関する最も道理に適った構想と考えるものにしたがって協働の公正な条件をお互いに提示するための準備ができているということである。

　第2に，他の市民もまた協働の公正な条件を受け入れているのであれば，特定の状況において自分の利益を犠牲にしなければならないとしても，協働の公正な条件にもとづいて行動することに同意しているということである。第3に，協働の公正な条件が道理に適ったものとして提示されるならば，それを提示している者は，他の人々が自由かつ平等な市民としてそれらを受け入れることを道理に適っていると見なされなければならない。

　これらの条件が満たされ，憲法の基本的事項と基本的正義の問題について，政府高官や国会議員が全員公共的理性にしたがって行動するとき，そして市民全員が自らを立法者であるかのように見なすとき，大多数の意見を体現して制定される法は正当な法となる。しかし，そのようにして制定された法は，市民を政治的に拘束するため，そのようなものとして受け入れられなければならない。それは，市民であることにともなう義務のひとつの帰結である。

　このようにして，市民は，市民であることにともなう義務の履行を期待される。しかし，それは，公共的・政治的討論の場において憲法の基本的事項や基本的正義の問題に対して支持を与えたり，投票する場合にかぎられる。市民は，日常生活においては，市民であることにともなう義務には縛られない。市民であることにともなう義務は，法的義務ではなく，道徳的義務にすぎない。

なぜなら，例えば，言論の自由の権利は，その義務に先立つからである。

　市民であることにともなう義務はまた，適切な公共的・政治的理由が示されるのであれば，政治的議論のなかに，宗教的なものであれ，非宗教的なものであれ，包括的教説を持ち込むことを妨げない。しかし，それは，包括的教説を支持するのに十分かつ適切な政治的理由を適当な時期に提示するという付帯条件を満たす場合にかぎられる。また，包括的教説を公共的・政治的議論のなかに持ち込むことには，積極的な理由があると考えられる[9]。

　付帯条件が満たされるのであれば，宗教的なものであれ，非宗教的なものであれ，包括的教説を公共的・政治的議論のなかに持ち込んでも，公共的理性それ自体における正当化の性質や内容は変化しない。正当化は，正義の政治的構想にもとづいて行われる。包括的教説の表現形態には，制限も条件もない。包括的教説が広範な聴衆に受け入れられるためには，受け入れられるに値する理由を持っていなければならない。

　公共的・政治的議論において表明される包括的教説をお互いに知ることによって次のような認識が生まれる。すなわち，正義の政治的構想に対する市民の忠誠は，宗教的なものと非宗教的なものの両方をふくむ，市民の各々が信奉する包括的教説にある。公共的理性の理想に対する市民の忠誠は，このようにして，正しい理由によって強固なものとなる。道理に適った包括的構想は，正義の政治的構想にとって必要不可欠な社会的基盤である。

　政治権力は，このように，互恵性の規準にもとづいて行使されるかぎりにおいて適切なものとなる。そして，この規準は2つのレベルにおいて適用される。ひとつは，憲法構造それ自体に対する適用であり，もうひとつは，憲法構造にしたがって制定される特定の法律や法に対する適用である。政治的構想は，道理に適ったものであるためには，この規準を満たす憲法のみを正当化することができるにとどまる[10]。

　以上のようにして，公共的理性の内容は，正義の政治的構想によって定式化される。それには，3つの特徴がある[11]。第1に，一定の基本的権利，自由，機会を明確にする。第2に，特に，一般的な善や卓越主義的諸価値の要求との

関連で，これらの権利，自由，機会に対して特別の優先性を付与する。第3に，すべての市民が，基本的自由と機会を効果的に使用することができるようにあらゆる目的にかなう適切な手段を保証する政策を支持する。

　正義の政治的構想が政治的であるのは3つの点においてである[12]。第1に，社会の基本的構造，すなわち主要な政治的・社会的・経済的諸制度にのみ適用されるという点において。第2に，どのようなものであれ，包括的な宗教的・哲学的教説から独立して提示されるという点において。第3に，民主的社会の公共的・政治的文化に暗黙のうちにふくまれていると見なされる基本的な政治的諸理念の点から練りあげられているという点において。

　したがって，公共的理性の内容は，これらの条件を満たす正義についての自由主義的な政治的構想に由来する原理や価値によって与えられる。公共的理性に関与するということは，正義の政治的構想の理想や原理，規準や価値に訴えるということである。公共的推論は，政治的構想のなかで展開されるが，憲法の基本的事項や基本的正義の問題は，政治的構想が内包している政治的諸価値を前提にして議論される[13]。

　議論にあたっては，政治的構想によって表明されている政治的諸価値に包摂される理由，すなわち公共的な理由をもって正当化の根拠とされる。理由は，平等な市民にふさわしい適切な仕方で提示されなければならない。理由を公共的な理由とする政治的諸価値は何か。政治的諸価値には2種類ある。ひとつは，政治的正義の諸価値であり，もうひとつは，公共的理性の諸価値である[14]。

　政治的正義の諸価値は，基礎構造に適用される正義の本質的諸原理に属しており，市民が自らの理性を自由に行使することができることを保証する政治的諸価値，すなわち政治的自由の価値の実質的平等である。具体的には，平等な政治的・市民的自由の諸価値，機会の平等，社会的平等と経済的互恵性の諸価値，そしてこれらの諸価値にとっての必要条件および共通善の諸価値などである。

　公共的理性の諸価値は，公共的探求のための指針であり，本質的諸原理が妥

当なのかどうかを決定するにあたって，また十分に満足させる法や政策を同定するにあたって，市民が参照する推論のための諸原理と証拠の規則である。それは，市民であることにともなう義務に敬意をはらうことに対する公正性の徳をふくんでいる。それは，公共的議論を道理に適ったものとするのに役立つ。

公共的理性の政治的構想は，公共的理性の本質的特徴として，完結したものでなければならない。このことは，次のことを意味する。政治的構想は，探求のための指針とともに，原理，規準，理想を表現するものでなければならない。政治的構想によって特定される価値は，憲法の基本的事項や基本的正義の問題をふくむすべての問題について道理に適った答えをだすためには，適切なかたちで秩序づけられるか，一体性をもっていなければならない[15]。

なぜなら，完結したものでなければ，政治的構想は，憲法の基本的事項や基本的正義の問題に関する道理に適った答えをだすための共通の思考枠組みとはならないからである。公共的理性に求められているのは，完結した政治的構想に関する基本的諸観念に働きかけ，そこから，政治的構想の原理や理想を練りあげることである。さもなければ，公共的理性は，極めて直接的かつ断片的な議論を許容してしまうことになってしまうからである。

公共的理性に関する議論の骨子はおおむね以上のようなものであるが，ロールズは，公共的理性をめぐって提起された疑問や疑念に対して，具体例をあげながら，反論している。問題の中心にあるのは，言うまでもなく，公共的理性の基盤となる道理に適った正義の政治的構想の内容である。しかし，ロールズは，正義の政治的構想を核とした政治的自由主義を固守している。

ロールズが取り組んだのは，教会や聖書の権威に基礎をおく宗教的教説を信奉する人々が，同時に，立憲民主制を支える道理に適った正義の政治的構想を信奉することはどのようにして可能なのかという問題である。すなわち，信仰を有する市民が，政治的・社会的勢力均衡に不承不承にしたがうのではなく，社会に内在する政治的理想や価値に心から賛同する民主的社会の一員であることはどのようにして可能なのかという問題である[16]。

政治的自由主義によれば，政治的諸問題は，宗教紛争や宗派間の敵対感情を

煽りたてることのないように，政治的理念と価値にもとづいて論じられなければならない。それゆえ，何らかの宗教的教説を信奉する人々の自由を他の市民の自由と両立させる公平な方法は，道理に適った立憲民主制を承認すること以外にはない。すなわち，宗教的教説が立憲民主制を承認し，その公共的理性を認めるということである[17]。

　公共的理性は政治的観念であり，政治的なものの範疇に属している。公共的理性の内容は，前述のように，互恵性の規準を満たす正義の自由主義的な政治的構想によって与えられる。したがって，公共的理性は，宗教的信念や禁止命令が，信教の自由や良心の自由をふくむ，憲法に規定された基本的自由と矛盾しないかぎり，宗教的信念や禁止命令を侵害することはない。宗教と民主制の間には，戦争は存在しないばかりか，その必要性もない[18]。

　しかし，ロールズによれば，公共的理性による和解には限界がある[19]。3つの種類の衝突が市民を反目させる。第1は，和解不可能な包括的教説に由来する衝突である。第2は，身分，階層的地位，職業の違い，あるいは民族，ジェンダー，人種の違いに由来する衝突である。第3は，判断にともなう負担に由来する衝突である。政治的自由主義は，主として，第1の種類の衝突にかかわる。

　衝突の緩和は寛容によるものである。寛容には，2種類ある。ひとつは，純粋に政治的なものであり，正義の政治的構想にしたがい，信教の自由を保護する権利と義務の点から表現される。もうひとつは，純粋に政治的なものではなく，宗教的と非宗教的を問わず，その教説の内部から表現される。いずれにせよ，政治的構想についての判断は，寛容を支持する議論において，包括的教説によって，真なるもの，正しいものとして立証されなければならない[20]。

　ロールズは，道理をわきまえた人々に言及して，2つの仕方で特徴づけている。第1に，道理をわきまえた人々というのは，平等な者の間での社会的協働の公正な条件を申し出る準備が常にできていて，自分の利益になりそうにない場合でも，他の人々も同じ条件にしたがって行動するならば，それにしたがう人々である。第2に，道理をわきまえた人々というのは，判断にともなう重荷

の帰結を認識し，受け入れる人々である[21]。

　道理をわきまえた人々は，このようにして，最終的に，正当な法の観念に到達する。彼らは，正当な法が政治的権威の一般的構造に妥当することを理解している。しかし，彼らは，政治生活において，意見の一致など，常に期待されるとはいえ，滅多にないことを知っている。それゆえ，道理に適った民主的憲法は，決定に到達するために，多数決やその他による投票手続きを備えていなければならない[22]。

　ロールズは，公共的理性を媒介として，真理や正しさについての和解不可能な包括的教説を政治的に道理に適うものに取って代えることを提案している。しかし，現実には，民主的社会とは両立しない，道理に反する数多くの教説が存在する。これに対して，ロールズは，それらの教説は政治的に道理に反しており，政治的自由主義の枠組みにおいてはこれ以上何も言う必要はない，と述べている。政治的自由主義においてはすでに決着がついているのである。

　ロールズは，最後に，次のように述べている。秩序だった立憲民主制社会とは，道理をわきまえた市民が，和解不可能であるが，それでもなお，道理に適っている包括的教説を容認し，それにもとづいて行動する社会である。公共的理性は，包括的教説が立憲民主制社会と両立するかぎりにおいて，それらには干渉しない。包括的教説は，社会の基本構造における市民の基本的権利，自由，機会を明記する，道理に適った政治的構想を支えるのである[23]。

2．アマルティア・セン

　ジョン・ロールズは，1999年に刊行した『万民の法』(*The Law of Peoples*) において，正義についての自由主義的な政治的構想を国際社会にまで拡大して，民主的平和とその安定性，非自由主義的諸国の民衆に対する寛容，正義の戦争の限界等々，多様かつ急迫した難題に取り組んでいる。ロールズは，自由主義的で良識のある民衆からなる社会はどのようにして存立可能なのかということを明らかにしようとした。

この問題に答えるために，ロールズは，公共的理性を媒介として，真理や正しさについての包括的教説を政治的に道理に適うものに取って代えることを提案している。ロールズは，自由主義的で良識のある民衆の公共的理性と諸国の民衆からなる社会の公共的理性を区別している。2つの公共的理性は同じ内容を持っているわけではないが，諸国の民衆間における公共的理性の役割は，立憲民主制における市民間の公共的理性の役割に似ている。

　ロールズは，このような類推において，諸国の民衆からなる社会の可能性について論じている。しかし，この点においても，原理主義に言及しつつ，和解の限界を認めている。和解のためには，自由主義的で良識のある社会の内部において，またそれらの社会の相互関係において，道理に適った多元主義が事実として認められるだけでなく，多元主義が道理に適った包括的教説と両立することが認められなければならない。

　ロールズは，このような問題意識において，公共的理性を媒介として，道理に適った正義の政治的構想の延長線上に，諸国の民衆からなる正義に適った社会を構想した。同様の試みは，チャールズ・ベイツとトマス・ポッゲによって引き継がれるが，独自の視点からこの問題に取り組んだのがアマルティア・センである。以下では，主として，『正義の構想』(The Idea of Justice) によりながら，グローバル化時代における公共的理性としての民主主義の構想を明らかにする。

　正義と不正義に関する議論は，ヨーロッパと非ヨーロッパを問わず，長い歴史をもっている。正義に関する議論は，主として，ヨーロッパにおいて展開されてきたが，センは，非ヨーロッパにおいても，正義，公正，責任，義務，善さ，正しさといった観念が追究されてきたことを指摘している。しかし，近代以降のヨーロッパにおいても，実は，正義に関して2つの異なる考え方が存在していて，今日まで引き継がれている[24]。

　ひとつは，完全な正義にのみ関心を集中して，完全に公正な社会と制度の特徴を明らかにすることが正義論の課題であるとする考え方である。センは，この考え方を先験的制度尊重主義と呼んでいる。もうひとつは，現実の不公正を

取りのぞくことを目的として，現実の社会，存在する可能性のある社会を比較することによって，不正義を取りのぞくことに関心を集中する考え方である。センは，この考え方を比較アプローチと呼んでいる[25]。

　センは，先験的制度尊重主義の正義論のように，何が理論的に完全な正義なのか，正義に適った制度とはどのようなものなのか，そのような制度はどのようにして構築可能なのかを考えることは，現に存在する明らかな不正義の問題を考えるうえではあまり意味がないと考えている。むしろ，現実の状態と現実の不正義を取りのぞいた状態を比較することによって不正義を取りのぞくことができれば，完全な正義についての議論は不要となる。

　センは，このような認識のもとに，実現可能性の視点から，先験的制度尊重主義を批判的に検討する。そして，次のように述べている。先験的制度尊重主義の正義論は，知的関心を引くものではあるかもしれないが，実現可能ないくつかの選択肢から選択するために直面しなければならない選択の問題にとっては直接関係のないものである。必要とされているのは，公共的推論にもとづく実現可能な選択肢の順位づけに関する合意である[26]。

　そして，制度の選択や理想的な社会的取り決めの同定に限定されない議論の観点から，成果にもとづく正義の理解の必要性について，人々の暮らしや経験や成果の重要性について論じている。自分の暮らしを選択するという自由は，人々の福祉に対して大きな貢献をなすことができるだけでなく，福祉の観点をこえて，自由そのものを重要なものと見なすことができる。考え，選択することができるということは，人間の生活の重要な側面である。

　センは，このようにして，社会的な達成を，人々の効用や幸福によってではなく，人々がもっているケイパビリティによって評価することを提案している。ケイパビリティというのは，何かを行う力である。これによって，人々が享受している価値ある自由に注目することができるだけでなく，人々の暮らしを包括的にとらえることができる。かくして，ケイパビリティをふくむ社会的達成の視点は，世界における正義の分析にとってのアプローチとなる[27]。

　答えるべき問いは，センによれば，もう少しだけ不公正なものでなくすため

にすべき国際的改革はどのようなものなのかということである。センは，トマス・ネーゲルの主張を取り上げ，人々は完全に公正な世界社会を求めているのではなく，正義を促進するために，非道で不公正な取り決めのいくつかを取りのぞくことを求めているにすぎず，公共的討議を通して合意に到達することは可能である，と反論している[28]。

　先験的制度尊重主義の正義はこの問題に答えることができない。センによれば，先験的制度尊重主義によって定式化される正議論は，正義にとって最も関係の深い多くの事柄を空虚なレトリックにしてしまっている。それに対して，センは，比較アプローチを提案している。そして，不正義を取りのぞくための方途として，ケイパビリティ・アプローチを世界における正義の分析にとってのアプローチとして採用している。

　比較アプローチによる正義をめぐる議論は，何が理論的に完全な正義なのか，正義に適った制度とはどのようなものなのかといった視点から「あるべき姿」を示すのではなく，比較の方法により不正義を取りのぞくための方途を示しているという点で，構想，アプローチにすぎない。センは，最初に，正義の要求という視点から，正義の基礎として，理性的な推論，不偏性，人々の声の役割など，正義が満たすべき要件を提示している。

　正義や不正義について考えるときには，客観的な理性的推論を必要とする。理性や推論に頼るのは，真実に到達するためではなく，道理に適う程度に客観的であろうとするからである。人は，何が本当に行うに値する賢明なことなのかについて入念に考えている。賢明であるということは，目的や目標や価値をより明確に考える能力を与えるが，追求し，大切にしたいと思う優先事項や義務の明瞭さは推論の力にかかっている。

　センは，このように，理性と客観性の重要な役割を指摘している。理性の役割を重視する論点のひとつは，イデオロギーや道理を欠いた信念を精査する助けとなるからである。もうひとつは，理性の追求こそが，良い行いという困難のともなう諸問題と公正な社会を建設するという挑戦に取り組むための方法だからである。理性の役割を重視するのは，理性について論争するときでさえ，

理由が必要だからである[29]。

　理性に頼ることの背後にあるのは，客観性の要求である。しかし，客観性を追求するために用いられる方法は，明確なわけではない。詳細に説明できるわけでもない。しかし，根底にある諸問題が適切に精査されるならば，明瞭さをもって行うことができる。この点において，センは，客観性についてのひとつの考え方として，自分自身の感情を自分自身から一定の距離をおいて見るべきだという，アダム・スミスの「公平な観察者」を提案している[30]。

　スミスの関心は，同じ文化的・社会的環境において生活し，何が道理に適い，何が道理に適っていないのかについて同じような知恵・偏見・信念をもち，また何が実現可能で，何が実現不可能なのかについても同じような信念をもっている人々との遭遇だけで満足するのではなく，広範にわたる多様な経験にもとづく多様な見地と視野を喚起することにある。スミスの主張は，既得権益だけでなく，伝統や慣習をも精査することを目的としている。

　「公平な観察者」をふくむスミスの推論方法は，世界における正義の問題を検討するにあたっては，社会契約論的方法では容易に対処できないことがらについても考察することができる。すなわち，(1) 相対的な評価を行うことができる。(2) 制度や規則の要求だけでなく，社会的達成も考慮することができる。(3) 社会正義にかかわる重要な諸問題において指針を提供することができる。(4) 契約論の枠外にいる人々の声に配慮することができる[31]。

　人々の声は，正義の要求を理解するにあたって重要な役割を果たす。この点について，センは，次のように述べている。「どのように行動すべきか，どのような社会が明らかに不公平な社会と理解されるべきなのかを判断しようとするとき，……他の人々の考えや提案に耳を傾け，注意を払わなければならない。われわれはまた，他の人々に，われわれの優先事項や考え方に注意を払うように求める。」[32]

　人々の声をふくめ，社会契約論的方法では対処することができないことがらにこたえるための方法として，センは，社会的選択理論の優位性を指摘している。社会契約論的方法は，飢餓，貧困，人種差別，女性の隷従，医療からの排

除等々の問題を前にして，完全に公正な世界についてユートピア的提案をする以外に，世界における正義についてこたえることができないだけでなく，社会をより公正なものにするための代替案の比較さえできない[33]。

センは，社会的選択理論が推論の枠組みとして優れている点として，社会的達成に焦点を合わせることの重要性に加えて，次の点を指摘している。(1) 先験性ではなく，相対性に焦点を合わせる，(2) 競合する諸原理の不可避的複数性の認識，(3) 再検討を容認し，促進する，(4) 部分的解を許容する，(5) 解釈と情報入力の多様性，(6) 明確な表現と推論の強調，(7) 社会的選択における公共的推論の役割を重視する[34]。

社会選択理論の優位性は，社会的意思決定においてのみならず，人々の暮らしに関する広範囲にわたる多様な情報を用いることができることにある。しかし，正義は，その性質からして，普遍的な広がりを持っていなければならない。一部の人々の問題や苦境だけに適用され，他の人々を排除するようなものであってはならない。それゆえ，正議論は，普遍的かつ公平なものであり，客観的な基礎のうえに構築されなければならない。

センは，客観性について2つの点を指摘している。ひとつは，各人の信念や発言が，他の人々が入り込むことができないほどに個人的主観性に閉じ込められていないこと，すなわち，客観的基礎にもとづいて理解して，意思疎通しているということである。もうひとつは，さまざまな人々によってなされる主張の正しさについての論争に加わることができるということ，すなわち，客観的に受け入れられるということである。

客観性の要求は，それゆえ，公開の公共的推論に耐えられる能力と密接に結びついている。また，それは，提案された見解とそれを支持する議論の不偏性とも関連している。このことから，社会正義と社会的取り決めの評価においては，意思疎通と公共的推論に必要な客観性に加えて，不偏性の要件を取り入れたより明確な客観性の要件が必要となる。この点において，不偏性の問題は，正義を理解するうえでの中心的位置を占める[35]。

センは，不偏性を，閉鎖的不偏性と開放的不偏性に区別している。閉鎖的不

偏性においては，判断を行う手続きは，特定の社会や国家の構成員のみにかかわる。ロールズの「公正としての正義」は，これにあたる。開放的不偏性においては，判断を行う手続きは，対象となる集団以外の人々の判断も取り入れることができる。それによって，偏見が入り込むことを回避することができる。スミスの「公平な観察者」は，まさにこれにあたる[36]。

　スミスは，次のように述べている。「われわれが他者を判断するのと同じように，自分自身を判断することは，……公正さと公平性の最大の行使である。これを行うために，われわれは，他者を見るのと同じ目で自分自身を見なければならない。つまり，われわれは自分の性格と行動の行為者としてではなく，観察者であると想像しなければならない。……要するに，われわれは，……われわれが想像する他者の感情に入り込まなければならない。」[37]

　スミスの推論は，近くにいる人だけでなく，遠くにいる人たちがどのように見るかを考慮することを許容するだけでなく，要求している。不偏性を達成するためのこの手続きは，この意味において，開放的であり，特定の共同体のみにおいて通用する観点や解釈に限定されるものではなく，閉鎖性，偏狭性を克服するために必要なものである。自分自身の本来の場所から離れ，ある程度の距離から眺めなければ，それらを乗りこえることはできない[38]。

　スミスの手続きには，不偏性の実践は開放的でなければならないという主張が含意されている。なぜなら，地域的な前提や偏狭な信念を乗りこえるためには，「他の人々の目」によって見るように努める以外に方法はないからである。そして，センは，国境の内側だけでなく，国境の外側における正義の問題をめぐるさまざまな議論を念頭におきながら，「他の人々の目」の働き，「他の人々の目」を通した精査の必要性を指摘している[39]。

　センは，正義の評価における「他の人々の目」の必要性を次のように述べている。「第1に，われわれは，自分が帰属している地域共同体とだけ関係を持つわけではなく，他の人々ともさまざまな形で関係を持つ。第2に，われわれの行動と選択は，近くにいる人々だけでなく，遠くにいる人々の生活にも影響を及ぼす。第3に，他の人々がそれぞれの歴史的・地理的視点から見ているも

のは，われわれが自分自身の偏狭性を克服するのに役立つ。」[40]

センは，以上のように，世界における正義の問題を考えるにあたって，先験的制度尊重主義の偏狭性を乗りこえるための方法として，スミスの「公平な観察者」を高く評価している。スミスが「公平な観察者」において強調したことは，国際社会における公共的討議においても大きな意味を持っている。センは，「公平な観察者」の内容を補強することによって，国境をこえた公共的思考の枠組みの構築を目指している。

「公平な観察者」についてのスミスの推論は，近くにいる人だけでなく，遠くにいる人たちがどのように見るかも考慮することを許容するだけでなく，それを要求している。センは，この点に注目して，自分の立場からの視点が持っている限界をこえることの必要性についても検討している。観察や推論が観察者の立場に依存しているということは重要であるが，観察が立場によって変化するという点は十分考慮されなければならない[41]。

立場を変えることは，自分の立場からの視点が持っている限界をこえるためのひとつの方法である。立場に依存した観察や信念，選択は重要ではあるが，観察しているかぎられた視点から実際に何が起こっているのかを把握することにはしばしば障害がともなう。センによれば，「われわれが見ることのできるものは，われわれが見ようとしているものに対して相対的にどこに立っているかということと無関係ではない」[42]。

センは，この点について，「太陽と月は同じ大きさに見える」という主張を取り上げて，「地球から見れば，太陽も月も同じ大きさに見える」という点において，この主張はすべての人にとって真実であり，その意味で，客観的である。センは，このように，特定の立場に依存する客観性を「立場による客観性」と呼んでいる。「立場による客観性」は，それゆえ，特定の立場から観察されるものに関する客観性である[43]。

ここにおいて注目すべき点は，観察と観察可能性は，人については不変的であるが，立場については相対的であり，特定の立場から見ることのできるものによって明らかにされる。言い換えるならば，太陽と月の相対的大きさについ

ての説明によって例示されるように，観察されるものは場所によって変化するが，それぞれが，同じ場所からそれぞれの視点において観察することができ，しかも同じ観察結果を得ることができるということである。

センは，以上のように，世界における正義の問題を考えるにあたって，先験的制度尊重主義の偏狭性を乗りこえるための方法として，スミスの「公平な観察者」を高く評価した。センは，同様にして，何が人にとって合理的な行動なのかという問いかけにおいて，合理的選択の視点から，自己の利益の追求を乗りこえるための方法として，他の人々に対する共感，関与，責任について論じている。

センは，2つの問いかけによって，何が人にとって合理的な行動なのかという問題にこたえようとしている。ひとつは，ある人が，他の人々の惨状を目の当たりにしたときに憂鬱になるのはなぜなのか，ということである。もうひとつは，ある人が，個人的には何の被害もこうむっていないにもかかわらず，他の人々の惨状を取りのぞくのを手助けすることに関与するのはなぜなのか，ということである[44]。

センは，何が人にとって合理的な行動なのかという問いと，人は実際にはどのように行動するのかという問いに対して，同じ答えを求めることはできるのだろうか，一般法則として，2つの異なる問いに対してまったく同じ答えで答えることをどうして期待できるのか，と問いかけている。これに対して，人々は，理性の命令にしたがわなかったとしても，合理性の要件からまったく逸脱しているわけではない，と答えている[45]。

経済学においては，自分自身の利益のみを追求する場合に，合理的であると見なされる。しかし，実際には，他の人々の惨状を前にして，自分の利益以外の目的にも腐心する。スミスは，このような行動について，自分自身の利益のみを追求するという偏狭な利己心にもとづく行動の背後にある自己愛は，人間が持っている多くの動機のひとつにすぎないと指摘している。スミスは，自己愛に反する動機として，共感，寛容，公共心について述べている[46]。

センによれば，自分自身の利害に限定されない目標の追求を選択することは

珍しいことではない。理性に反するものでもない。「われわれは，さまざまな動機を持っており，自分自身の利益だけをひたすら追求するわけではない。自分自身の利益にならないことを進んで行うことでさえ，理性に反するものではない。これらの動機のいくつかは，例えば，人間愛や正義，寛容，公共心は，社会にとって非常に生産的ですらある。」[47]

センによれば，何が人にとって合理的な行動なのかという問いにおいて，選択の合理性を自分自身の利益の追求のみに限定する必要はない。これに対して，センは，「特定の選択が行われる理由が経験や慣習を通してわれわれの心の中で確立しているとき，われわれは，ひとつひとつの判断の合理性について，難なく，十分に道理に適った選択を行うことができる。そこには，分別のある行動の規範に特に反するようなものはない」[48]と述べている。

合理性には，2つの含意がある。ひとつは，自分自身の精査に耐えられるということが合理性の中心をなしていることである。もうひとつは，他者の視点からの批判的精査を真剣に考慮すること，合理性を，他者との関係で理に適った行動に高めるうえで重要な役割を果たすということである。言い換えるならば，他者に対して何が正当化できるかを，適切な動機づけと拒否できない根拠にもとづいて考えるということである。

それゆえ，合理性，正当性をめぐる議論は，特定の社会や国家の構成員であっても，外部の人であっても，決定が道理にもとづいて拒否できるか否かを考えるための根拠を提示することができる人によって行われる。道理に適っていると判断される場合には，関係者の考え方に限定される必要はない。異なる道徳的視点を持ち込むことも可能である。センは，このようにして，一般的理由を求めて，利害がかかわると見なされる人々の範囲を広げる。

ここにおいては，特定の社会や国家の構成員と外部の人とを問わず，すべての関係者は，他者との協力なしに，望むことのすべてを達成することはできないということを認識している。したがって，協力的な行動が，すべての人に便益をもたらす集団的規範として選択される。そこには，参加者の各々が道理にもとづいて受け入れ，受け入れるべき条件を他のすべての人が同じように受け

入れるならば受け入れるという共同選択がふくまれている[49]。

　センは，対称性と相互主義にもとづく相互利益は，他者に対する理性的行動について考える唯一の基礎ではないと述べ，力の義務について指摘している。そして，次のように述べている。「有効な力を持つこと，そこから一方的に生じる義務は，不偏的推論の重要な基礎となり，相互利益という動機を乗りこえることができる。」[50] センは，この点について，ブッダのスッタニパータにおける子供に対する母親の義務の喩えによって説明している[51]。

　子供に対して母親が義務を負うのは，子供を生んだからという理由からではなく，子供の命にかかわることで，子供が自分ではできないことを母親はできるという理由からである。母親が子供を助ける理由は，協力から得られる報酬にあるのではなく，子供の命に大きな影響を与え，子供自身にはできないことを，非対称的に，子供のためにしてやることができるという認識からきている。力の義務は，両者の間の非対称性によるものである。

　センは，力の義務の正当性について，行動することを考える義務を認めるための議論として，次のように述べている。「自由に行うことができる行動がある人に任されていて，その行動を実行することによって世の中をより公正なものにできるとその人が評価するならば，それだけで，その人が何を行うべきかについて真剣に考えるための論拠となる。」[52]

　センは，以上のように，正義の基礎として，理性的推論，不偏性，人々の声の役割などによって正義が満たすべき要件を提示したうえで，偏狭性や自己の利益を乗りこえるために，スミスの「公平な観察者」や他の人々に対する共感，関与，責任について論じている。センは，これらの議論を前提に，不正義を取りのぞくための方途として，先験的制度尊重主義とは異なる，独自のアプローチとして，ケイパビリティに注目している[53]。

　先験的制度尊重主義が焦点を合わせてきた制度や社会的な取り決めは，起こることに影響を与えるという点で重要である。しかし，実際に起こること，あるいは起こりつつあることは，人々が達成できる，あるいは達成できない生活をもふくんでいる。その意味において，世界における正義の分析にとっては，

何をなすべきかを決める機会を与える選択の自由とともに，何かを行う力としてのケイパビリティをふくむ社会的達成の視点が必要となる。

　センは，議論を，人間の生活からはじめている。人間にとって，価値ある生活の要素のひとつは，生活の性質を自分で決定する自由である。自由は，ふたつの理由において価値がある。自由であればあるほど，目標，すなわち価値あるものを追求するための機会が増える。選択の過程それ自体に価値を認めることができる。センは，前者を「機会の側面」，後者を「過程の側面」と呼んでいる。ケイパビリティは，ふたつの側面と密接に結びついている。

　ケイパビリティ・アプローチにおいては，個人の便益は，価値があるとする理由を持っていることを行うケイパビリティの程度によって判断される。ケイパビリティの程度が低いときには，機会の点から，その人の便益は低いと判断される。主眼は，行う価値があると認めることを行う自由にあるが，自由には，何を望むのか，何に価値を認めるのか，そして何を選択するのかを自分で決めることができる自由がふくまれる。

　ケイパビリティ・アプローチは，それゆえ，第1に，個人の全般的便益を判断し，比較するにあたって焦点を合わせるべき情報を示している。第2に，ケイパビリティは，生活や関心事のさまざまな特徴の複数性と密接に結びついている。ケイパビリティ・アプローチは，このように，人間の生活に焦点を合わせるが，生活の手段に集中することから離れ，生活の実際の機会に焦点を移すことを提案している。

　センは，さらに，3つの点を指摘している。第1に，ケイパビリティ・アプローチの焦点は，実際に行ったこと，すなわち達成したことにあるのではなく，実際に行うことができることにある。第2に，ケイパビリティの要素は多様であり，通約不可能であり，部分順位や限定的合意に依存せざるを得ないため，適切な相対的判断は公共的推論を通して達成される。第3に，ケイパビリティは，共同体のような集団の属性ではなく，個人の属性と見なされる。

　ケイパビリティ・アプローチの以上のような特徴からも明らかなように，ケイパビリティは，本質的に，自由と結びついている。中心的な役割は，価値を

認めることを行う実際の能力に与えられている。所得や富といった資源は，確かに，生活における価値ある目的のための手段ではあるが，それだけでは，善き生活の目的とはなりえない。ケイパビリティ・アプローチは，生活の実際の機会に焦点を合わせることによって，選択可能な生き方の幅を広げる。

センは，このようにして，所得や富といった資源を生活の手段としてとらえ，貧困に所得アプローチを用いることの問題点を指摘している。センは，所得が生活を直接反映しない理由として，個人的特性の多様性，自然環境の多様性，社会的風土の多様性などを指摘するとともに，高齢や障害や病気のようなハンディキャップが，所得をケイパビリティに変換することをさらに困難にしていることを明らかにしている[54]。

ケイパビリティの中心的な役割は，行う価値があると認めることを行う実際の能力に与えられているが，功利主義や厚生経済学において高く評価されてきた幸福や福祉は，ケイパビリティ・アプローチにおいては，どのように位置づけられるのか。センは，幸福や福祉の重要性を認めつつも，人のおかれている状況や便益を評価するうえでのケイパビリティの妥当性を明らかにしているだけでなく，それらに取って代わるべきであると主張している。

センは，この点を明らかにするために，3つの視点を設定している[55]。第1に，幸福の視点を取り入れ，生活と経済政策にとって重要であることを認めることによって，どこに導いてくれるのか。第2に，福祉や便益を判断するうえで幸福の視点はどの程度妥当なのか。第3に，ケイパビリティは福祉とどのように結びついているのか。センは，3つの視点について，ケイパビリティの妥当性を以下のように論じている[56]。

第1に，幸福を福祉や便益の指標と見なして，政策評価の中心においてきたが，幸福が生活様式について及ぼす広範な影響，所得と幸福との関係は想定よりもはるかに複雑であり，所得や富の増加が必ずしも幸福には結びついていない。中心的課題は，幸福の重要性ではなく，本当に重要なのは，暮らしの良さを判断するその他の方法，自由の重要性等々をふくめ，幸福以外のものすべてを考慮することにあるのではないかということである。

第2に，幸福は，重要ではあるが，価値のある唯一のものではないし，価値を認める他のものを評価するための唯一の指標でもない。幸福については，究極の目標としての自明性が強調されるが，間違った方向に導かないことを確かめるためには，確信や精神的反応の信頼性について理性的に考え直す必要がある。また，幸福だけでなく，福祉や貧困についてケイパビリティの個人間比較を行うために，情報的基礎を充実させる必要がある。

　第3に，ケイパビリティと福祉の結びつきについて，センは，福祉の促進とエイジェンシーの目的の追求，達成することと達成するための自由を区別したうえで，4つの要素からなる組み合わせを明らかにしている。ケイパビリティの視点からは，当然，エイジェンシーの側面が重視される。それによって，焦点は，人を福祉のみを追求する存在から，その人自身のエイジェンシーにかかわる判断や価値，優先順位を重視する視点へと移行することができる。

　以上の3つの視点に付け加えて，センは，ケイパビリティの平等についても論じている。センは，ケイパビリティの平等は重要ではあるが，それと対立する他のすべての重要な配慮に勝る「切り札」と見なす必要はない，と述べている。平等は複数の次元とかかわっていることからして，平等をケイパビリティの視点のみから理解することはできない。ケイパビリティは人の便益を評価するためのひとつの視点にすぎない[57]。

3．公共的理性としての民主主義

　ロールズは，「公共的理性の再検討」において，討議民主主義に言及している[58]。彼は，秩序だった立憲民主制を説明するにあたって，討議民主主義を用いている。討議民主主義の考え方は，討議そのものにある。市民は，討議を行うときには，公共的・政治的諸問題について意見を交換し，当該の意見を支持する理由について討議する。市民は，あらかじめ，討議を通じて，自分の意見が修正されるかもしれないと考えている

　公共的理性は，討議において，重要な役割を果たす。しかも，公共的理性は，

憲法の基本的事項と基本的正義の問題をめぐる推論／理由づけを特徴づける。したがって，討議民主主義には3つの要素が不可欠である。第1は，公共的理性の観念である。第2は，立憲民主制的諸制度の枠組みである。第3は，公共的理性にしたがい，自己の政治行動においてその理想を実現するための知識と欲求を市民が持っていることである。

　ロールズは，選挙資金の公的助成や公共政策の諸問題を取り上げているが，いずれにせよ，討議は，民主主義の基本的特徴と認められ，金銭の呪縛から解き放たれたうえで，実施されなければならない。選挙資金集めのため絶えず金銭を追いかけると，政治システムの討議の力は麻痺してしまう。また，すべての市民に対して立憲民主制的統治についての教育と問題についての情報が提供されなければ，重大な政治的・社会的決定をなすことは不可能である。

　討議民主主義をめぐるロールズの議論は，以上の点にかぎられている。センは，討議民主主義についてのロールズの記述とともに，ハーバーマスのロールズの議論に対する批判を取り上げている。そして，ハーバーマスが，公共的議論のおよぶ範囲，特に「正義の道徳的諸問題」と「権力と強制力の道具的諸問題」が政治的言説において二重に存在することを明らかにすることに大きく貢献したことを指摘している[59]。

　センは，ロールズ，ハーバーマスとの相違を確認したうえで，民主主義についての広い理解における中心的課題は，政治参加，対話，そして公共的相互作用であるという点を共有している。民主主義の実践において公共的議論が果たす決定的役割は，民主主義を正義と関連づけることである。センによれば，正義の要件が公共的議論の手助けによってのみ評価されるのであれば，論証的特徴を共有していることからして，両者には密接な関係がある。

　民主主義と正義の関係をめぐって答えるべき問いは，センによれば，世界をもう少しだけ不公正なものでなくすためにすべき国際的改革はどのようなものなのかということである。課題は，公共的推論が正義の実践のために極めて重要だとして，民主主義の一部としての公共的推論の手法が本質的に西洋的なものであり，地域的なものであるとすれば，公共的推論を通して世界における正

義について考えることはできないのだろうか，ということである[60]。

ロールズとネーゲルは世界における正義の可能性に悲観的であったが，センは，世界中の人々の，世界中の人々のための，世界中の人々による公共的議論を通して世界における正義を促進することは困難なのだろうか，と問いかけている。この問いに答えるために，センは，投票や選挙の点から制度的解釈をとろうと，議論による統治のような解釈をとろうと，民主主義の伝統が本質的に西洋的なものであるのかどうについて検討している[61]。

センは，民主主義を公共的推論という広い視点でとらえ，参加型統治に関する知的歴史を再評価している。公共的討議の伝統は広範な歴史を持っている。アテネの民主主義につづく数世紀の間，イランやインドの都市では，公共的推論にもとづく民主主義の広いとらえ方として，評議会や議会など民主主義的要素を取り入れていた。中東やイスラム教徒の歴史にも，対話を通しての公共的討議や政治参加についての記述を確認することができる[62]。

センは，このように，民主主義を公共的推論の活用ととらえることによって，経済発展の点から，飢饉を例に，次のように述べている。「民主主義の成果のなかで特に重要なのは，公共的討議を通して，人々がお互いの窮状に対して関心を持ち，他の人々の生活をよりよく理解するようになることである。」センは，さらに，民主主義と政治的・市民的権利が人間の安全保障や少数者の権利のような他の自由をも促進することを指摘している[63]。

センは，このような思考において，人権の問題に行き着く[64]。人権は，訴えかけるものがあるにもかかわらず，正当な基礎を欠いていると批判されてきた。センは，法制化の可能性を求めて多くの検討を行っているが，人権という視点の有効性は，法制化に頼る必要はないという結論に到達する。人権は，人間の自由の重要性と結びついた倫理的要求であり，したがって，開放的不偏性をふくむ公共的推論の精査を通して評価されなければならない。

人権は，法制化と適切な法の履行から，人権の侵害に対して他の人々や公的運動の支援を受けることまで，さまざまな活動の動機となる。さまざまな活動は，人間の重要な自由の実現を促進するために貢献することができる。センに

よれば，自由の重要性は，権利や自由を主張するだけでなく，他の人々の自由や権利に関心を持つための根本的な理由を提供することにある。

センは，人権をめぐる議論を通して，再び，世界中の人々の，世界中の人々のための，世界中の人々による公共的議論を通して世界における正義を促進することは困難なのだろうか，という問いに立ち返る。そして，民主主義の実践を通しての世界における正義の促進は不可能ではないと考える。あらゆる問題を公共的討議に付す必要がある。公共的討議に偏見を持たずに取り組むことこそ，世界における正義の追求の中心をなすものである[65]。

不正義に対する抵抗には憤りと議論があるが，問題を解決するためには，究極的には，理性的な精査に依拠しなければならない。理性の役割と射程は，憤りによって損なわれるものではなく，憤りの理性的基礎が何であるかを考察するならば，それは，公共的推論に貢献することができる。もちろん，正義について判断するためには，公共的討議による精査を生き延びることのできるさまざまな理由を受け入れ，調和させる必要がある。

理性的な精査が，争う余地のない判断に導くまで，正義について判断する根拠はないとするのは間違っている。理性的に進むことができるところまで進むべきである。正義に関する公共的推論は，このようにして，国家や地域の境界をこえて広げることができる。他の場所からくる意見の異なる議論や分析を真剣に熟考することは，公共的討議を通した民主主義の機能であるとともに，公共的理性としての民主主義の機能でもある。

世界政府を持つことは現実には不可能である。しかし，民主主義を公共的討議と見るならば，地球民主主義の実践は不可能ではない。地球民主主義の範囲を広げるにあたっては，情報発信や国境をこえた議論の機会を促進する制度が有効である。ここに，国連や関連機関が果たすべき役割があり，市民組織やNGOや新しいメディアが行うべき仕事がある。そして，現在の課題は，公共的討議としての民主主義を強化することであり，世界における正義の追求はそれに大きく依存している[66]。

世界における正義の促進は，ひとえに，公共的討議を通しての民主主義，公

共的理性としての民主主義にかかっているが，民主主義にもとづく正義の構想には，理論的に詰めるべき点が数多く残っている。しかし，先験的制度尊重主義の議論に比べて，正義，民主主義，人権の問題をふくめ，人間の安全保障を追求するうえで，はるかに示唆に富むものである。地球的相互依存の深化が加速する時代にあって，社会科学，とりわけ政治学に求められているのは，まさに，これらの点における探究である。

1) Cf. Thomas Pogge, *World Poverty and Human Rights: Cosmopolitan Responsibilities and Reforms*, 2nd ed. Cambridge: Polity Press, 2008. 立岩真也監訳『なぜ遠くの貧しい人への義務があるのか――世界的貧困と人権』生活書院，2010 年。
2) See for example, Habermas, Jürgen., "Reconciliation Through the Public use of Reason: Remarks on John Rawls's Political Liberalism," *The Journal of Philosophy*, Vol. 92. No. 3, pp. 109-131, 1995. Reidy, D.A., "Rawls's Wide View of Public Reason : Not Wide Enough," *Res Publica*, Vol. 6, pp. 49-71, 2000. Lamore, C., "Public Reason," in *The Cambridge Companion to Rawls*, S. Freeman(ed.), Cambridge:Cambridge University Press, 2002. William, A., "The Alleged Incompleteness of Public Reason," *Res Publica*, Vol. 6, pp. 199-211, 2000. Cohen, J., "Truth and Public Reason," *Philosophy & Public Affairs*, 37(1), pp. 2-42, 2008. Quong, J., "On the Idea of Public Reason," in *The Blackwell Companion to Rawls*, J. Mandle and D. Reidy(eds.), Oxford:Wiley-Blackwell, 2013.
3) Rawls, J., *Political Liberalism*, Columbia University Press, pp. 212-254, 1996. *The Law of Peoples* with "The Idea of Public Reason Revisited," Harvard University Press, pp. 129-180, 2001. 中山竜一訳『万民の法』岩波書店，2006 年，191-258 頁。
4) Rawls, J., *The Law of Peoples* with "The Idea of Public Reason Revisited," op. cit., pp. 131-132. 前掲訳書，193-194 頁。
5) Ibid., p. 133. 前掲訳書，195 頁。
6) Ibid., p. 135. 前掲訳書，197 頁。
7) Ibid., p. 136. 前掲訳書，198-199 頁。
8) Idid., pp. 136-137. 前掲訳書，198-200 頁。
9) Ibid., pp. 152-156. 前掲訳書，221-226 頁。
10) Ibid., p. 137. 前掲訳書，200 頁。
11) Ibid., p. 141. 前掲訳書，205-206 頁。
12) Ibid., p. 143. 前掲訳書，207-208 頁。

13) Ibid., pp. 143-144. 前掲訳書，208-209 頁。
14) Rawls, J., *Political Liberalism*, op. cit., p. 224.
15) Rawls, J., *The Law of Peoples* with "The Idea of Public Reason Revisited," op. cit., pp. 144-145. 前掲訳書，210-211 頁。
16) Ibid., p. 149. 前掲訳書，149 頁。
17) Ibid., pp. 145-146. 前掲訳書，210-212 頁。
18) Ibid., pp. 149-150. 前掲訳書，217-218 頁。
19) Ibid., p. 177. 前掲訳書，253 頁。
20) Ibid., p. 176. 前掲訳書，252 頁。
21) Ibid., pp. 177-178. 前掲訳書，254-255 頁。
22) Ibid., p. 179. 前掲訳書，257 頁。
23) Ibid., p. 180. 前掲訳書，257-258 頁。
24) Amartya, Sen, *The Idea of Justice*, The Belknap Press of Harvard University Press, xiii-xvi, 2009. 池本幸生訳『正義のアイデア』明石書店，9-13 頁。
25) Ibid., pp. 5-18. 前掲訳書，37-53 頁。
26) Ibid., p. 17. 前掲訳書，52 頁。
27) Ibid., pp. 18-19. 前掲訳書，54-56 頁。
28) Ibid., p. 25. 前掲訳書，63-64 頁。Cf. Thomas Nagel, "The Problem of Global Justice," *Philosophy and Public Affairs*, 33, pp. 113-147, 2005.
29) Amartya, Sen, op. cit., pp. 32-44. 前掲訳書，69-87 頁。
30) Ibid., pp. 44-46. 前掲訳書，88-91 頁。
31) Ibid., pp. 52-74. 前掲訳書，99-128 頁。
32) Ibid., p. 88. 前掲訳書，146-147 頁。
33) Ibid., pp. 91-105. 前掲訳書，150-168 頁。
34) Ibid., pp. 106-111. 前掲訳書，169-176 頁。
35) Ibid., pp. 114-122. 前掲訳書，179-192 頁。
36) Ibid., pp. 124-126. 前掲訳書，193-196 頁。
37) Adam Smith, *The Theory of Moral Sentiments*, III, 1, 2, in the 1975 reprint, p. 110. 水田洋訳『道徳感情論（上）』岩波文庫，2007 年，296 頁。
38) Amartya, Sen, op. cit., p. 126. 前掲訳書，196 頁。
39) Ibid., p 128. 前掲訳書，199-200 頁。
40) Ibid., p. 130. 前掲訳書，202 頁。
41) Ibid., pp. 155-156. 前掲訳書，235-237 頁。
42) Ibid., pp. 155-156. 前掲訳書，235-237 頁。
43) Ibid., pp. 157-158. 前掲訳書，239 頁。
44) Ibid., pp. 176-177. 前掲訳書，263-264 頁。
45) Ibid., p. 178. 前掲訳書，266-267 頁。
46) Ibid., pp. 178-187. 前掲訳書，267-279 頁。
47) Ibid., p. 191. 前掲訳書，283-284 頁。

48) Ibid., p. 181. 前掲訳書，270 頁。
49) Ibid., pp. 196-203. 前掲訳書，292-301 頁。
50) Ibid., p. 207. 前掲訳書，306 頁。
51) Ibid., pp. 205-207. 前掲訳書，304-306 頁。
52) Ibid., p. 206. 前掲訳書，305 頁。
53) Ibid., pp. 225-252. 前掲訳書，327-363 頁。
54) Ibid., pp. 253-268. 前掲訳書，365-385 頁。
55) Ibid., pp. 269-270. 前掲訳書，387-389 頁。
56) Ibid., pp. 273-290. 前掲訳書，393-416 頁。
57) Ibid., pp. 291-317. 前掲訳書，417-452 頁。
58) Rawls, J., *The Law of Peoples* with "The Idea of Public Reason Revisited," op. cit., pp. 138-140. 前掲訳書，202-204 頁。
59) Amartya, Sen, op. cit., pp. 324-325. 前掲訳書，459-461 頁。
60) Ibid., p. 326. 前掲訳書，462 頁。
61) Ibid., p. 328. 前掲訳書，464-465 頁。
62) Ibid., pp. 329-335. 前掲訳書，466-474 頁。
63) Ibid., pp. 345-351. 前掲訳書，490-497 頁。
64) Ibid., pp. 355-387. 前掲訳書，503-546 頁。
65) Ibid., pp. 388-415. 前掲訳書，547-585 頁。
66) Ibid., pp. 408-409. 前掲訳書，575-576 頁。

あ と が き

　本書は，中央大学社会科学研究所の研究チーム「グローバル化と社会科学」の研究成果である。本研究チームは 2009 年から 2011 年までの 3 年間に，シンポジウム，研究会，研究合宿を実施した。中央大学社会科学研究所は，2009 年に創立 30 周年を迎え，同年 11 月に「グローバル化と社会科学」というテーマで国際シンポジウムを開催したが，その際，本研究チームが中心となってシンポジウムを企画した。国際シンポジウムには，サウサンプトン大学教授のアンソニー・マグルー氏，中国社会科学院教授の李文氏，東京大学名誉教授の伊藤誠氏，元中央大学教授の内田孟男氏，立命館大学名誉教授の中谷義和氏，中央大学名誉教授の鶴田満彦氏，法学部教授の滝田賢治氏に参加して頂いた。このように，この国際シンポジウムには日本の研究者だけでなく，ヨーロッパや中国の研究者にも参加して頂き，また専門分野も経済学，政治学，歴史学，国際経済学など多岐にわたっていたことから，グローバル化に関して国際的かつ学際的な観点から有益な議論を展開することができた。残念ながら本書にはこの国際シンポジウムの報告が収められていないが，シンポジウムの参加者にはこの場を借りて改めてお礼申し上げたい。

　最後に，本書の出版と本チームの 3 年間の活動に際して，研究所合同事務室の鈴木真子氏には大変お世話になった。本チームのメンバーと執筆者を代表して謝意を表したい。また中央大学出版部の長谷川水奈氏には，出版に際して執筆者 17 名の文章に関するチェックと助言を頂いた。お礼申し上げたい。

2013 年 12 月 25 日

編著者　星　野　　智

執筆者紹介（執筆順）

内田 孟男（うちだ たけお）	社会科学研究所客員研究員、 国連大学サスティナビリティと平和研究所所長特別顧問
滝田 賢治（たきた けんじ）	社会科学研究所研究員、中央大学法学部教授
髙瀬 幹雄（たかせ みきお）	社会科学研究所客員研究員、関東学院大学法学部教授
今井 宏平（いまい こうへい）	社会科学研究所客員研究員、 日本学術振興会特別研究員PD
大矢 温（おおや おん）	社会科学研究所客員研究員、札幌大学地域共創学群教授
溜 和敏（たまり かずとし）	社会科学研究所客員研究員、 日本学術振興会特別研究員PD
臼井 久和（うすい ひさかず）	社会科学研究所客員研究員、 獨協大学・フェリス女学院大学名誉教授
上原 史子（うえはら ふみこ）	社会科学研究所客員研究員、 中央大学大学院公共政策研究科兼任講師
星野 智（ほしの さとし）	社会科学研究所研究員、中央大学法学部教授
都留 康子（つる やすこ）	社会科学研究所研究員、中央大学法学部教授
鈴木 洋一（すずき よういち）	社会科学研究所客員研究員、中央大学法学部兼任講師
髙木 綾（たかぎ あや）	社会科学研究所客員研究員、獨協大学非常勤講師
川久保 文紀（かわくぼ ふみのり）	社会科学研究所客員研究員、中央学院大学法学部准教授
村井 淳（むらい じゅん）	社会科学研究所客員研究員、 関西外国語大学短期大学部准教授
土橋 貴（どばし ただし）	社会科学研究所客員研究員、中央学院大学法学部教授
竹内 雅俊（たけうち まさとし）	社会科学研究所客員研究員、 高崎経済大学経済学部非常勤講師
齋藤 俊明（さいとう としあき）	社会科学研究所客員研究員、 岩手県立大学総合政策学部教授

グローバル化と現代世界
中央大学社会科学研究所研究叢書 28

2014 年 3 月 25 日　発行

編著者　　星　野　　　智

発行者　　中 央 大 学 出 版 部
　　　　　代表者　遠　山　　　曉

発行所　〒192-0393　東京都八王子市東中野 742-1
中 央 大 学 出 版 部
電話 042(674)2351　FAX 042(674)2354
http://www.www2.chuo-u.ac.jp/up/

© 2014　　　　　　　　　　　　　電算印刷㈱
ISBN 978-4-8057-1329-7

中央大学社会科学研究所研究叢書

1 中央大学社会科学研究所編
自主管理の構造分析
－ユーゴスラヴィアの事例研究－
Ａ５判328頁・2800円

80年代のユーゴの事例を通して，これまで解析のメスが入らなかった農業・大学・地域社会にも踏み込んだ最新の国際的な学際的事例研究である。

2 中央大学社会科学研究所編
現代国家の理論と現実
Ａ５判464頁・4300円

激動のさなかにある現代国家について，理論的・思想史的フレームワークを拡大して，既存の狭い領域を超える意欲的で大胆な問題提起を含む共同研究の集大成。

3 中央大学社会科学研究所編
地域社会の構造と変容
－多摩地域の総合研究－
Ａ５判462頁・4900円

経済・社会・政治・行財政・文化等の各分野の専門研究者が協力し合い，多摩地域の複合的な諸相を総合的に捉え，その特性に根差した学問を展開。

4 中央大学社会科学研究所編
革命思想の系譜学
－宗教・政治・モラリティ－
Ａ５判380頁・3800円

18世紀のルソーから現代のサルトルまで，西欧とロシアの革命思想を宗教・政治・モラリティに焦点をあてて雄弁に語る。

5 高柳先男編著
ヨーロッパ統合と日欧関係
－国際共同研究Ⅰ－
Ａ５判504頁・5000円

EU統合にともなう欧州諸国の政治・経済・社会面での構造変動が日欧関係へもたらす影響を，各国研究者の共同研究により学際的な視点から総合的に解明。

6 高柳先男編著
ヨーロッパ新秩序と民族問題
－国際共同研究Ⅱ－
Ａ５判496頁・5000円

冷戦の終了とEU統合にともなう欧州諸国の新秩序形成の動きを，民族問題に焦点をあて各国研究者の共同研究により学際的な視点から総合的に解明。

中央大学社会科学研究所研究叢書

坂本正弘・滝田賢治編著

7 現代アメリカ外交の研究

A5判264頁・2900円

冷戦終結後のアメリカ外交に焦点を当て，21世紀，アメリカはパクス・アメリカーナⅡを享受できるのか，それとも「黄金の帝国」になっていくのかを多面的に検討。

鶴田満彦・渡辺俊彦編著

8 グローバル化のなかの現代国家

A5判316頁・3500円

情報や金融におけるグローバル化が現代国家の社会システムに矛盾や軋轢を生じさせている。諸分野の専門家が変容を遂げようとする現代国家像の核心に迫る。

林　茂樹編著

9 日本の地方CATV

A5判256頁・2900円

自主製作番組を核として地域住民の連帯やコミュニティ意識の醸成さらには地域の活性化に結び付けている地域情報化の実態を地方のCATVシステムを通して実証的に解明。

池庄司敬信編

10 体制擁護と変革の思想

A5判520頁・5800円

A.スミス，E.バーク，J.S.ミル，J.J.ルソー，P.J.プルードン，Ф.N.チュッチェフ，安藤昌益，中江兆民，梯明秀，P.ゴベッティなどの思想と体制との関わりを究明。

園田茂人編著

11 現代中国の階層変動

A5判216頁・2500円

改革・開放後の中国社会の変貌を，中間層，階層移動，階層意識などのキーワードから読み解く試み。大規模サンプル調査をもとにした，本格的な中国階層研究の誕生。

早川善治郎編著

12 現代社会理論とメディアの諸相

A5判448頁・5000円

21世紀の社会学の課題を明らかにし，文化とコミュニケーション関係を解明し，さらに日本の各種メディアの現状を分析する。

中央大学社会科学研究所研究叢書

石川晃弘編著
13 体制移行期チェコの雇用と労働
A5判162頁・1800円

体制転換後のチェコにおける雇用と労働生活の現実を実証的に解明した日本とチェコの社会学者の共同労作。日本チェコ比較も興味深い。

内田孟男・川原　彰編著
14 グローバル・ガバナンスの理論と政策
A5判300頁・3600円

グローバル・ガバナンスは世界的問題の解決を目指す国家，国際機構，市民社会の共同を可能にさせる。その理論と政策の考察。

園田茂人編著
15 東アジアの階層比較
A5判264頁・3000円

職業評価，社会移動，中産階級を切り口に，欧米発の階層研究を現地化しようとした労作。比較の視点から東アジアの階層実態に迫る。

矢島正見編著
16 戦後日本女装・同性愛研究
A5判628頁・7200円

新宿アマチュア女装世界を彩った女装者・女装者愛好男性のライフヒストリー研究と，戦後日本の女装・同性愛社会史研究の大著。

林　茂樹編著
17 地域メディアの新展開
　　－CATVを中心として－
A5判376頁・4300円

『日本の地方CATV』（叢書9号）に続くCATV研究の第2弾。地域情報，地域メディアの状況と実態をCATVを通して実証的に展開する。

川崎嘉元編著
18 エスニック・アイデンティティの研究
　　－流転するスロヴァキアの民－
A5判320頁・3500円

多民族が共生する本国および離散・移民・殖民・難民として他国に住むスロヴァキア人のエスニック・アイデンティティの実証研究。

■━━━━━━ 中央大学社会科学研究所研究叢書 ━━━━━━■

菅原彬州編

19 連続と非連続の日本政治

A5判328頁・3700円

近現代の日本政治の展開を「連続」と「非連続」という分析視角を導入し，日本の政治的転換の歴史的意味を捉え直す問題提起の書。

斉藤　孝編著

20 社会科学情報のオントロジ
－社会科学の知識構造を探る－

A5判416頁・4700円

オントロジは，知識の知識を研究するものであることから「メタ知識論」といえる。本書は，そのオントロジを社会科学の情報化に活用した。

一井　昭・渡辺俊彦編著

21 現代資本主義と国民国家の変容

A5判320頁・3700円

共同研究チーム「グローバル化と国家」の研究成果の第3弾。世界経済危機のさなか，現代資本主義の構造を解明し，併せて日本・中国・ハンガリーの現状に経済学と政治学の領域から接近する。

宮野　勝編著

22 選挙の基礎的研究

A5判150頁・1700円

外国人参政権への態度・自民党の候補者公認基準・選挙運動・住民投票・投票率など，選挙の基礎的な問題に関する主として実証的な論集。

礒崎初仁編著

23 変革の中の地方政府
－自治・分権の制度設計－

A5判292頁・3400円

分権改革とNPM改革の中で，日本の自治体が自立した「地方政府」になるために何をしなければならないか，実務と理論の両面から解明。

石川晃弘・リュボミール・ファルチャン・川崎嘉元編著

24 体制転換と地域社会の変容
－スロヴァキア地方小都市定点追跡調査－

A5判352頁・4000円

スロヴァキアの二つの地方小都市に定点を据えて，社会主義崩壊から今日までの社会変動と生活動態を3時点で実証的に追跡した研究成果。

中央大学社会科学研究所研究叢書

石川晃弘・佐々木正道・白石利政・ニコライ・ドリァフロフ編著

25 グローバル化のなかの企業文化
－国際比較調査から－

A5判400頁・4600円

グローバル経済下の企業文化の動態を「企業の社会的責任」や「労働生活の質」とのかかわりで追究した日中欧露の国際共同研究の成果。

佐々木正道編著

26 信頼感の国際比較研究

A5判324頁・3700円

グローバル化，情報化，そしてリスク社会が拡大する現代に，相互の信頼の構築のための国際比較意識調査の研究結果を中心に論述。

新原道信編著

27 "境界領域"のフィールドワーク
－"惑星社会の諸問題"に応答するために－

A5判482頁・5600円

3.11以降の地域社会や個々人が直面する惑星社会の諸問題に応答するため，"境界領域"のフィールドワークを世界各地で行う。

＊価格は本体価格です。別途消費税が必要です。